慶應義塾大学法学研究会叢書［78］

人格障害犯罪者に対する刑事制裁論

確信犯罪人の刑事責任能力論・処分論を中心にして

加藤久雄

慶應義塾大学法学研究会

まえがき

　本書は、わたしが犯罪原因論を研究しはじめて以来、持ち続けてきた「人は、何故、理不尽に人を殺すのか」「『精神障害』や『遺伝的負因』などの『生物学的要因』のため『正常な判断能力』の出来ない人を何故『死刑』で抹殺できるのか」「ある特定の『政治信条』や『宗教的確信』から無差別に無辜の人々を大量殺害した者にどのような刑事制裁が効果的なのか」「こうした難問を解決するため現代の刑事法学は何をなすべきか」という疑問を解決すべく研究してきた成果の一部をまとめたものである。そういう視点から本書は、「人格障害犯罪者に対する刑事制裁論—とくに『確信犯罪人』の刑事責任能力と刑事制裁論を中心にして」を論じたもので、拙著①『治療・改善処分の研究—社会治療処分を中心として—』（1981年、慶應通信、慶應義塾賞受賞、法学博士取得）、②『人格障害犯罪者と社会治療—高度に危険な犯罪者に対する刑事政策は如何にあるべきか—』（2003年、成文堂、日本犯罪学会賞受賞）に続く、3部作の最後の部分である。

　わたしは、2001年6月8日の大阪池田小児童殺傷事件後、前掲書②『人格障害犯罪者と社会治療』を出版し、「高度に危険な人格障害犯罪者」に対しては、現行刑法を改正し、死刑を廃止した後、その代替刑として「特別無期自由刑」（執行刑期20年後の仮釈放を可能とする）制度を導入して、「処遇困難長期受刑者」の矯正処遇モデルとしてドイツ型の「社会治療処遇モデル」を導入し、その社会復帰を実現し、もって「社会防衛の確保」と「被害者側の応報感情の鎮静」を帰すべきことを強く主張した。

　こうしたわたしの長年の主張を評価していただいたのが、故秋元波留夫先生であった。秋元先生は、わが国司法精神医学の最高峰に立たれ97歳になられた時、約800頁にも及ぶ大著『刑事精神鑑定講義』（2004年、創造出版）を出版され、その「まえがき」で「『第19講：触法精神障害者の処遇はいかにあるべきか』は大阪池田小学校殺人事件に触発され2年がかりの国会審議で可決、

まえがき

　2003年7月16日に公布された『心神喪失者等医療観察法』に対するわたしの精神鑑定の経験から見た批判と抗議である。触法精神障害者について刑事立法を怠っている先進法治国家は日本以外にどこにもない。刑法・監獄法改正の熱烈な提言者である慶應義塾大学法学部刑事法学加藤久雄教授は、時代遅れの刑法の改正に逃げ腰のいまの状況を『立法の不作為』として怒りをこめて非難するが、まったく同感である。」と前掲拙著を引用して書いていただき、「ロー・スクール」構想を推進し、受験教育一辺倒の法曹教育に席巻された刑法学会では、わたしのように現場主義に基づく「国際比較刑事政策学」的視点から「刑事制裁の二元制（主義）としての『刑事治療処分』の導入」を主張する者は、極めて稀な存在になり孤立感を深めていただけに大変感激したことであった。

　ところで、本書のメインテーマである「確信犯人論」との出会いは、わたしが大阪大学大学院に入学し、故瀧川春雄大阪大学教授の指導を受けることになった時に遡る。本書第2編第2章以下で詳しく論ずるように、瀧川春雄先生のご尊父瀧川幸辰博士（京都大学総長・日本刑法学会初代理事長）は、「『ラードブルフ』教授は『確信犯人』において、改善不能といふ刑事政策的特徴と、確信──道義上・宗教上・政治上の──が行為の決定的動機を形作るところの心理学的特徴とに基く犯人──『確信犯人』『普通の犯人とは違った考え方をする者』──に対し、懲役刑・禁固刑の代りに『名誉を尊重する刑罰』としての『監禁刑』を科すべきこと」（『』はいずれも筆者）を主張されたのである。

　そして、わたしがこのラートブルフに代表されるドイツにおける「確信犯人」に対する「刑事制裁論」をライフワークにしようと思ったのは、ラートブルフの最後の弟子と言われたミュンヘン大学の指導教授のアルトゥール・カウフマン先生の慶應義塾での講演（1974年）を聴いた時まで遡る。カウフマン先生は、その講演で「たとえ殺人犯人であっても、一人の人間を『法律により』殺害してよいか、或いは永遠に共同社会から『終身自由刑』によって排除してよいかどうかについて、今日、われわれがもはや確信をもっていないことは不思議でない。グスタフ・ラートブルフがかつていつたように、いかなる社会といえども、犯罪者に対し道徳的な優位性をもつて対抗し、彼等に対して『死刑』を言い渡すことが決定的に許されるほど、犯された犯罪に対してなんら責任のない

社会はない。」(『』はいずれも筆者)と主張された。

わたしは、1975年11月に、当時、ドイツ刑法・法哲学の第一人者として活躍しておられた、アルトゥール・カウフマン先生の下にフンボルト財団の奨学生(同時に法学部のご好意で「慶應義塾大学とミュンヘン大学の交換研究員」にもしていただいた)として研究留学したのは、大阪大学で瀧川春雄先生の「死刑廃止論」や「刑罰と保安処分」などに関する人道主義的刑事法学を学んでいたので、カウフマン教授の人道主義的刑法学・法哲学に大きな憧れの念を持っていたからである。

本書は、その憧れのカウフマン先生の下で、「死刑廃止」後の「確信犯罪人」や「人格障害犯罪者」に対する刑事責任能力論とその刑事制裁論を研究した成果の一部である。

わたしは、慶應義塾に就職して以来、その35年間のうち約6年間をドイツ・ミュンヘン大学とイギリス・ケンブリッジ大学を中心に海外で過ごし、20カ国、約300カ所以上の刑事施設や保安病院を見学するため、100回以上飛行機を乗り継ぎ、ヨーロッパ大陸を約10万キロ自家用車で走破し、「現場主義」を実践してきた。そして、わたしは、この現場主義的刑事政策論の重要性をミュンヘン大学の元指導教授のシューラー＝シュプリンゴルム先生から教わった。

本書の中心テーマの「人格障害犯罪者に対する社会治療処遇モデル」の研究は、シューラー先生の指導の下に行ったものである。もっとも印象に残り、わたしのその後の研究に大きな印象を与えてくれたのが、1980年の社会治療処遇モデル(わたしは、これを「ビーレフェルト・モデル」と呼んでいる)作りのため冬のビーレフェルト大学の統合科学センターでの2カ月間の合宿研究会と1984年の「刑法65条(社会治療処分)削除の当否」に関する連邦議会の公聴会での報告であった。

しかし、本書で扱ったオランダの「人格障害者」のための保安病院(TBS)のメスダフ・クリニックを2006年6月約30年ぶりで訪問したが、同クリニックの処遇思想、政策、処遇プログラムのすべてにおいて激変しており、「国際比較刑事政策」の現場主義の重要さと比較研究の難しさを痛感した。特に、このドイツ・オランダをはじめEU27カ国は、死刑制度廃止を前提にした刑事政

まえがき

策を推進している。本書の基本的内容も「死刑制度廃止」を前提にした「人道主義的刑事政策的犯罪論」が中心になっている。

また、本書の第1編の特徴は、新しく制定された「裁判員裁判制度」と「心神喪失者等『医療観察法』」は、人道主義的犯罪論にとって不可欠な伝統的な「責任主義」原理と抵触し、形骸化──「責任主義の危機」──するのではないかという問題提起をしていることである。とくに、この「医療観察法」は、前記「池田小」事件の犯人のような「高度に危険な人格障害犯罪者」を対象としていないので、本書では「人格障害犯罪者」に対するドイツ型の「刑事治療処分」制度の導入を検討している。

さらに、第2編では、「死刑制度廃止」後の「政治的テロリスト」「狂信的確信犯罪人」「暴力団犯罪人」「性的人格障害による連続殺人犯」などの高度に危険な常習的・確信的犯罪人などに対する刑事政策的対応に関する実態調査に基づきドイツ型の「社会治療処遇」モデルの導入を提唱していることである。

そして、わが国では誰も手がけなかった「国際比較刑事政策的現場主義」を実践すべく北九州医療刑務所長の佐藤誠先生と共同研究プロジェクト「日欧矯正領域における『処遇困難者』に対する処遇システムに関する比較法研究」(2006年・7年の科学研究費) を立ち上げた。

また、このプロジェクトと平行して「国際比較刑事政策」研究会を結成した。この研究会の特別顧問になっていただいた大阪大学名誉教授大野眞義先生と筑波大学名誉教授齊藤誠二先生には特別の感謝を申し上げたい。両博士には、人道主義的犯罪論の基本原理である「罪刑法定主義」について詳しく教えていただいた。

この共同研究プロジェクトの一環として同時並行的に、ミュンヘン大学の指導教授ホルスト・シューラー＝シュプリンゴルム先生と20年来の友人であるノルベルト・ネドピル・ミュンヘン大学司法精神医学教授の2人に相談して、2004年ミュンヘンにて「日独『社会治療』研究会」を立ち上げた。この「研究会」の主たる目的は、とにかく学術研究の基本は徹底した「現場主義」にあるというモットーを実践することにあった。そして、両先生と相談し、とにかく現場を時間をかけて正確に見るために「ドイツ刑事施設・刑事治療処分施設」

視察旅行を実施することにした。すでに、約50名以上の実務家や研究者が3回にわたり、延べ20カ所の施設・病院を見学・視察し、現地の司法精神科医や司法心理学専門家・実務家との情報交換を行った。その3回の視察旅行の訪問先への連絡・施設長への許可願いを含めて、全てのアレンジをネドピル教授自身がやってくれた。シューラー先生とネドピル教授の親日的・献身的なお世話がなかったら、おそらく「現場主義」の実践による研究も実現しなかったであろう。ここに、共同研究者の佐藤誠先生、Prof. Dr. emer. Horst Schüler-Springorum und Prof. Dr. med. Norbert Nedopil の3人の先生方に最大級の感謝を申し上げたい。

そして、本書の第2編のベースとなった上記「科研費研究報告書」の作成にあたっては、研究分担者の安部哲夫獨協大学法学部教授と研究協力者の吉田敏雄北海学園大学法学部教授のお2人には翻訳・通訳・ドイツ施設視察旅行引率などの全てにわたり大変助けていただいた。ここに記して、特別の感謝を申し上げたい。

ところで、わたしにとり望外の幸せは、最近、上記の「研究会シンポジュウム」に参加してくれた日本とドイツの恩師や同僚がわたしの65歳の誕生記念に論文集を出版してくれたことである（川端博・安部哲夫監訳『シューラー・シュプリンゴルム／ネドピル共編：ドイツ刑事法学の展望―大所高所からの視点―』（2009年、成文堂：原文：Horst Schüler-Springorum, Norbert Nedopil（Hrsg.）, Blick über den Tellerrand.Dialog zwischen Recht und Empirie, Festschrift für Hisao Katoh, den Förderer des Dialogs von und nach Japan, 2008））。出版事情の厳しい中、日本語版の出版に関して精力的に出版社と交渉していただいた川端博明治大学教授に心から感謝申し上げたい。さらに、神馬幸一静岡大学准教授は、共同研究会のまとめ、ドイツ施設視察旅行の資料・情報整理、記念論文集の翻訳・校正、本書の第2編の部分の翻訳資料などの多くは同君の精力的な協力なくしては不可能であった。ここに同君に心から感謝申し上げたい。

本書が「法研叢書」として出版できることは大変名誉なことである。こうした名誉を与えていただいた法学研究編集委員会・法学部教授会メンバーの先生方に心より感謝申し上げたい。とくに、本書の基本的立場の「現場主義」が成

まえがき

　功しているとすれば、それは、35年の在職中、私立大学にとり最も重要な職務である入試事務や学部行政事務を免除していただいたお陰で、6年以上に亘り海外での研究生活が可能となった。法学部の先輩、同僚、後輩の方々に最大限の感謝を申し上げたい。

　かって恩師中谷瑾子先生は、「加藤さん、学問は体力ですよ」と、わたしの体力を駆使した「現場主義」実践の在外研究を応援していただいたことに特別の感謝を申し上げたい。

　また、在外研究のために財政的援助をいただいたドイツ・アレキサンダー・フォン・フンボルト財団、日本学術振興会に対し、この場を借りて感謝申し上げたい。

　慶應義塾大学出版会の岡田智武氏には、わたしの病気療養のため2年間にわたり本書の校了が遅れたにもかかわらず、いつも変わらず暖かいサポートをいただいた。氏の辛抱強いサポートがなかったら本書を世に出すことは不可能であった。心より感謝申し上げたい。

　最後に、妻浩子に特別の感謝の気持ちとともに本書を捧げたい。

　わたしは、上記の科研費研究の申請書作成中に、悪性腫瘍の切除手術のため入院した。そして、2年後の研究報告書作成中に再び、腫瘍が見つかり、手術のため長期入院することになった。現在も闘病中であるが、通常の研究活動ができるまで快復している。ここまで、快復できたのは、精神科医の職を全て辞して、サポートしてくれた妻浩子あってのことであった。その献身的なサポートなくして、わたしのこれまでの研究生活はあり得なかったし、本書の完成はなかったであろう。ここに、とくに記して妻浩子に心より感謝したい。

目　次

まえがき　　i

序論　ボーダーレス社会における犯罪現象とその刑事制裁システム
　　………………………………………………………………………………1

　［1］　問題の所在…………………………………………………………………1
　［2］　刑事政策の二極化について——ボーダレス社会の「刑事政策」の方向性…4
　　（1）　ボーダーレス社会の「犯罪」類型と新しい刑事政策の必要性　　4
　　（2）　ボーダーレス社会における犯罪現象について　　6
　　　1．地域的な垣根を越えた犯罪　　6
　　　2．男女の間の区別の不分明化と犯罪　　6
　　　3．年齢層の区分の不分明な凶悪犯罪の増加　　7
　　　4．高齢犯罪者の増加　　7
　　　5．経済状態の影響による犯罪——拝金主義（儲け主義）の落とし穴、精神的豊かさの欠如のもたらすもの　　8
　　　6．ハイテク犯罪とオタク犯罪　　8
　　　7．暴力団犯罪の国際化・グローバル化——児童売買・臓器売買にみる非人道的犯罪ビジネスの横行　　10
　［3］　刑事政策の二極化と刑事制裁制度の在り方………………………………11
　　（1）　刑事政策の二極化論とは何か　　11
　　（2）　刑事政策の二極化と刑事制裁の三元化　　13
　　　1．刑罰の適用と二極化傾向　　16
　　　2．「刑事和解」導入と刑事制裁の三元制システム　　20
　　　　①　第3の刑事制裁モデル＝刑事「和解」とは　　20
　　　　②　「刑事和解」モデルはわが国の刑事政策に導入可能か　　21
　［4］　反処遇思想（医療モデルの克服）と新しい犯罪者処遇モデルの誕生………24
　　（1）　「犯罪者処遇」モデルとは　　24
　　（2）　反処遇思想（医療モデルの克服）がもたらしたもの　　26
　［5］　ドイツにおけるボーダーレス型犯罪に対する刑事政策…………………32
　　（1）　「人格障害」処遇困難犯罪者に対する新しい刑事政策モデルの発展　　32

(2)　「社会治療」処遇モデルの発展について　33
　[6]　結びにかえて……………………………………………………………34

第1編　人格障害犯罪者に対する刑事制裁制度について
　　——特に、人格障害(精神病質)犯罪者の刑事責任能力と刑事制裁二元制について………………………………………………………37

第1章　人格障害犯罪者の刑事責任能力——責任主義の危機について……39
第1節　責任主義の危機と刑事制裁二元制論について——触法精神障害者の刑事法上の処遇制度を中心にして……………………………………39
　[1]　問題の所在——責任主義の危機の克服と刑事処分制度の導入に向けて……39
　[2]　責任主義の危機回避と二元制導入論の展開……………………………45
　　(1)　「責任主義」とその人道主義的刑事政策的意義　45
　　(2)　消極的責任主義と「刑罰」一元制の限界　46
　　(3)　人道主義的「責任主義」と「死刑」制度存置論の刑事政策的矛盾　49
　　(4)　責任主義の例外としての刑事処分——刑と処分の二元制の必要性と正当性　50
　　　1.　刑事(治療)処分制度は「責任主義の危機」を救えるか　50
　　　2.　ドイツにおける「刑と処分」の二元制をめぐる諸問題　53
　　　　①　「責任主義」を形骸化する危険　53
　　　　②　刑罰と刑事処分との混同の問題　54
　　　　③　「レッテルのごまかし」論　55
　[3]　結びにかえて…………………………………………………………58
　　(1)　「責任主義」の危機の克服にむけて　58
　　(2)　「刑事治療処分」私案　61
　　(3)　テロリスト・犯罪組織の構成員などの刑事責任と「責任主義」の危機　62

第2節　刑事責任能力論における基本問題……………………………………63
　[1]　問題の所在……………………………………………………………63
　[2]　刑事責任能力論における基本問題…………………………………63
　　(1)　責任能力の意義　63
　　(2)　責任能力の本質　64
　　(3)　責任能力の体系的地位　65

(4)　心神喪失と心神耗弱の概念　　65
　　(5)　責任能力の判定方法——精神医学的要素と規範的要素　　66
　　(6)　精神医学的要素と規範的要素の内容——「精神病質」概念の存置　　69
　[3]　部分的責任能力と限定責任能力………………………………………………74
　　(1)　部分的責任能力　　74
　　(2)　限定責任能力　　75
　[4]　責任能力判断と鑑定医の役割…………………………………………………78
　　1.　責任無能力（心神喪失）を認めた事例　　82
　　2.　限定責任能力（心神耗弱）を認めた事例　　83
　　3.　完全責任能力を認めた事例　　86
　[5]　責任無能力と刑事（治療）処分………………………………………………89
　[6]　結びにかえて……………………………………………………………………91

第3節　人格障害犯罪者の刑事責任能力とその処遇……………………………92
　[1]　問題の所在——「医療観察法」は「人格障害」犯罪者を対象としていない……92
　[2]　わが国の刑法における「責任能力」規定と「人格障害者」…………………95
　　(1)　触法精神障害者対策としての「医療観察法」の法的性格と責任主義の
　　　　形骸化　　95
　　(2)　わが国の現行刑法の「責任無能力」規定と人格障害（精神病質）の位
　　　　置付け　　95
　[3]　ドイツ刑法における責任無能力規定と人格障害（精神病質）者…………101
　　(1)　ドイツ刑法の「責任無能力」規定と「精神病質」の取扱い　　101
　　1.　旧刑法と「精神病質」　　101
　　2.　56年草案と「精神病質」　　102
　　3.　60年草案と「精神病質」　　102
　　4.　62年草案と「精神病質」　　103
　　　①　「病的な心神の障害」（krankhafte seelische Störung）　　104
　　　②　「意識障害」　　105
　　　③　「精神薄弱」　　105
　　　④　「重いその他の心神の変性」（schwere andere seelische Abartigkeit）
　　　　　106
　　5.　66年刑法対案と「精神病質」　　106
　　6.　現行刑法と「精神病質」　　107
　　(2)　ダムは決壊したか——1975年以降のドイツ刑法20・21条の適用状況
　　　　110

（3） 1998年ドイツ刑法改正後における「人格障害者」(重い心神の変性) 112
　　（4） ネドピル教授の『人格障害』における司法精神医学的リスク・アセスメント 116
　［4］ ドイツにおける精神病院収容処分の運用の実態とその問題点…………119
　　（1） ドイツにおける触法精神障害者の強制入院形態 119
　　（2） 強制入院収容施設からの釈放と刑法の改正 120
　　（3） 触法精神障害者に対する社会内の司法精神医学的治療サービス：処分執行からの釈放――行状監督の必要的付加 120
　　　1. 行状監督官と社会復帰調整官の役割の相異 120
　　　2. ドイツの行状監督制度 121
　　　　① 自由剝奪を伴わない刑事制裁としての行状監督 121
　　　　② 「行状監督」制度の担い手 121
　［5］ 連邦憲法裁判所の「事後的『保安監置』」収容処分の合憲判断について…122
　　（1） ドイツにおける無期自由刑と保安監置の執行状況 122
　　（2） 連邦憲法裁判所の「事後的『保安監置』」収容処分の合憲判断は妥当か 123
　　（3） ドイツの「事後的保安監置」はヨーロッパ人権条約違反 123
　［6］ ドイツにおける人格障害犯罪者による凶悪「性」犯罪の多発と社会治療処遇の復活――被害者の応報感情の鎮静策として………………………124
　　（1） ドイツにおける凶悪性犯罪をめぐる問題点 124
　　（2） 社会治療処遇の復活――被害者の応報感情の鎮静策として 124

第4節　オランダの「人格障害犯罪者」に対する刑事政策の現状と課題――メスダフ・クリニック（社会治療（TBS）施設）の管見……………128
　［1］ オランダの「人格障害犯罪者」に対する刑事政策………………………128
　　（1） オランダの刑事制裁の概要 128
　　（2） オランダの社会治療処分（TBS=terbeschikkingstelling）制度 128
　　（3） オランダにおける人格障害犯罪者の処遇の現状 129
　［2］ メスダフ・クリニック（社会治療（TBS）施設）管見…………………130
　　（1） 1976年訪問時と2006年訪問時の大きな変化――短期処遇プログラムの後退 130
　　（2） 処遇の基本方針の大幅な変化：短期処遇プログラムから長期滞在者処遇プログラムへの変化――「発達精神病質」概念の消失 132
　　（3） メスダフ・クリニックにおける処遇結果の推移：処遇の基本方針の大幅な変化は「再犯率」にどのような影響をあたえたか 133

[3] 結びにかえて……………………………………………………………………134

第2章　ポストゲノム社会の『高度に危険な人格障害犯罪者』に対する刑事政策——医療観察法から刑事治療処分へ……………135
第1節　精神障害犯罪者の人権保護——リーガル・モデルとメディカル・モデルの調和をめざして……………135
 [1] 問題の所在——精神保健福祉法の発達史に見る「触法精神障害者の人権」… 135
 [2] 触法精神障害者の人権の保護——精神科治療とインフォームド・コンセント……………143
　（1）患者の自己決定権とは　143
　（2）インフォームド・コンセントとは　144
　（3）精神障害者へのIC法理の適用は可能か——とくに「同意能力」について　145
 [3] 措置入院の法的性格とは何か——患者の人権確保は可能か……………147
　（1）措置入院制度と刑事治療処分制度の「法的性格」の違い　147
　（2）現行「措置入院」制度のどこが問題か　151
　　1．精神保健福祉法における「強制入院」制度の違憲性　151
　　2．強制入院の正当化根拠としての「パレンス・パトリエ」論　153
 [4] 措置入院の代替としての「刑事治療処分」の導入に伴う問題点……………155
　（1）「刑事治療処分」導入と患者の人権　155
　（2）ドイツにみる触法患者の重大犯罪と医師の責任——アイケルボルン事件後の「刑事治療処分制度」改革論争　157
 [5] 結びにかえて——リーガル・モデルとメディカル・モデルの調和をめざして……………159

第2節　刑事政策学から見た『心神喪失者等医療観察法』の法的性格と責任主義の危機……………160
 [1] 問題の所在——医療観察法の運用実態と責任主義の危機の拡大……………160
　（1）忘れられた処遇困難「人格障害犯罪者」対策　160
　（2）死刑制度のある国の裁判員制度と精神鑑定制度——司法精神科医の苦悩と葛藤を如何に克服するか　162
 [2] 医療観察法の法的性格と責任主義の相克……………165
　（1）医療観察法も憲法違反か：何故、無罪の者の保安病院への強制入院が可能か——パレンス・パトリエ論による「保護主義」の違憲性　165
　（2）医療観察法の運用の実態——「責任主義」の危機回避のため「責任能力」

　　　　　判断の先議権は裁判所に　166
　[3]　医療観察法の運用における検察官・裁判官・鑑定人の役割……………168
　　(1)　統計からみた「医療観察法」の運用上の問題点　168
　　(2)　医療観察法の「入院命令」手続における精神鑑定医の役割について　171
　　　1．「起訴裁量」の基準としての「心神喪失」「心神耗弱」──「責任と行為の同時存在」の原則の軽視か　171
　　　2．医療観察法の審判手続における検察官と鑑定人の役割　172
　　　　①　心神喪失で「無罪」が確定した対象者に対する鑑定の内容　173
　　　　②　心神耗弱で「刑の執行猶予」（有罪）になった対象者に対する鑑定の内容　174
　[4]　裁判員制度と司法精神科医の役割と課題………………………………175
　　(1)　裁判員制度の概略と裁判員の役割　175
　　(2)　公判前整理手続による裁判員制度の形骸化──裁判員は公判前整理手続に参加しない　176
　　　1．公判前整理手続　176
　　　2．第1回の公判期日前の精神鑑定　176
　　　3．公判前整理手続における鑑定の決定　177
　　　4．鑑定に関する工夫の必要性　178
　　　5．公判前整理手続における「鑑定」結果カンファレンスの鑑定の「客観性」「中立性」の担保は可能か　178
　　(3)　裁判員制度における精神鑑定の内容　179
　　(4)　裁判員制度に係わる司法精神科医は何を鑑定するか　179
　　(5)　触法精神障害者と精神障害犯罪者の概念の違いなどの専門用語の明確化の必要性　181
　　(6)　公判前整理手続と精神鑑定ガイドライン　183
　[5]　結びにかえて──司法精神医学会による「専門認定医制度」の導入の必要性……………………………………………………………………………184

第3節　刑事施設の精神障害受刑者の処遇について……………………………186
　[1]　問題の所在──人格障害受刑者に対する矯正施設内「社会治療処遇」システムの導入……………………………………………………………………186
　[2]　矯正施設における精神障害のある受刑者の現状………………………188
　[3]　北九州医療刑務所における精神障害受刑者の処遇の現状……………189
　　(1)　精神障害受刑者の処遇の現状　189
　　(2)　北九州医療刑務所における精神科治療の現状　190

1. 精神科治療　190
         2. 覚せい剤事犯者に対する断薬指導　192
         3. 性犯罪受刑者に対する再犯防止指導　192
  [4] 結びにかえて………………………………………………………………… 193

第2編　確信犯罪人に対する刑事制裁制度について
　　　　──特に、死刑制度廃止後のテロリスト・暴力団員・大量殺人犯に
　　　　対する「社会治療」モデルについて………………………………… 195
第1章　確信犯罪人の処遇に関する比較刑事政策論………………………… 197
　第1節　「確信犯」的テロリストに対する刑事政策的対応を中心にして………… 197
　　[1] 問題の所在……………………………………………………………… 197
　　[2] 9・11テロ事件後の「テロリズム」概念の変遷…………………… 201
　　　(1) 9・11テロ事件以前の「テロ事件」と「テロリズム」の概観　201
　　　　1.「政治とテロリズム」前史　201
　　　　2. テロリズムとは何か──テロリズムは「戦争」か「犯罪」か　205
　　　　　① テロリズムの語源　205
　　　　　② テロリズムとは何か　205
　　　　　③ 「テロリズム」と「ゲリラ」の概念の相異　210
　　　(2) 「テロリズム」の原因　212
　　　　1. 精神障害とテロ行為　212
　　　　2. 政治的確信犯罪人による「テロ行為」　213
　　　　3. 貧困と差別、絶望と無関心からのテロリズム　214
　　　　4. 宗教テロと狂信的テロリスト　216
　　[3] 9・11テロ事件以後のテロ組織と「マフィア」型犯罪組織の癒着の具体例
　　　　の検討……………………………………………………………………… 220
　　　(1) 冷戦終結後の90年代におけるユーロ・マフィアの登場　220
　　　　1. 災害、戦争、内乱時における「マフィア」型犯罪組織の暗躍　220
　　　　2. テロ組織に対する「マフィア」型犯罪組織の資金援助の実態　222
　　　　　① テロ資金の調達と核物質密輸・麻薬取引・人身売買・絵画ドロボー　222
　　　　　② ユーロ・マフィアとテロ組織の黒い関係──人身売買・臓器売買の
　　　　　　 実態　227
　　　　　③ 聖戦の陰に「子供の売買」　228
　　　(2) わが国の犯罪組織・テロ組織の不正収益獲得作戦防止策　229

目　次

　　　1.　暴力団による不正収益の獲得作戦——臓器売買・人身売買　229
　　　2.　わが国の「組織犯罪」「テロ犯罪」対策は万全か　230
　（3）ユーロポールのテロ対策課における聞取り調査　232
　　　1.　ユーロポールの「テロ対策委員会」の設置と任務　232
　　　2.　EU加盟国内におけるマフィア型「犯罪組織」の脅威　234
　　　　①　犯罪組織拡大　234
　　　　②　犯罪類型の多様化と増加　235
　　　3.　ユーロポールにおける「人身売買・臓器売買」の調査　235
　　　　①　「人身売買」はほとんどの加盟国にとって主要な問題である　235
　　　　②　児童ポルノは隠れた組織犯罪問題である　236
　　　4.「パシフィック・ポール」の設立の必要性　236
[4]　ドイツにおける1990年東西ドイツ統合までの「テロ事件」の特徴とその原因——ドイツ赤軍派の終焉とユーロ・マフィアの登場……………………237
　（1）ドイツ赤軍派の登場と終焉　237
　　　1.　日本赤軍によるハイジャック事件　237
　　　2.　西ドイツ赤軍派（RAF=Rote Armee Fraktion）のハイジャック事件　238
　　　3.　ユーロ・マフィアの登場——西ドイツ赤軍派の終焉とニュー・マフィアの登場　238
　　　4.　ドイツにおける「ユーロ・マフィア」の実態　239
　（2）ドイツにおける「テロ事件」の現状とその原因・対策に関する実態調査の概要　240
　　　1.　ドイツのテロ対策から何を学ぶことが出来るか　240
　　　2.　今回の調査の目的　241
　　　　①　具体的調査内容　241
　　　　②　結社法等の内容および運用状況　242
　　　　③　刑法の改正　244
　（3）「ドイツにおける最近のテロ関連諸立法の現状」に関する聞取り調査　245
　　　1.　連邦憲法擁護庁（11月21日㈭14時〜17時）　245
　　　2.　ベルリン憲法擁護庁（11月20日㈬11時〜13時）　246
　　　3.　ベルリン・テーゲル刑務所と「社会治療」部門の見学（11月20日㈬14時〜17時）　249
　　　4.　バイエルン州の刑事警察局・憲法擁護庁・連邦情報庁（11月25日㈪9時〜13時）　250
　　　　①　バイエルン州の憲法擁護庁　251
　　　　②　バイエルン州刑事局公安課　252

　　　　③　連邦情報庁（BND）253
　　　　④　バイエルン州の憲法擁護法の改正　255
　[5]　結びにかえて……………………………………………………………………257

第2節　欧米における確信犯罪人による大量・連続殺人事件を中心にして……259
　[1]　問題の提起——大量殺人と連続殺人の定義の相違………………………259
　　（1）　大量殺人とは　260
　　　　①　古典的大量殺人　261
　　　　②　家族大量殺人　262
　　（2）　連続殺人　262
　[2]　内外における大量・連続殺人事件の歴史的概観…………………………263
　　（1）　わが国における大量・連続殺人事件の歴史的概観　263
　　　1.　わが国における代表的「大量殺人」事件・「スプリー殺人」事件　263
　　　　①　津山30人殺し事件（1938年5月21日）　263
　　　　②　新宿駅西口バス放火事件（1980年8月19日）　263
　　　　③　大阪教育大学附属池田小学校事件（2001年6月8日）　264
　　　　④　秋葉原無差別殺傷事件・荒川沖駅周辺連続殺傷事件　264
　　　2.　わが国における代表的「連続殺人」事件　265
　　　　①　小平義雄「連続殺人」事件（1945（昭和20）年5月25日）　265
　　　　②　大久保清「連続殺人」事件（1971（昭和46）年3月31日）　265
　　　　③　宮崎勤「幼女誘拐・連続殺人」事件（1988（昭和63）年8月22日）　265
　　　3.　80年代を締め括った凶悪事件　266
　　（2）　諸外国における大量・連続殺人事件の歴史的概観　268
　　　1.　アメリカ合衆国における「大量殺人」事件の具体的事例　268
　　　2.　アメリカ合衆国における「連続殺人」事件の具体的事例　270
　　　3.　アメリカ合衆国における「連続殺人」事件の原因としての「精神障害」　272
　　（3）　ドイツにおける大量・連続殺人事件　272
　　　1.　ドイツにおける大量・連続殺人事件の歴史的概観　272
　　　2.　ドイツにおける古典的大量・連続殺人事件の具体例　274
　　　　①　教頭ワグナー「大量殺人」事件（1913年9月4日）　274
　　　　②　フリードリッヒ・ハールマンの「連続殺人」事件（1924年5月17日）　274
　　　3.　ドイツにおける「大量殺人」・「連続殺人」事件の具体例の検討　275
　　　4.　ドイツにおける「連続殺人」の原因の解明　277
　　　　①　連続殺人に関する10の特徴　277
　　　　②　90年代ドイツにおける連続殺人の原因とその特徴　279

5．ドイツにおける1970-90年代の大量・連続殺人事件の特徴——テロ犯罪と外国人排斥犯罪　280
　　　① 東西ドイツ統一前のテロ犯罪——ドイツ赤軍派のテロ犯罪　280
　　　② ネオ・ナチの若者によるトルコ人家族の住宅放火殺人事件　281

第2章　死刑制度廃止後の確信犯罪人に対する刑事制裁制度　283
第1節　「確信的犯罪人」の処遇に関する刑事政策的対応　283
　［1］問題の所在　283
　［2］政治的確信犯人の処遇——「社会治療」処遇モデルの導入　285
　　（1）確信犯的政治犯罪人　285
　　（2）確信的ではない政治犯罪人　287
　［3］暴力的・狂信的犯罪人に対する刑事政策的対応　289
　　（1）オウム事件への「破防法」不適用が招いたテロ撲滅対策の問題性　289
　　（2）刑法を改正してドイツ型「犯罪団体結社罪」・「テロ組織結社罪」の導入　290

第2節　死刑の代替刑について　292
　［1］ポストゲノム時代の「無期自由刑」のあり方について　292
　［2］わが国における「死刑存廃論」の現状とその刑事政策的問題点　297
　　（1）わが国における「死刑存廃論」　297
　　（2）死刑廃止尚早論と世論　299
　　（3）幻想としての「威嚇力」　301
　［3］最近の死刑判決抑制傾向　302

第3節　ドイツにおける「死刑」に代わる「無期自由刑」から学ぶもの　303
　［1］ドイツにおける「死刑」廃止から「終身自由刑」そして「無期自由刑」への変遷過程　303
　［2］ドイツ連邦憲法裁判所が「無期（終身）自由刑」を違憲とした理由　307
　［3］ドイツにおける第20次刑法変更法の成立　308
　［4］死刑に代わる「特別無期自由刑」と「特別保護観察制度」の導入について　310
　　（1）「特別無期自由刑」とは　310
　　（2）「特別保護観察」制度の導入の必要性　311
　　（3）ドイツにおける改善・保安処分から学ぶもの——社会治療処遇システムの導入　312

第4節　結びにかえて——「裁判員裁判」制度は、死刑存置の「免罪符」になるか
.... 313

あとがき　317

初出一覧　319

参考文献一覧　321

事項・人名索引　331

序論 ボーダーレス社会における犯罪現象とその刑事制裁システム

［1］ 問題の所在
［2］ 刑事政策の二極化について
　　　——ボーダレス社会の「刑事政策」の方向性
［3］ 刑事政策の二極化と刑事制裁制度の在り方
［4］ 反処遇思想（医療モデルの克服）と新しい犯罪者処遇モデルの誕生
［5］ ドイツにおけるボーダーレス型犯罪に対する刑事政策
［6］ 結びにかえて

［1］ 問題の所在

　「刑事政策」が、ある国や社会の状況の反映であり「社会の鏡」であるとすれば、現代社会がボーダーレス社会化しつつある限り、「刑事政策」もそうした社会の変化に対応できるものである必要があろう[1]。
　その意味で、周知のように、わが国における「刑事政策」の根拠法である現行「刑法」が、なにしろ103年前の明治40（1907）年に成立し、第一次・第二次世界大戦を経験したにもかかわらず、現在に至っても大改正もなく今日に至っているので、実務家がその現行法の範囲内でいくら努力しても、また、拡張解釈をして運用したとしても、そこにはもはや現代社会における「法の目的」を実現できない限界があることは明白であり、現に刑罰適用と刑罰執行との間に様々な形で矛盾や時代的ギャップが生じてきているのである。
　わたしが、ドイツの刑法改正と「刑事政策」とに強くかかわった1975年か

ら85年にかけての10年間においても、「ドイツの刑事政策」は経済状態との関係で大きく揺れ動いていたし、その後の約10年間の間に東西ドイツが統合して、東西の冷戦構造が氷解し、その刑事政策的事情も一気に激変したと言っても過言ではなかろう。そして、また、刑事政策がその国や社会の状況の反映そのものである限り、社会現象の一種である犯罪現象にもまた社会の変化がストレートに影響すると言ってもそう大きな誤りにはならないであろう。

詳しいことは後述するように、1985年1月1日をもってドイツ新刑法の一番の目玉商品と目されていた刑法65条の「社会治療施設収容処分」規定の刑法からの全面削除は、まさに、当時の西ドイツ各州の台所の事情つまり財政状態の悪化こそがその最も大きな理由であった[2]。しかし、この「社会治療処遇」システムは、90年代に多発した凶悪「性犯罪」に対する刑事政策として1998年に「性刑法」が改正された際に、人格障害「性」犯罪者に対する刑事政策として「復活」したのである。

21世紀の時代になっても、刑法典が明治41（1908）年の施行から今日まで一度の大改正もなく運用されてきているという点だけをとっても、わが国の刑事「立法」という領域での「刑事政策」においては、先進8カ国中最もその後進性が強いと言われても止むを得ない状況なのである。とくに犯罪の加害者と被害者の「人権」について配慮する「人道主義的刑事政策」論は、現行「憲法」規定にその根拠を求めるが、その執行法である刑法が明治時代に出来た法律であるため、およそ人道主義や民主主義そのものがまだこの領域では十分に根付いているとは言えない状態である（但し、もう1つの基本法の「監獄法」は、平成17（2005）年5月「刑事収容施設処遇法」として改正された。同法30条（受刑者処遇の原則）では、「受刑者の処遇は、その者の資質及び環境に応じ、その自覚に訴え、『改善更生の意欲』の喚起及び社会生活に適応する能力の育成を図ることを旨として行うものとする。」（『』は筆者）として「処遇思想」を中心にした改正であったが、同法32条（死刑確定者の処遇の原則）「死刑確定者の処遇に当たっては、その者が心情の安定を得られるようにすることに留意するものとする。」「2項：死刑確定者に対しては、必要に応じ、民間の篤志家の協力を求め、その心情の安定に資すると認められる助言、講話その他の措置を執るものとする。」と規定して、応報思想の究極

の刑罰である「死刑」「懲役刑」を何ら改正することなくそのまま存置しているのである）。

　わが国の経済状態は、最近の世界大不況の影響を受け低落傾向にあるものの、国際社会の中では、かなり高水準の状態を維持しているといえよう。それにもかかわらず、日本ほど刑事司法に国費を投入しない国もめずらしいのではなかろうか。しかし、刑事政策において「人道主義」を根付かせるためには、必ずしも金銭的な保証は必要ない。平成3（1991）年、刑法の罰金刑が明治時代以来、初めて現行の貨幣単位に合致する形で改正されたが、この罰金刑改正に伴う、日数罰金制、延納・分納制、罰金支払不能者への労役場留置制度などに代替する「社会奉仕命令」モデルの導入・新設などは一切行われず、まさに、罰金刑の「額」のみの引き上げ（これでは「刑事政策的改正」とはいえない）だけで事は終結してしまった[3]。この「社会奉仕命令」モデルが導入されなかった最も大きな理由は、反対論はいろいろあっても、結局は新制度導入に伴う、事務の繁雑と保護観察官などスタッフの増員確保、その財政上の負担であったように思われる。

　刑事立法・改正の動きという点では、現行刑法の条文を文語体から現代口語体への転換作業が行われたが、その内容の実質的改正にまで触れないという合意の下で行われたので、残念ながらボーダーレス社会の刑法の「改正」という点では何も得るものが見出せない状況なのである（「尊属」関連規定と「聾唖者」規定は削除された）[4]。この刑法の口語化（平易化）作業のみが行われ、刑法の全面改正を見送ったために現行刑事法や刑罰思想そのものが明治時代以来の旧態依然たる状態では、法の適用を受けた犯罪者に刑罰を受けたことに対する感銘力や刑罰の目的である「社会復帰」へ向けての動機づけも難しいと言わざるを得ない。

　103年前の現行刑法の改正がないまま、多くの専門家だけではなく、約80％の一般国民の反対を押し切る形で、2009年5月に素人裁判官を中心にした「裁判員裁判制度」がスタートしてしまった（裁判員裁判制度については、第1編第2章第2節を参照）。とくに、「死刑制度」を存置したまま行われる裁判員裁判では、国民に「生命」か「自由」かの「踏み絵」を強いる結果となり、多くの

批判に晒されている。後述するように、政府のやるべきは、103年間も放置されてきた刑法典の大改正である。

本序論では、わが国の刑事政策、犯罪者処遇の動向を全体的に概観し、21世紀のボーダーレス化の進むとされる社会の刑事政策は如何にあるべきかについて検討していきたい。

(1)「ボーダーレス社会における刑事政策」については拙稿・連載「新・刑事政策 (1)～(2)」法学教室（1993年～1994年）151号～162号において論じたので参照されたい。尚、この連載は『ボーダーレス時代の刑事政策』（1995年）として出版した。
(2) この点については、拙著『刑事政策学入門』（1991年）285頁以下、拙稿「西独刑法第65条（社会治療処分）削除と常習累犯者対策」ジュリスト（1985年）846号96頁以下を参照。
(3) 拙稿「ボーダーレス時代の財産刑—『社会奉仕命令』は21世紀の刑事政策たり得るか」法学教室156号69頁以下。但し、法務省は昨年（2009年）「社会奉仕命令」制度の導入に踏み切った。
(4) 拙稿「ボーダーレス時代の刑事立法の課題—21世紀に向けての刑法改正と行刑（監獄）法改正とは—」法学教室152号97頁以下。今次の刑法の平易化作業の結果、とくに残念なことは「監獄」、「仮出獄」、「心神喪失・心神耗弱」などの用語がそのまま残され、用語の平易化は見送られ、立法者に21世紀を視野に入れた刑事政策的感覚を見出すことができなかったことである。但し、平成17年の改正で「監獄」が「刑事施設」に「仮出獄」が「仮釈放」になったが、「心神喪失」・「心神耗弱」は依然として改正されていない。

[2] 刑事政策の二極化について——ボーダーレス社会の「刑事政策」の方向性

(1) ボーダーレス社会の「犯罪」類型と新しい刑事政策の必要性

経済的に豊かで、世界一の長寿国で犯罪の少ない安全で平和な国という世界の人々のわが国に対する良いイメージを覆すような犯罪が「オウム真理教」という狂信的グループにより行われたサリンという有毒ガスによる一般市民虐殺事件であった。この安全神話の国日本で、「全く何の罪もない一般市民が就寝

中或いは通勤途中で虐殺された」のである。

　この事件では、犯人たちは医学部や工学部を卒業した高学歴の者であったし、多くの女性の信徒達も参加した犯行でもあったように「学歴」や「性別」などの（伝統的な）犯罪抑制原因とされていたものが崩れ、まさに社会の価値判断基準の「ボーダーレス化」が明白に現れた事件でもあった。

　また、そのような意味で同じような事件として、神戸のホテルでの「暴力団組長射殺事件」で地元の医師が巻き添えで射殺されたものがある。最近の暴力団員のメンタリティーもその射殺事件で明らかになったように、白昼「まさか」あんなに堂々と一般市民──つまり彼等の言葉では、「かたぎの人」──が利用する都市ホテルのロビー喫茶店内で発砲し、一般市民を巻き添えにして射殺するなどは、ヤクザの「任侠道」──この400年の伝統を持つサブカルチャーに関しては一般市民も共鳴する人も多く、こうした任侠道に基づく暴力団活動は裏社会のそれとして黙認されてきた──からいえば、まさに「極道者」の風上にもおけない振舞ということになり、この世界のいわゆる「仁義なき戦い」も裏社会と表社会のボーダーが崩れ、ここでいう「ボーダーレス化」が進んでいる事例といえる。ただし、どのような点を捉えて日本における独自の伝統文化やライフスタイル、人生観に関する「ボーダー」が崩壊したと言えるのか。その社会現象の証明は、なかなか難しい。とくに、そうした社会状況や現象が仮に存在したとしても、そうした社会現象の存在が、例えば、現代型の凶悪犯罪の原因ないし遠因であったとその因果関係を証明することはさらに難しいし、その程度の因果関係では、責任評価の基礎となる犯罪原因とは考えられない。しかし、こうしたボーダーレスな社会現象が犯罪の直接的な原因とまでは言えなくても、少なくとも、「日本人らしさ」、「男らしさ」、「女らしさ」、「子供らしさ」、「学生らしさ」、「教育者らしさ」、「医者らしさ」、「政治家らしさ」、「ジャーナリストらしさ」、「ヤクザらしさ」、「宗教を信仰する者らしさ」などというわれわれが何となくもっていた「らしさ」つまり所属する団体や集団の一定の価値判断に関する「ボーダー」の喪失が、「まさか『あの人』が」「あの『女』が」「あの『少年』が」という犯罪が多く起こっている遠因ではないのか、ということの検討は決して無意味ではない。

しかし、だからといって、ボーダーレス社会で生起する犯罪の原因をこうした社会現象に求め、「犯罪者の刑事責任」を軽く評価することは適当ではない。

例えば、ここに「ボーダーレス」(borderless) とは、「性別」とか「年齢差」などの2つの部類とか範疇を意味する英語の border ——境、領域、境界線などと訳される——とか borderline（境界線）が不明確になったり、不分別の状態になったりするという意味である。「警察白書」では、とくに平成時代に入ってからの犯罪現象を分析して、それとの関連で「『ボーダーレス (borderless)』の語を、基本的には、『国境、県境等の地理的な境界が意味を失った』という意義で用いながら、併せて、男女間の区別などの『社会的な境界の消滅』の意義をも含む」としている。

(2) ボーダーレス社会における犯罪現象について

1. 地域的な垣根を越えた犯罪

モータリゼーションの時代を反映した高速度交通手段を使った犯罪が増加し、それに伴って、犯罪が広域化し、捜査活動においても、各都道府県の警察の管轄区域を越えた広域捜査活動ネットワーク網の整備が要請されている。

例えば、1989年の愛知県豊橋少女（8歳）誘拐殺人事件では、愛知、静岡両県警の連携プレーのまずさから、4回にわたって犯人の自動車を発見しながら犯人を逮捕できず、取り逃がし、結局、少女は殺害され、捜査は失敗に終わった。

2. 男女の間の区別の不分明化と犯罪

銃器や毒物を使った殺人、放火、窃盗、詐欺、交通犯罪などの犯罪では、男女間の格差がなくなりつつある。刑法犯でも女性の占める割合は約20％になっている。最近の女性の社会進出も著しく、女性犯罪が増加するとともに、被害者（全刑法犯の約33％）になる割合も増加している。

女性犯罪の男性化の例として、同僚の美容師を1人でバラバラに切り刻んで遺棄した女性美容師の「福岡美容師バラバラ殺人事件」（1994年3月）、女性被害者の例として、一流大学卒業のエリートOLが、夜は、売春婦まがいの生活

をしていて、客に殺害された「東電 OL 殺人事件」（1997 年 3 月）などがある。かっては、「犯罪の陰に『女』あり」とか「女性は犯罪の守護神（タイルスマン）である」とされた時代から「女性も犯罪の主役である」、「表面に登場」する時代になったのである。各種の生命保険金殺人事件では、女性が首謀者となるケースが多く報告されている。また、後述第 2 編第 1 章第 1 節で述べるように児童売春、臓器売買、麻薬売買の主役は女性であると報告されている。

3. 年齢層の区分の不分明な凶悪犯罪の増加

「神戸連続児童殺傷事件」（1997 年 5 月）の犯人の少年が 14 歳だったことで、年少少年（14-15 歳）が、「大人顔負け」の犯行を行うという印象をもたれている。しかし、数の上では、中間少年（16-17 歳）と年長少年（18-19 歳）の少年層が起こす凶悪事件が圧倒的に多いのである。

1988 年の名古屋・アベック殺人・死体遺棄事件では、主犯は 19 歳（無期懲役刑で確定）、同年の東京・綾瀬女子高校生コンクリート詰め殺人事件では、主犯は 18 歳（20 年の懲役刑で確定）であった。また、佐賀バス・ジャック殺人事件も 17 歳によって行われた。しかし、14 歳・15 歳の年少少年による凶悪殺人事件などは、少年法を厳罰化の方向で改正せざるを得ない程増加しているわけではない。

4. 高齢犯罪者の増加

人口が高齢化するとともに、受刑者の平均年齢も高齢化し、とくに B 級刑務所（犯罪傾向が進んだ者などが収容されている）では、多数回刑務所入所経験のある「高齢受刑者」の増加傾向が目立ち、「刑務所の老人ホーム化」が憂慮されるようになってきた。不景気で、釈放後就職の道もなく、出所直後に無銭飲食（詐欺罪）や万引（窃盗罪）などを繰返し、刑務所とシャバの生活の頻繁な往復がはじまるのである。こうした高齢受刑者の多くは、家族からも、友人・知人からも見放され、公立の福祉施設・サービスからも差別されれば、刑務所しか安住の地はないことになる。身から出た錆とは言え、こうした高齢受刑者が増加することは、刑事政策や社会政策の失敗であり、為政者が、恥ずべ

き社会現象である。ドイツの有名な刑事法学者リストは、「良き社会政策は、良き刑事政策である」と言ったが、この高齢受刑者・犯罪者対策の原点である。

5. 経済状態の影響による犯罪――拝金主義（儲け主義）の落とし穴、精神的豊かさの欠如のもたらすもの

戦後64年が経過し、「経済的豊かさ」を獲得したので、終戦直後の貧困で何もない時代・社会特有の「生活のための犯罪」、「生きるための犯罪」、「貧困からの犯罪」が減少した。しかし、その急速な発展のため、物質的豊かさのみが尊重され（拝金主義）、精神的・文化的豊かさの発展への関心が欠落していた。その結果、繁栄や経済的に満たされた生活状態を維持するための犯罪や享楽型の犯罪が増加したのである。高学歴のエリートと言われた者達は、拝金主義・出世主義に溺れ、経済犯罪やホワイトカラー・ブルーカラー犯罪に走り、その大人達の鑑である子供達は、「繁栄の中の落し子」として、遊ぶ金ほしさに、「いじめ」や恐喝、万引あるいはエピソード非行や遊び型非行・犯罪が増加した。不倫や主婦売春の延長線上に少女売春としての援助交際があると言えよう。

6. ハイテク犯罪とオタク犯罪

さらに、幼少から、テレビ・パソコン付の個室を与えられた多くの子供達は、人間的コミュニケーションやソーシャル・エンジニャリング（人間工学）の方法を知らず「おたく」族となって家に「閉じ込もり」、インターネット・ポルノやホラー・ビデオでボーダーレス社会の典型である「バーチャル（仮想）社会」での「究極の殺しのテクニック」を学び、いじめた相手や傍観者を含めた社会への復讐の動機づけを学ぶのである。

1989年に、起こった3件の事件、(1)小4男児絞殺事件（3月5日、犯人22歳）、(2)交番警察官刺殺事件（5月16日、犯人20歳）、(3)幼女連続誘拐殺人事件（7月23日、犯人27歳・いわゆる「宮崎勤事件」）などの事件も「犯行の動機」が必ずしもよく理解できない「凶悪殺人事件」などを「おたく族」の事件と言って、世間の耳目を集めることになった。

平成10（1998）年版警察白書は、「ハイテク犯罪の現状と警察の取組み」と

いう特集を組んでいる。90年代にブームとなった「お宅」・「おたく」・「オタク」犯罪と「ハイテク」犯罪とはまさに「ボーダーレス社会」の無機質な人間関係から生ずる犯罪の典型例であるという点では共通点が多々あるのである。90年代に「おたく」をしていた10代の若者の一部が趣味が昂じて高度のハイテク技術を駆使してインターネットの世界で年齢・学歴・性別などを超えて幅広くまさに傍若無人に暴れ回っていたが、それは所詮バーチャル社会における人間としての血も涙も体温も感じない、従って、いくらインターネット上で音声や画像を通して架空のセックスを楽しんでみても、そこに肌で感じる性的喜びはなく、せいぜいオナニーのために片手で性器を触り、もう一方でパソコンのキーを叩く全くマンガとしか思われない光景からは、およそ人間味が感じられないのである。

　この21世紀のコンピュータ社会は、われわれのライフスタイルを完全にコントロールし、その典型であるインターネット・セックスやバーチャル・セックスにより最も人間らしい「性的」コミュニケーションの方法が喪失し、セックスレスのカップルが蔓延しているのである。テレビのモーニング・ショウやナイト・ショウを視るまでもなく朝から晩まで芸能人の離婚だ、不倫だと騒ぎ立て、視聴者は精神的マスターベーションや代替的「不倫」で満足していたり、もちろんほんの一部のものではあろうが、テレクラ（テレホン・クラブ）や最近ではまさにインクラ（インターネット・クラブ）の援助交際や売春のコンタクトに利用されているようなことがあったりでまさに「性の商品化」という人類の最も古いビジネス形態がインターネットを使って蔓延している。

　売春や不倫もエイズ騒動でやや沈静化したかに見えたが、「人の常」で喉元過ぎばで、その騒ぎも日本人の性活動にあまり影響はなかったかに思われる。しかし、エイズ感染者は、10年前より10倍も増加して1万人をはるかに超える程に達しているという。ピルが解禁されれば、この数値はさらに増加していくであろう。20世紀の黒死病ともいわれるエイズは、その感染ルートにおいても、被感染者のタイプにおいてもボーダーレス化がその特徴である。

7. 暴力団犯罪の国際化・グローバル化──児童売買・臓器売買にみる非人道的犯罪ビジネスの横行

　ボーダーレス社会における暴力団犯罪に対する刑事政策を論ずるには、「ヤクザ」と「暴力団」の概念の相違を明確にし、あくまで犯罪組織集団としての「暴力団」犯罪について問題にしていることを前提にして検討していかなければならない。

　さて、ここに「ヤクザ」とは、もともとの意味は、「ろくでなし」とか「役立たず」をいう。それが、博徒たちが行う「花札」で3枚のカードを合わせて合計20になると「ブタ」といって一番弱い数字を意味して通常はそのゲームでは負になるので、その20を引いた者は自嘲の意味を含めて「畜生」とか「クソッー」とか言って悔しがるのである。とくに、語呂合わせで、8＝ヤ＋9＝ク＋3＝ザ＝8＋9＋3＝ヤ＋ク＋ザ（YA+KU+ZA）＝20となって自分達を社会の役立たず「ヤクザ者」と呼称するのである。

　それに対して、「暴力団」とは、もともと警察用語であり、暴力団対策法（1992）によれば、「その団体の構成員（その団体の構成団体の構成員を含む）が集団的に又は常習的に暴力的不法行為等を行うことを助長するおそれがある団体をいう。」としている。

　以上のように、まず、両者は組織設立の目的が違う。つまり、「ヤクザ」はあくまで犯罪とは無縁な親睦団体であり同好会的団体であり、「暴力団」は、集団的に常習的に暴力的不法行為などを行う目的で組織、結社された犯罪団体なのである。

　暴力団の非合法ビジネスとして有名なのは、(1)暴力団による麻薬取引、(2)民事介入暴力などがある（詳細は、拙著『暴力団』（岩波ブックレット No.323、1993年））。

　1980年代後半の「バブル経済」華やかなりし頃には、「地上げ」「地下げ」や「ノン・バンク」などによる借金やローンの取り立てなど暴力団が金融機関と結託して、違法すれすれの経済活動をして膨大な利益をえていたが、「総会屋」などに対する会社法の「利益供与罪」の罰則強化などにより、表面的には、現在では、以前ほどこうした事件は頻繁にはおこっていない。その結果、資金源

を失った暴力団は、以前にもまして、民事介入を巧妙に行っている。その証拠に、不良債権の約50％が暴力団関連企業・団体への貸し付けであると言われているが、大手金融機関の大型倒産が報じられても、広域暴力団が解散に追い込まれたという話は聞かない。

1988年のわたしのアメリカ合衆国での実態調査によれば、日本の暴力団による「loansark」（高利貸し）が大きな問題になっていた。しかし、最近の不景気で、日本企業が海外から続々撤退し始めており、暴力団の海外での非合法経済活動は鳴りを潜めている。その結果、今度は、わが国が外国の犯罪組織の拠点や中継地になり始め、「縄張り争い」という点では、ボーダーレス化が急速に進んでおり、市街地での銃撃戦に見られるように、一般市民の平和と安全が脅かされつつある。

暴力団の資金源としての「人身売買」・「臓器売買」が海外の犯罪組織と連携して横行している。少女売春や児童ポルノのために家出少女や援助交際をやっている少女などに覚せい剤などを打って中毒・依存症にして、悪質業者などに売り飛ばしたり、臓器不足につけ込んで、東南アジアの国々で臓器を買い漁ったり、臓器移植パックツアーなどで不当な利益をあげている。

［3］ 刑事政策の二極化と刑事制裁制度の在り方

(1) 刑事政策の二極化論とは何か

この「刑事政策の二極化」という表現も、森下忠博士が、わが国では最初に論文のタイトルとして使用され定義づけられたものである。それによると、「『二極化』とは、『きびしい方向』と『ゆるやかな方向』とに分かれて行くことを意味する。言いかえると、犯罪防止および犯罪者の処遇の領域において、『危険な犯罪者』に対しては峻厳な方策をもって臨むが、ある程度の『改善可能性がある犯罪者』に対しては緩和された方策をもって臨むことである。このような刑事政策は、両極刑事政策（politique criminelle bipolaire）と呼ばれている」（『』は筆者）としておられる[1]。

つまり、この「二極」とは、やわらか（ソフト）な刑事政策と厳しい（ハード）

刑事政策の両極を指して言うのである。

わたしもかって以下のようなことを書いたことがある。即ち、「『刑事政策』の目的は、犯罪の予防、社会秩序の維持、犯罪の被害者の救済を実現するとともに、犯罪を行った者の再教育、再社会化、社会復帰などを成功させることにある。そして、その目的達成の道（モデル）を探求することが刑事政策『学』の課題である。私は、こうした『二律背反の原理』から『調和の原理』へという問題意識を前提にして、『ハード（厳格）な刑事政策』と『ソフト（寛容）な刑事政策』という犯罪対策を二極化させていく必要があると考えている。そして、その場合でも刑事政策の担い手は、刑事政策がまさに『ウルチマ・ラチオ』（最後の手段）であることを自覚すべきであろう。」[2]と述べた。

では、刑事政策の「二極化」とは、具体的には何を意味しているのであろうか。

例えば、「ハードな刑事政策」による徹底した厳しい法的対応が必要とされるような犯罪類型には、暴力団犯罪、薬物犯罪、人格障害犯罪者による殺人・放火などの重大犯罪の反復行為、テロ行為、複数の被害者が出るような通り魔的殺人や放火、更に、重強盗、幼児誘拐、ハンディキャップを持った人（身体障害者、老人も含まれる）への虐待行為、身体的弱者（女性や子供など）への性的虐待行為、政治家や上級公務員の汚職行為、公害犯罪などを列挙することができる[3]。

それに対して「ソフト（寛容）な刑事政策」による対応で十分な犯罪類型としては、例えば、わいせつ文書（勿論、ここでは性器露出を伴う性交場面を扱った「ハード」コアの文書は除外される）の頒布、単純売春、初期（妊娠3カ月以前）堕胎、単純賭博、大麻の自己使用目的の少量の単純所持などのいわゆる「被害者なき犯罪」といわれるような犯罪行為、また、被害額1万円以下の「万引」などの単純窃盗や器物損壊、軽い公然わいせつ、遺失物横領、その他の被害法益が比較的軽微な犯罪（例えば、喧嘩などによる暴行や軽い傷害、下級公務員などによるホワイト・カラー犯罪、軽微な交通犯罪）などを列挙する[4]ことができよう。

なお、少年犯罪・非行に対する刑事政策についての検討は、原則として、教育的・保護的視点からのアプローチが必要となるので、別稿に譲りたい。

(2) 刑事政策の二極化と刑事制裁の三元化

　さて、刑事政策が前述したように「ハード」と「ソフト」という「二極化」の傾向を持ってくると、それを具体的に実現する手段として「刑事制裁」が用いられるが、その「刑事制裁」制度は、その「二極化」現象とどのような関係に立ちつつ運用されていくのがベストであろうかの検討が必要になってくる。

　わたしは、すでに、「刑事制裁」システムとしては、「三元制」を主張している[5]。即ち、その刑事制裁の三元制とは、①刑罰、②刑事「処分」、③刑事「和解」の3種類の制裁システムを想定した制度である。

　刑事政策の二極化の視点からこの「三元制」を見てみると、例えば、①刑罰においてもその二極化を見ることができるのである。つまり、「ハードな刑事政策」を支える「刑罰」には、「死刑」の適用——あくまでも現行法上ではあるが、但し、わたしは「死刑廃止論」者なので「死刑」はわたしの「刑罰」観には入ってこない——や「無期自由刑」などの「長期自由刑」の下での施設内処遇が想定されるし、「ソフトな刑事政策」を支える「刑罰」には、自由の剥奪を伴わない財産刑が最適であるといえよう。

　財産刑は、確かに、自由剥奪を伴わないという意味では、「ソフトな刑事政策」を実現させる刑罰ではある。しかし、暴力団犯罪や薬物犯罪対策として有効であるとして脚光を浴び始めたのが不正収益の全額の「没収」や「不正収益剥奪」（ドイツでは、新たに「資産」刑とか「収奪」刑とした）などの制度は「ハードな刑事政策」である。けだし、これらの財産刑は、財産刑の常識を破って巨額の不正収益を奪い取ることができるのである。独占禁止法95条（両罰規定）では最高罰金5億円以下とし、「金融商品取引法」207条（両罰規定）では罰金7億円以下として「法人」からの財産的利益の剥奪をしようとしている。この両法の改正による億単位の「罰金」額を規定したことにより「罰金刑」のイメージが、罰金は軽微事犯にというものから重大犯罪にも適用されるという変化が生まれてきた。

　また、暴力団犯罪に対する「ハードな刑事政策」として、例えば、麻薬二法に見られるように、暴力団の不正収益の根こそぎ「没収」や「剥奪」、「マネー・ローンダリング（資金洗浄）」などで得られた不正収益の徹底剥奪などがあるが、

これらは財産刑とは言っても多額の利益の剥奪を伴うという点でも「ハードな刑事政策」の1つと言えよう[6]。

さて、わたしは、現代の刑事制裁は、犯罪者の真の社会復帰（特別予防的機能）に資するものでなければならないという考え方を支持し、かつ、人道主義的刑事政策の推進というテーマを追究する立場からの帰結として「死刑」制度の廃止を主張している[7]。この「死刑」は、刑罰として最も残酷である反面、一般予防的にもなお有効である点は完全には否定できない。死刑を廃止するにしても、こうした一定の刑事政策的効果の代替を期待できるような——勿論、「死刑」制度は社会復帰をもって刑事政策の目的達成とする立場とは真っ向から対立する——刑罰を考えていく必要があろう。先進諸外国と比べると殺人事件数は極端に少ないが、わが国においても「死刑」適用が相当と思われるような残虐かつ重大な犯罪が次々に発生している（例えば、死者13名を出した「東京地下鉄サリン事件」）。従って、「死刑」制度を廃止した後の代替刑としては、執行刑期20年以上を前提とした「特別無期自由刑」が考えられよう。

尚、蛇足ながら「最近の死刑廃止運動」に関して若干のコメントをすると、「死刑廃止」論がある特定の運動体により推進されているようで何か恐ろしささえ感ずる。けだし、その運動の中心になっている学者のメンバーの多くが、つい昨日まで、刑法改正絶対反対、保安処分導入絶対反対、犯罪者処遇思想の否定を唱えていたからである。後に詳しく証明するように、「被害者の感情」を無視したり、「行為者への処遇的働きかけ」、つまり「犯罪者処遇思想」に強く反対するために精神障害「凶悪」犯罪者（筆者注：この論文が書かれた1995年当時は、「精神障害犯罪者」という用語を使っていたが、本書は、「触法精神障害者」としたい）に対しても「刑事治療処分」は「必要性がない」との根拠を持ち出してその導入に強く反対していたのである[8]。もし、彼らの運動体が勝利を納めて「死刑」が廃止されてしまうことになると、「ソフトな刑事政策」の大幅な推進の傾向と相俟って、まさに「犯罪者天国」、「触法精神障害者天国」、「被害者はやられ損」、「死刑を廃止して私刑の復活」、という事態に発展しないとは誰も断言できない。こうした刑事政策的に無定見、不見識な「死刑廃止論・運動」を支持したり、その運動体に参加することは出来ない。「被害者の救済」

を等閑視したり、「死刑」に代替する「ハードな刑事政策」を具体的に示さないか、又は示せない廃止論にはとても危険を感じかつ信用できないものがある。わたしは、刑事政策学の研究者としてどの政治イデオロギーにも偏しない中道（中立）の立場から独自の「死刑廃止論」を展開していくことによって、一日も早い「死刑廃止」を実現させたいと思っている（詳細は、第2編第2章を参照）。

(1) 森下忠「刑事政策の二極化」矯正協会編『矯正協会百周年記念論文集』第1巻（1988年）45頁。もっとも、この「二極化」という表現を用いた最初の本邦の論文は、吉岡一男「刑罰の犯罪処理機能」『平場博士還暦論集』（1977年）307頁であるとされる（瀬川晃『犯罪者の社会内処遇』（1991年）7頁）。また、瀬川晃「イギリス犯罪学の現代的課題—モラルパニック論—」犯罪社会学研究（1982年）7号214頁では、ボトムス（A. Bottoms: Reflections on the Renaissance of Dangerousness. Howard J. of Penology, XVI, 1977, pp. 70-96.）の二極化政策（bifurcation in penal policy）につき紹介がある。
(2) 拙著・前掲書（入門）28頁以下。宮澤浩一「犯罪者処遇思想の変遷と我が国の刑事政策の現状」犯罪と非行（1994年）100号14頁では「刑事政策の二元主義化」としている。
(3) 森下教授は前掲論文（注(1)）55頁以下で、テロ犯罪、組織犯罪、薬物犯罪の3類型に限定して検討しておられる。また、「政治家の犯罪」については拙著『暴力団』（岩波ブックレット No.323、1993年）を参照されたい。
(4) 森下・前掲論文47頁以下。
(5) 拙稿「刑事『和解』は第三の刑事制裁たり得るか」法学教室（1994年）158号69頁。
(6) 拙著『組織犯罪の研究—マフィア、ラ・コーザ・ノストラ、暴力団の比較研究—』（1992年）153頁以下。
(7) 拙稿「ボーダーレス時代における『死刑』存廃論」法学教室（1993年）154号83頁以下、拙著（入門）134頁以下。
(8) 日弁連の旧刑法改正阻止実行委員会の反対運動。日弁連編『揺れ動く保安処分—ヨーロッパの精神医療・保安処分を調査して—』（1983年）は、タイトルの如くヨーロッパの保安処分が「揺れ動き」廃止の方向に向かっているような論調で紹介・報告しているが、その後、今日までに果して保安処分が、とくに「刑事治療処分」が廃止された国があるか、どこにもないのである。この報告書が如何に「反対のため」の表層的、先入見的な見学旅行記であったか、歴史が既に判断を下したのである。また、村井敏邦「『治療処分』論批判」（下）法律時報（1982

年）54巻6号89頁以下などもその代表である。中山研一『刑法改正と保安処分』（1986年）も当時の「保安処分論争」をその反対の立場から詳しく検討している。こういう刑事政策論を展開していた人達が、中心になって急に「加害者の人権」を持ち出して「死刑」廃止運動を展開しても、同じ「死刑廃止論」を展開しているわれわれとしては共通の土俵に登り得ないのである。刑法改正に明確な立場、少なくとも過去の主張を克服したことを表明してもらいたいものである。

1. 刑罰の適用と二極化傾向

周知のように、現行刑法9条は、刑罰の種類として、「死刑、懲役、禁錮、罰金、拘留、科料」の6種類の主刑と附加刑の「没収」とを規定している。

この刑罰制度の運用と刑事政策の二極化傾向とを結び付けて検討してみると、例えば、「死刑」の廃止論は、まさに刑罰の人道主義的緩和化、「ソフトな刑事政策思想」の具体的実現の典型的な動きであろう。とくにその弊害がつとに指摘されている短期自由刑の科刑回避の動きは、まさに「ソフトな刑事政策」の一例である。しかし、現行法には勿論のこと、改正刑法草案においてもまた、例えば、ドイツ刑法47条1項「行為又は行為者の人格に存する特別の事情により、自由刑を科すことが犯人に対する作用のため又は法秩序の防衛のために不可欠である場合に限り、裁判所は6月未満の自由刑を科する」とする規定のように、可能な限り「短期」自由刑を回避して、財産刑により代替させようとする「ソフトな刑事政策」的傾向は見られない。わが刑法改正論争や改正案作成においてもこうした視点を盛り込んでいく必要があろう。

そして、具体的な刑罰とくに自由刑の適用・運用・執行においても二極化の傾向がはっきりと出てきている。

例えば、微罪処分、不起訴処分、刑の執行猶予、仮釈放などの判断の時にソフトな刑事政策的配慮が見られるし、「施設内処遇から社会内処遇へ」、「閉鎖処遇→中間処遇（半ドア・システム）→開放処遇」などといった動きにもその考え方が表われている。そして、「ハードな刑事政策」をあくまで推進しようとすれば、ソフトな方策を全てストップして、法規定に忠実にかつ厳罰主義を徹底させ科刑を法定刑の上限に集中させ、収容の長期化などを行っていけば、

「ハードな刑事政策」そのものになると言えよう。「ジャスト・デザート論」は、その適用の如何では、こうした政策を補強する理論となろう。

　また、自由刑が全てハードで財産刑は全て自由刑より軽くソフトな刑罰であるとは言えないのである。刑法典上の罰金刑の上限は250万円であるが、特別法の、例えば、独禁法では5億円、金取法では7億円の罰金が定められているからである。また、「没収」も、刑罰的性格通りに運用されれば、主刑に該当する犯罪行為の責任の範囲内での「没収」に留まるが、それが最近の判例により認められたように「保安処分」的性格を重視した適用のされ方をするとき、或いは、麻薬特例法上の不正収益の「剥奪」、ドイツ刑法で「マネー・ローンダリング」の目的で使用された「汚れた金」を没収してしまう「収奪」ということになれば、財産刑の適用ではあってもやはり「ハードな刑事政策」と言うことができよう。

　さて、わが国には「触法精神障害者」に対する「刑事治療処分制度」がないので、その代替として刑事制裁とは全く別の都道府県知事の裁量行為（行政処分）である「措置入院」制度（精神保健福祉法29条）による運用がなされている。こうした触法精神障害者の一部の者に対しても「ハードな刑事政策」としての刑事治療処分制度の導入が必要である。

　わが国の「触法精神障害者」に対する法的対応に関する論争にとって不幸なのは、「刑事治療処分」の導入に反対する刑法学者が、病者に対する偽善的ヒューマニズム（つまり「被害者の人権」を全く考慮していないという点も含めて）によって凶悪な触法行為を行った精神障害者であっても刑罰に代替する「刑事治療処分」に付すことに反対し、「被害者の応報感情の鎮静策」をないがしろにしていることである。ここでの「被害者の応報感情の鎮静策」という意味は、決して、「被害者補償」を金銭的に解決すればよいということではない。むしろ被害者側にとっては、「何の罪もない家族」がある日突然、全く理不尽にもその命を奪われてしまったことに対して持つ「被害者感情」や「復讐心」を慰めることは、およそ1,000万円程度の給付金の支給だけでは出来るものではないということである。この「給付金」による「被害者の救済」は、行為者自身による責任の負担が全くないという点を看過してはならない。被害者感情が本

当に鎮静するのは、遺族の「犯人を八ツ裂きにしてやりたい」と思うような強い復讐心を国家が独占している刑罰（制裁）権でもって被害者に代って満足させることができた時であろう。勿論、現代では絶対応報的「制裁」は承認されるはずはないし、残虐な制裁の執行も許されない。では、どういう制裁で、どういう執行をしたら「被害者の復讐心」を鎮静させることができるのであろうか。従って、わたしは、「刑事治療処分」制度を即刻導入し、行為者の社会復帰のため法的手続を確立するとともに、それがたとえ精神障害者で責任無能力の精神状態の下で実行された触法行為の場合であっても殺害されたり、重傷を負わされたりした被害者が存在し、なお再犯の危険性が大である場合には、ドイツのように刑事裁判所が必ず介入し、判決後の犯人の将来にも何らかの形で司法の介入を承認していくべきであろうと主張している（本書第1編は、ドイツ型の刑事制裁論を中心に論じた。）[1]。

　起訴便宜主義を維持するわが国における「触法精神障害者」をめぐる最近の処理状況は、約90％のケースが検察官の判断で司法前の判断で「不起訴」処分になってしまっている[2]。このように殆んどのケースが裁判にもならずに処理されてしまっている状況に、これではまさに「虫ケラ」の如く殺されてしまった被害者の家族の怒りの気持は決して納まることはないであろう。こうした事件処理の積み重ねが徐々に司法不信へとつながっていくことになろう。そして、やがて、「治療」の名の下に患者に対する「私刑」や「虐待」が黙認され、また、戦前の「精神病者監護法」の世界へと逆行していくことになろう（この点についても本書第1編第2章第2節以下で詳しく論じた）。

　もし、現行の運用通りに精神保健福祉法に「刑事治療処分」の性格を持たせる方向を追認するのであれば、せめて、重大・凶悪事件に関しては検察官の不起訴処分決定後の処理に裁判官の何らかの関与が可能なようなシステム（可能ならばドイツの「執行裁判官制度」の導入も効果的であろう）に改正していく必要があろう。例えば、検察官の通報にもっと強制処分のニュアンスを持たせ、都道府県知事は、この通報の場合には、検察官の処分決定後に余程の事情の変更のない限り、必ず「措置入院」させなければならないようにすること、更に、もし、知事がとくに「執行猶予」になった患者に「措置入院」命令を出さなか

った場合には、「軽微犯罪」の場合には「不措置」理由を添付して検察官に通知し、重大触法事件の場合には、「逆送事件」として身柄とともに検察庁に送致し、検察側では逆送致書類を精査して「起訴猶予」を取り消して起訴し裁判官の司法判断に委ねるルートを新たに作る必要があろう。いずれにしても「起訴便宜主義の濫用」は、やがては裁判制度、司法制度への不信につながっていくことになろう。他人の法益を不法に侵害した者には何らかの制裁を科すという法治国家のミニマム・スタンダードを堅持していかなければならない。

　但し、前記の提案は、現行の精神保健福祉法体制を前提としたものであるので、このように「触法精神障害者」の取扱いについて検察官の先議権を益々強化することになり、戦前の精神病者監護法体制下の「監護処分」的取扱いに逆行してしまうことになる危険性は十分にあると言えよう。

　旧精神衛生法は昭和25（1950）年に、この「精神病者監護法」体制を克服し、「医療法」としての側面の重視をモットーにしてスタートしたはずである。ところが、厚生省「処遇困難例」研究班の提言に見られるように精神保健福祉法を「医療法的性格から治安法的性格」に重点変更を行っていこうとする動きが見られる。「刑事治療処分」という「司法処分」を否定し、まさにポリス・パワーである行政処分で全てがまかなえるという発想の背後には、「犯罪者の処遇」も含めて「医療が全てを解決する」、「メディカル・モデルは万能」という精神医療専門家の思い上がった考え方があるように思われる。重大触法行為を繰り返し行う危険性がある精神障害者の問題までも私達が全てを解決しますと言われても、現にそういうタイプの患者による殺人などの重大違法行為の犠牲になる人が跡を絶たない現状についてどう納得のいく説明をしようとするのであろうか。こういう「医療万能＝司法不信」の「反法治国家思想」・「反処遇思想」を現役の精神科医や刑事法学者の一部が支持し、そういう立場の者たちだけで研究班を構成、その提案を受け入れようとする厚労省の姿勢も刑事司法制度の無視、司法不信であると批判されても反論の余地はなかろう。

　また一方で司法当局は、この問題で厚労省の独走を許すことになれば、その刑事司法担当者としての鼎の軽重を問われることになろう。但し、こうした疑問や批判を解決するために「心神喪失者等医療観察法」（2003年）が立法され

たが、後述するように、その運用に関しても多くの批判が寄せられている。

2.「刑事和解」導入と刑事制裁の三元制システム

ここまでは、刑事政策の二極化と犯罪者処遇思想の関係につき「刑罰と刑事（治療）処分」の二元制モデルの導入を紹介することによって新しい「犯罪者処遇」モデルを提言しようとしたのである。犯罪者処遇の場面が「施設内処遇（自由剥奪を伴う刑罰）から社会内処遇へと移行した」と言われてすでに久しいが、「刑事和解」導入に伴い刑事制裁の三元制モデルにあてはめて検討してみるとしよう。

まず、刑事制裁の三元制とは、①刑罰（憲法、刑法、刑訴法を根拠に刑事裁判により決定される「刑事司法的措置」である）、②刑事処分（「保安処分」とも言われ、わが国では「治療処分」と「禁絶処分」の2種類だけが導入論議の対象になっている。「刑事治療処分」は立法化されていないので、精神保健福祉法の「措置入院」による代替的措置が取られている。しかし、この入院命令は、都道府県知事による裁量行為で「行政処分」であり、刑事制裁ではない。最近、施行された「医療観察法」の「観察入院」「指定入院」は「司法処分」ではあるが「刑事処分」ではないので「刑事制裁」ではない）、③刑事和解（第3の「刑事制裁」とも言われるが、損害賠償や示談という民事上の措置からヒントを得て「被害弁償」により行為者（加害者）と被害者の和解を導き、それにより再犯の防止と法秩序の回復を目ざそうとする「民事法的措置」と言えよう）の3つの形態をまとめた総称である。

ここでは「ソフトな刑事政策」の典型例として「刑事和解」という第3の刑事制裁とも言われる新たな制裁制度につき概観しておきたい。

① 第3の刑事制裁モデル＝刑事「和解」とは

ここに「刑事和解」とは、犯罪行為者が犯罪被害者側（遺族・法定代理人などを含む）に損害や被害の賠償をしたり弁償したりすることにより、当事間で法的平和を回復しそれにより事件を解決し処理することができる自由剥奪を伴わない刑事制裁の一種である。つまり、「和解」とは、犯罪によって発生した被害が行為者の任意の積極的な回復行為を条件にして、当事者間での話し合いにより事件を処理することを言う。しかし、この「刑事和解」は、民事上の損

害賠償とも違うし、示談や調停とも違う。一種の刑事制裁なので、犯罪事実の認定も含めて、検察庁や裁判所の刑事司法的介入が前提となっている。そして、刑事「和解」モデルには、いろいろあるが、「弁償」や「賠償」による損害（被害）の回復がなされて「和解」が成立するというモデルが刑事政策的には多くの賛同を得られるモデルであると言えよう。

例えば、ドイツで実施されている「加害者＝被害者＝和解」モデル（Täter=Opfer=Ausgleich:「TOA」モデル）が、その代表的なモデルの1つである[3]。

しかし、ドイツにおける「和解」モデルの沿革を見ると、こうした成人犯罪者に対する第3の刑事制裁モデルとして刑事政策的に意識される前に、主に、対象者を少年犯罪者に限定して実験的に実施されてきた。こうした少年犯罪者をその対象者として想定したタイプの「和解」モデルは、「刑事制裁」モデルの一種というより「教育・保護」モデルの性格の強いものであった。ところが、こうした「和解」モデルが、自由剥奪を伴う刑事制裁である「刑罰」や「処分」に代って刑事制裁の1つとして執行されるとなると、「弁償」など金銭による具体的な「損害」の回復が行われることが条件となってくる。そこで、ドイツでは、刑事「和解」モデルという表現から「弁償（Wiedergutmachung）」モデルという表現に変ってきている。

そこで、ドイツの専門家フレエゼェーは、可罰的損害の弁償（賠償）の概念と構造を次の5つの側面から検討している。つまり、それは、①弁償と公的補塡、②弁償と民事法上の損害賠償、③刑事法上の弁償、④弁償としての「社会奉仕労働」、⑤損害回復と「行為者＝被害者＝和解」の5つの視点である。

どういう形の「損害回復」・「弁償」モデルを採用するにせよ、被害者への「損害回復」がなされ、実質的に被害者の損害や被害が回復されることにより被害者の復讐心も癒され、加害者が希望する和解交渉にも応じる条件が備わることが、刑事「和解」が刑事制裁の1つのモデルとして刑事政策的に認知されることの意味であろう。

② 「刑事和解」モデルはわが国の刑事政策に導入可能か

わが国の刑事制裁体系は刑罰一元制である。これは、ボーダーレス社会の刑事制裁モデルとしては、信じられない程の古びたアイディアの残存である。「刑

事治療処分」を導入して「刑と処分の二元制」さえも実現できていないところへ、「刑・処分・和解」の三元制モデルの導入などおよそ不可能なアイディアであり、学者の絵空事と片付けられそうなアイディアでもある。

　しかし、わが国の現行法の解釈・運用実態を検討してみると、「刑事和解」を立法化までに持っていこうとしている諸外国ほど体系的、統一的なアイディアでもなく、また、モデルとして具体化したものではないが、実務上、この「弁償」・「損害回復」モデルに近い制度が幾つかあるのである。つまり、刑事司法手続における「被害者の保護とか法的地位とか」の側面から見てみると、例えば、刑事訴訟法246条但書の「検察官の指定した事件」については司法警察員は事件の送致をしなくてもよいことになっている（微罪処分）。この不送致の要件として、例えば、①被害額1万円以下の財産犯で、②被害者への「弁償」が行われている、という2点が挙げられている。また、刑訴法248条による「不起訴」処分の決定に際して「犯罪後の情況」の中に「被害弁償」が行われていることも考慮されるとされる。更に、刑法25条による刑の執行猶予の場合に「情状に因り」の中にやはり「被害弁償」が完了し、被害者が寛大な処分を嘆願しているような場合を含むとされている。

　しかし、このような現行法上の処置は、どうしても「金持ち有利」の方向に働かざるを得ない面があるといえよう。罰金支払能力のない者は、労役場留置により実質的な「自由刑」の執行を受けねばならないし、「弁償」能力のない者は、事件を送致され、起訴され、実刑を受けざるを得ないという結果になっているのではなかろうか。もし、支払能力の有無によるセレクティブ・サンクションが行われているとすれば、諸外国で立法化の動きのある刑事「和解」モデルを参考にして、経済差別的な刑事政策を克服していく必要があるように思われる。そして、罰金未納者の労役場留置に代替するモデルとされる「社会奉仕命令」モデルの導入を提唱したように、この「和解」モデルにおいても「弁償能力」なき者への「社会奉仕命令」モデルの導入の提唱をしておきたい。

（1）　また、旧厚生省「厚生科学研究」班（座長・道下忠蔵）が1990年に発表した「精神科医療領域における他害と処遇困難性に関する研究」は、まさに、「刑事治

療処分」導入反対を前提にして、「精神保健法」による「処遇困難例」対策を提案している。この提案は、「精神保健法」の保安処分体制に更に「屋上屋を架す」ものであり、同法の「医療法的純化」を提唱するわたしの立場からは到底承認できるものではない（これにつき詳しくは、拙稿「刑事法的視点からの『精神保健法』の見直し―とくに『処遇困難例』構想に反対の立場から―」日精協誌（1992年）11巻2号9頁以下を参照されたい）。そして、この研究班には、大谷實、町野朔両教授が参加されたようであるが、この両教授は、かって「治療処分」の導入には賛成であった（例えば、町野「保安処分と精神医療」ジュリスト（1982年）772号23頁以下では、「精神衛生法を医療法として純化する立場から、措置入院に代って改正刑法草案作成過程で提案の『B案』を支持する」（『』は筆者）としていた）が、両教授ともこの「研究班」の中心的メンバーとして活躍され、結局、「治療処分」導入反対論・消極論に転じられた。とくに大谷實『精神保健法』（1991年）173頁以下では、治療処分の導入よりも「処遇困難者対策」を重視することを主張している。また、これらの反対論と同旨の立場に、秋葉悦子「処遇困難者施設について―フランスの制度との比較法的考察」上智法学（1991年）35巻3号29頁以下がある。これらの反対論の特徴は、ヨーロッパの保安処分制度といってもイギリスとフランスの法制度の紹介を中心にした情報を基にして展開されているところにある。われわれの賛成論は、ドイツの刑法、刑訴法、刑事政策に関する実証的、比較法的検討を基に展開されている。上記「研究班」の中にも「反対論」者の中にもドイツの状況を詳しく比較研究、検討、評価した人はいない。わが国の刑法理論や刑事法研究がドイツ刑事法を中心になされてきた――例えば、責任論、責任能力論においても同様――ことを思えば、ドイツの状況に全く触れずに「処遇困難例」プロジェクトを提案したり、「治療処分」の導入に反対したりするのは、学者として軽率の誹りをまぬがれない。例えば、拙稿「西ドイツにおける精神障害犯罪者に対する『精神病院収容処分』執行法に関する諸問題」法学研究（1987年）60巻2号など全然読まれていないようで、それでヨーロッパのとくにドイツの改善・保安処分を論じ得るのが不思議である（勿論、ドイツ法だけが比較法の対象ではない。しかし、わが国の刑事法理論の沿革史を知る者としては、少なくとも保安処分論や刑事責任能力論にドイツの理論・実態の状況を考慮しなかった理由だけでも明らかにしてほしいものである）。また、前述私見と同旨のものとして、弁護士の永野貫太郎『処遇困難』患者と人権」日精協誌（1990年）9巻10号28頁がある。
(2) 拙稿「『精神障害』被疑者に対する起訴猶予処分の再検討」法と精神医療（1993年）6号24頁以下。

(3) ドイツに関しては、拙著・前掲書『刑事政策学入門』363頁以下、同『ボーダーレス時代の刑事政策』（改訂版・1999年）135頁以下のほかに、高橋則夫「刑法における損害回復論—刑法理論的・解釈論的アプローチ—」刑法雑誌（1992年）32巻3号15頁以下、ヒルシュ（吉田敏雄訳）「刑法における弁償」（上）北海学園大学法学研究（1992年）28巻2号77頁以下、（中）28巻3号129頁以下、（下）29巻1号141頁以下、宮澤浩一「ドイツにおける刑事政策の新しい動き—『損害回復』に関する『対案』」（その1）・（その2）時の法令（1992年）1430号38頁・1432号56頁以下、など多数ある。アメリカに関しても、佐伯仁志「刑罰としての損害賠償—アメリカ合衆国連邦法を素材として—」『平野龍一博士古稀論集』下巻（1991年）87頁以下など多数ある。

[4] 反処遇思想（医療モデルの克服）と新しい犯罪者処遇モデルの誕生

(1) 「犯罪者処遇」モデルとは

わたしは、かつて刑事政策の意義について「犯罪の鎮圧、予防、犯罪者の社会復帰のための処遇、被害者の救済などに向けられた国家、地方公共団体の活動を指称する」[1]と定義した。この定義の特徴や刑事政策の対象領域をもっぱら犯罪の対策と犯罪者の処遇に限定したことと、従来の刑事政策の定義づけには見られなかった「被害者の救済」をその対象としたことである[2]。もっともこの定義で「犯罪の対策と犯罪者の処遇」に限定したことに対しては森下忠博士からの批判がある。これに関して森下博士は、「わが国には、犯罪者処遇の意義をやや狭く捉えて、矯正処遇と保護的処遇を合わせたものに限定する見解がある。そこでは、犯罪者の『処遇』とは、裁判所によってなされる司法的判断に基づいて、原則として、司法機関以外の公的またはそれに準ずる機関によって、対象者の社会復帰と社会の安全の確保のためになされ働きかけや援助などをいう、と理解されている。しかし、『犯罪者の処遇』という観念が国際的に広い意味で理解されているのであるから、このように狭く解する必要はないように思われる」[3]とされた上で、「犯罪者処遇」の観念の中には、司法的処遇、矯正処遇、保護的処遇の3つの処遇モデルを含めて考えるべきことを強調され

ている。

　森下博士と私見の相異は「犯罪者の処遇」の意義に関してあるように思われる。やや細かな論議になりそうであるが、上記で検討した「二極化論」との関係で重要なポイントになると思われるので、もう少しこの点につき論議を展開してみたい。

　わたしは、刑事政策の定義づけのところで用いた「犯罪者の『処遇』」という表現に見られる「処遇」と具体的に有罪を認定されたり、精神障害なるが故に裁判では無罪になったが、なお再犯の「危険性」と「治療可能性」とを前提とした、何らかの個別的、特別な「処遇」が必要と認定されたりした者に対する「取扱い」という意味での「処遇」という表現とでは区別をしている。即ち、前者は広義の「処遇」を意味し、後者は狭義のそれを意味しているのである。狭義の意味では、当該行為者の社会復帰に向けての個別的な「取扱い」をその内容としているのである。

　さて、狭義の「処遇」の意味をこのように理解すると、その「処遇」の内容は、対象者のそれぞれに適応した個別的、具体的にならざるを得ない。そして、その具体的な実施方法としては、行動科学の知見から得られた「個別療法」、「集団療法」、「社会治療法」などの伝統的な「社会復帰へ向けての」処遇方法がある。

　しかし、こうした伝統的な処遇方法に対しては、①受刑者の様々な自由権を侵害することになり好ましくない、②自由剥奪下でいくら「受刑者の同意」の下に行われる社会復帰のための教育、職業訓練でも、本当の意味での成果は得られない、③やたらと「処遇」関連の費用がかかる割にはたいした成果を挙げられない、④それよりも何よりもそもそも受刑者に半強制的に「社会復帰プログラム」を押し付けるのは非人道的である、⑤「処遇」費用をそんなに使うなら、そうした予算を他に配分すべきだし、上に言うようにそんなに成果があがっていないのならば、行刑予算の無駄遣いである、などといった反対意見、すなわち「反処遇思想」が登場してきたのである。

　たしかに1970年代は、処遇思想とくに「医療モデル」などの個別的処遇方法などに対しては、「自由剥奪を伴った拘禁環境の中で徹底して受刑者を改善

しようとするのは、法による過干渉であり、非人間的でさえある」として強い反対が起こり、こうした「処遇モデル」を克服しようとする動きが、スカンジナビア諸国やアメリカ合衆国を中心にして起こってきた[4]。

例えば、デンマークでは、刑事拘禁（施設内処遇）は、最後の手段（ultima ratio）として利用されるべきで、それは、単に、隔離し、もって処罰することにとどまり、拘禁により犯罪者の生活態度や行動様式を強制的に変化させるものではないと考えられるようになった。そして、1973年の刑法の大改正の際に、「不定期刑」は、「収容者を何時釈放するかを告げず、不定期に処遇することは、彼らを心理的にも極めて不安定な状態に置くことになり、非人間的である」などとして廃止してしまった。また、この改正の時に、わたしも2度ほど訪れ、ドイツの「社会治療施設」のモデルにもなった「精神病質犯罪者のための改善処分施設ヘルシュテッドヴェスター収容所」は普通の医療刑務所へと模様替えしてしまった[5]。

(2) 反処遇思想（医療モデルの克服）がもたらしたもの

また、アメリカ合衆国においても、例えば、受刑者を拘禁中に徹底して再教育し、社会復帰させるという処遇思想の下に生まれた「不定期刑制度」が多くの州で失敗し、カリフォルニア州では1977年7月についにこの制度を廃止し、現在では全米の半数にあたる27州でこの制度が廃止されたといわれる[6]。

また、1970年代の連邦矯正局長を勤めたカールソン（Carlson）氏も、犯罪を疾病と見做し、刑事施設の中での強制的な治療を容認してきた「医療モデル」を克服し、犯罪者の自主性に基づく社会復帰と拘禁のもつ「威嚇」、「応報」の機能を調和させるような均衡のとれた「新しい処遇モデル」を見出すような努力をしなければならないとしている[7]。そして、彼は、シカゴ大学のノーバル・モーリス（Norval Morris）教授の提唱にかかる「モーリス・モデル」を支持し、そのモデル通りにノース・カロライナ州に「バトナー連邦矯正施設」を建設させたのである[8]。そして、この「モーリス・モデル」やバトナーでの処遇モデルが、われわれの「ビーレフェルト・モデル」に大きな影響を与え、現在もドイツ各地の社会治療施設——とくにハンブルクのアルテンガメ社会治療施設

——の基本構想の中に生かされているのである。

　ところで、モーリス教授は、その著書『刑事拘禁の将来』(The Future of Imprisonment, 1974) の中でフォーゲル元ミネソタ州矯正局長の「公正モデル (Justice Model)」——このモデルは、①定期刑の確保、②パロール・ボードの廃止、③大刑務所から小規模施設収容（収容最高人員100名以下）への転換、④受刑者の自治の承認、⑤問題解決のための手続の規定、⑥受刑者に対する法的援助の規定、などをその基本構想とする——の提唱（1975年）[9]より僅かに早く、具体的に新しい処遇モデルを提案した。つまり、モーリス教授は、「刑事拘禁を否定するのではなく、むしろ、それを合理的な刑事司法制度の1つであると見做した上で、刑罰の本来の目的を応報と一般予防に求めている。しかし、彼は、犯罪者を処遇するために、ただ単に刑務所へ送ったり、彼らを危険であるという理由だけで拘禁してもよいなどとは考えていない。彼は、一般予防のために必然的に処罰された拘禁者に対しては、十分な安全が確保され、訓練や自己変革のための援助が与えられなければならないと主張している。また、彼は、いわゆる『医療モデル』が受刑者にその心理的変更を強制的に要求する面があるとし、それを克服して、受刑者が自己変革について責任を持てるような、また、専門家による各種の処遇プログラムに主体的に参加できるような施設の雰囲気を作ることが必要であると主張している。その場合、処遇プログラムは、つねに、受刑者の社会復帰と結びつくもので、それに参加することにより受刑者が自己を変革してみようと思うような魅力のある内容のもので、処遇スタッフと収容者の協働作業によって行われるような合作的形式のものが望ましいとしている。そして、この『モーリス・モデル』は、前述のように、バトナー（Butner）連邦矯正施設で実験的に実施され、とくに『暴力性累犯受刑者』に対して成果が挙がっている」ことが報告されている[10]。

　わが国でも約10年程遅れて1980年代になりラベリング論やディヴァージョン論が盛んに論じられた。その際必ずその論拠とされたのが「施設内処遇の弊害」、「実刑によるレッテル貼りの弊害」、「行刑費用のコスト高」などであった。そして、こうした主張を繰返したのは、あまり行刑の実態を知らないかなり表層的な比較法——とくにアメリカ法——的研究手法で善しとする学者や実務家

達であった。

　わたしは、当時の西ドイツで刑務所長や行刑現場の心理専門家、ソーシャル・ワーカーら約50人と「社会治療施設」に関する研究プロジェクトを作り、1970年代から80年代半ばにかけて共同研究をした経験[11]やわが国の刑事施設を網走から熊本・宮崎にかけて限りなく何度も何度も訪問して、実態調査なども繰り返し行った経験など[12]を通して、アメリカ合衆国やスカンジナビア諸国での「反処遇思想運動」に疑問を抱いていた。百聞は一見に如かずの格言通りこれらの国々に何度も──但し、これらの国々で過ごし得た日々は合わせても数カ月に過ぎないので、これらの国々の事情について軽々に断言することは避けたいが──出掛け、各国の専門家や実務家にインタヴューを繰り返した結果、大体こんな事だったのかなあという印象を得ることができた。つまり、「これらの国々においても決して『処遇思想』が衰退したり克服されたりしたわけではなく、『処遇モデル』を推進しようにも予算が付かない、行政改革の矢面に立たされ行刑費が大幅削減されてしまったために、実質的に止むを得ず、コストのかからない行刑方法、つまり、社会内処遇を大幅に実施するか──この点に、ラベリング論やディヴァージョン論（司法前処理論）が格好良く利用された──財産刑への代替化などが行われ、外から見るとあたかも『処遇思想』が克服されたかのように思われただけに過ぎなかった」ということであった。

　1981年9月、反処遇思想の主張者の一人と言われていたポール・タカギ氏をカリフォルニア大学のバークレー校のキャンパスを訪ね、数時間のインタヴューを行った時にも上のような印象を再び持ったのを憶えている。タカギ氏は、「われわれカリフォルニア学派は、決して、『処遇思想』そのものを否定したわけではなく、行刑コストに見合った処遇効果を引き出すような処遇モデルの構築、発見を主張しているのであって、従来の処遇方法は、受刑者の『危険性』が減弱するまで不定期にいたずらに長期間収容するのがパターン化していた。それは、収容者にとり非人間的取扱いであると同時に、行刑コストも際限なく必要とされる悪循環の繰返しであった。アメリカ経済が不況になればこうした処遇方法に批判が集中し、そのコストは削減され、結局、そういう意味での『処遇思想』は克服されなければならないのは当然のことではないのか。我々は、

コストさえ調達できれば、受刑者の社会復帰へ向けての丁寧な処遇や行刑を行うべきだとさえ思っている。アメリカにおいてもそういう意味での『処遇思想』は決して否定も克服もされていないのである」と熱っぽく語られたのを今でも新鮮な印象として思い出すことができる。アメリカの「反処遇思想」の動き——これが現地で存在したかどうか私には分からないが、日本人学者によって紹介され伝えられたという意味で——は、1980年代の半ごろから急速に衰えたように思われる。それは、ラベリング論そのものが犯罪原因論や対策論においても万能でないことがやっと認識され始め、犯罪者の中には、やはり、濃密な処遇プログラムによる処遇の必要な者ともはや積極的な行刑や処遇を必要としない者とを科学的、実務経験的に分類し、前者を「ハードな刑事政策」の一環に組み入れて行刑費も投入して徹底した社会復帰処遇をしていこうとするモデルの構築に、後者を「ソフトな刑事政策」に組み入れて、社会内処遇を中心とした再犯予防的措置を推進していこうとするモデルを構築しようという二極分化の動きへと発展していったのである。

　わたしは、アメリカにおける「反処遇思想」の動きが既に一段落したと思われた1988年にシカゴ大学のノーバル・モーリス教授を訪ね、過去10年間のアメリカの刑事政策の動向について話を聞いた。モーリス教授によれば、「アメリカは50州よりなる広大な国であると、連邦と州の行政には大きな違いもあるので、あなたが言う日本やドイツにおいて言われたり使われたりする『刑事政策（Criminal Policy）』なるコンセプトがアメリカの実情に照らして連邦レベルでも全州レベルでも用い得るかは分からないが、一口に言って、アメリカにおいては、『アメリカの現在の刑事政策の動向は如何に』と問われても、私には答えられない。つまり、そういう意味・コンセプトでの『刑事政策』という用語はアメリカにはないし、また使わないからである。しかし、わたしたちアメリカの専門家があなたの言う意味での——教授は、府中にあるアジア極東犯罪防止研修所の初代所長として日本での滞在経験も長いし、ドイツのフライブルクのマックス・プランク研究所へもしばしば招待され講演を行っており、日独で使われる『処遇』の概念も十分に理解しておられるし——『処遇思想』を決して放棄していないばかりか、むしろ着実に推進しようとしている」。その具

体例として、教授は、わたしに「バトナー連邦刑事施設」と同じコンセプトの下に教授自身が設計した「ロチェスター連邦医療刑務所」を紹介された。この施設は、1985年に連邦矯正施設の47番目の施設として新たにオープンしたものである。

わたしは、このミネソタ州にあるこの施設をモーリス教授の紹介で1988年11月に訪問しその実態を管見する機会を得た。この施設は、もともとミネソタ州立病院であったが1982年に連邦矯正局へ売却され、モーリス教授の助言を参考にしながら15億円をかけて全面改装し、非常に広く、明るく、清潔な感じのするクリニックとして生まれ変った。そして、この施設は、単なる医療刑務所ではなく収容定員500床中130床が精神保健サービス・ユニットになっている。このユニットに収容中の患者こそ精神障害「処遇困難」受刑者である。彼等は、他の通常の連邦刑務所に収容中に拘禁反応などの精神障害に罹ったり、重度のうつ病になったり、拘禁中に分裂病（統合失調症）が発症したり進行したり、自殺企図が繰り返されたりした受刑者と連邦裁判所によって、医療刑務所での治療が必要であると判断され、その命令により直接当施設へ送られてきた者などである[13]。ちなみにこの施設の職員定員数は350名である。そのうち医師6名（うち精神科医2名、一般科医4名）、心理職4名、看護師（士）57名である。

このようにこの施設では、「処遇思想が死んだ」どころか、「精神障害受刑者」に対して充実した治療と社会復帰処遇を実施しているのである。前述のタカギ氏が、「アメリカでもお金さえあれば、有能な専門スタッフを揃え、処遇環境の備った施設を作り、一人一人の受刑者に丁寧な社会復帰処遇を実施します」という言葉をそのまま実現させたような施設であった。

例えば、アメリカではすでに、1980年頃から過剰拘禁の慢性化に伴って、「民営化施設が急増」したといわれる。しかし、その過剰拘禁は1975年当時はまだ約20万人の被拘禁者であったのが1994年の20年後には100万人以上にも達した（詳しくは、例えばPhilip A. Thomas/M.Ed.: AIDS in Prison, 1994, P.136.）。受刑者数が100万人を超えているなどと言われても、わが国の状況などと比較しても全く想像もつかないし話しにならないであろう。資金的目途がつかないた

め約 1,000 カ所の非営利団体が管理・運営する民間の刑務所にその処遇を委嘱せざるを得ない状態なのである。

(1)　拙著『犯罪者処遇の理論と実践』（1984 年）3 頁以下。
(2)　拙著・前掲書『刑事政策学入門』8 頁以下。
(3)　森下忠『刑事政策大綱・新版』（1993 年）129 頁。
(4)　例えば、デンマークやスウェーデンの矯正実務家の見解。拙著・前掲書（入門）235 頁以下。
(5)　拙稿「デンマークにおける犯罪者処遇」拙著『治療・改善処分の研究』（1981 年）262 頁以下、拙著・前掲書（実践）16 頁以下、同（入門）234 頁以下。
(6)　柳本正春『拘禁処遇の理論と実践』（1987 年）194 頁以下、拙著・前掲書（入門）236 頁。
(7)　拙著・前掲書（入門）236 頁。
(8)　拙著・前掲書（実践）47 頁以下。
(9)　拙著・前掲書（入門）237 頁。
(10)　Fogel, Dabid: We are the Living Proof; The Justice Model for Corrections, 1975, pp. 183-184. Fogel, D.: TheJustice Model for Corrections, in: Freeman, C.John（Ed.）: Prison and Future, 1978, pp. 164-166. この公正モデルにつき、柳本正春「改善思想への反省と刑事施設機能の再考」（下）犯罪と非行（1977 年）33 号 121 頁以下、藤本哲也「アメリカ刑事司法の歴史と現況―行刑モデル論の変遷を中心に―」犯罪と非行（1990 年）85 号 18 頁以下。
(11)　この研究会の成果として、Driebold,Rolf（Hg）, Strafvollzug. Erfahrungen, Modelle, Alternativen, 1983. Driebold/Egg/Quensel et.al., Die sozialtherapeutische Anstalt Model und Empfehlungen für den Justizvollzug, 1984. がある。この研究につき拙著・前掲書（研究）143 頁以下、同（入門）285 頁以下。
(12)　拙稿「犯罪性精神病質者の処遇に関する一考察―城野医療刑務所、宮崎刑務所における実態調査の経験を中心にして―」刑法雑誌（1971 年）18 巻 1・2 号 165 頁以下。
(13)　拙稿「『処遇困難者』の処遇―欧米における 5 つの特殊病院（施設）における処遇の実態とその問題点」日精協誌（1990 年）9 巻 10 号 19 頁以下。

[5] ドイツにおけるボーダーレス型犯罪に対する刑事政策

(1) 「人格障害」処遇困難犯罪者に対する新しい刑事政策モデルの発展

　1996年にドイツで、「まさか」と思わせる事件が起きた。その年の2月26日にニーダーザクセン州にあるツェレ刑務所で起きたかって社会治療施設に収容されたことのある「人格障害」受刑者による「女性刑務所長強姦事件」である。この事件の報道を聞いた時、まさか刑務所長が強姦されるとは、と半信半疑であった。一体刑務所の職員や警察は人質開放にどれだけの努力をしたのかという批判も強く喧喧ごうごうであった。そして、2年後にその所長は、沈黙を破って、体験記を出版した。本書で著者自身が強姦があったことを認め、相当強かったと思われる心的外傷体験を克服して、再び職場に復帰するまでを、あくまでも刑務所長としての立場からクールに回想している（カタリーナ・ベネフェルト＝ケルステン『人質―収容者 H.M. によって暴行された女性刑務所長―』(1998年))。「復讐か社会復帰か」、「刑務所の実態」、「保安監置処分」、「釈放準備」、「刑の執行の計画」、「牢獄への復帰」、「裁判」について述べ、ドイツの刑事施設の実態や刑事政策の在り方についても鋭く言及している。そして、犯人は、15年の自由刑と「保安監置処分」に処された。「これで犯人が釈放されるのも60歳近くなってからである。」と述べている。しかし、まさに被害者である著者の本当の気持ち、つまり犯人が死刑制度がないドイツでの最高刑を受けたことによる被害者感情の鎮静の一端を率直に表わしていると言えよう。

　もう1つの事件は、1981年リューベックの「法廷内強姦犯人射殺事件」である。これは、娘を強姦・殺害された母親が、その判決を不満として法廷内で犯人を射殺した前代未聞の事件である。

　わが国でも、最近、「光市の母子殺害事件判決」に対して、その夫が「司法が殺さなければ、自分が殺す」と公言して、世間の注目を集めた。その意味でも、「適正な処罰こそが被害者のトラウマ克服につながる」とする傾聴に値する意見がある（小西聖子『犯罪被害者遺族―トラウマとサポート』(1998年))。わが国の起訴便宜主義による不起訴処分の乱発により、泣き寝入りする被害者、とくに精神障害者による触法行為――約90％が不起訴処分になっている――

の「被害者の救済」についてドイツの例などに学びながら大いに論議を深めていかなければならない。

(2) 「社会治療」処遇モデルの発展について

かってわが国でも刑法改正・保安処分反対論者が、ドイツでも「処遇思想は後退した」などと僅か数時間の施設見学の印象だけで言い切ったり[1]、そう誤解した報告・紹介が行われたりしたことがあるが、その論拠に彼等が鬼の首でも取ったように持ち出したのが1985年1月1日をもってドイツ刑法から削除された65条の「社会治療処分」制度であった。

わたしは、1975年から約10年間に亘りドイツ「社会治療施設」研究プロジェクトに参加し、1984年9月には、連邦議会の法務委員会主催の公聴会で「社会治療処分」削除か存置かの意見を述べたことがある[2]。われわれのプロジェクトの意見は、「社会治療処分」を規定したドイツ刑法65条は削除するが、行刑法9条の「社会治療施設」（刑事施設）での「社会治療的処遇」方法は存続させるというものであった。「人格障害犯罪者」に対する「改善処分」制度として廃止された理由は、わが国の論者が誤解したように「処遇思想」への懐疑や疑問からではなく、われわれの試算でも当時200名の収容能力をもった施設（例えば、ドイツ最大のベルリン・テーゲル社会治療施設＝定員約226名）が15～20カ所新設されねばならないという状況であったので、とても行刑予算、とくに小さな州——例えば、ザールラント州やブレーメン市など。現在でもドイツは行刑予算は州単位である——では、とてもそんな支出はできないというまさに「経済的理由」からであった[3]。

しかし、例えば、ハンブルクのアルテンガメ（Altengamme）社会治療施設は、皮肉にも、1985年1月1日「社会治療処分」を規定した刑法65条が削除されたその日から新たに運営が開始された。この一事をもってしても、ドイツの行刑や刑事政策を少しでも学んだ経験のある者には、「ドイツではもはや『処遇思想』は克服された」などとは言えないはずである[4]。またもう1つの証拠として比較的財政的に豊かとされるバイエルン州では、シュトラウビンクに1970年から20年の歳月をかけて約40億円を投じ新たに「司法精神医学クリ

ニック」を建設し、1990 年 7 月からオープンさせている。

　統一後のドイツは 3 年たっても一般経済状態が悪化の一途をたどり、失業者数は約 400 万人を超えた。93 年 4 月に久振りにミュンヘン近郊のハール州立司法精神科病院の司法精神科部門を訪問し、統一後の「精神病院」収容処分（わが国でいう「治療処分」を意味する）の実施状況につき管見する機会をもった。この病院訪問はすでに 6 回目になっていたが、治療部長の顔が今回が一番冴えなかった。その理由は 2 つあって、1 つは、統一後の不景気で病院運営予算が大幅削減され、統一前に作成し、完成間近であったプロジェクトが一切完成しないままストップしており、スタッフの欠員補充も出来ず治療環境、条件が徐々に悪化し始めていることと、他の 1 つは、「司法患者」の中にも約 20％以上の外国人患者が在院し治療や処遇計画に支障をきたし始めていることであった。

　ところが、後述するように、この「社会治療処遇」システムは、1998 年の刑法・行刑法の改正で「性的人格障害」犯罪者に対する処遇システムとして「復活」することになったのである。

(1)　日弁連編・前掲書『揺れ動く保安処分』。
(2)　拙著『人格障害犯罪者と社会治療』（2004 年）235 頁以下。
(3)　1998 年における「社会治療処遇」モデルの復活につき後述第 1 編第 2 章参照。最近の状況につき、エッグ（安部哲夫訳）「社会治療―何処へ向かうのか？」川端博・安部哲夫監訳『ドイツ刑事法学の展望』（2009 年）所収 133 頁以下。
(4)　拙著・前掲書 261 頁。

［6］　結びにかえて

　以上、刑事政策の二極化論の立場から、ボーダーレス社会の刑事政策の方向性について論じてきた。伝統的な刑罰論や刑事政策論では刑罰の執行やその運用は、刑罰権を独占している国家の責任において実行されるのが当然の論理であるとされてきた。しかし、ボーダーレス社会という視点から言うと、最近、アメリカ合衆国、イギリス、オーストラリアなどのいわゆる英米法体系の下に

ある国々の犯罪者処遇が、いわゆる民営の刑事施設により肩代りされるようになってきた。本序論のテーマからすれば、この民営刑務所の問題についても論じるべきであった。また、「刑事治療処分制度」の導入を主張する限り、ハードな社会内処遇モデルの1つであるドイツ型の保護観察制度の1つである「行状監督」制度についても詳しく論ずるべきであった（これにつき、拙稿「ドイツにおける精神障害犯罪者に対する行状監督制度について」犯罪と非行（1993年）98号20頁以下参照）。

第1編　人格障害犯罪者に対する刑事制裁制度について

——特に、人格障害（精神病質）犯罪者の刑事責任能力と刑事制裁二元制について

第1章　人格障害犯罪者の刑事責任能力
——責任主義の危機について

　　　第1節　責任主義の危機と刑事制裁二元制論について
　　　　　——触法精神障害者の刑事法上の処遇制度を中心にして
　　　第2節　刑事責任能力論における基本問題
　　　第3節　人格障害犯罪者の刑事責任能力とその処遇
　　　第4節　オランダの「人格障害犯罪者」に対する刑事政策の現状と課題
　　　　　——メスダフ・クリニック（社会治療（TBS）施設）の管見

第1節　責任主義の危機と刑事制裁二元制論について
——触法精神障害者の刑事法上の処遇制度を中心にして

　［1］　問題の所在——責任主義の危機の克服と刑事処分制度の導入に向けて

　さて、わたしは、かって①「横浜東高校生殺傷事件」(1984年3月)[1]に関して論評した拙稿において、被告人が4名の高校生を殺傷しているにもかかわらず、司法前鑑定による「精神分裂病」（統合失調症）を理由に不起訴処分になった上に、「刑と処分の刑事制裁二元制（二元主義＝以下「二元制」とする）」を採っていないわが法制では、その後の「刑事法上の処分」を一切行うことはできず、刑事政策とは無関係の「行政処分」である「精神保健福祉法」29条の「措置入院」制度で僅かに対応できるにすぎないのが現状であり、現行制度には重大違法行為を行った触法患者の社会復帰のための治療や処遇、再犯の防止策な

第1節　責任主義の危機と刑事制裁二元制論について

どにおいて重大な欠陥があるし、被害者側の応報感情を鎮静させることができないと指摘したことがある[2]。但し、後述するように、この「精神保健福祉法」29条の「措置入院」制度に代替する「医療観察法」が制定された。

また、1997年4月に発生した②「幼女連続誘拐殺害事件」[3]の被告人に対して東京地裁は、「死刑」の言渡しをした。そして、1996年12月に確定した③「名古屋アベック殺人・死体遺棄事件」[4]において名古屋高裁は、原審の「死刑」判決を破棄して「被告人にはなお『矯正』の可能性」があるとして「完全責任能力者」ではあっても「被告人の社会復帰の可能性」を理由に「死刑」から「無期懲役刑」に減じたのである。

これら3つの事例は、現行刑法上採用されているとされる「責任主義」の原理の形骸化、つまり、「責任主義の危機」を考察する上で大変興味深いものであると言えよう。

事例①は、わたしが、既に書いたように、「検察の段階、つまり『公判前』に『心神喪失』・『心神耗弱』とされ『不起訴』処分になった者が726人もおり、1989年度の『心神喪失・心神耗弱者』として扱われた総数798人中の約91％を占めていることになる。このことから、わが国の『責任能力』判断の舞台は、『裁判所』から『検察庁』へ移行したといっても過言ではない状況になっているといえよう」[5]としたように、現行刑法上は、凶悪事件であっても「精神分裂病」（統合失調症）などの精神疾患が司法前の鑑定で「犯行時にあった」或いは「起訴時に存在している」などと確認された場合には、検察官は、裁判所の意見を何ら聞くことなく（起訴独占主義：刑訴法247条）、起訴猶予・不起訴処分を決定することができることになっている（起訴便宜主義：刑訴法248条）。つまり、この検察官による不起訴処分の決定においては、刑法39条の「刑事責任能力」規定が準用されているわけではないのである。犯罪白書などによれば、起訴前の処分においては大旨ではあるが、「心神喪失者」に対しては不起訴処分、「心神耗弱者」には起訴猶予処分がなされている。問題は、とくに公判廷では被告人が刑法39条2項を適用され「心神耗弱」とされた場合は、あくまでも「有罪」であり「刑の減軽」が必要的になされるだけで、実刑の場合は普通の刑務所に収容されるが、起訴猶予は、「犯罪の嫌疑はあるが起訴する

に及ばない」場合であるとされるが、処分としては広義の「不起訴処分」として扱われており、刑の執行猶予のように「猶予期間」中の保護観察も言い渡すことはできないので実質的には「無罪」放免（勿論、前科は付かない）として扱われているのに等しいのである。それにもかかわらず、「触法精神障害者」による約90％のケースが「裁判官の責任能力判断のスクリーニング」つまり、「司法判断」を経ることなく不起訴処分とされているのである。通説や判例によれば「責任」や「責任能力」の判断は裁判官の法律判断であるとされている点を鑑みれば、まさに、「責任主義の危機」と言えるのではなかろうか（その後の状況については、後述第1編第2章を参照されたい）。

事例②は、検察側が起訴前鑑定として行った第1次鑑定（いわゆる「保崎鑑定」）が犯行時「完全責任能力」があったとするものを採用し、公判段階で行われた内沼・関根鑑定が「『多重人格』などを主体とする反応性精神病」と診断していたことに対して、「公判段階の供述を鑑定の前提としているが、これは拘禁の影響による妄想的説明であり、鑑定の基本的立場に疑問がある」「捜査・公判段階で、被告人に別人格が現れた形跡はない」などの理由で、また、中安鑑定は「被告人は『精神分裂病』であった」としていたのに対しても「鑑定が指摘する被告の言動をそのまま分裂病の症状と見るには疑問があり、拘禁反応によるものと理解できる」として、それぞれ採用しなかった。そのうえで判決は、「被告人は犯行当時、精神病様状態にはなく、物事の理非善悪を識別する能力、及びそれに従って行動する能力を持っていたと認められる」として「完全責任能力」を認定した上、「死刑」を言い渡したものである。後述するように、昭和6年の大審院判決以来、最高裁は一貫して「心神喪失・心神耗弱の概念は法律上の概念であり、その判断は裁判官が行うべきもの」とする態度を維持している[6]。この事例②でも、公判廷での2つの鑑定がいずれも「責任能力」に疑問を呈しているのもかかわらずそれらを採用せず、司法前に行われた第1次鑑定の「責任能力はあった」とする結論を選択したのである。少なくとも、この判決を見る限りでは、「精神分裂病は責任無能力」であるというドイツの鑑定実務にはあるとされる「裁判官」と「鑑定人」との間にある「了解事項（Konvention）」の原理は存在していないことになる[7]。もし、裁判官が「人道主義

第 1 節　責任主義の危機と刑事制裁二元制論について

的刑事政策的」視点から「責任主義」を理解し、いわゆる「消極的責任主義」の原理を採用していたとすれば第 2・第 3 の鑑定結果についても簡単に切り捨てることなくもっと慎重に検討されていたのではないかと思われる。とくに、次の事例③の量刑理由との詳細な比較検討が必要となる。事例②の判決は、「死刑」制度をも容認する「積極的責任主義」の立場からのものであることは、「犯行は人としての尊厳を踏みにじるもので、子供を失った遺族の精神的苦痛はいやされようもない」「犯行声明文を届けるなど、遺族や社会を嘲笑した反社会性と非情さを見過ごすことはできない」とする量刑理由にも十分現われているといえよう。まさに、この判決は、消極的責任主義や犯罪者の社会復帰を主眼とする相対的応報刑論に基づく人道主義的刑事政策に逆行するものであり、その意味でも「責任主義」の危機の 1 つの証左であると言えよう。

　事例③は、地裁で「死刑」、高裁で逆転「無期懲役刑」になったものであるが、一貫して「精神鑑定」が行われなかった。つまり、この事例では、男子 3 名と女子 2 名の少年 5 名に 20 歳を 1 カ月過ぎた成人 1 名を加えた 6 名がデート中の男女を殺害し遺棄したものであるが、第 1 審では、精神鑑定なども行われず、19 歳の主犯格の少年に死刑が言い渡されていた。しかし、前述のように、「責任能力の存否」とは関係なく「被告人の社会復帰の可能性」を理由に減軽して「無期懲役刑」で確定したものである。死刑廃止論に立つわたしは、この高裁判決には結論的には賛同するが、現行の刑罰制度を前提とした刑事政策論的視点から見ると、この事件は少年とはいえ男子 4 名、女子 2 名のとくに 4 名の男子はともに暴力団関係者だったこともある不良グループに属する者たちであり、当然、常習的暴力行為を繰り返してきているのであり、減軽事由については「社会復帰の可能性」が重視されているが、懲役受刑者を収容する刑務所（主犯格の少年は判決時すでに 28 歳だったので L 級刑務所に収容されるだろう）などではドイツの「社会治療施設」のような社会復帰へ向けての特別プログラムが組まれた「受け皿」があるわけではないので、被告人の犯行時の責任能力の判断を含めてなお慎重な判断が必要であったように思われる。つまり、減軽事由の判断において「精神鑑定」などの客観的資料が使われておらず、まさに、裁判官の主観的判断による「矯正の可能性」が生死を分けたのである。これもまさに

科学的・客観的「消極的責任主義」原理のもつ人権保障機能を無視する傾向の一証左と言えよう。

さて、ここに挙げた①・②・③と類似の事件や裁判例には枚挙に暇がないほどである。つまり、こうした裁判例を通して言えることは、まさに「人道主義的刑事政策論」の視点からの「責任主義の形骸化傾向」、とくに「消極的責任主義」が危機的状況にあるということである。その最も大きな理由は、まさに、現行刑法が「刑罰」一種類をもって刑事制裁とする「刑罰一元制」を採用しているため、まさにボーダーレス社会の多様な犯罪類型に現行の明治時代以来、103年間も大改正が行われることなく硬直した前近代的な「刑罰」制度とその刑罰論だけでは対応できない点などにあるのではないかと思われる。

本章では、わたしがこれまで発表してきた「刑事責任能力論」や「刑事治療処分論」に関する論文に基づきつつ、西原春夫先生のご論稿からすでに25年も経過しているにもかかわらず、わが国の刑事法学者が実質的犯罪論とか実質的責任論とか言って犯罪論や訴訟法論においても刑事政策論的考慮の必要性をリップ・サービスとして論じても「消極的責任主義」の論理的帰結として「二元制」の導入や「死刑」制度の廃止には極めて「消極的」である点を批判しつつ、現行刑法が依然として刑罰一元制を維持し、凶悪で危険な「触法精神障害者」に対する社会復帰の「受け皿」のないままに刑事政策が無策のまま放置され、相変わらず精神障害者に通り魔的に全く理不尽にも殺害される一般市民が跡を絶たない状況を指摘した。それにもかかわらず刑事法学者は何も具体的対策論を提示してこなかった点を再検討する意味で、本章では、「責任主義とは何か」、「消極的責任主義の危機とは」、「実質的犯罪論」、「刑事責任能力論」、「刑罰の限界と刑事処分の必要性」、「触法精神障害者処遇論」などの基本的立場を概観して、「責任主義の危機」の回避のためには「刑と処分の刑事制裁二元制」の導入が必要であるとする試論の展開を行ってみたい。

西原春夫博士は、すでに38年前の1972年に、触法精神障害者に対する現行「刑罰」制度による対応には、「刑罰」の本質が規範的応報であり、「責任なければ刑罰なし」という「消極的責任主義」を堅持する限り、限界があり、その限界を克服するためには「刑と処分の二元主義」を採用して、「保安処分」制

度を導入して対応するべきであると主張され、その後の刑事制裁論に大きな影響を与えられたのである[8]。

(1) 本節は、『西原春夫先生古稀論集』第4巻（1998年）281頁以下に掲載されたものに一部修正・加筆したものである。なお、本節では、論点が多岐に亘るので、出来るだけ本文にスペースを取るため文献の引用は必要最小限にした。
　わたしは、学位論文『治療・改善処分の研究―社会治療処分を中心にして―』（1981年）では、西原先生からドクター・ファーターとして大変懇切・丁寧なご指導をいただき、その後も日中刑事法討論会や日独ポーランド刑事法コロキュウムなどでの研究会を通して先生の学説から多大の御教示と影響を受け今日に至っている。
　拙著『ボーダーレス時代の刑事政策』（1997年）30頁以下参照。なお、①の事件につき詳しくは、野口幹世『犯人を裁いて下さい』（1985年）を参照。
(2) 前代未聞の大量殺人事件である大阪池田小児童殺傷事件（2001年6月8日発生）を契機に「心神喪失者等医療観察法」（「医療観察法」）が立法化され、2005年7月15日に施行された。しかし、同法の法的性格は、本節で検討する「刑事治療処分」的ではない。
(3) 「幼女連続誘拐殺害事件第一審判決」（平成9年4月1日判決）判例時報1609号3頁以下。
(4) 「アベック殺人事件控訴審判決」（名古屋高裁平成8年12月16日判決）判例時報1595号39頁以下。鮎川潤『犯罪学入門』（1997年）112頁以下。日本経済新聞1996年12月27日付。
(5) なお、この状況は1996（平成8）年版犯罪白書（65頁以下）によっても大きく変化するものではない。拙稿「『精神障害』被疑者・犯罪者に対する『起訴裁量』制度の諸問題」『高田卓爾博士古希祝賀』（1991年）91頁以下。また、拙稿「責任能力判断と刑事治療処分の関連性について」刑法雑誌（1991年）31巻4号497頁以下。同「刑事責任能力論と精神障害犯罪者処遇論の現代的課題について」刑法雑誌（1996年）36巻1号38頁以下など参照。
(6) これは、「精神分裂病（元自衛官）無期懲役確定事件」第二次上告審（最高裁昭和59年7月3日決定刑集38巻8号2783頁以下）でも確認されている。
(7) 拙稿「精神鑑定―日独刑事精神鑑定の比較を中心にして―」こころの科学(1997年) 75号29頁以下。
(8) 西原春夫「保安処分論」西原ら共編『刑事政策講座』第3巻（1972年）11頁以下。

［2］　責任主義の危機回避と二元制導入論の展開

(1)　責任主義とその人道主義的刑事政策的意義

さて、周知のように改正刑法草案（1974年）は、その48条1項において「刑は、犯人の責任に応じて量定しなければならない」と規定し、「責任」が「刑罰」の基礎であり、「責任」を問いうる範囲内で「刑罰」の量を決定することができるとする原理、すなわち「責任主義」を積極的に明文化している。

ところで、この責任主義が積極的と消極的の2つに区別して理解されていることは、「責任」の評価が絶対的なものではなく相対的なものであることを意味している。つまり、責任評価の相対性は、「違法性」の評価が行為により生じた「法益侵害の結果」を基準に原則として客観的に行える評価であるのに対して——もちろん「行為無価値」論の登場でこの構図も崩れつつあるが——、責任の「本質」が行為者の内面、心理面、つまり「他の適法な行為を選択する可能性があったにもかかわらず敢て違法な行為を選択してしまった」（他行為可能性）、という行為者の行為の際の決断、つまり主観面に対して行われる評価ということから生じるのである。

こうした「責任」の評価が、その本質的制約から「相対的」にならざるを得ないとすれば、判断者の恣意的結論を導かないためにもその評価基準をできるだけ客観的・科学的・合理的にしていく必要があろう。人の「主観面」の理解に関して、可知論・不可知論、あるいは意思自由論における決定論・非決定論のいずれの立場に立つかの決着の問題は別として責任能力を責任の「前提」とするか「要素」とするか、そのいずれの立場に立とうとも「責任能力」を精神医学的・心理学的に理解していこうとする立場は、まさに本質的に行為者の主観面の評価であるこの「責任」をできるだけ客観的・科学的・合理的に評価しようとするものである。こうした評価基準に基づく「責任主義」の原理こそが「罪刑法定主義」の原理や「類推解釈禁止」の原理とともに判断者の恣意を排除し、行為者に対するその法治国家的、人権保障的機能（とくに「法的安定性の原理」）を保障することになるのである。

さて、積極的にしろ消極的にしろ「責任主義」を承認することは、責任の「機

能」を相対化し、刑事政策化することに他ならない。しかし、「責任」の評価が刑事政策目的的になされることと、「責任」の本質とは何かを理解しようとすることとは必ずしも同一ではない。最近、「責任」の本質自体を犯罪予防目的、つまり刑事政策目的的に検討しようとする立場が盛んであるかのように論じられている[1]。しかし、わが国における責任論の多くは、責任「本質」論と責任「機能」論とを混同して論じているように思われる。絶対的応報刑論、相対的応報刑論、積極的責任論、消極的責任論などは全て責任「機能」論といえるものであって、「責任とは一体何か」を問う責任「本質」論とは明確に区別されなければならない。つまり、「刑事責任とは何か」、「責任非難とは何か」、「規範的非難とは何か」、「他行為の可能性とは何か」などの命題を探求することが責任「本質」論であって、「責任は非難可能性である」という命題を承認するかどうかは、すでに刑事政策的責任論（責任機能論）であるといえよう。

(2) 消極的責任主義と「刑罰」一元制の限界

　伝統的な応報刑論においては、「刑罰の目的」は、他人の利益を侵害した者に対して、国家が被害者に代わってその者の利益を剥奪することにより「正義」を実現させること（正義の回復）であると理解されてきた。すなわち行為者にとっては刑罰を受けることによって国家の報復を受けること（応報）であり、その利益を剥奪されるという点で「苦痛」・「害悪」であった。つまり、「刑罰の目的」は、行為者に「苦痛」・「害悪」を与えて「応報」を図ることであった。しかし、こうした刑罰目的の追及が正当化されるのは行為者に対して責任「非難」ができる場合に限定するべきである。すなわち、行為者に「責任」を問える場合にのみ刑罰の賦課が正当化されるのである。このように刑罰の賦課が「責任」を根拠としてのみ正当化されるとする考え方を「責任主義」と呼称してきたのである。

　ところで、明治後期に成立した現行刑法典（1907年）には、前述の改正刑法草案48条1項のような「責任主義」を明示した規定はない。従って、現行刑法においては、刑の量定、適用、運用に当たっては、刑法38条・39条・41条などの規定の解釈原理の1つとして「責任主義」の原理を広く採用してきたに

すぎない。

　従って、この「責任主義」はあくまで法の解釈原理であるから、行為者の「責任」に基づき、その範囲内で刑罰を導かなければ「刑罰」の賦課が正当化されないというわけではない。例えば、侵害された結果、剥奪された利益に正確に対応した刑罰を求める「同害報復」的法の適用原理を立法者が承認すれば、現に現行「死刑」制度がそうであるように絶対的応報刑もまた正当化されることになろう。しかし、今日、刑事政策論的センスを持たない刑法解釈論者は別にして、刑法の犯罪予防目的（一般予防・特別予防）や行為者に対する人権保障機能などを少しでも考慮に入れようとする立場の者は、もはや「絶対的応報刑」や絶対的威嚇刑を支持しないであろう。

　今日の有力説でもある「相対的応報刑論」は、過去の犯罪行為に対して、ただ回顧的に「刑罰」によって規範的非難をしたり、非難可能な限度内でのみその過去の事実を処理したりすることで、いわゆる「応報」目的を実現させるだけで満足するものではない。ましてや刑事政策的に無目的な反作用としての刑罰——従ってそれは単なる「苦痛」の賦与であり「害悪」そのものである——を科することを終局目的とした「絶対的応報」を論ずるものでもない。

　「刑罰の本質」は、刑法的規範違反行為に対する応報である。しかし、刑罰の目的は、応報目的の実現（一般予防）であるばかりではなく「行為者の社会復帰」目的を実現（特別予防）させ、再犯の防止を果すことでもある。この両方の目的を調和的に実現させてこそ「刑罰」の賦課は正当化されるのである。例えば、刑罰の本質を相対的応報であるとされる西原春夫教授は、「刑罰は、規範的責任が生じた場合原則として（処罰条件、訴追条件が具備されたことを条件として）発動する条件を獲得するが、つねに必ずその言渡しが行われ、また執行されるということはない。これは、刑罰の機能から来る制約であって、一定の刑事政策的要請があった場合、責任が生じていても刑を科すことをやめたり（起訴猶予や執行猶予）、あるいは責任の程度を下回る刑を科したりすることがある。このような運用は、絶対的応報主義からは不可能であろう。絶対的応報主義は、責任あれば刑罰ありという積極的責任主義となり、相対的応報主義は、責任なければ刑罰なしという消極的責任主義となる」[(2)]とされる。

第1節 責任主義の危機と刑事制裁二元制論について

　わたしも、「刑の宣告」の段階では「相対的応報主義」に基づいて量刑し、その量定された「刑の執行」の段階では行為者の「社会復帰」を実現させもって再犯の防止を図ろうとする考え方に立っている——この「社会復帰刑論」に立てば社会復帰の可能性のない「死刑」制度は論理的に廃止せざるを得ない。
　刑罰の賦課は、基本的に過去になされた違法行為に対する「回顧的反作用」（一般予防の実現）であり、行為者の「将来の危険性に基づく『展望的反作用』（特別予防の実現）」は、判断基準として本質的に自由刑のうち定期刑制度にはなじまない性質のものである。ここに刑罰——とくに定期自由刑——の限界がある。しかし、他面で、この刑罰の限界、つまり「責任」を超えた「刑罰」を科すことはできないという限界を十分に認識して刑の量定・執行が行われることによって刑罰の「人権保障機能」が担保されるのである。そして、「刑の執行」の段階では、社会復帰援助目的実現に向けて努力されるわけであるが、その「目的」追求も刑罰の執行期間内に限定して許容されることになる。このように刑罰の「特別予防機能」を効果的に実現させようとすると上のような刑罰執行上の限界——とくに刑期の「定期性」という点に——に遭遇することになる。しかし、現行刑法上は、その39条に「責任能力」規定を置いているにもかかわらず、「無罪」後の「刑事処分」の規定がないため、釈放の時点で「再犯の危険性」があるとしてもその後の社会復帰的措置が行えないことになっている。従って、こうした刑罰の限界を補充したり補完したりするものとして刑事「処分」という新たな制裁制度が登場してくる余地があるのである。このような刑罰の機能や期限の範囲内では完遂できない教育・治療・改善などの目的を実現させるために刑罰に代って実施される刑事「処分」には、必然的に、その「特別予防」目的を達成するまでの不定期間の継続が要請されることになる（ちなみにドイツ刑法63条の「精神病院収容処分」の収容期間は無期限である。後述の「アイケルボルン事件」の被告人は無期限の「精神病院収容処分」と15年の自由刑を併科された）。もちろん、この刑事処分の「不定期性」の問題を克服していく必要がある。改正刑法草案の「治療処分」は、最長7年としているのが参考になる。
　また、「予防目的」を刑罰賦課の正当化根拠とすると、責任の刑罰限定機能

を緩和せざるを得ず、責任に基づいた刑罰から危険性に基づいた「保安」刑への道を拓くことになる危険性は十分あり、ひいては刑罰のもつ「人権保障機能」が形骸化してしまうことにもなろう。従って、現代の人道主義的・刑事政策的刑罰論では、「不定期刑」制度を復活させようとは考えていないのである。

(3) 人道主義的「責任主義」と「死刑」制度存置論の刑事政策的矛盾

さて、「責任主義」も刑法における人道主義の具現化の原理であればこそ、どんなに残虐な行為が行われたとしても、犯行時、精神障害などを理由に責任無能力であった者に対しては、現行刑法上は「責任」を問うことはできず、従って、いかなる種類の刑罰や「自由剥奪を伴う処分」も科せられず、「無罪」放免とするより仕方ないのである（刑法39条1項）。また、刑法39条2項による「限定責任能力者」の場合にも少年法51条における18歳未満の少年の場合（但し、この場合は「年齢」という客観的基準によることを注意）と同じく必要的減軽事由になるので、絶対に「死刑」の適用はないことになる。また、刑事訴訟法479条では、「死刑の言渡を受けた者が心神喪失の状態に在るときは、法務大臣の命令によって執行を停止する」として死刑確定者が死刑執行直前に「心神喪失」の状態に陥った時には、その状態が回復するまでは執行できないとしているのである。これはまさに「死刑」という刑罰を受ける能力、つまり「受刑能力」がないという意味で、「責任主義」原則の人道主義的援用といえよう。

ところでわたしは、人道主義的刑事政策論と社会復帰刑論の視点から死刑廃止論を支持する立場なので「刑罰論」「犯罪論」の人道主義化の推進・発展という点で論理の一貫性を保持するためにも凶悪犯罪者達にも例外なく死刑を適用すべきではないと考えている[3]。従って、旧オウム真理教関係者の行ったと言われる人類史上まれに見る凶悪犯罪に対しても決して例外を認めず「死刑」をもって臨むべきではないと考えている。そして、一般論としてもたとえマスコミや内外の世論の厳しい批判に晒されようとも「死刑」の適用は差し控えるべきであり、できるだけ早期にその制度を廃止し、その代替刑として「特別無期刑」（執行刑期20年以上の仮釈放）などの導入をはかるべきであろう。

現行法に規定があっても刑法の改正（1995年6月1日より施行）により削除

第1節　責任主義の危機と刑事制裁二元制論について

された尊属殺規定（刑法200条）の違憲判決後の運用状況がそうであったように、刑法が改正され「死刑」制度が完全に廃止され「死刑」に代わる制裁制度が整備されるまで裁判所や検察庁の方でその適用や求刑、そしてその執行を差し控えたり、回避したりしていわゆる「刑事政策的運用による解釈」をはかっていくべきであろう。「名古屋アベック殺人事件」での控訴審判決が上記のような刑事政策的理解の下でのものであれば、それは高く評価されるべきであろう。もっとも、こうした「刑事政策的運用による解決」を認めるだけで、死刑に代替する制度の立法化作業を怠ることになれば、やがては「罪刑法定主義」や「責任主義」を形骸化させ、かえって人道主義的刑事政策の運用、ひいては刑事司法全体の健全な運用を危うくするのではないかとの批判が出てくるであろう。もちろん、その意味でも一日も早い刑法改正による解決が望ましいのである[4]。しかし、ここでは、とりあえず論議の決着が付くまでは「現行法の解釈・適用は人道主義的には被告人の利益に」の原則を適用するとともにその「受け皿」として少年刑務所・B級刑務所・医療刑務所などの矯正現場において、凶悪・重大犯罪を行った「処遇困難受刑者」を、例えば、ドイツの「社会治療」モデルなどに学びながら処遇可能な施設の整備統合を図っていくべきであるという指摘にとどめたい。

(4) 責任主義の例外としての刑事処分——刑と処分の二元制の必要性と正当性
1. 刑事（治療）処分制度は「責任主義の危機」を救えるか

前述のように、最近のドイツにおける有力な「責任論」の影響を受けてわが国でも「予防目的」が責任を基礎づけるとする責任論が主張されている。しかし、前述のように、わたしは、「相対的応報刑論」の立場から「予防目的」が責任を基礎づけるとは考えないのである。責任を基礎づけるものはあくまでも「他行為可能性」であり規範的「非難」である。つまり、ある刑法規範の前に立たされた行為者が、その規範に違反することを回避するために「他の行為を選択することができた」のにそれをしなかったところに規範的な「責任非難」の根拠を求めることができるとするものである。また、刑事責任の追及とは、犯罪を発生させた当該個別の行為に、まさに回顧的に非難を向けることである。

従って、過去に行った違法行為に対して責任を問われている行為者は、その行為の時、その行おうとしている行為が善いか悪いかを判断できる精神状態にあり、他の行為の選択も可能であり、かつその能力もあったことが必要となってくるのである。これが「責任と行為との同時存在の原則」の下に「責任能力」を理解しようとする立場に他ならない。

　従って、行為の時、その行為者に「責任能力」が備わっていなければ、「他行為可能性」を求めることは難しいので責任「非難」も出来ないことになり、「責任なければ刑罰なし」といういわゆる「消極的責任主義」の原理によれば「刑罰」を科すこともできないわけである。ところが、一般には責任無能力である精神障害者であっても犯罪構成要件に該当し、違法な「行為」を行うこと、つまり「犯罪行為をする能力」はあると理解されている。こうした触法行為者の中には、その責任無能力の根拠となった「精神の障害」を治療しなければ、将来、また規範の前に立った場合に、再び違法行為を行うおそれ（再犯の危険性）が十分にあると思われる場合には、それを未然に防止するために「責任非難」を根拠としない何らかの刑事政策的予防措置が必要となるのである。こうした刑法上の「責任」を問えない行為者には、つまり「責任主義」のいわば例外的措置として、この「責任」による根拠づけを代替したり（責任無能力者）、補充・補完したり（限定責任能力者）する原理として「再犯の予防目的」と「行為者の社会復帰」という要件を登場させ、その両者の目的の矛盾のない達成のため、つまり再犯の発生防止と当該触法精神障害者（行為者）の治療を実現させる刑事制裁手段として、刑事治療処分制度の必要性が生じてくる。ここに、「刑事制裁システム」として「刑罰には責任」を根拠にして「処分には再犯の危険性」を根拠にしてという、いわゆる刑事制裁「二元制論」が案出されるのである。

　わたしも基本的に「消極的責任主義」を堅持する限り「刑と処分の二元制」を支持せざるを得ないと考えているのでその理由を簡単に述べておこう。先ず、わたしは、「刑罰」の基礎を上にみた規範的な「責任」に求めている。現行刑法のように「刑罰」一元制を採れば、論理の一貫性からいって、触法精神障害者であって「責任無能力」である者には「責任」を追及できないから「刑罰」

第1節　責任主義の危機と刑事制裁二元制論について

も賦課できない。従って、現行刑法のように、それらの無罪者を全くの無罪放免とし、放免後は刑事司法的コントロール下には一切置けないという状況が責任論・刑罰論・犯罪論に基づくその「受け皿」としての「刑罰一元制」の当然の論理的帰結であるとすれば、その論理そのものや制度論・政策論自体に時代錯誤があると言わざるをえないのである。ところが、こうして無罪放免になった「触法精神障害者」が将来再び重大な違法行為を行うことが、ある程度予測できる場合であっても現行刑法上は何らの刑事政策的措置をとることはできない。これでは、刑法の重要課題の1つである「犯罪の防止・予防」による「社会秩序の維持」という目的を実現できないことになってしまう（精神保健福祉法29条の「措置入院」制度は行政処分であるので「刑罰」の代替や補完が出来る法的効果を持っていない。しかし、少年法における「保護処分」としての「医療少年院」送致決定は家庭裁判所の裁判官によって行われるので刑事処分ではないが一種の司法処分なので上記のような法的効果をもつものと理解してもよいであろう。成人で「無罪」、「刑の執行猶予」、「不起訴処分」などになった触法精神障害者に対しても「医療少年院」送致に類似の、例えば、ドイツ刑訴法（413条）による検察官による刑事治療処分適用の独立請求権などのように「司法精神病院」などへの送致制度を導入するべきであろう）。

さて刑事（治療）処分は、上にみたような刑罰補充・代替機能の実効性の存在によってのみ正当化されるものであるから、その量定、種類の決定、執行の方法などに関して様々な条件が必要となり、その処分の賦課の決定の際にはそれらの全ての条件がクリアーされなければそれを賦課することができない（ドイツ刑法62条の「均衡の原則」）。例えば、その賦課条件とは、①行為時に責任無能力・限定責任能力の状態にあったこと、②判決時に「処分」を言い渡して「治療」しなければならない「精神の障害」状態が持続していること、③自由を剝奪した上で「治療」を行わなければ将来再び当該裁判事由となった違法行為と同種の重大違法行為を行う高度の「危険性」が存在していること、④こうした施設内での治療を施すのに十分な治療環境を整えた施設があり、「治療」と「保安」の両面が確実に担保されること、などである。これらの条件のうち1つが欠けても「刑罰」に代替する「処分」の賦課は正当化されず、その場合

には「処分」は実行されないことになる（例えば、④が欠けた場合には「レッテルの詐欺」になる）。けだし、刑事「処分」は、「責任原理に基づいた刑罰」の適用が不可能である場合に、その「責任原理」の例外的措置として、「治療目的」・「再犯予防目的」により基礎づけられる刑事制裁制度の1つであるからである。

2. ドイツにおける「刑と処分」の二元制をめぐる諸問題

　ドイツ刑法では「刑と処分」の二元制を採用し、「触法精神障害者」に対する刑事治療処分制度（精神病院収容処分・刑法63条と禁絶施設収容処分・刑法64条）を導入して以来、裁判官による責任能力判断は、つねにこの処分との連動において刑事政策的に考慮して行われてきていることを看過すべきではない。裁判官と鑑定人との間にあるとされる「了解事項（Konvention）」もこの二元制の下で理解しなければならない。裁判官の責任能力判断は、当然に、その「受け皿」となるこの処分制度の存否に影響されるからである。わが国の一部に、裁判官の責任能力判断と刑事処分制度の存否とは無関係であるとする説があるが、これはドイツ刑法の運用の実態を十分理解しないものである[5]。

　これに対して、わが国の刑法は、前述のように立法当初から現在に至るまで一貫して「刑罰一元制」を堅持してきており、裁判官による責任能力判断もつねにこの一元制の下に行われてきているため刑事政策を看過した極めて形式的なものにならざるを得なかったのである。わが国における「責任主義」は、現行刑法の戦前における「積極的責任主義」と戦後の相対的応報刑論を支える「消極的責任主義」の二重構造論に基づいているところに特徴がある。

　さて、ハナク（Hanack）教授は、かって二元制の危機つまり、「責任主義の危機」として、以下のような二元制の問題点を指摘していた[6]のでそれを参考にしながら若干検討をしておきたい。

① 「責任主義」を形骸化する危険

　ハナクによれば、「処分」は、原則として、責任原理による特別な限界づけとは関連性を持たないので、処分を適用することにより、責任原理のポジティブな側面を失わせてしまう危険があるというのである。さらに、ハナクは、たしかに処分の言渡しに際しては、法治国家的諸前提や「均衡の原則」（ドイツ

第1節　責任主義の危機と刑事制裁二元制論について

刑法62条）が十分に働くとはいえ、しばしば責任の程度を超えて処分執行の期間——現にドイツ刑法63条の「精神病院収容」処分は「無期限」である——を科すことができるので問題である、としている。しかし、この指摘は、刑事裁判実務における処分の言渡し状況を責任との関係で詳しく分析したデータに基づいたものではないし、わたしのバイエルン州での実態調査の経験から言ってもハナクの言うようにそう簡単に断言できる性質のものではない。ここでは、おそらく、ドイツ刑法に3つある改善・保安処分のうちの「危険な常習犯罪人」に対する「保安監置処分」（刑法66条）の言渡し状況について指摘したものであろう。ハナクも、別の論文で正しく指摘するように[7]、精神病院収容処分（刑法63条）の運用上の問題点については、さらに、実態調査などに基づくデータなどを得て、詳しく論じていく必要があろう。とくに、ドイツ刑法20条（責任無能力）規定に「重大な心神の変性」（schwere seelische Abartigkeit）が入ることにより、従来、「精神病質」とされ、せいぜい「限定責任能力」とされていたものが、「無罪」とされる可能性が出てきた。それに伴い「無罪の洪水」現象が起き「責任主義が形骸化」されるのではないかとの危惧が生じてきたのである。しかし、ハナクの問題提起後の「責任能力」規定の運用状況からこの問題は杞憂に過ぎなかったことは後述の通りである。もちろんドイツでは触法精神障害者に対する精神病院収容処分に関する実態面・運用面の改善を求める意見はあるが、「無罪の乱発による責任主義の形骸化」から刑事処分制度そのものを廃止せよ、というラジカルな見解は現在までのところ見当らない[8]。ましてや、ハナクの前述のような指摘を二元制そのものに対する根本的否定と理解するのはいささか軽率であるように思われる[9]。当時のこうした反対論者は、責任原理との関連でも問題の多かった「社会治療処分」（この刑法65条は、すでに1985年1月1日に削除されている）をめぐる論争と混同していたのではないかと思われる。

② 刑罰と刑事処分との混同の問題

例えば、ロクシン（Roxin）教授は「刑罰と保安処分とは、二者択一的なものではなく、共に法益保護と再社会化に奉ずる点で変わりはない。両者の区別は、刑事政策的に刑罰が責任原理により、処分が優遇的な公共の利益の原理に

よって導かれる点にのみ存するのであり『目的は一元的に、制裁は二元的』と解することによって解決されるべきである」[10]としている。この立場は、「責任主義」を堅持しつつ、責任原理の範囲内でできるだけ犯罪行為者の社会復帰を考慮し、刑罰ではその限界ゆえに十分に取り扱えないような「触法精神障害者」や常習累犯性の「処遇困難受刑者」などに対しては、「均衡の原則」を適用しつつ、あくまでも例外的・補充的に改善・保安処分で対処していこうとするものである。刑事政策的見地から責任論や刑罰論・処分論を再構築していこうとするこうした見解は、前述のように最近のドイツでは多くの支持を得ている。わが国でも刑事政策的解釈論の視点からいわゆる実質的犯罪論や実質的責任論として支持する立場が有力になりつつあるが、刑罰一元制の下での解釈論なので、自ら限界があると言えよう[11]。また、ドイツにおけるこうした見解を「意識的混同論」ときめつけ刑事「治療処分」否定のための根拠づけとする立場[12]もあったが、これも「刑と処分の刑事制裁二元制」に関する学説・実務の正しい理解とはいえず、その後も支持を得るに至っていない。

③ 「レッテルのごまかし」論

これは、刑罰と刑事処分の運用上の区別について、すでに古く1924年にコールラウシュが指摘した問題である。コールラウシュは、不定期の保安刑をもって一元的な法体系としようとする立場から、「刑罰」と「自由剥奪を伴う処分」の分離は、その執行の実態において区別もないし、対象者自身は、自由剥奪を伴う処分の執行についても害悪・苦痛であると感じているので、それは自由「刑」と全く効果は同じものなので「レッテルのごまかし」であると批判したのである。

わたしが、ドイツの保安監置施設（例えば、バイエルン州のシュトラウビンク（Straubing）保安監置施設）と最重警備の累犯刑務所（例えば、ハンブルク市のフールスビュッテル（Fuhsbüttel）刑務所[13]）とを見学し、比較した経験によれば、自由剥奪を伴う「処分」の執行と自由「刑」の執行状況という点では、たしかに両施設において処遇上の差異は見られず、「レッテルのごまかし」と指摘されても止むを得ない状況にあった。そこで、1970年代から1980年代にかけて起こったいわゆる「社会治療処分」導入論争において、「保安監置」施設にお

ける処遇についてもできる限り社会復帰を考慮すべきであるという意見や、累犯刑務所についても、社会治療的処遇方法を導入し、「社会治療」モデルによる「執行による解決」（Vollzugslösung）をはかり、受刑者の社会復帰を促進させるべきだという積極的意見が提案されたりしたのである。また、わたしが見学した精神病院収容処分施設の中にも、「これが病院か」と目を疑うほどの重警備の司法精神病院（例えば、ハイデルベルク近郊の「ヴィースロッホ司法精神病院」などはまるで「現代の要塞」のようであった）もあり、一部には「レッテルのごまかし」であるとする指摘もある。しかし、こうした実態を改善するための具体的・積極的意見や提案には数多く接したが、とくに「刑事治療処分施設」としての司法精神病院における治療や処遇の実態が「レッテルのごまかし」のような状況にあるから、「刑事治療処分制度」そのものを廃止せよという意見はないと言っても過言ではないであろう[14]。

(1) 堀内捷三「責任主義の現代的意義」警察研究（1990年）61巻10号3頁以下。林美月子『情動行為と責任能力』（1991年）2頁以下。ロクシン（齊藤誠二訳）「責任主義の二面性と一面性—刑法解釈学と刑の量定論における責任と予防との関係をめぐって—」刑法雑誌（1980年）24巻1号28頁以下。ロクシンの「責任と予防」につき、Roxin, C., Strafrecht, All. Teil. 3. Aufl., 1997. S.724ff. また、本節に関しても古くは、Jakobs, G., Schuld und Prävention, 1976. をはじめ多くの文献があり、その検討が必要であるが必要最小限にとどめた。もっともドイツの「責任論」を鋭くかつ簡潔にまとめたものに浅田和茂「責任と予防」阿部純二ら編『刑法基本講座第3巻—違法論・責任論』（1994年）219頁以下があり、本稿も有形・無形の影響を受けた。しかし、浅田和茂「責任能力論」（下）刑法学セミナー（1987年）395号73頁以下で「ドイツにおける裁判官の責任能力判断と処分制度の存否とは無関係である」とされるように、浅田教授は「刑事治療処分」を認めない立場からドイツの「責任論」・「責任能力論」を紹介・展開しておられるので「責任と予防」も「刑と処分の二元制」の問題も結局イデオロギーの違う解釈ということで片付けられそうで「同じ土俵」には登れないところがある。しかも、「刑罰一元制」の代替策も示されない。しかし、無罪になった危険な触法患者などに対する刑事政策論がないので犯罪論としても全く無責任な責任論となる可能性がある。現に浅田教授の論稿には筆者らの導入論の論文の引用が全くないのがその証拠である。また、甲斐克則「責任原理の基礎づけと意義—A・カウフマン『責任原理』

を中心にして―」『横山晃一郎先生追悼論集』（1997 年）79 頁以下。アルトゥール・カウフマン（甲斐克則訳）『責任原理―刑法的・法哲学的研究』（2000 年：原文は、Kaufmann, A., Das Schuldprinzip.Eine strafrecht- liche-rechtsphilosophische Untersuchung, 1976)、大谷實監訳・生田勝義・加藤久雄共訳「アルトゥール・カウフマン：刑法における責任思想の理論的および刑事政策的側面」ユルゲン・バウマン編著（佐伯千仭編訳）『新しい刑法典のためのプログラム―西ドイツ対案起草者の意見』（1972 年）69-98 頁。山中敬一訳「責任と予防」アルトゥール・カウフマン（宮澤浩一監訳）『法哲学と刑法学の根本問題』（1986 年）151-170 頁。

(2) 西原春夫『刑法総論』（1977 年）435 頁。なお、平野龍一「草案と責任主義」平場安治・平野龍一共編『刑法改正の研究Ⅰ（総則）』（1972 年）16 頁以下ですでに「消極的責任主義」につき論じられていた。

(3) 例えば、大谷實「シンポジウム『死刑制度のゆくえ』」法律時報（1997 年）69 頁 10 号 7 頁以下がある。

(4) 詳しくは、拙稿「死刑代替論について」法学研究（1996 年）69 巻 2 号 123 頁以下参照。

(5) 拙稿・前掲論文「精神鑑定」注(7)29 頁以下。

(6) Hanack, E.W., LK; Strafgesetzbuch. Vor § 61 Rdn. 13ff.

(7) Hanack, Sozialtherapie und Unterbringung im psychiatrischen Krankenhaus nach § 63 StGB n.F., JR H. 11, 1975, S.446.

(8) 拙稿「『処遇困難者』の処遇」日本精神病院協会誌（1990 年）9 巻 10 号 23 頁以下。同「イギリスとドイツにおける刑事施設の現状とその問題（その 2）―ヒューマン・ライツ・ウォッチ・レポートとの比較を中心にして」刑政（1997 年）108 巻 6 号 36 頁以下。

(9) 村井敏邦「『治療処分』論批判」（下）法律時報（1982 年）54 巻 6 号 89 頁。これを適切に批判したものに、岩井宜子「刑事法学のあゆみ」法律時報（1983 年）55 巻 7 号 160 頁以下がある。

(10) 浅田和茂「責任と答責性―ロクシン説の検討―」『平場安治博士還暦祝賀』（1977年）279 頁。Roxin, C., Kriminalpolitische Überlegungen zum Schuldpinzip. Mschr Krim 56. Jg. H. 7/8, 1973, S.321ff.

(11) 前田雅英『現代社会と実質的犯罪論』（1994 年）3 頁以下はその典型例である。

(12) 村井・前掲論文 89 頁。

(13) もっとも、ドイツにおける「行刑法」の運用は各州の財政に応じて行われているので、細かく言えば、バイエルン州とハンブルク市の行刑事情を単純比較するのは危険である。行刑法 139 条参照。

(14) もっとも最近のものに Luthe, Rainer, Die zweifelhafte Schuldfähigkeit. Einführung in Theorie und Praxis der Begutachtung für Beteiligte an Gerichtsverfahren, 1996.

第1節　責任主義の危機と刑事制裁二元制論について

などがあり、「責任能力」そのものに疑問を呈するものがある。

[3]　結びにかえて

(1)　「責任主義」の危機の克服にむけて

　以上、刑罰一元制を採用している現行刑法の解釈原理として論じられている「責任主義」の意義は、「刑事責任は規範的非難である」というテーゼを前提としているにもかかわらず、「刑と処分」の二元制を前提とするドイツでの「責任予防論」を比較法的に持ち出して、「責任主義」を論ずることの矛盾を指摘した。その理由は、犯罪本質論と刑事制裁本質論との体系的架橋がないまま事例解決的犯罪論を実質的犯罪論——もっともその内容は判例追従的解釈論であり体系的刑事政策論的視点が欠落している——として体系的犯罪論のもつ人権保障機能を等閑視してきたところにあろう（死刑存置論と二元制否定論に顕著である）[(1)]。

　それでは最後に、ドイツの「刑と処分」の二元制は、「責任主義の危機」を克服したのかどうかを若干みておこう。すでに死刑を廃止し、刑と処分の二元制を採用しているドイツでも外国人を焼殺した「メルン事件」や「ゾーリンゲン事件」が未成年者も含む若いドイツ人により引き起こされ、その余韻が消えないうちに、17歳の時にすでに15件の性犯罪を行って「アイケルボルン」（Eickelborn）の司法精神病院に収容されていた24歳（犯行時）の精神病患者が、7年間当病院で治療を受けていたが、開放的治療方針による院外外出制を利用して病院の近くに住む7歳の女の子を強姦した上、ナイフで13カ所も刺して殺害するという事件が起きた[(2)]（詳しくはシュテルン（1995年）34号）。そして、この事件に関する判決が1995年の10月17日に出され、15年の自由刑と無期限の精神病院収容処分を併科して言い渡された。

　世論の一部には15年の有期自由刑では軽過ぎるとして、こういう残虐な事件に対しては「死刑」の復活を望む意見も出されている。しかし、行為者が精神病院に入院中の者で外出許可を取って外出し、その外出中の犯行であったた

めに、院長の管理責任として業務上の過失致死責任の追及と同時に患者である加害者への厳しい責任の追及を求める意見もある[3]。また、こういう他害の危険のある患者の開放治療を可能にしている「刑事治療処分制度」にこそ問題があり、その処分制度の強化を望む声も日増しに高まっている。さらに、この行為者は結局、「限定責任能力」と認定されたために、こういう「限定責任能力者」を「責任無能力者」と同一に処遇するのはやはり無理があるのではないかという疑問から、1985年1月1日をもって削除された「社会治療処分」制度を復活させて「半治療・半刑罰」的な内容をもった処分として運用し、こうした常習的な性的精神病質（人格異常）犯罪者に対する特別な刑事政策を推進すべきであるとする意見も再び有力になりつつある。その1つのモデル病院としてバイエルン州の「シュトラウビンク（Straubing）司法精神病院」が注目されている。

勿論、ドイツでは、「責任無能力者」には精神病院収容処分（ドイツ刑法63条）を言い渡し、この事件の犯人のように「限定責任能力者」には精神病院収容処分と自由刑の併科をして対応することになっているので（処分先執行主義）、わが刑法のように「責任無能力者」に対しては「無罪」放免し一切の刑事司法上の処分を免除し、「限定責任能力者」に対しては単に「刑の減軽」をするだけで、何の特別な社会復帰処遇のシステムを持たないという点では刑事政策上雲泥の差があると言っても過言ではない。

このような凶悪違法行為者をめぐるドイツの刑法学者の主張から学ぶべきことは、世論の「厳罰主義」を求める声に屈して一端廃止した「死刑」制度を復活させるという現代の「人道主義的刑事政策論」が勝ち取ってきた成果を一夜にして無に帰する愚を選択するのではなく、死刑の代替策の1つとして運用されてきた仮釈放付きの「無期自由刑」（仮釈放は15年目から）や「刑事治療処分」を如何に改善したら同種の凶悪違法行為の再発を防ぐことが出来るのかという論議を選択し、「人道主義的刑事政策論」的視点から常に刑法や刑事制裁制度を考えているという点であろう。

刑事治療処分の対象者の選別は「責任能力」の存否により決定されることになる。例えば、限定責任能力は、「責任能力」が著しく減弱している場合なので、「責任減弱ならば刑の減軽を」というテーゼによって「刑」の量は減軽されるが、

第1節　責任主義の危機と刑事制裁二元制論について

他方で、その減軽事由が「心神耗弱」・「限定責任能力」でそれが何らかの「精神の障害」によるとすると、それに対して「治療処分」が科せられることが必要になる。このように「限定責任能力者」に対しては、有責な部分には「刑罰」を「精神の障害」の部分には限定的に「責任無能力者」として「精神病院収容処分」が科せられることが必要になろう。ここに刑事制裁制度として「二元制」を採用した場合に、刑罰により「一般予防的効果」と刑事治療処分により「治療と社会復帰」という「特別予防的効果」を担保できるのである。つまり、「責任なければ刑罰なし」というテーゼに基づく「刑罰一元制」によれば、「人格障害」が重度であればあるほど、例えば、その者が凶悪な犯罪を行った場合にはかえって刑の減軽をしなければならず重罰を科せないことになってしまうのである。

「責任」評価後の刑事政策的「受け皿」のない刑罰制度上における「責任主義」は、まさに濫用の防止措置も不可能にしてしまい、「死刑」の承認、他方で「無罪の洪水」現象や「刑の緩和化に伴う被害者側の被害者感情の鎮静機能の低下」→「刑罰制度への不信感の増大」→「遵法精神の低下」傾向、更には法的アノミー状態へと坂道をすべる雪だるまのように歯止めがきかなくなるであろう。

「規範的責任」を前提とする「触法精神障害者」に対する刑事責任能力の制度は、「精神の病気」故に違法行為に出た者には責任非難を問えないので、従って、刑罰を科し得ないとするものである。刑事治療処分制度は、「責任」がないので刑罰を科し得ないが、なお「再犯の危険性」が認められる者に必要かつ適切な治療を加えて、その者の「社会復帰」を実現し、もって再犯を防止することを目的とするものである。これらは、「病者の人権」を保護しつつ「社会の安全」を確保するための制度として長い歴史的闘争の結果、われわれが勝ち得てきた刑事法上の人道主義的な制裁制度である。現代の刑事政策においては、一面的に、触法患者や犯罪行為者の人権のみを強調することも、社会の安全性の確保だけを主張することも適切ではない。病者でかつ触法行為者という二面性をもつ「触法精神障害者」に対する刑事政策という二律背反を前提としつつも、「刑と処分」の刑事制裁二元制を導入し、「刑罰には責任を、処分には危険性を」の原理を刑法の謙抑性と補充性の原則によりコントロールしつつ（ド

イツ刑法 62 条「均衡の原則」規定)、この両者の調和の道を捜すことが現代の刑事政策の課題であるし、そのことによりまさに「責任論」・「責任主義」の危機を克服することができるのである。

(2) 「刑事治療処分」私案

そして、わたしの考えている「触法精神障害者」に対する人道主義的な刑事政策の一環としての「刑事治療処分制度」の具体的内容を概説すると、先ず、対象者は精神病者(これは精神保健福祉法 5 条の「精神の障害」の定義から知的障害(「精神薄弱者」)と「精神病質」を除いたもの。精神病質(人格障害)犯罪者はドイツ型の社会治療施設などで処遇)に限定し、罪種(先行行為と再犯の両方)も殺人、重放火、重傷害、強姦、幼女などに対する強制わいせつ、強盗、身の代金目的の幼児誘拐などの重大犯罪(違法行為)に限定し、特別精神科施設は法務省と厚労省の共同管轄(管理・保安面は法務省、医療・処遇面は厚労省)、収容期間は原則として最高 7 年まで(それ以降は「医療刑務所」か「措置入院」か(新設する)「執行裁判官」に選択させる)とする。仮退院者への療護観察(ドイツの「行状監督」制度の趣旨に近いもの)、刑と処分の併科・代替主義、処分先執行主義、執行裁判官制度の新設、判決前調査制度の導入、刑訴法を改正して検察官による処分独立請求権(例・ドイツ刑訴法 413 条)の導入、などを骨子としている[(4)]。

特別な「精神科治療施設」の構想とは、後述の「医療観察法」収容施設から 150 ～ 200 人収容規模の施設を全国に 2 カ所新設するというものである。もし、予算の問題があって新設が難しい時は、岡崎医療刑務所(愛知県)と北九州医療刑務所(福岡県)を組織的に改編し、施設の増・改築を行えば(八王子医療刑務所の精神科部門は、身体疾患との合併症の受刑者を収容する施設にする)、そんなに巨額の支出を伴わずに「刑事治療処分」の執行が可能であるといえよう。また、「分類センター」も併設している「川越少年刑務所」や他の少年刑務所、B 級刑務所などの一部に人格障害(精神病質)受刑者に対する「社会治療」処遇の行える部門を新設することも考えられよう。なお、参考までに、前述のドイツのシュトラウビンク司法精神病院(定員 140 名)では 1 日、1 人当たりの施設収容費は約 6 万円であると言われている。

(3) テロリスト・犯罪組織の構成員などの刑事責任と「責任主義」の危機

しかし、わたしは、前述したように、単独犯における犯人の個別行為責任の追及に関して「責任主義」の危機は現行の刑罰一元制を廃して、「刑と処分」の制裁二元制を導入することにより責任論的にも矛盾なく説明・解決できるものと思っている。

本節では、集団犯罪・組織犯罪・企業体犯罪などにおける両罰規定や三罰規定などにおける使用者責任、管理責任、団体責任、法人責任などと個別行為責任の関連の問題や薬害エイズ事件におけるような許認可権限者の刑事責任の問題などと「責任主義の危機」の問題について言及することはできなかったので他日を期したい。

(1) この問題意識の下体系化を志向する出色の教科書として、松宮孝明『刑法総論講義』(1997年) がある (とくに 289 頁以下)。ただし、同書では死刑廃止賛成・二元制導入反対という立場なので、今後、矛盾のない体系的・刑事政策的犯罪論の展開を期待したい。
(2) このアイケルボルン事件の検証委員会報告として、Sexualstraftäter im Maßregelvollzug, Mschr Krim 79. Jg. H. 3, 1996, S.187ff.
(3) 担当医などの刑事「過失責任」を厳しく問うべきであるとするものに、Grünebaum, Rolf, Zur Strafbarkeit des Therapeuten im Maßregelvollzug bei Fehlgeschlagenen Lockerungen, 1996. (Frankfurter krimi. wissenschaft. Studien 46)
(4) 拙著『ボーダーレス時代の刑事政策』(1997年) 205 頁以下に詳しい。

第2節　刑事責任能力論における基本問題

[1]　問題の所在

　刑事責任能力論は、刑法学の隣接諸科学、すなわち精神医学、心理学、人類遺伝学、文化人類学、脳外科学、社会病理学などの助けを借りて発展してきた。刑事法学の犯罪論の中でもこの責任能力論の領域が、他の諸科学と最も活発に結びついている。それだけに、各専門領域間との相互不信や誤解が生じたり、密接な協同作業の必要性が提唱されながら、その学際的ネット・ワークの構築化・制度化の実態は必ずしもスムーズにいっていない状況にある。

　こうした状況を克服するためには、各領域の専門家が、責任能力論のどこにその接点や共通点を発見し、協同作業が可能なのかというテーマで同じテーブルに着くことから始めなければならない。1982年度の刑法学会のワーク・ショップで「責任能力」のテーマが取り上げられ、隣接領域の専門家をまじえて熱心な討論が行われたことは、上記の点からいっても時機を得たことであった。わたくしも、このワーク・ショップの報告者の1人であったので、本節では、当日討論された論点を念頭において、初学者の理解をも得るよう責任能力論における基本的問題を中心に検討したい[1]。

[2]　刑事責任能力論における基本問題

(1)　責任能力の意義

　犯罪論においては、一般に、犯罪は、ある行為が犯罪構成要件に該当し、違法でありかつ有責である時に成立するとされるが、構成要件に該当する適法な行為をなした者が、有責であるとするためには、通常、行為者に責任能力があり、当該行為について故意または過失、違法性の意識などがあり、期待可能性などの阻却事由がないという条件が必要である。このように、行為者の主観的

な意思活動である「責任」を犯罪成立の一要件とする場合には、刑法によって非難されるような行為を犯した者が、「当該行為の時」に「自由な意思活動」をなし得る状態にあったかどうかが重要なポイントとなる。こうした自由な意思を形成したり、物事の善し悪しを判断したり、その判断に従って自分の行動をコントロールしたり出来る能力がまさに刑法上の責任能力に他ならない。

(2) 責任能力の本質

責任能力の本質をめぐっては、それを法益侵害行為の時に存在する「有責行為能力」とみるか、刑の目的を十分に理解する「刑罰適応能力」とみるか、理論上の対立がある。この対立は、もともと責任論に関する「学派の争い」に由来し、通常、前者については、古典学派の「道義的責任論」から、後者については、近代学派の「社会的責任論」の立場から主張されているものである。わが国の通説であるとされる「規範的責任論」の立場では、責任能力を「有責行為能力」であると理解している[2]。わたくしは、前者のように、刑法上の責任能力とは、「刑法によって非難されるような行為をなした者が、当該行為の時に「自由な意思決定」が可能な状態で、物事の善し悪しを認識・判断したり、それに従って行動できる能力である」と理解しているので、それは、「訴訟能力」でも、「受刑能力」でも、「刑罰適応能力」でもなく「有責行為能力」ということになる。ただ、最近、近代学派に属さない立場からも、「刑罰適応性とは、受刑能力と違って、行為の時に要求されるものであり、その行為が刑罰を科するに適したものかどうか」[3]であるとし、責任能力を刑罰適応性だとする主張や、また、責任能力を「規範的責任能力」と「可罰的責任能力」とに区別し、前者を刑法上の一般的な責任能力、後者を刑罰の前提となる責任能力と理解し、この可罰的責任能力は、実質的には刑罰適応性あるいは受刑能力を意味しているとする立場[4]などがある。いずれにしても、わたくしのように、責任能力をもって「有責行為能力」とする立場では、行為と責任能力の同時存在を原則とし、行為の時に、正常な認識・判断能力をもち、他行為可能性があったかどうか、すなわち当該行為が、その認識・判断の結果であるという関係があったかどうかを問題にしているのであって、責任無能力者に将来どのような刑法上の処置

が適応するかどうかという刑事政策上の問題とは、一応、この時点では、別個の問題として理解すべきであると考えている。

(3) 責任能力の体系的地位

　責任能力がなければ責任が阻却されるが、責任能力を個々の行為別に責任の要素として判断するのか、それとも個々の行為が、犯罪成立要件を充足しているかどうかという具体的な検討に入る前に、一般的にその存在を判断するのか、それによって責任能力が責任の「要素」なのか「前提」なのかという体系上の位置づけの問題が生じてくる。「有責行為能力」をもって責任能力の本質とする立場によれば、違法行為の時に、当該行為について責任能力が存在していたかどうかを個別具体的に問題にし、「責任の要素」であるとする。例えば、行為者の人格に病的変性がみとめられれば、アプリオリに原則として、直ちに責任能力を否定するという立場[5]もあるが、必ずしも賛同できない。むしろ、責任能力の存否の判定とは、当該行為の時に、行為者の病的変性が存在したかどうか、その変性の存在と行為との間に因果関係が認められるかどうかについて個別具体的に判断することである。このように、責任能力を責任要素として、個別的行為について具体的に判断するといっても、裁判官がその存否を認定する責任要素、すなわち故意、過失、違法性の意識（あるいはその可能性）、期待可能性などと、鑑定人と裁判官の協働作業によってはじめて正確に認定できるような責任要素とを体系上同一レベルに置き同質の要素と見る必要はない。責任能力は、責任要素の1つであるが、その内容からいって、規範的基準だけでは判断できない行為者人格にかかわる特別な経験的要素であると理解することができる[6]。

(4) 心神喪失と心神耗弱の概念

　現行刑法39条では、1項「心神喪失者の行為は、罰しない」、2項「心神耗弱者の行為は、その刑を減軽する」と規定し、「心神喪失」、「心神耗弱」という極めて難解な（精神医学的でない）「法律用語」が用いられているだけで、その内容につき何ら具体的な判断基準が与えられていない。

第 2 節　刑事責任能力論における基本問題

そのため、刑法理論上も裁判実務上も多くの基本的な見解の対立を生む原因になって来た。そこで、「心神喪失」と「心神耗弱」の内容は、もっぱら判例によって明らかにされている。判例によると、「心神喪失と心神耗弱とは、孰れも精神障擬の態様に属するものなりと雖、其の程度を異にするものにして、即ち、前者は、『精神の障擬』に因り事物の理非善悪を弁識するの能力なく、又は、此の弁識に従って行動する能力なき状態を指称し、後者は、『精神の障擬』未だ上叙の能力を欠如する程度に達せざるも、其の能力著しく減退せる状態を指称するものなりとす」（大審院昭和 6（1931）年 12 月 3 日判決刑集 10 巻 682 頁）としている。また、改正刑法草案 16 条で、「『精神の障害』により、行為の是非を弁別し又はその弁別に従って行動する能力がない者の行為は、これを罰しない。」（1 項）、「『精神の障害』により、前項に規定する能力が著しく低い者の行為は、その刑を軽減する。」（2 項）と規定しているのは、上の判例の内容をそのまま明文化したものといえよう。しかし、ここでも『精神の障擬』・『精神の障害』というだけで、個別具体的な疾病概念の内容が例示されていない。

(5)　責任能力の判定方法——精神医学的要素と規範的要素

ところで、ここで「生物学的（biologisch）」という形容詞は、その「生物学的」要素の実質が「精神の障害」であれば、「責任能力」の排除または減弱を判断する場合の用語としては必ずしも適切ではない。何故ならば、「責任能力」の判断において「生物学的要素」という名の下に、その存否・程度が「判定」されるのは、行為者の「精神状態」すなわち精神医学的（psychiatrisch）に診て「病気」であったのかどうか、そしてその「精神状態」がその「犯行時」の行為にどの程度影響していたかどうか、についてであるからである。しかもその「精神」の「病気」や「障害」は、現代の精神医学の理解によれば、必ずしも「身体的」、「器質的」、或いは「遺伝や染色体」的原因から生ずるものだけではないからである。ここにいう「精神の障害」の中には、病的、非病的、先天的、後天的、永続的、一過的諸状態をも包括するものと理解されている。このようにみてくると、この「生物学的要素」の内容・実体は、結局は「精神の障害」ということになるので、その用語も「生物学的要素」から「精神医学的要素」

に変更した方がその実体を正確に表現した用語として適切である。本節では以下この「精神医学的要素」という用語を使うことにする。

上記で見たように、精神障害者の責任能力に関しては、通常、2つの要素から検討が加えられる。1つは、「精神の障害」という生物学的要素（「精神医学的要素」とする）であり、他は、「是非善悪を弁別しこれに従って行動する能力」（弁別能力と統御能力）という心理学的要素（これについても以下「規範的要素」とする）である。

ところで責任能力の存否の判断に際して、上記の「精神医学的要素」（生物学的要素）と「規範的要素」（心理学的要素）の両面を検討する方法を「混合的方法」といって、多くの国の立法例がとるところであり、わが国の通説・判例もこの方法を支持している。

刑事責任を道義的ないし規範的なものと捉えている論者にあっては、行為を人の意思の自由な働きの結果として表出したものと理解している。行為が、他からの拘束も強制もなく自由な意思活動の結果として行われるためには、先ず行為者の精神活動が健全な状態にあることが前提となるが、従来、この「意思自由」を前提とする説にあっては、その精神医学的諸要素の十分な吟味と検討を経ることなく、むしろ、弁別能力や統御能力の所謂規範的要素の確定に重点を置き、その結果、精神障害者に過度に「完全責任能力」を認定してしまう傾向にあったという批判がある。こうした「規範的要素」（心理学的要素）に重点を置いた責任能力の判断方法における弊害を回避するという刑事政策的配慮から、「精神医学的要素」（生物学的要素）に重点を置いて、行為者の人格に病的変性が認められれば、原則として責任の前提としての責任能力を否定するという立場がある。

大谷實教授は、責任能力の判断を混合的方法によるならば、その判断は、「倫理的――実践的――政治的なものに着色された恣意的判断に任されやすい状態におかれざるをえない」[7]として、責任能力の基準から「規範的要素」（心理学的要素）を排除する徹底した「生物学的方法」（「精神医学的要素」）を主張される[8]。そして「生物学的方法によるかぎり、責任無能力が治療可能性と結合することになるから、一方で『治療処分』と結合しうるとともに、他面刑罰適応

性との問題とも深くかかわってくる」[9]とされ責任無能力者に対する治療的処分と結びつけた責任能力を構成しておられる。しかし、こうした理解に対しては多くの疑問がある。例えば、「精神医学においては、すべての道は精神分裂病（統合失調症：筆者注）に通ずるといってもいいすぎではないであろう。しかも、精神分裂病がひとつの疾患であるからには、その多彩な精神症状の背後に、あるいはそれと関連して、何らかの身体病理がひそんでいると想定することは、まことに自然な考え方である。従って、今まで考えられるほとんどすべての観点から、精神分裂病の身体病理が追究されてきているのも当然なことといえる。ところで、見出された所見が、実際に精神分裂病と本質的な関係にあるのかどうか、また、もし関係があるとしても、それがはたして精神分裂病という病的過程の原因なのか、結果なのか、あるいは平行して現われている現象にすぎないのか、そのような点については、確定的なことはなにもいえないというのが現状である」[10]とされるように、かって内因性精神病の代表的な症状とされていた「精神分裂病」（統合失調症）についても、最近では、環境などの外的要因をも考慮して総合的、多面的、動力学的に分析し、把握しようとする、いわゆる人間学的方法によって理解しようとする傾向にある。このように精神医学における疾病概念は、未だにはっきりと確定したものではなく、むしろ流動的でさえある状況にあって、生物学的方法（精神医学的方法）だけに頼ることは、論者の意図とは逆に、そこに何らかの刑事政策的判断が介入せざるを得ず、かえって論者のいう危険を招来することになるのではないか。この疑問について、大谷教授は、「正常か異常かの判断は、限界が大へん曖昧であり、その意味から純粋の生物学的方法に従うのは適当でない」、「正常性・異常性の判断は、最終的には、裁判官が行うことになるが、その場合、一定の価値、政策が基準となってはならず、可能なかぎり社会一般が当該被告人を国民の大多数を構成するものとして扱うか否かという経験的・記述的判断によるべきである」[11]と回答しておられる。しかし、裁判官の最終的判断に委ねるということであれば、実質的に「混合的方法」と変わらないのではないかという疑問がある。そこで、墨谷葵教授が、「原則として医学的判断に従うというのであれば、結果として、ダラム・ルールと同じ危険（つまり、精神異常のため「無罪の洪水」現

象および鑑定人による陪審の支配現象：筆者注）をもつものではなかろうか」、「最終的に裁判官の判断によるということを強調するのであれば、それは、限定的生物学的方法ということになるであろう」[12]と批判しておられる。

団藤重光博士は、責任能力を責任要素とする立場から、「生物学的状態がみられるばあいのすべてが、責任無能力または限定責任能力になるわけではない。これを限界づけるのが心理的要素である」[13]とされ、規範的要素（心理学的要素）の第二義的な限界づけ機能を重視される。

わたしは、かって、責任能力の判断に際しては、精神鑑定医による生物学的要素（精神医学的要素）の判断を出来る限り優先させた上、この場面での被告人の人権の保障を担保するために裁判官による心理学的要素（規範的要素）の検討をつけ加えることが必要である、と述べた[14]のは、上記の団藤博士の見解に従ったものである。けだし、責任能力の判断に当たっては、精神科医の果たす役割が大きいにもかかわらず、やはり、純粋医学的判断基準——とくに必ずしも身体医学的疾病概念にもとづかない精神医学的判断基準の場合に——のみでは判断し切れない点が出てくるのであって、その判断に当たっては、「裁判官と鑑定人の協働作業」による総合的な判定方法を採用することが必要であると考えたからである。こうした方法によってはじめて、この場面においても、刑法の社会統制機能と人権保障機能という二律背反的機能を調和させることができるのである。ただ、あえて付言すれば、わたしの主張する「混合的方法」は、①出来る限り、生物学的、身体的基準による疾病概念を確立させること、②ドイツ刑法に見られる「精神病院収容処分」など具体的な「刑事治療処分」の制度化、という２点を前提としたものである。

(6) 精神医学的要素と規範的要素の内容——「精神病質」概念の存置

いわゆる精神医学的要素（生物学的要素）としては、例えば、前述のように改正刑法草案では「精神の障害」という概念が規定されている。しかし、「精神の障害」というだけでは、一体具体的にどのような症状を指しているのか必ずしも明らかではない。わが国の旧精神保健法では、その３条で、「この法律で『精神障害者』とは、精神病者（中毒性精神病を含む。）、精神薄弱者及び精

神病質者をいう。」（現行「精神保健福祉法」5条では、「『精神障害者』とは、統合失調症、精神作用物質による急性中毒又はその依存症、『知的障害』、『精神病質』その他の精神疾患を有する者をいう」）と定義している（『』は筆者）。しかし、この現行精神保健福祉法5条の定義によれば、「精神障害」の中には、学説上も実務上も問題の多い「精神病質」（本書では「人格障害」としている）をも含んでおり、刑法上の定義としては必ずしも適切なものとはいえない。ただ、改正刑法草案では、「精神病質」については、「おおむね責任能力に影響のないものと解されている現状を特に立法的に解決するものではない」（準備草案理由書、105頁）という準備草案の基本的姿勢を踏襲していると思われる。従って、立法に際して、「精神病質」概念が、濫用されるおそれはないと思われるが、いずれにしても、刑事責任能力判断の基準である精神医学的要素としては、「精神の障害」という概念は、あまりに抽象的で多義的であり必ずしも適当なものではない。例えば、立法例として、ドイツ刑法20条（精神障害に基づく責任無能力）では、精神障害を「病的な心的障害（krankhafte seelische Störung）」、「根深い意識障害（tiefgreifende Bewusstseinsstörung）」、「精神薄弱（Schwachsinn）」、「重大なその他の心的変性（schwere andere seelische Abartigkeit）」の4つに分類して規定している。ただ、このドイツ刑法における定義においても、まさに「精神病質」がその中心となる「心的変性」を含めており、しかも、1975年の改正によりこれらの「精神病質者」に「責任無能力」さえ認める道を開いたことは問題を更に複雑にする結果となった[15]。例えば、責任無能力者ないし限定責任能力者に対する改善・保安処分制度により、治療困難な、あるいは病院の治療的雰囲気に合わない「精神病質者」がその執行機関である州立の司法精神科病院へ送致されることになったからである。カールスルーエの高等裁判所は、こうした責任能力規定の適用と現場の執行施設における混乱を回避するため「精神病院への収容は、本当に医学的にも精神医学的にも治療と看護を必要としている行為者に限定すべきである」[16]と判示し、触法精神障害者の司法精神科病院における過剰収容に歯止めをかけると同時に、治療中心の処遇が行われるように指示している。

　ハナク教授は、多くの精神科医による臨床経験を検討した結果、刑法63条

による「精神病院収容処分」は、治療可能な患者に限定すべきであり、従来、病院での治療が非常に困難であるとされていた「精神病質者」などは、刑法65条による社会治療施設のような特別の施設に収容すべきであると提案している（但し、この刑法65条は1985年1月1日に削除されている：筆者注）[17]。

いずれにしても、この精神医学的要素としての「精神障害」の存否については、専門医による慎重な鑑定に基づいて判断されなければならない。

規範的要素は、弁別能力と統御能力とに分けられる。「弁別能力」は、行為の善いか悪いかを知る能力、すなわち知的な認識能力である。「統御能力」は、行為の善し悪しを認識した上で、その弁別に従って行動を「コントロールする能力」、つまり、情緒的・意思的な能力である。ただ、このように規範（心理学）的要素は、多分に知・情・意の側面に関するものだけに第三者による了解が可能かどうかの問題がある。つまり、従来、いわゆる可知論、不可知論という形で争われてきたものである[18]。

刑法上問題になる程度の「精神（心的）障害」が存在すれば、一般的には、弁別能力や統御能力にも影響を及ぼし、それらが欠如しているか低減しているか、ある程度の判断は可能であるといわれる。そして、このうち「弁別能力」の存否については、「精神障害」との関連を十分に検討すれば、鑑定人にも裁判官にも比較的判断がしやすいといわれる。しかし、問題は、もし弁別する能力があっても、自らの情意を抑制できず行動してしまった、というように、「統御能力」の存否の判断の場合である。多くの「不可知論者」は、弁別能力に従って行動できたかどうかは、行為者の意思決定が自由であったかどうかであり、それは、まさに意思自由論の問題に帰着し、経験科学の答えることのできない哲学上の問題であり、鑑定人の能力を超えるものであるとする[19]。

「統御能力」の存否の判断が困難であるため、その判断を回避するために、例えば、マクノートン・ルール[20]のように規範（心理学）的要素のうち「弁別能力」の検討だけでよいとするものや、ダラム・ルール[21]のように、「その行為が精神障害の産物」であればよいとして、精神医学（生物学）的要素の検討だけで済ます方法もある。また、「統御能力」については、経験科学的に判断が不可能であるから、これを規範の言葉に翻訳して、もっぱら裁判官の価値判

断の対象とすべきであるとする見解もある。

　経験科学者から、統御能力と当該触法行為との関連に関する心的プロセスを測定できないと言われれば、法律家として、それを客観的に反証することは不可能である。しかし、犯罪論の領域では、例えば、故意、違法性の意識、他行為可能性などの存否の判断のように行為者の主観的・心的プロセスを測定する場合に、必ずしも経験科学的基準が用いられてきたわけではない。そこで、わたしは、裁判官が、鑑定人の意見を参考にしつつ、精神（心的）障害と当該行為時の具体的状況とを精密に検討すれば、ある程度、その間の心的プロセス（統御能力）を合理的範囲内で推定（規範的な推定）することは可能でありかつ許容されるのではなかろうかと考えている。

(1)　本節は、Law School 51 号（1982年）14-29 頁を基にしている。
(2)　団藤重光『刑法綱要（総論）』（1979年）253 頁、西原春夫『刑法総論』（1977年）403 頁、中山研一『刑法総論』（1982年）334 頁。
(3)　平野龍一『刑法（総論Ⅱ）』（1975年）280 頁。
(4)　佐伯千仭『刑法講義（総論）』（1968年）240 頁。
(5)　大谷實『刑事責任の基礎』（1968年）194 頁。
(6)　中山研一『口述刑法総論』（1978年）242 頁、墨谷葵「責任能力」西原・宮澤ら編『判例刑法研究 3（責任）』（1980年）5 頁。
(7)　大谷實「責任能力論の現状」法学教室（1973年）2 期 2 号 41 頁。
(8)　大谷實・前掲『刑事責任の基礎』141 頁以下、同『人格責任論の研究』（1972年）371 頁以下。
(9)　大谷・前掲論文「責任能力論の現状」42 頁。
(10)　諏訪望・山下格「身体病理学」猪瀬正・台弘・島崎敏樹共編『精神分裂病』（1966年）所収 332 頁。
(11)　大谷・前掲論文「責任能力論の現状」42 頁。
(12)　墨谷葵「責任能力について」（下）犯罪と非行（1975年）26 号 52、53 頁。
(13)　団藤重光「責任能力の本質」刑法雑誌（1963年）3 巻 47 頁。
(14)　拙稿「犯罪性精神病質者の刑事責任能力に関する一考察」（上）判例タイムズ（1972年）288 号 42 頁。
(15)　尚、本書では、seelisch を「心的」と訳出した。Schreiber, H.-L., Bedeutung und Auswirkungen der neugefassten Bestimmungen über die Schuldfähigkeit, NStZ 1981, S.51. 尚、ドイツ刑法 20 条（心的障害（seelische Störung）に基づく責任無

能力)、21 条(限定責任能力)に関して、詳細に分析した文献が数多く見られるが、ここでは重要なものと思われる文献を示すにとどめた。

　Niederschrifen über die Sitzungen der grossen Strfrechtskommission, 4. Band, Allg. Teil (1958), 43. Sitzung (10. Juli1956)-47. Sitzung (14. Juli 1956), Zweiter schriftlicher Bericht des Sonderausschusses für die Strafrechtsreform, Drucksache V/4095, 1969, S.10ff. Schwalm, G., Schuld und Schuldfähigkeit im Licht der Strafrechtsreformgesetze vom 25. 6. und 4. 7. 1969 des Grundgesetzes und der Rechtsprechung des Bundesverfassungsgerichts, JZ 1970, S.492ff. Lenckner, Th., Schuld und Schuldfähigkeit, in: Göppinger, H. und Witter, H. (Hrsg.): Handbuch der forensischen Psychiatrie I, 1972, S.78ff. Krümpelmann, J., Die Neugestaltung der Vorschriften über die Schuldfähigkeit durch das Zweite Strafrechtsreformgesetz vom 4. Juli 1969, ZStW26. Jg. 1976, S.6-39. Lenckner, Th., Schuldfähigkeit wegen seelischer Störungen, in: Leipziger Kommentar (LK) Strafgesetzbuch, 20. neu. Aufl., 1980, S.267-284. Lange, § 21, verminderte Schuldfähigkeit, in: LK 4. Lieferung, 1978, S.2-53.

　日本語の文献としては、内藤謙『西ドイツ新刑法の成立』(1977 年) 62 頁以下、浅田和茂「ドイツ刑法における限定責任能力論の展開—1933 年改正法以後(二)—」関大法学論集(1980 年) 30 巻 4 号 72 頁以下、仲宗根玄吉『精神医学と刑事法学の交錯』(1981 年) 79 頁以下などがある。

(16)　NJW, 1975, S.1571. JZ, 1975, S.579. MDR, 1975, S.861.
(17)　Hanack, E. W., Sozialtherapie und Unterbringung im psychiatrischen Krankenhaus nach § 63 StGB n. F., JR, 1975, S.441. Vgl. Venzlaff, U., Vorschläge über Regelung der Unterbringung in einer psychiatrischen Krankenanstalt, Tagungsberichte der Strafvollzugskommission, Bd. 8, 1969, S.132ff.
(18)　可知論(Gnostizismus)は、人の意思活動を他者が客観的に科学的に認識できるとする。それに対して不可知論(Agnostizismus)は、それを認識できないとする。拙稿「意思(志)の自由」『新版・精神医学辞典』(1993 年) 36 頁。
(19)　Bresser, P., Problem bei der Schuldfähigkeit und Schuldbeurteilung, NJW, 1978, S.1192.
(20)　墨谷葵『責任能力基準の研究』(1980 年) 32 頁以下。
(21)　墨谷・前掲書 100 頁以下に詳しい。

[3]　部分的責任能力と限定責任能力

　責任能力は、行為の是非を弁別し、その弁別に従って行動を制御することができる能力である。「精神の障害」によってこうした能力を完全に欠く者を「責任無能力者」、こうした能力を著しく減弱している者を「限定責任能力者」とする。ところが部分的（一部）責任能力者とは、好訴妄想を有する「パラノイア患者」のように、誣告罪については責任無能力であるが、妄想とは無関係の他の犯罪については責任能力があるという例のように、精神障害と結びついたある特定の行為についてだけ責任無能力が認められ、その他の行為については正常な責任能力が認められるものをいう[1]。しかし、このように単一の人格を個別行為との関連で法的に評価して、ある行為についてだけ非難されうる能力を認めようとする考え方に対しては、例えば、「人間の『人格』は統一的なものであるから、妄想や幻覚は全く孤立してあらわれるものではなく、妄想や幻覚によって人を傷つけるような者の行為は、直接これらと関係がないように見える場合でも、精神障害の影響下にあると考えるべき場合が多いのである」[2]とする有力な批判がある。これに対しては、責任能力を「有責行為能力」とする立場からの反論がある。

(1)　部分的責任能力

　西原春夫教授は、発作性精神障害の「てんかん」を例にして、「てんかん発作」中の暴力行為や性犯罪と発作以外の時になされた警察官に対する公務執行妨害罪とを比較し、「てんかん」は、平常時においても脳波の異常が検出される精神病であるから「部分的責任能力」を認めないと不合理であるとされる[3]。しかし、この設例は、あまり適切ではない。「てんかん発作」中の異常状態下における性犯罪、暴力行為と公務執行妨害を比較しなければならないのに、前者については「異常状態」下の行為を問題にし、後者については「平静状態」下の行為を問題にしているからである。平静状態下で「性犯罪」を行えば、やはり責任能力があったと判断するのが妥当であろう。また、「パラノイア患者」の事例についても問題がないわけではない。妄想体系に基づいて他人にいやが

らせをしてやろうと思った患者が、誣告行為に出るか、或いは、窃盗行為や住居侵入などによりその他人に間接的にいやがらせをするという場合もあろう。部分的責任能力を認めて前者を無罪、後者を有罪とすることが果して妥当であろうか。パラノイア患者の刑事責任能力存否の判断においても、ある一定の妄想という精神的に異常な状態と当該行為の関連性を具体的に検討し、その関連性が弱い場合にはむしろ限定責任能力として取り扱い、強い場合には責任無能力として扱えばよいことで、あえて部分的責任能力の概念を認める必要はないように思われる。

(2) 限定責任能力

さて、完全責任能力と責任無能力とのいわば中間にある「限定責任能力」の概念を認めるかどうかについても争われている。精神障害者の中には、有責に行為する能力を全く失ってはいないまでも、その能力の著しく減弱している者がいることは、精神医学的に明らかにされてきた。わが国の通説・判例・改正刑法草案は、ともに「限定責任能力」の概念を認めている。

森下忠教授は、「限定責任能力の問題は、責任原理から当然に導き出されるものではなくて、政策的、実践的な必要、いいかえれば刑罰の個別化の要請から生じたものである。(中略) わたくしは、①わが国の現在の社会構造にあっては、二元主義の体系の下でなお責任原理を基礎とすることが妥当であること、②限定責任能力の観念が久しく一般に承認されてきており、かつ、責任軽減事由としてのこの観念を酌量軽減事由から区別するのが妥当であること、の2点を理由として、限定責任能力規定の採用の方向を支持したいとおもう」[4]としておられる。

大谷教授は、責任能力の生物学的構成方法による帰結から、「一定の異常性があれば、その異常性と行為とに法則性を認めるのであるから、精神機能の障害があるかぎり、その程度問題とは無関係に責任無能力とされるべきだ」[5]、「今や限定責任能力の問題は、徐々に責任主義の問題から保安主義の問題へと移行しつつある」[6]、「正常でないものに対しては、刑罰という制裁をくわえてはならないとする観点から、『限定責任能力』を刑法典から抹殺すべきである」(『

筆者)⁽⁷⁾とされ、この概念を否定する立場をとられた。

　平野龍一博士は、「かりに人格を層に分けて考えると、刑罰を受けいれることのできる人格の層とそうでない層とに分けることができる」⁽⁸⁾とされ、責任を問うことができるのは、前者の異常さに対してだけであり、「精神病質」にも様々あるが、もし後者の場合であれば、それを「限定責任能力」として、例えば、ドイツで実験的に行われているような「社会治療」を行う矯正治療施設に収容し、「半治療的・半刑罰的な処遇」を行うべきであると主張される⁽⁹⁾。大谷教授の言われるように、「一定の異常性があれば、その異常性と行為とに法則性を認める」ことが出来ると仮定しても、「精神の障害」の内容と程度は、極めて多義的であり段階的なものである。刑事法の領域において、精神医学上、多義的で段階的な内容をもつ「精神の障害」という概念を「生物学的要素」として責任能力の判断基準として用いる限り、中間概念としての「限定責任能力」の概念を刑事責任能力論から完全に排除し、責任能力はあるか無いかの二者択一のものとすることは、理論的にも経験的にも承認されないであろう。結局、この問題は、責任無能力という程度の「障害」や「異常性」はないが、完全に正常ともいえない状態にあり、なお刑罰でもってしても十分な処遇効果が期待できない行為者グループを限定責任能力者として位置づけ、刑事法上、どのような根拠、基準、方法で取り扱ったらよいか、という刑事政策の実践に帰着することになる⁽¹⁰⁾。

　わたくしは、現行法の解釈論としても立法論としても、責任無能力者は、原則として無罪として医療施設（治療処分が実現すればその施設）へ収容し、なんらかの精神障害により限定責任能力とされる者は、刑を減軽し、その減軽した分若干の強制的処遇を実施するため、医療刑務所へ収容する方法がよいと考えている。そのため、身体疾患を伴う受刑者の処遇を中心とした現行医療刑務所を整備、再編成、充実させ、ドイツなどで行われている「社会治療処遇」などが実施できるような条件や雰囲気を作ることが必要であると考えている⁽¹¹⁾。

(1) 団藤・前掲論文「責任能力の本質」38頁。
(2) 平野・前掲書『刑法（総論Ⅱ）』288頁。尚、大谷教授も人格の統一性ないし単一性という立場から「部分的責任能力」を否定される。また、後述のように、大谷教授は、「限定責任能力」の概念も否定される。
(3) 西原・前掲書『刑法総論』405頁以下。
(4) 森下忠「限定責任能力者の法的地位」植松博士還暦『刑法と科学（法律編）』（1971年）222、223頁。
(5) 大谷・前掲書『刑事責任の基礎』161頁。
(6) 大谷・前掲書『刑事責任の基礎』192頁。
(7) 大谷・前掲論文「責任能力の現状」42頁。
(8) 平野龍一「人格責任と行為責任」『刑法講座』3巻（1963年）11頁。
(9) 平野龍一「犯罪者処遇の諸問題」（1963年）132頁、同「責任能力」法学セミナー（1967年）138号26頁。なお、博士は、責任能力規定について提案され、「精神障害により、行為が法律上許されないものであることを弁別する能力を欠く者の行為は罰しない。」として、「限定責任能力」を正面から規定することに慎重であった（同「精神障害犯罪者と保安処分」犯罪学年報（1965年）3巻203頁）。
(10) 浅田教授は「ドイツ刑法における限定責任能力論の展開」を完成された（浅田和茂「ドイツ刑法における限定責任能力論の展開―帝国刑法典成立以前―」関大法学論集（1974年）23巻4・5・6合併号228頁以下、同「―1933年改正法以前―」同誌（1974年）14巻4号1頁以下、同「―1933年改正法以後(1)―」同誌（1978年）27巻6号1頁以下、同「―1933年改正法以後(2)―」同誌（1980年）30巻4号49頁以下、同「―1933年改正法以後(3)―」同誌（1981年）30巻6号55頁以下、同「―1933年改正法以後(4・完)―」同誌（1981年）31巻1号169頁以下）。この論文は、7年間にわたる大変な労作であるが、一貫して「限定責任能力論」と処遇論、処分論の関連について深く言及されていない。その点につき、「それは、本稿および前掲拙稿の企図したところが、むしろ保安処分の問題を捨象したとしてもなお限定責任能力の制度を維持する必要性および妥当性があることを示すことにあったからでもある。責任無能力者は無罪であって刑罰を科せられないものとすべきであり、そうであれば限定責任能力者は刑罰を軽減されるべきであるということが、本稿および前掲拙稿を通じて言わんとすることの核心であるといっても過言ではない。そのいわば素朴な確信が、ドイツ刑法学においていかに主張されあるいは反駁されてきたかを検証することにより保安処分制度なき限定責任能力者の必要的刑罰軽減というわが国現行刑法の立場の正当性および妥当性を再確認することが可能になると考えたわけである。」（31巻1号247、248頁）とされる。しかし、ドイツにおける「刑事責任能力論」は、常

に処遇論、処分論を前提にしたものであったし、これら両者の相克・葛藤の問題は、犯罪論的にも刑事政策論的にも最も先鋭化した争点として扱われてきたことは、まさに浅田教授自身がその詳細な紹介と分析によって明らかにしてきたところである。従って、この論文における上のような政策論の意識的捨象とその結果からくる他の多くの重要文献の検討・紹介の欠落によって、ドイツの刑事責任能力論に関する問題点の解明と整理という著者の意図に反して、読者に新たな多くの疑問を残す結果になったのではなかろうか。
(11) 拙稿「責任能力—法と精神医学」『現代刑法講座』第2巻（1979年）266頁。

［4］ 責任能力判断と鑑定医の役割

　責任能力判断を精神医学（生物学）的要素と規範（心理学）的要素の両面からいわゆる「混合的方法」によって行うべきであるという立場に立つと、裁判官と鑑定人の判断の範囲・管轄の問題、つまり、どの程度まで両者の協働作業が可能かという問題が生じてくる。従来、精神医学（生物学）的要素は、経験的・記述的要件であって鑑定人の管轄に属するのに対し、規範（心理学）的要素は、規範的要件であって、専ら裁判官の管轄に属するという見解が有力に主張されてきた。前述した通り、わたくしは、現行刑法のもとで刑事責任能力を判断する場合には第一義的に精神医学（生物学）的要素を重視する立場をとりつつも、精神医学における「精神障害」の概念が、内因、外因、心因などによって分類されているように、必ずしも生物学的、身体的原因のみを基準にして定義されるわけでないことを考慮して、或いはまた、精神医学（生物学）的要素が確認されたとしても、その「精神障害」が必ずしもストレートに当該行為に結びつくと推定できるわけではなく、ケースによっては、なお「弁別能力」や「統御能力」があることも想定して、なお二義的に裁判官による規範（心理学）的要素の具体的な検討が必要であると考えている。通常のケースでは、精神医学（生物学）的要素が存在すればそれによって規範（心理学）的要素の存在もある程度まで推定できる関係にあろう。しかし、責任能力判断に特殊専門的な知識が必要である以上、たとえそれが最終的には刑事法上の判断であるとしても、証

拠にもとづく事実的な認定および判断においては、あくまでも裁判官と鑑定人の協力のもとに行われることを原則とすべきである[1]。

　ドイツにおいても、この裁判官と鑑定人の協働の問題については、様々な意見の対立がある[2]。しかし、責任能力は、最終的には裁判官によって判断されるものであるとする考えが有力である[3]。裁判官は、精神医学的要素だけではなく心理的・規範的要素についても判断を下すのである。鑑定人は、そうした裁判官の判断のためにどの程度の、どのような内容の資料を提供できるか、或いはすべきであるか、といった点については争いのあるところである。かって、ザルシュテット（Sarstedt）は、「鑑定人は、裁判官に行為時の行為者の状態について述べ、更に、弁別・統御能力についても言及することが許される」[4]とした。しかし、ブレッザー（Bresser）は、「鑑定人が、規範的側面について言及するのは不可能である」[5]として反対している。また、彼は、行為者の動機づけに疾病が作用していたかどうかの問題は、裁判官の評価の問題であるとしている。そして、鑑定人が、責任能力について判断できるのは、せいぜい、裁判官と精神科医の間で長年にわたって裁判・臨床の経験から共通に確認されている疾病（いわゆる Konvention（了解事項）。つまり、ある特定の病気については両者によってその「責任無能力」が確認されていること）の範囲内においてだけであるとする。これに対して、ハッデンブロック（Haddenbrock）は、「鑑定人が、もし人格障害と犯行との関係について言及できないとすれば、司法精神医学や心理学並びに犯罪学研究は、百年前と何んら変わらない状態であることを承認せざるを得ない」のではないかとして、鑑定人は、精神医学（生物学）的要素の所見の記述にとどまらず、専門の経験に照らして事例ごとに個別具体的に検討すれば、「異常」が行為時に行為者の弁別能力や統御能力に影響を与えていたことを発見することができるとした[6]。

　いずれにしても、責任能力の判定をめぐって裁判官と鑑定人の役割葛藤が生じる原因は、両者間の専門性の相互理解の不足にあるように思われる。両者の相互理解を促進するためにもしっかりした鑑定制度を確立することと共同研究システム[7]などの試みも必要となってこよう。

　わたしは、1976年以来、ミュンヘン大学司法精神医学部門のメンデ教授の

下で、ドイツにおける刑事責任能力鑑定制度の運用状況について研究する機会を与えられたので、ここに簡単に紹介しておきたい。

メンデ教授の下には、ドイツ刑事訴訟法80a条（事前手続における召喚）で、「被疑者を精神病院、禁絶施設に収容し、又は保安監置に付することが命ぜられると見込まれるときは、事前手続において、公判期日において行われるべき鑑定の準備のための機会を鑑定人に与えるもの」とする規定に基づき司法前鑑定を受けるために、多くの患者が送致されてくる。患者は、この鑑定のために、その都度、未決拘禁施設（ミュンヘンでは主にスターデルハイム）から警察官により連行されてくる者、或いは、大学の特殊病棟に入院中の者などである。この司法精神医学部門の鑑定スタッフは、メンデ教授とその助手のアテーン医師、フリッシュ医師（3人とも精神科医）、更に、心理助手のヴェーバー博士とザイデマン博士、ソーシャル・ワーカーのシューヴァルト女史の6名であった。そして、毎週定期的に医局会、患者紹介（毎週月曜日）、症例検討会、反省会などが行われた。わたしは、患者紹介、心理テスト、患者診断・面接にも立会を許され、鑑定書が作成されていくプロセスを詳しく学ぶことができた。また、公判当日には、鑑定人となったスタッフとともに法廷に出掛け、その鑑定結果が裁判でどのように採用されていくかについても何度もスクリーニングすることができた。

この部門で扱う触法患者は、限界事例の難しいケースの者が多いので、鑑定も時間をかけ慎重に行われ、途中、何度もメンデ教授を中心とした症例検討が行われる。殆どのケースが、1カ月〜2カ月の鑑定期間を必要としていた。医師の面接は、患者と一対一で行われ、その個別面接が何度も繰り返され、それと並行していろいろの角度からの心理テストや臨床テスト、必要書類による犯行時の行動の検討などが行われる。鑑定医と心理専門家は、ケースについて慎重な討議を重ね、公判へは両者揃って出掛け、更に、彼等には、公判途中に、被告人に質問をする機会が与えられる。一応の事実審理が終った段階で、裁判官の要請により、口頭で鑑定結果が述べられる。医師は、精神医学的立場から鑑定結果について述べ、心理専門家は、医師の鑑定結果を補強する形で心理テストについて詳しい所見を述べる。統計資料を作っていないので詳しい数値は

示せないが、メンデ教授の教室による鑑定結果は、かなり信用性が高く、殆どのケースで鑑定結果がそのまま採用されているようであった（尚、この「鑑定」システムは、現在は、メンデ教授の後継者のネドピル教授により受け継がれている）。

　バイエルン州では、その他に、ドイツの中でも例外的な制度として、ミュンヘン地方裁判所に「裁判所鑑定医制度」を置いている。但し、この組織は、司法省ではなく内務省に属している。1982年3月当時、7名の精神科医と1名の心理職員が、そのスタッフであった。ここでの鑑定は、精神鑑定にとどまらず、労働能力、財産管理能力、後見人能力などの鑑定も行っており、年間約2,000件の鑑定を扱っていた。そのため鑑定は、比較的問題の少ないケースを取り扱い、期間も2、3日で行われるとのことである。簡単で短期間での鑑定であるため、わたしが面接できた裁判官や検察官は、ここでの鑑定結果についてあまり高い評価をしていなかった。鑑定の申請の約80％が検察官からのもので、残りの約20％が裁判官からものであった。

　確かに行為者の『人格』調査には、多くの難しい問題があり、その状況はドイツでも例外ではない。しかし、どうみても刑罰を科し得ない患者がおり、その患者を何処でどう扱ったら、患者も社会の人々（被害者やその遺族も含めて）も満足する解決が得られるだろうか、という視点から、ドイツでは、試行錯誤を繰り返しながら、慎重に、時間をかけて鑑定制度を発展させてきた。そして多くの専門医が育ちつつある。わが国の保安処分論争の中で、人格調査が困難だから治療処分制度の新設を止めて現行措置入院制度の改善でよい、とする見解があるが、問題の深さを正確に理解していないものである。「措置入院」のための鑑定は可能で、「治療処分」のための鑑定は不可能なのであろうか。むしろ、日本の実情に合った鑑定制度を作るにはどうしたらよいか、優秀な鑑定医を育てるにはどうしたらよいかという建設的な意見が、今こそ必要とされているように思われるのである。

　ところで、わが国における刑事責任能力の鑑定実務の状況はどうなっているであろうか。ここでは、最も精神病らしい精神病とされる「精神分裂病」（統合失調症）者の責任能力判断に関する裁判例を検討しつつ、鑑定人の役割、鑑定結果の拘束性などを若干みておきたい。

さて、触法行為者が、行為時に「精神分裂病」(統合失調症)であれば、通常、「責任無能力」とされる。こうした見解は、司法精神医学の領域においては既に支配的である。

ドイツの実務でも、分裂病(統合失調症)は、躁うつ病とともに、ごく軽症か寛解期の事例を除いて、原則として責任無能力であるとされている[8]。例えば、バーナの研究によれば、168名の触法分裂病者のうち78.5%が責任無能力、19%が限定責任能力を言い渡されている[9]。また、ミュラーとハダミークによれば、保安処分の言渡しを受けた164名の分裂病者と5名の躁うつ病者のすべてが責任無能力とされており、限定責任能力の適用された者はいないとのことである[10]。

わが国の実務では、違法行為をなした精神分裂病(統合失調症)患者でも、分裂病の存在が直ちに責任無能力を導くとしているわけではなく、当該違法行為との直接的関連が確認されてはじめて責任能力の問題が検討されることになる。

中田修博士は、こうした状況について、「精神分裂病といえども症状の著しく高度な場合、犯行が妄想・幻覚などの病的体験に直接支配されている場合などのほかは、責任を認むべきであるとする考え方が、裁判官のなかに支配的であるように思われる。それゆえ、裁判官の一般的な考え方は、精神分裂病の行為は原則として責任無能力であるとするわれわれの司法精神医学的見解からかなり遠いようである」[11]と述べておられる。ただし、稲村博士らの報告によれば、分裂病を含めた26例の全例で、ほぼ鑑定結果が踏襲されていたとのことである[12]。

それでは、以下にやや古くなってしまったが代表的な判例を挙げて、精神分裂病者(統合失調症者)の責任能力に対する実務上の取扱い状況を検討しておきたい。

1. 責任無能力(心神喪失)を認めた事例

(1) 長男の急死に悲観し、幼児3名を死出の道連れに殺害した事件で、「被告人は生来分裂病質の保有者であって昭和25(1950)年頃より既に種々の心

気性自訴（鼻が曲った、眼の異常感、胃腸障碍等）があり、本件犯行時以前より既に精神分裂病を患っており、本件犯行当時はかなり病状顕著で妄想に対する病疑なく、本件犯行は右精神病に基く被害妄想を動機として衝動的に行はれた病的示顕であると認めることができる。」として心神喪失を認めた（高松高裁昭和28年6月11日判決判例特報36巻15頁）。

（2）殺人罪について「慢性精神分裂病」の状態にあったことなどを理由に責任無能力と認定された事例では「被告人の過去の経歴、妄想体験の内容・程度及び犯行時の飲酒酩酊の程度、犯行の動機・態様の異常性、幻覚・妄想の程度等の諸事情に加え《証拠略》を併せ考慮すれば、被告人は、高校2年のころ精神分裂病を発病し、本件当時は被害妄想、関係妄想、注視妄想等を抱く慢性精神分裂病の状態にあった上に、これに大量の飲酒にもとづく酩酊が加わり、右妄想状態が増強されるとともに、抑制力の低下に基づく衝動的な行為として本件犯行が敢行されたとみるのが相当であり、したがって、被告人は本件犯行時、理非を弁別し、それに従って行動する能力の欠如した状態にあったものというべきである。」と判示している（京都地裁昭和56年6月4日判決判例時報1009号144頁）。

（3）その他にも犯行当時「精神分裂病」に罹患していた被告人の責任能力を否定し無罪とした多くの裁判例がある。例えば、精神分裂病（破瓜型）を基礎とし、おおむね幻覚により、かつ病的な性的欲求の追求としてなされた窃盗事件（和歌山地裁昭和40年2月16日判決下刑集7巻2号182頁）、内因性の精神薄弱である上、精神分裂病に罹患しており、知能はほぼ魯鈍ないし愚昧に相当し、感情鈍麻・意欲減退などの精神分裂病の諸症状が相当顕著に認められる状態でなされた詐欺・窃盗事件（旭川地裁昭和40年10月27日判決下刑集7巻10号1896頁）などがある。

2. 限定責任能力（心神耗弱）を認めた事例

「精神分裂病の場合にも、行為者人格と行為の連関について了解するという思考過程がとられてよいのではなかろうか」という意見に代表されるように、たとえ「精神分裂病」が明らかであっても無条件に「責任無能力」とすべきで

ないとする判例もかなりある。

(1) 「精神分裂病者」の犯行につき、心神喪失の主張を排斥して心神耗弱を認めた事例で、「本件犯行当時も前記両鑑定のいうとおり『精神分裂病』に罹患していたと認めるのが相当であるとしても、その症状は現在よりもっと軽度であったと思われること、本件各犯行自体に特に異常は認められず、その動機も通常人において納得でき、犯行の手段、方法が計画的、作為的でかつ巧妙であり、犯行後は速やかに現場から逃走していること、犯行が分裂病による妄想、幻覚などに起因するものとも認められないこと、脅迫事件については犯行を否認するがこれは被告人が犯行の不法性を認識し、処罰を免がれるためのものではないかと思われること、窃盗事件については犯行の動機、手段、方法について正確に記憶し、具体的詳細に供述し、反省の態度を表わし更生を誓っていること、被告人の本件各犯行は、その同種の前科内容等から推して考えると、精神分裂病による抑止力欠如による犯行というより、頻回累犯者としての過去の犯罪習癖の顕現としての違法性の意識の鈍麻の結果であるという一面のあることも否定し得ないこと（同種犯罪の頻回累犯者にその種犯罪に対する抑止力を期待することは困難である）などの諸事情を総合すると、被告人は本件各犯行当時軽度の精神分裂病に罹患していたところ、事物の理非善悪を弁識する能力に異常はなかったが、右病気のため、かなりな程度の社会的不関性や道徳感情の鈍麻を招来し、この弁識に従って行動する能力（抑止力）が著しく減退した状態、すなわち心神耗弱の状態にあったものと認めるのが相当である。」と判示している（東京地裁昭和 53 年 4 月 28 日判決判例時報 894 号 129 頁）。

(2) ポルノ映画を見て性的興奮を覚えた被告人が、紐などの道具を用意した上、道路を通行中の女性をわいせつ目的で襲って傷害を負わせた事件で、犯行当時精神分裂病に罹患していたとして心神耗弱を認定している。すなわち、「被告人は、本件犯行当時『精神分裂病』に罹患していたが、その症状は軽快状態にあり、一応社会的に適応した生活を送っていたものであること、しかしながら、精神分裂病は、人格全体に対する侵襲を伴うものであり、しかも、被告人には、精神的退行現象が認められること、本件犯行当日映画館内で体験した妄想、眼病という異常体験が間接ながら本件犯行に影響を及ぼしたともみら

れないでもないこと、本件犯行を決意するにあたっても、被告人が以前2回にわたり同種の事件で処罰され現に執行猶予中であるにもかかわらず短絡的に犯行に及んでいることを併せ考えると、被告人は、本件犯行当時心神の障害があって、そのため自己の行為の規範的意味を理解し、その理解に従って行動を制御する能力が著しく減弱した状態にあったことは否定することができない。

しかしながら、本件犯行が『精神分裂病』に基づく異常体験に直接支配されたものであるとは認められず、精神的退行現象としての知能、感情、社会的適応性の低下も重度のものではないこと、本件犯行の動機や犯行前の準備、計画及び犯行態様は一応の脈絡がとれており、客観的に諒解可能であって特段異常ともいえないこと、本件犯行後捜査官に対し犯行の模様を詳細かつ具体的に供述し、その内容は客観的な事実ともよく符合しており、また捜査官の質問に対して否定すべきところは否定するなど全体として適確な応答をしていること、その他の記録によって認められる諸般の状況を総合すると、被告人は、前記の心神の障害によって、自己の行為の規範的意味を理解し、その理解に従って自己の行動を制御する能力を全く欠いていたものとは認められない」と判示している（東京高裁昭和56年1月26日判決判例時報1008号201頁）。

（3）　元海上自衛隊員の殺人、殺人未遂事件につき、完全責任能力を認めた原判決を破棄し、「精神分裂病（破瓜型）」の欠陥状態にあった被告人に「限定責任能力」を認めた最高裁判例がある（最高裁昭和53年3月24日判決刑集32巻2号408頁）[13]。そこでは、「両鑑定は、本件犯行時に被告人が精神分裂病（破瓜型）の欠陥状態（人格水準低下、感情鈍麻）にあったこと、破瓜型の精神分裂病は予後が悪く、軽快を示しても一過性のもので、次第に人格の荒廃状態に陥っていく例が多いこと及び各鑑定当時でも被告人に精神分裂病の症状が認められることを指摘しており、更に、I鑑定は、本件犯行を決意するに至った動機には精神分裂病に基づく妄想が関与していたこと及び公判段階における被告人の奇異な言動は『詐病』ではなく精神分裂病の症状の現われであることを肯定している。」（『』は筆者）（中略）「ところが、原判決は、本件犯行が被告人の精神分裂病の寛解期になされたことのほか、犯行の動機の存在、右犯行が病的体験と直接のつながりをもたず周到な準備のもとに計画的に行われたこと及び犯行

後の証拠隠滅工作を含む一連の行動を重視し、I鑑定を裏付けとして、被告人の精神状態の著しい欠陥、障害はなかったものと認定している」と判示している。

その他に、精神分裂病者の傷害の犯行につき限定責任能力を認めた事例（東京高裁昭和54年10月30日判決東高刑速報382号）、連続して3件の万引を敢行した窃盗犯人につき、中等度の精神分裂病に罹患していたにとどまるとして、限定責任能力の存在を肯認した事例（東京高裁昭和53年4月10日判決東高刑速報289号）などがある。

3. 完全責任能力を認めた事例

強盗致死事件において、鑑定人の精神鑑定を排斥して被告人に責任能力を認めた事例がある。この判決では、その原審は、被告人に対する供述を主たる資料として鑑定を行い、「右鑑定書によると、本件犯行は被告人が著しい情動状態に陥って為されたものであると判断した上、この情動状態と被告人の責任能力との関係を考えるには被告人の人格には素質的にかなりの偏倚があることを考慮すべきであるとし、その上において右情動行為の異常性すなわちそれが発現するとき一種の解放感があったこと、情動下における行為が被告人にとって予期しがたいものであったこと、その行為が被告人の通常時の人格には異質的であること、かなり著しい健忘が存在することなど情動そのものに異常性を示唆する特徴があることを考慮すると、被告人は本件犯行当時著しい情動状態にあってその責任能力に障害があり、限定責任能力の状態にあった」と判断するが「この鑑定に対しては、その基礎とした資料の点で疑問があるといわざるを得ない」（大阪高裁昭和56年1月30日判決判例時報1009号138頁）とし、独自に精神状態につき判断をし、完全責任能力を有している旨認定したのである。

この判決は、専門家の鑑定が存在するにもかかわらず、被告人の「完全責任能力」を認定した点でも、また、鑑定人の採用した資料が客観的に信頼できないものでその鑑定結果は採用できないとした点でも、ユニークな貴重な事例である。

以上、精神分裂病（統合失調症）の責任能力に関する裁判例を、①責任無能

力(心神喪失)を認めた事例、②限定責任能力(心神耗弱)を認めた事例、③限定責任能力を認めなかった事例に分けて紹介してきた。その結果、わが国の刑事裁判の実務における「精神分裂病」(統合失調症)の取扱いは、単に「精神分裂病」が存在するという理由だけで「責任無能力」とはされない。生物学的要素(精神医学的要素)の判断については、十分に正確な資料に基づく鑑定を基礎として判断すべきであるとされている。そして、責任能力の有無・程度は、あくまで法律問題であり、その最終的判断は、法律家である裁判官が判断すべきであるという点が堅持されていることが確認できたと思う。

さて前記大阪高裁昭和56(1981)年1月30日判決にみられるように、専門家による2つの鑑定があるにもかかわらず、裁判官が独自の判断により「完全責任能力」を認定したもので、もし鑑定結果に拘束性があるとすれば、こうした判決結果は生じてこないはずである[14]。この問題は、結局、責任能力の本質をどう理解するかという点に帰着することになり、裁判官と鑑定人が「責任能力の本質」について共通の認識を持てる状況を作り出していかなければならないことを示唆している。

(1) 臼井滋夫「鑑定に対する法的評価」警察学論集(1961年)14巻7号44頁以下、浅田和茂「触法精神障害者に関する手続と精神鑑定の役割」ジュリスト(1982年)772号52頁。尚、同「わが国の刑事鑑定制度」上野正吉・兼頭吉市・庭山英雄共編著『刑事鑑定の理論と実務』(1977年)85頁以下。

(2) Schreiber, a.a.O., S.51. Vgl. ders., Was heisst heute strafrechtliche Schuld und wie kann der Psychiater bei ihrer Feststellung mitwirken?, Nervenarzt 1977, S.246ff. 尚、西ドイツの司法鑑定について、Lenckner, a.a.O., S.139ff. Göppinger, H.: Praxis der Begutachtung-Der Psychiatrische Sachverständige im Verfahren, 1974. 浅田和茂「西ドイツの刑事鑑定制度」上野・兼頭・庭山・前掲書11頁以下、仲宗根玄吉・前掲書241頁以下、大谷實「西ドイツにおける司法精神鑑定」臨床精神医学(1981年)10巻7号809頁以下。

(3) 日本での事情については、中田修「精神鑑定の実際」『現代精神医学大系』24巻(1976年)148頁、村松常雄・植村秀三共著『精神鑑定と裁判判断―諸鑑定例について法律家との協力検討』(1975年)61頁。

(4) Sarstedt, W., Auswahl und Leitung der Sachverständigen im Strafprozess(§§73,

StPO), NJW 1968, S.181.
(5) Bresser, a.a.O., S.1188.
(6) Haddenbrock, S., Forensische Psychiatrie und die Zweispurigkeit unseres Kriminalrechts, NJW 1979, S.1236. Vgl. ders., Zur Frage eines theoretischen oder pragmatischen Krankheitsbegriffs bei Beurteilung der Zurechnungsfähigkeit, MschrKrim 38. Jg. 1955, S.183ff. ders., Die juristisch-psychiatrische Kompetenzgrenze bei Beurteilung der Zurechnungsfähigkeit im Lichte der neueren Rechtsprechung, ZStW 75 1963, S.460ff. ders., Das Paradox von Ideologie und Pragmatik des 51 StGB, NJW 1967, S.285ff. ders., Personale oder soziale Schuldfähigkeit（Verantwortungsfähigkeit）als Grundbegriff der Zurechnungsnorm?, Mschr Krim 51. Jg. 1968, S.145ff. ders., Freiheit und Unfreiheit der Menschen im Aspekt der forensischen Psychiatrie, JZ 1969, S.121ff. ders., Nochmals: Soziale Verantwortlichkeit ohne soziale Freiheit? Schlusswort zur Erwiderung von J. Baumann, JZ 1969, S.181, JZ 1969, S.504ff. ders., Strafrechtliche Handlungsfähigkeit und "Schuldfähigkeit"（Verantwortlichkeit）: auch Schuldformen, in: Göppinger und Witter（Hrsg.）: Handbuch der forensischen Psychiatrie Ⅱ, 1972, S.907ff.
（7） これについては、例えば、拙稿「留学だより・社会治療施設専門家会議に出席して」Law School（1982年）46号79頁参照。
（8） Langelüddeke und Bresser, Gerichtliche Psychiatrie, 4. Aufl., 1976, S.255.
（9） Wanner. O., Schizophrenie und Kriminalität, MschrKrim 37. Jg. H. 1/2 1954, S.18.
（10） Müller und Hadamik, Die Unterbringung psychisch abnormer Rechtsbrecher, Nervenarzt 37., 1966, S.67. 但し、（西）ドイツでのこうした鑑定結果については、刑事治療処分制度が確立しているという事情と併せて比較しなければならない。
（11） 中田修「精神分裂病の責任能力への一寄与」『犯罪精神医学』（1972年）所収84頁、同「責任能力の判定に関する実際的諸問題」『現代精神医学体系』24巻（1976年）51頁以下、白井皓喜「判例に現れた心神喪失・心神耗弱について」判例タイムズ（1963年）152号9頁以下、村松常雄・植村秀三共著『精神鑑定と裁判判断』（1975年）44頁以下、棚町祥吉「責任能力に関する最近の裁判例について」警察学論集（1980年）33巻12号40頁以下、尚、小野田矩夫「刑事責任能力論の現状と運用―我国における精神鑑定事件の分析―」精神経誌（1980年）82巻4号193頁以下、吉田哲雄「精神科医からみた刑事責任能力」精神経誌（1980年）82巻4号202、203頁、墨谷葵「責任能力」西原春夫・宮澤浩一ら共編『判例刑法研究3（責任）』（1980年）21頁以下。
（12） 稲村博・有田矩明「精神鑑定例の予後と問題点」犯罪学雑誌（1971年）37巻5・6号26頁、尚、稲村博「精神鑑定例の経過―第一報精神分裂病例」精神医

学（1972 年）14 巻 10 号 23 頁以下では、「八王子医療刑務所」の精神科部門に収容され、収容後精神分裂病（統合失調症）と診断された 16 例について検討を行っているが、「鑑定で分裂病と認められず『精神病質』とされ裁判で完全有責と扱われながら入所後短期間で症状発現し、正しい診断や治療が行われるまで長期を要している症例の多いことである」（30 頁）と指摘し、精神鑑定結果と裁判の結果、それに裁判後の状況にかなりのバラつきがあることを強調している。
(13) 浅田和茂「責任能力の判定基準」昭和 53 年重要判例解説 162 頁以下。
(14) 庭山英雄「責任能力と鑑定」佐伯博士還暦『犯罪と刑罰』（下）（1968 年）368 頁、浅田和茂「判例研究『躁うつ病患者の美術品窃盗事件につき』心神喪失を理由に無罪を言い渡した事例」大阪市大法学雑誌（1980 年）27 巻 1 号 119 頁以下。

[5] 責任無能力と刑事（治療）処分

　有責な行為者にのみ「刑罰」を科すことができるとする「責任主義」を堅持する限り、「精神障害」などのために、行為が不法であることを認識し、またはその認識に従って自分の行動をコントロールする能力がない者、いわゆる「責任無能力者」には「刑罰」を科し得ない。しかし、だからといって、それらの者の違法行為を刑法の枠外の問題であるとして、刑事政策上放置することにも問題がある。とくに、これらの行為者が、将来再び危険な違法行為をなすことが十分に予想される場合には、この問題はさらに重大である。そこで、刑罰制度がもっている原理上の限界や制約を解決するために、行為者に「将来の危険性」が存在する場合、それを根拠としてその者の自由を剝奪し、その代わりに、その特性に応じた治療や改善を十分に実施することによって再犯を防止することを目的とした刑事治療処分制度の導入が必要となってくるのである。病者の人権の保護と治療の実施を維持しつつ「社会の安全」を確保するためのこうした制度は、ヨーロッパ諸国においては長い歴史と経験をもっている[1]。刑事政策においては、一面的に、「患者の人権」のみを強調することも、「社会の安全」だけを主張することも適切ではない。国家の公権力行使の 1 つである刑事政策的目的の実現という矛盾を前提としつつも、この両者の調和の道を捜すことが、

その現代的課題であることを忘れてはならない。わが国の現行刑法には、刑事（治療）処分制度がないので、刑法39条によって責任無能力とされ「無罪」となった者を収容する「触法患者収容施設」がない。現状では、それらの責任無能力者に対しては、行政処分である精神保健福祉法29条による「措置入院」制度が適用されている。しかし、その運用実態には様々な問題点があるし、同法は、もともと触法行為とは無関係の精神障害者のための医療と保護を確保することを目的として立法されたものであり、同法に刑事政策の肩代りを期待することはできない。とくに開放的治療法が多くの成果を挙げつつあり、多くの病院が開放化を目ざしている現状において、「自傷他害のおそれ」の排除という保安の面についても配慮しなければならない「措置入院」制度は、精神医療業務の中において、あくまでも例外的なものとして位置づけられるべきであろう。従って、こうした精神保健福祉法の刑事政策的負担を解消するためにも、われわれが提案するような（ドイツ型の）「刑事治療処分制度」が必要になってくる[2]。そして、刑事治療処分制度において、医療的、人道主義的観点と保安的、刑事政策的観点をうまく調和させるためには、①判決前調査制度などの導入により鑑定制度の専門性や科学性を強化、確立する、②対象者の人権が十分に保障されるような処分の言渡し手続、収容手続、収容期間の制限を含めた収容期間中の監視手続などの要件の整備をする、③収容中に医療が十分にサービスされるような施設と専門スタッフを確保する、といったことが必要となる。そのモデルとしては、ドイツなどのヨーロッパ諸国の刑事治療処分制度にみられるような、処分の言渡しは刑事裁判所で行い、執行は公立の精神病院で実施するというモデルが基本的には参考になる。わが国の改正刑法草案では「治療処分」の新設が提案されているが、いろいろな点で問題があり修正が必要である[3]。例えば、対象範囲が広すぎるので、それを殺人、放火、強盗、強姦などの凶悪な（触法）行為をなした精神障害者に限定し、「精神病質者」や「知的障害者」など判定上問題の多い対象者は除外すべきである。そして、処分の執行は、出来るだけ短期間にとどめ、医療が十分に確保された施設、原則として厚生（労働）省管轄の国公立の特別施設を新たに設けて実施する、などが考えられる[4]。

(1) 古田佑紀「ヨーロッパ諸国における保安処分制度とその運用の概要」(1) 〜 (10) 判例時報 (1981年) 997号〜1014号を参照。
(2) 拙著・前掲書『治療・改善処分の研究』(1981年) 305頁以下。同「刑罰と保安処分との関係—とくに治療処分との関係を中心にして—」ジュリスト (1982年) 772号29頁以下。
(3) 拙稿「精神障害犯罪者に対する治療処分に関する一考察」Law School (1981年) 36号46頁以下、同「精神障害犯罪者に対する保安処分の問題点」福田平・大塚仁共編『刑法総論II—刑罰と刑事政策の新様相—』(1982年) 272頁以下。
(4) 最近、立法された「医療観察法」の課題と問題点については、第1編第2章以下で検討した。

[6] 結びにかえて

以上、「刑事責任能力」に関する基本的問題点だけを論述するにとどめた。

本節では、「刑事責任能力」は、処遇論、処分論と結びつくもので極めて実践的、刑事政策的に把握されなければならないとの前提に立った上で、責任能力の判断方法としては、第一義的に精神鑑定医による精神医学的要素の判断を出来る限り優先させ、第二義的に、裁判官による規範的要素の検討をつけ加えるという「混合的方法」を主張した。裁判官と鑑定人の協働作業による責任能力の総合的判定方法を採用することにより、刑法の社会統制機能と人権保障機能という両者の二律背反的機能をどこかで調和させることができると考えたからである。そのためにも、裁判官（わが国では「起訴便宜主義」を堅持する限り「検察官」も含めて）と鑑定人の役割葛藤の原因になっている両者間の専門性の相互理解の不足を解消するような、鑑定制度の確立や手続法などの整備が必要である。こういう前提が整ってはじめて「法と精神医学」の二人三脚が可能となり、両者の相互信頼・理解が生まれるのである。

第3節　人格障害犯罪者の刑事責任能力とその処遇

[1]　問題の所在——「医療観察法」は「人格障害」犯罪者を対象としていない

　さて、「心神喪失者等医療観察法」(以下「医療観察法」という)は、前代未聞の大量殺人事件である「大阪池田小事件」を契機に立法化され、2005年7月15日に施行された。しかし、施行4年後の運用の実態を分析すると、いわゆる「保護主義」(パレンス・パトリエ)論を根拠に「メディカル・モデル」的法的性格により、本来は対象者の「治療可能性」を根拠に治療的保護が主たる立法目的のはずが「再犯のおそれの回避」(再犯予防目的)に運用の重点が移され実質的にドイツ型の刑罰を補充・代替する機能をもつ「刑事治療・改善処分制度」などの「リーガル・モデル」的（刑事治療処分的）な機能を果たしているのが実情である[1]。
　以上のような同法の実質的「保安処分化」の原因は、重大触法行為（同法では、心神耗弱も含むので、有罪者も含む）を行った者に対する、いわゆるドイツ型の「刑事治療・改善処分」ではなく、依然として、刑罰一元制（主義）を維持しつつ、現行「措置入院」手続の憲法違反性を克服するため、裁判所（但し、この審判廷は重大刑事事件の審判を行うのに「刑事部」ではない。もっとも、東京地裁では「刑事部」が担当しているが、法的根拠があるわけではない）の関与を制度化しその批判をかわし、問題点のすり替えが行われているからである。その証拠に対象者の中に重大他害行為を行った心神耗弱者（通常は「無期懲役刑」が言い渡される）も含めているのに、法務省管轄の施設は一切使わず厚生労働省管轄の国立の保安病院・病棟を新設して、「触法精神障害者」のみ（原則として精神障害「犯罪者」は含まない）に対する法的対応の全ての下駄を預けようとするものであるからである。従って、同法は、この大阪池田小事件の犯人が「人格障害者」であるとされていたにも拘らず、同法の対象者として「心神喪失又は心神耗弱等の状態にある者」（同法1条）と規定されているので「人格障害犯罪者」は判例上、「完

全責任能力者」とされてきた伝統的な「責任能力判断」を踏襲すれば、結局は同法の対象者としては考えられていないことになる。

　わが国の刑法の母法であるドイツ刑法はすでに「死刑を廃止」しているので、「改善の可能性」や「再犯のおそれ」の医学的判断を求められるドイツの司法精神科医の役割が益々増大しているように、わが国でも、司法精神科医の役割は、「医療観察法」成立に伴いその対象である「触法精神障害者」問題から「人格障害犯罪者」問題へと拡大を余儀なくされよう。

　わが国の刑法にはドイツ型の「刑事治療・改善処分制度」に関する規定がないので、刑法39条の1項・2項で「心神喪失」及び「心神耗弱」とされ無罪又は刑が減軽された「触法精神障害者」を受け入れる特別の「刑事治療施設」がないのに対して、ドイツ刑法にはその受け入れ制度があり責任能力規定（ドイツ刑法20条と21条）と刑事治療処分である「精神病院収容処分」（刑法63条）と「アルコール・薬物依存者」を対象とした「禁絶施設収容処分」（刑法64条）などの諸規定とが連動して運用されている。

　そして、ドイツの「刑事治療処分制度」と上記のわが国の「医療観察法」の「指定医療入院」「鑑定入院」などとの大きな違いは、前者では、「限定責任能力者」（心神耗弱者）の場合、自由刑と「治療・改善処分」とが併科され、両者はともに刑事制裁なので、刑事裁判官の裁量で（刑罰執行の）刑事施設と（処分執行の）保安病院との間でのキャッチ・ボールができるようになっている。その場合に「刑事治療処分」が先に執行されていることである（「処分先執行主義」ドイツ刑法67条1項）。また、精神病院収容処分（刑法63条）の収容期間は、無期限であるが、保護観察のための仮退院の審査を毎年1回実施することを義務づけている（刑法67e条2項）。しかし、「医療観察法」では、刑罰とこの「司法処分」としての「指定医療入院」の併科も入院期間の最高期間も、仮退院の際の「必要的審査制度」に関しても規定していない。また、同法では、外来通院期間やそれに伴う精神保健観察期間を最高5年に低く限定しているが、ドイツ刑法は、98年の改正で、重大「性」的人格障害犯罪者や処遇困難者に対しては、「事後的『保安監置』処分」が新設されたし、仮退院後の「必要的行状監督」も最高期間を5年から無期限に変更された。

それに対して前述の「医療観察法」の最大の問題点は、その収容命令の法的性格が「刑事処分」ではないので、法務省管轄の「刑事施設」（とくに「医療刑務所」）と厚労省管轄の「指定医療病院」との間で移送などのキャッチ・ボールができないところにある。特に、「統合失調症」と「人格障害」とが合併しているケースでは、「半治療・半刑罰」的処遇システムが有効であるとされるので、こうした施設間のキャッチ・ボールができないことが致命的であると言えよう。

さて、本節では、「大阪池田小の悲劇を繰り返さないために」[2]、宅間被告人のような「高度に危険な人格障害犯罪者に対する刑事法上の対応」をどうしたらいいか、長崎の12歳少年のように発達障害で将来一種の人格障害へと発達するかも知れない重大触法少年に対する司法精神医療や処遇をどうしたらいいか、について、すでに重大事件を犯した「人格障害犯罪者」に対する「刑罰」に代替する刑事制裁システム（刑事治療・改善処分制度）を刑事法に導入し、多くの経験のあるドイツの制度を参照しつつ検討していきたい[3]。

(1) 本節は、拙稿「『刑事責任能力』をめぐる諸問題—最近の日本、西ドイツにおける実務と学説を中心にして—」（『慶應義塾大学法学部法律学科開設百年記念論文集』（1991年）179頁以下）、同「人格障害犯罪者の刑事責任能力と社会治療処遇」（精神科（2003年）3巻4号351-362頁）、同「刑事政策学から見た『医療観察法』の問題点」（臨床精神医学（2009年）38巻5号529-537頁）の3つの拙稿を中心に論述した。
(2) 拙稿「問われる立法の不作為責任」角川書店・緊急出版『なにが幼い命を奪ったのか—池田小児童殺傷事件—』（2001年）45-71頁。
(3) 「医療観察法」に関しては、本書第1編第2章第2節で詳しく論じた。また、拙稿「触法精神障害者対策の現状と問題点(2)—ドイツ—」現代刑事法（2002年）41号72頁以下。白木功『『心神喪失の状態で重大な他害行為を行った者の医療及び観察等に関する法律』について」現代刑事法（2003年）55号56頁以下。後述第2章第2節「刑事政策学から見た『心神喪失者等医療観察法』の法的性格と責任主義の危機」以下も参照。拙稿「医療観察制度と裁判員制度における司法精神鑑定医の役割と課題」日本精神保健福祉政策学会編：精神保健政策研究（2009年）18巻54-78頁。拙稿「刑事施設における精神障害受刑者の処遇について」

罪と罰（2009年）46巻3号9頁。また、北九州医療刑務所編『論文集』（第2版・2009年）では「精神障害受刑者」の処遇の現状が詳しく紹介されているので引用させていただいた。佐藤誠「医療刑務所における処遇困難受刑者処遇の経験からみた心神喪失者等医療観察法の運用の問題点とその将来的課題について」精神保健政策研究（2008年）17巻55頁以下。

[2]　わが国の刑法における「責任能力」規定と「人格障害者」

(1)　触法精神障害者対策としての「医療観察法」の法的性格と責任主義の形骸化

　前述のように、「触法精神障害者」対策としてスタートした「医療観察法」の施行4年後の運用の実態を分析すると、いわゆる「保護主義」（パレンス・パトリエ）論を根拠に「メディカル・モデル」的法的性格により、対象者の「治療可能性」を根拠に治療的保護が主たる立法目的であったものが医療スタッフの不足、病床数の不足から「再犯のおそれ」の回避に運用の重点が移され実質的に保安処分化が進行し、対象者の「責任能力」判断は軽視され「責任主義」の形骸化現象が加速している[1]。

　刑事制裁の一種として、触法精神障害者から自由剝奪を伴う強制入院処分が正当化されるのは、あくまで刑事裁判で責任主義の例外として、刑罰を代替・補充できると判断される場合の「刑事治療処分」のみであるとするのが、「責任主義」を堅持する立場である。

(2)　わが国の現行刑法の「責任無能力」規定と人格障害（精神病質）の位置付け

　前述したように、わが国の現行刑法39条では、精神医学的（生物学的）要素につき積極的にその内容について規定していないので、昭和6（1931）年の判決で示された「精神の障害」と言う包括的用語でもって精神医学的要素（生物学的要素）であると理解され、39条が解釈・運用されている。その「責任能力」判断のリーディング・ケースとされる昭和6（1931）年12月3日の大審院判決（刑集10巻628頁以下）においても、「心神喪失」と「心神耗弱」の概念が説明

されているだけで、その具体的病名について——もっともこの時代には精神医学そのものが未発達であったので「精神医学的要素」に関する理解は全く不十分であった——具体的に説明されているわけではないし、ましてや無罪後の法的対応については全く言及されていない。

　改正刑法草案（1974年）16条でも、ただ「精神の障害」と規定するだけで、その具体的症状が何を意味しているのか必ずしも明らかでない。従って、わが国においては、この精神医学的要素（生物学的要素）が一体何を意味しているのか、その実質を確定するためには、判例の積み重ね、鑑定人の専門分野である司法精神医学でいう「精神の障害」の意味・定義を参考にしたり、わが国の他の諸法例や諸外国の立法例を比較検討することが必要となってくる。例えば、精神保健福祉法5条では、「この法律で『精神障害者』とは、統合失調症、精神作用物質による急性中毒又はその依存症、知的障害、『精神病質』その他の精神疾患を有する者をいう。」と定義している。しかし、この定義では、「精神障害」（広義）の中には、精神医学上の「疾病概念」としても、裁判実務の上においても問題が多いとされる「精神病質」が含まれている。従って、同法にいう「精神障害」の概念は、責任能力判断の基準である精神医学的要素（生物学的要素）としては、あまりに抽象的で多義的であり必ずしも精神医学的判断基準として採用できるものではない。判例においても「精神病質」は大旨「完全責任能力」として扱われている。また、改正刑法草案でも、「精神病質」については、「おおむね責任能力に影響のないものと解されている現状を特に立法的に解決するものではない」（改正刑法準備草案理由書、105頁）という準備草案の基本的姿勢を踏襲していると思われる。

　また、最高裁は、元自衛官無期懲役確定事件で「被告人の精神状態が刑法39条にいう心神喪失又は心神耗弱に該当するかどうかは法律判断であるから専ら裁判所の判断に委ねられている」（最高裁昭和59（1984）年7月3日決定刑集38巻8号2783頁）として、「心神喪失・心神耗弱」の概念が法律上の概念であり裁判官によって判断される事柄であるとしている。最近の最高裁の判決（最高裁平成20（2008）年4月25日決定刑集62巻5号1559頁・判例タイムズ1274号84頁）でも「責任能力判断の前提となる生物学的要素である精神障害の有無及

び程度並びにこれが心理学的要素に与えた影響の有無及び程度について、専門家たる精神医学者の意見が鑑定等として証拠となっている場合には、鑑定人の公正さや能力に疑いが生じたり、鑑定の前提条件に間違いがあったりするなど、これを採用し得ない合理的な事情が認められるのでない限り、裁判所は、その意見を十分に尊重して認定すべきである。」[2]としている。

さて、大阪地裁は、大阪池田小児童殺傷事件（2001年6月8日発生）の犯人である（人格障害者の）被告人は、犯行時「完全責任能力」があったとして2003年8月28日死刑判決を言い渡した[3]。また、1997年4月に発生した「幼女連続誘拐殺害事件」[4]の被告人に対して東京地裁は、「死刑」の言渡しをした。裁判所は、この事件に関しては、公判廷に1件の司法前鑑定と2件の司法鑑定が提出されていたが、前者の「人格障害を疑わせるものがあるが、責任能力はある」とする鑑定を採用し、後2者の「責任能力にも若干の影響があるとして」限定責任能力を示唆する司法鑑定を退けて「行為時には完全責任能力」であったとして「死刑」を選択したのである。そして、これらの両事件の犯人の死刑は執行されている。

また、長崎家裁は、4歳の男児を屋上から突き落として殺害した、12歳の少年に対して、2003年9月29日、「児童自立支援施設」（少年法24条）での「1年間強制措置」を言い渡した。この少年の資質について、「幼稚園のころから『対人共感性』に乏しく、コミュニケーション能力に問題がある」「広汎性発達障害の1つの『アスペルガー症候群』である」と認定した[5]。

西山詮博士は、「精神病質」の概念そのものを精神医学から削除し、「医学」の概念としてもあいまいなので廃止すべきだとしている[6]。

しかし、わたしは、精神医学の領域からこの「精神病質」・「異常人格」、「人格障害」という概念を削除すべきだという見解には賛同できない。けだし、これらの症状・傾向を持つ人が、その異常性のために自ら悩む場合には、精神科医として彼等を助ける必要があるからである。わたしが刑事法領域から「精神病質」という概念を排除すべきであるという場合には、彼らが治安や保安の対象になっている場合に限定している。従って、「精神保健福祉法」の「措置入院」や「医療観察法」の「指定医療入院」から「保安的」性格が払拭されれば、現

第3節　人格障害犯罪者の刑事責任能力とその処遇

行法通り、5条の定義の中に医療や治療の対象としての「精神病質」という概念を用いるのは一向に差支えないことであり、法律家のわたしの関知しないことである。多くの法律家の中に、こうした「限界」を十分に認識・理解しないまま、この問題を取り扱い、事態の混乱を招来している者がいる。尚、ドイツでもこの曖昧な「精神病質」概念（Psychopathiebegriff）は拒否されるべきであるとする立場もある[7]。

私見によれば、この「精神病質」や「人格障害」は、司法精神医学における「精神障害」という「疾病」概念には馴染まない異「質」の精神状態であり、この点については後述するシュナイダーに従って「精神病質」者は完全責任能力者であり、「責任能力」判断の対象とすべきではない[8]。

(1)　拙稿「刑事政策学から見た『医療観察法』の問題点」臨床精神医学（2009年）38巻5号529-537頁。その意味で中谷陽二編『責任能力の現在—法と精神医学の交錯』（2009年）は、時機を得たテーマ『責任能力の現在』を扱っているが、吉川論文（65頁以下）以外は、編者の問題意識を十分反映していない。

(2)　上田正和「裁判所による責任能力の判断と精神医学者の鑑定意見」判例セレクト2008（刑法4）30頁。

(3)　この判決に対して、わたしは、「死刑廃止論」の立場から以下のようなコメントをした「むしろ死刑廃止一生かけ償いを。『宅間被告人1人の命と犠牲になった幼い8人の命の重さは同じではない。日本では（これまで）凶悪事件の犯人を死刑にすることで、事件の背景や原因を深く追及せずにフタをする風潮があった。加害者を出さないための論議は何一つ進んでいない。凶悪犯罪を抑止するためには、むしろ死刑を廃止し、宅間被告人のような人物には一生かけて罪を償わせるため、労役を科し、遺族や被害者に賠償させるような応報があっていいのではないか』」（毎日新聞2003年8月28日付）。なお、この事件に関する、わたしの基本的立場と具体的提言については、2001年度の犯罪学会賞を記念して行った講演「高度に危険な人格障害犯罪者に対する刑事法上の対応について」（犯罪学雑誌（2002年）68巻3号78-92頁）と拙著『人格障害犯罪者と社会治療—高度に危険な犯罪者に対する刑事政策は如何にあるべきか—』（2002年）などを参照されたい。また、わたしが報告した英文のものに、第12回世界精神医学会の報告「How Treatment of Important Criminals with Mental Disorder should be in Japan-from an Aspect of Criminologist」がある。

(4) 「幼女連続誘拐殺害事件第一審判決」(平成9年4月1日判決)判例時報 (1997年) 1609号3頁以下。

(5) このアスペルガー (Asperger) 症候群は、1944年にオーストリアの小児科医アスペルガーが、自閉的傾向を示す4症例を報告し、自閉的精神病質 (Autistische Psychopathen) と名づけた。適切な治療教育的方法を用いて、その性格に適した仕事につけば社会的適応も可能であるとされる (池田由子『新版・精神医学事典』(1993年) 330頁)。しかし、『DSM-Ⅳ:精神疾患の診断・統計マニュアル』(高橋三郎等訳、1996年) では、「アスペルガー障害 (Asperger's Disorder) の基本的特徴は、重症で持続する対人関係の障害と、限定され、反復的な、行動、興味、活動の様式である。その障害は、臨床的に著明な対人的、職業的、または他の重要な領域における機能障害を引き起こさなければならない。自閉性障害とは対照的に、臨床的に明らかな言語の遅れがない (例えば2歳までに単語を使い、3歳までに意志伝達的な句を用いる)。さらに、臨床的に明らかな、認知の発達、または年齢に相応の自己管理能力 (対人関係以外の) 適応行動、または小児期における環境への好奇心などに遅れがない。他の特定の広汎性発達障害および精神分裂病の基準を満たす場合にはこの診断は下されない。」としている。また、司馬理恵子等『ADHDとアスペルガー症候群』(2003年) 36頁では、DSM-Ⅳ-TRでも同じ定義をしている。わたしは、博士論文『治療・改善処分の研究』(1981年) のなかで「オランダにおける精神病質犯罪者に対する処遇」について紹介した。「精神病質犯罪者」を収容していたメスダフ・クリニックでは、「発達精神病質者」(Developmental Psychopath) と呼んでいた (Reiher, J.W., Psychoanalitically Oriented Treatment of Offenders Diagnosed as Developmental Psychopaths. The Mestag Kliniek Experience, Int. J.Law and Psychiatry, Vol. 2., 1979, pp.97-98.) が参考になる。但し、本書第1編第2章で紹介するように、この「発達精神病質」の概念は、精神分析理論とともに全く廃れてしまった。

(6) 西山詮「刑事責任能力と保安処分」精神医療 (1982年) 11巻1号65頁以下では、「精神病質」の概念そのものを精神医学から削除し、「医学」の概念としてもあいまいなので廃止すべきだとしている。これに対して、内藤謙「責任主義と保安処分」法学教室 (1986年) 68号56頁では、「基本的には、再犯を防止し、市民生活の安全を確保するためにも、その安全を脅かす原因が除去されること、すなわち十分な治療がなされることこそが必要なのであるから、精神衛生法による措置入院、麻薬取締法による措置入院、医療刑務所収容などの現行法上の医療的諸制度を、運用上も制度上も、充実・改善することが先決問題である。」として「精神障害犯罪者の処遇」に関して「治療処分」制度に反対し、現行の「措置

入院」制度でカバーするという立場を明らかにされた上、同「責任能力」(4) 同誌 (1986 年) 73 号 74 頁では、「本講は、少なくとも、『精神病質』は責任能力の減免に影響する『生物学的要素』に含まれると解し（同じ結論を明示するものとして、団藤『刑法綱要総論』259 頁等）、また、『限定責任能力』を認めるべき場合もあると考える。さらに、『責任無能力』を認める可能性を否定されるわけではないと解する。」(『』はいずれも筆者) としておられる。尚、浅田和茂「責任能力論」(下) 法学セミナー (1987 年) 395 号 69 頁も同旨である。これらの見解に共通して見られるのは、「治療処分」制度を充分に理解していないか誤解していることと、「精神病質」の概念について充分な研究と理解が出来ていないことである。例えば、内藤・前掲論文 (73 号) 73 頁では、「精神病質」を「精神病」と「正常」との中間状態にある「量的」な概念として理解されるが、では、「責任無能力」になるような程度の「精神病質」でも何故「精神病」ではなくて、その下位、つまり「中間」にある「精神病」と同質の症状なのであろうか。そういう状態にわざわざ濫用の危険のある「精神病質」という概念を使う必要があるであろうか。また、上記の論者たちは共通して、ここでも、ドイツの刑法 20 条（責任無能力）で用いられる「重い心神の変性」という概念が、「精神病院収容処分」や「社会治療処分」との関係の上で使用されていることを看過しておられるか、故意に無視しておられるのではなかろうか、わたしの疑問とするところである。

ちなみに、内藤教授は、「DSM-Ⅲ (1980) の診断基準にも『人格障害』(personality disorder) の名称のもとに、」(同 73 頁) 教授の理解される「精神病質」が考えられているとされるが、ザース教授の後掲書 (115 頁) では、この DSM-Ⅲ の診断基準は、「司法精神医学」のために特に確立されたものではないので、この診断基準で「人格障害」、「社会病質」(Soziopath) という概念を用いているからといって、刑法 20 条の「重い心神の変性」をこの診断基準で説明することはできないとしている。Vgl. Saß, Henning, Psychopathie, Soziopathie, Dissozialität. 1987, S.115ff., ders., Zur Standarisierung der Persönlichkeitserfassung mit einer integrierten Merkmalsliste für Persönlichkeitsstörungen (MPS), MschrKrim 72. Jg., 1989, S.133 ff. Saß, H. u Herpertz, S., Persönlichkeitsstörungen, 2003, S.4ff.

(7) これらの事情につき、Witter, H., Psychopathische Persönlichkeiten. In: Hdb. Forensische Psychiatrie. I 1972, S.493. とくに、同書第 2 巻では、「精神病質」は基本的には「責任能力」があるが、例外的に「重篤な」精神病質については「限定責任能力」が肯定される場合もあるとしている (993 頁)。

(8) シュナイダー（懸田＝鰭崎共訳）『精神病質人格』(1954 年) 85、98 頁。尚、この点に関して詳しくは、拙著『治療・改善処分の研究』(1981 年) 100 頁以下を参照。

［3］　ドイツ刑法における責任無能力規定と人格障害（精神病質）者

(1)　ドイツ刑法の「責任無能力」規定と「精神病質」の取扱い
1. 旧刑法と「精神病質」

さて、ドイツ刑法の「責任能力」規定の「精神医学的要素」において、いわゆる「精神病質（Psychopath）」なる用語は、旧刑法以来一度も登場してこなかった。

ところで（西）ドイツにおける改正前の刑法（1951年改正法律）51条の「責任無能力」規定の精神医学的要素（生物学的要素）としては、①意識障害（Bewußtseinsstörung）を最初に掲げ、次に②精神活動の病的障害（krankhafte Störung der Geistestätigkeit）、③精神薄弱（Geistesschwach）の3「要素」を列挙していた。

しかし、この旧刑法51条の「精神活動の病的障害」の中にこの「精神病質」が含まれるかどうかに関しては、精神医学者と刑法学者との間で激しい論争が行われた。刑法学者のメッガーは、この「精神活動の病的障害」の中に「精神病質」も含まれているとしたが[1]、精神医学者のクルト・シュナイダーは、この中に「精神病質」は含まれず、従って、行為者が「精神病質」であっても、その「責任能力」判断には何の影響もなく、原則として「完全な責任能力」があるとしていた。それは、シュナイダーが、「精神障害」を疾病と診断する場合に、「身体」に起因した「疾病」を基準としていたからである。つまり、彼の立場では、「精神」の異常とは体質的・身体的変化として把握できる「状態」をいうので「心的」異常性とは、「質」的に異なり精神医学上の疾病（病的＝krankhaft）ではなく、従って「責任能力」にも影響を与えないとするものであった[2]。

この旧刑法が効力をもっていた時代には、精神医学はまだ今日のような水準には発展しておらず、その疾病分類・治療方法などにおいても確立したものはなかったといえよう。しかし、1960年代に入って「精神医学」や「精神医療」が向精神薬の発見とともに急速に発展し、「精神障害」に関する疾病分類も確立してきた。そして、1964年には、世界保健機構（WHO）による「精神障害」に関する国際疾病分類（ICD）の第10回修正が行われ、各国の医学教育、臨床

現場、各種の法律・法案に大きな影響を与えた。

　この間に提出されたドイツの刑法改正草案の「責任能力」規定における「精神医学的要素」も上の「ICD」から様々な影響を受けている。とくに「精神病質」の取扱いをめぐる変遷には大変興味深いものがある。以下では、ドイツ刑法の草案で想定されてきた「精神病質」概念とその「責任能力」規定との関係を概観することで、本章のテーマである「人格障害犯罪者の刑事責任能力」の理解の一助としたい。

2. 56年草案と「精神病質」

　1956年刑法草案では、その23条（精神障害に基づく責任無能力＝Schuldunfähigkeit wegen seelischer Störungen）と24条（限定責任能力）の両規定において、その「精神医学的要素」として、①病的な心神障害（krankhafte seelische Störung）を最初に規定し、次に、②先天的または後天的に重い変性（偏倚）に基づく心神障害（eine auf schwere, angeborene oder erworbene Abartigkeit beruhende seelische Störung）という新しい概念を規定し、更に③一過性の意識障害（vorübergehende Bewußtseinsstörung）の3「要素」が列挙されている。同草案理由書によれば、②の「先天的または後天的に重い変性（偏倚）に基づく心神障害」の中に、神経症、精神薄弱とならんで、「精神病質」も含まれているとしていた[3]。

　このように同草案では、初めて「精神薄弱」という用語が規定上姿を消していること、③の「一過性の意識障害」を含めて非常に広い範囲の「精神医学的要素」を認めていることなどが大きな特徴であった。

3. 60年草案と「精神病質」

　しかし、「責任能力」規定は、その後、その内容が微妙に変化していった。1960年刑法草案では、その規定は、56年草案とはかなり異なった内容になっていた。その「精神医学的要素」としては、24条では、①病的な心神障害（krankhafte seelische Störung）、②①と等価的な意識障害（eine gleichwertige Bewußtseinsstörung）、③精神薄弱（Schwachsinn）の3つを挙げている。この60年草案

の「責任無能力」規定の特徴は、旧刑法と違って、①に「病的な心神障害」を配置し、②に「意識障害」を配置したことである。さらに、旧刑法にあった「精神弱化（Geistesschwach）」を復活させ3番目の要素として「精神薄弱（Schwachsinn）」を掲げたことである。そして、①の「病的な心神障害」の中には、身体的基礎を有する精神病と内因性精神病、すなわち狭義の「精神病」のみを含み、「精神病質」や「神経症」は含まないとし、また、②の意識障害には、「ねぼけ」、「激情（Affekt）」などによる生理的な「精神障害」が「病的」と見なされる程度にまで達している症状が含まれているが、ここにもやはり「精神病質」は含まれないとされていた[4]。従って、60年草案では、「精神病質」に関しては、25条の「限定責任能力」規定に掲げられた4番目の「精神医学的要素」である「重いその他の心神の変性（schwere andere seelische Abartigkeit）」に含めることで解決を図ったのである。この60年草案の「責任能力」規定ではじめて、「精神病質」には、「責任無能力」規定が適用されず、「限定責任能力」規定のみが適用されるという、いわゆる「区別的解決」（differenzierende Lösung）が採用されたのである[5]。

4. 62年草案と「精神病質」

1962年刑法草案の「責任無能力」規定も60年草案同様にいわゆる「区別的解決」を採用し、「精神病質」は、25条（限定責任能力）の「重いその他の心神の変性」にのみ含められていた。

では、ここで1962年刑法草案における「責任無能力」と「限定責任能力」の規定について少し詳しく検討しておこう。

62年草案は、前述の60年草案と同様のいわゆる「区別的解決」を採用している。その24条（責任無能力）では、「精神医学的要素」として、①病的な「心神の障害」、②①と同価値の「意識障害」、③「精神薄弱」の3つの「精神障害」症状群を列挙して、それらをもって「責任能力」排除要素としている。そして、25条（限定責任能力）では、上の3つの症状群に加えて「重いその他の心神の変性」を4番目の「精神障害」症状群としている。

このように62年草案では、いわゆる「区別的解決」を採用したので、25条

にのみ規定された「重いその他の心神の変性（schwere andere seelische Abartigkeit）」の中に含まれる「精神病質」、「衝動障害」、「神経症」などについては、「責任無能力」は全く問題にできず、「責任能力」の減弱（限定責任能力）の存否に影響を与えたかどうかが検討されることになる。

それでは次に62年草案で「責任能力」を排除する3つの「精神医学的要素」について若干検討しておきたい[6]。

① 「病的な心神の障害」（krankhafte seelische Störung）

これに帰属する「心神の障害」には、まず第1に、「脳器質的」な原因、従って「身体的」な原因に基づく症状が含まれる。例えば、「脳」外傷後に生ずる外傷性精神病、中毒性精神病（ここにはアルコール酩酊またはその他の酩酊状態も含む。但し、ここではいわゆる「病的酩酊」の場合だけであろう：筆者注）、（進行性麻痺のような）伝染性精神病、脳器質的けいれん疾患（真性てんかん）、脳器質障害に起因する人格荒廃（例えば、脳動脈硬化または脳萎縮の場合の症状）などが含まれる。第2の症状には、いわゆる「内因性精神病」、すなわち「精神分裂病」および「躁うつ病」などがある。但し、これらの「内因性精神病」に関しては、精神医学においてもそれらが器質的基礎、つまり「身体的」原因によって生ずる障害であるかどうかについてはまだ明確にされてはいないが、精神医学の国際的な通説的意見では、これら「内因性精神病」は何らかの器質的な制約を受けて生ずる障害であるという点までは承認されているので、草案もその立場を支持して、「病的な心神障害」に含めることにしたとしている。

ここに「病的心神障害」は、「該当者をその人格の中核において侵害し、これによって意味ある行動へのその能力を完全にまたは一定の点において破壊または著しく減退させている状態」を意味しているとしている。この点に関する限りでは、この「病的心神障害（krankhafte seelische Störung）」の概念は、旧刑法51条における「精神活動の病的障害（krankhafte Störung der Geistestätigkeit）」の概念と一致するとしている。しかし、判例によれば、この「精神活動の病的障害」の中には、「意思」、「感情」、「衝動」の全ての障害を含む極めて広い概念として理解されている[7]。更に、旧刑法の「精神弱化（Geistesschwach）」は、上の「精神活動の病的障害」と同質の症状であるが、ただその減弱の程度

が比較的弱い状態を意味するとしている。これに反して、「病的心神障害」の概念の中には、「精神薄弱（Schwachsinn）」、および「重いその他の心神の変性」という状態は含まれないとされるので、この症状は、旧刑法の「精神活動の病的障害」より狭い概念として理解する必要があろう。ところで、草案では、「病的」心神障害として「病的」（krankhaft）という概念を特に付けているが、これは医学的概念ではなく法律的概念であるといえよう。けだし、医学的概念であれば「心神障害」だけで「病的」であることは十分説明できるところへ、わざわざ「病的」という概念を付与しているからである。

② 「意識障害」

次に、62年草案では第2の「責任無能力」を招来する症状として、「病的心神障害」と「同価値」的な「意識障害」（eine gleichwertige Bewußtseinsstörung）が挙げられている。「病的」と「同価値」（gleichwertigkeit）を有する「意識障害」がここでは問題となる。従って、例えば、「てんかん性朦朧状態」のように一種の「病的」意識障害とされる症状は、ここには含まれず、第1の「病的心神障害」として考えられている。では、「病的」ではないが、それと「同価値」的である「意識障害」にはどのような症状があるであろうか。例えば、「病的」でない重い嗜眠症、疲憊または過労、あるいは「深い催眠状態」および後期催眠状態、「病的でない」重い激情状態などが考えられている。

③ 「精神薄弱」

ここでいう「精神薄弱（Schwachsinn）」（最近では、「知的障害」とされる）は、何が原因であるか証明できない先天的な「知能」の障害である。例えば、子宮内のまたは出産時の「脳外傷」による、または幼児期における脳障害の結果としての「精神薄弱」（知的障害）は第1のグループ「病的心神障害」に含まれて、その第3のグループからは除外される。また、器質的な痴呆（例えば「退行」または「老人性痴呆」など）は「知能」の欠陥であって、これらも第3グループから除外され、第1グループに包摂される。この草案でいう「精神薄弱」は、むしろ25条にある「心神の変性」の方に親和性のある概念であり、旧刑法51条の「精神弱化（Geistesschwach）」よりも狭い概念である[8]。これに対して62年草案では、この「精神薄弱」と「重いその他の心神の変性」とを明確に区別

し、後者は、草案 25 条（限定責任能力）にのみ配置し、後述のように、この中に「精神病質」などを含めることとしていた。また、ここでは「精神薄弱」は、その性質上「病的な心神障害」と同価値であり、従って「同価値」的なという形容詞を付ける必要がないと理解されている。

④ 「重いその他の心神の変性」（schwere andere seelische Abartigkeit）

ところで、62 年草案では、「責任無能力」判断の基準となる「精神医学的要素」として以上 3 つのグループに分類される症状を列挙主義によって明示しているが、25 条の「限定責任能力」規定には、第 4 のグループとして「その他の重い心神の変性」という症状を挙げ、その中に「精神病質」、「神経症」、および「衝動障害」などが含まれるとしている。そして、ここでいう「精神病質」は、「今日の精神医学における多数説では、一種の先天的な『心神の本体の変種』（人格の偏倚）であって、その者の社会的適合可能性を妨げる状態をいう」とされている。また、「衝動障害」の場合も「神経症」や「精神病質」の場合と同様に「重い」状態の場合のみが「限定責任能力」の吟味の対象となるのである。

5. 66 年刑法対案と「精神病質」

次に、現行刑法成立に大変大きなインパクトを与えた 1966 年刑法対案の「心神障害による責任無能力」規定につき概観しておきたい[9]。

66 年対案の「責任無能力」規定は、62 年草案が「区別的解決」（differenzierende Lösung）により「精神病質」をその「責任無能力」規定から締め出していたのを再び元に戻して「統一的解決」（Einheitslösung）を採用して「精神病質」にも「責任無能力」への道を開いた。そして、「精神病質」は 60 年・62 年両草案に現われた「心神の変性（Abartigkeit）」に属するとしていたのを、この対案では「変性」という用語を避けて「重大な心神の障害（schwere seelische Störung）」という用語を使って、ここに「精神病質」「衝動障害」および「神経症」の極端な場合には「責任無能力」になる可能性を明示している点も特徴の 1 つである。

21 条（限定責任能力）のいわゆる「精神医学的要素」としては、①病的な心神の障害（krankhafte seelische Störung）、②①と比較しうる重大な心神の障害（schwere seelische Störung）、③根深い意識障害（tiefgreifende Bewußtseinsstörung）、

④精神薄弱（Schwachsinn）の4つが列挙されている。

6. 現行刑法と「精神病質」

では、次に、ドイツ現行刑法20条（責任無能力）、21条（限定責任能力）の判断要素について概観しておこう。

現行法でも旧法から各種の草案まで一貫して採られてきたいわゆる「混合的方法」が踏襲されている。

まず、その20条（責任無能力）の「精神医学的要素」としては、①「病的心神障害」（krankhafte seelische Störung）、②「根深い意識障害」（tiefgreifende Bewußtseinsstörung）、③「精神薄弱」（Schwachsinn）、④「重いその他の心神の変性」（schwere andere seelische Abartigkeit）の4つのカテゴリーを列挙している。つまり、この規定の特徴は、66年対案に倣って、いわゆる「統一的解決」により、4つの「精神医学的要素」を同価値的に列挙したことである[10]。こうした規定の仕方は、他のドイツ語圏の諸国の立法例にはないものである。

しかし、この「統一的」列挙方式は、立法者の「類推解釈を厳しく抑制できる」とする意図とは逆に、多くの批判に晒されることになった。例えば、①この「責任無能力」規定に、「その他の重い心神の変性」という「精神医学的要素」が導入されると、従来、せいぜい「限定責任能力」しか認定されなかった「精神病質」的変性、「強度の情動（Affekt）」、「神経症的発達障害」などの場合も「責任無能力」と判断される可能性もある。このような概念の導入は、「責任能力」判断における「病気」概念を混乱させ、診断的フィルターとしての価値を著しく減じることになる[11]、②「責任能力」判断の基準としての厳格性が失われる[12]、③「クルト・シュナイダーのいった『臨床的、精神医学的病気概念』は、判例とこの新しい規定によって責任能力の主要な判断基準としての価値は廃れてしまったのである。つまり、（その導入により）その判断基準は、明らかに、司法精神医学的な『質』を問題にするのではなく、単なる『規範』からの偏り、逸脱という『量』を評価し問題にするだけになってしまったのである」[13]、といった批判が出されている。

また、クリュンペルマンは、このような要素を「責任無能力」の判断基準と

第3節　人格障害犯罪者の刑事責任能力とその処遇

して承認すると、裁判官は、結局、その「精神医学的要素」に関する鑑定結果を信用できなくなり、その結果、いわゆる「心理学的階層部分」(psychologisches Stockwerk) を重視するようになるであろうと警告し、こうした概念を排除すべきことを提案している[14]。

更には、「精神病質犯罪者」などにも20条が適用されると、彼らが、「精神病院収容処分」(刑法63条) による命令により、その「処分」の執行機関である州立の精神病院へ洪水の如く押し寄せ、臨床の現場を混乱させるのではないかと懸念されている。そこでカールスルーエの高等裁判所は、こうした「精神病質」や「神経症」に対して「責任無能力」規定の適用を乱発すると病院はたちまちパンクし、病院の現場は混乱に陥ってしまうことを避けるために、「精神病院への収容は、本当に医学的にも精神医学的にも治療と看護を必要としている行為者に限定すべきである。」と判示し、とくに「精神病質犯罪者」などは他の特別な処遇施設へ送致し、精神病院ではあくまで「治療」中心の取扱いが行われるよう指示している[15]。ハナクは、多くの精神科医による臨床経験を検討した結果、刑法63条による「精神病院収容処分」は、治療可能な患者に限定すべきであり、従来、病院での治療が非常に困難であるとされていた「精神病質者」などは、刑法65条 (但し、これは1985年に削除されている) による「社会治療施設」のような特別の施設に収容すべきであると提案していた[16]。

しかし、主に、危険で「累犯性」の高い「精神病質」犯罪者をその「治療」・「改善」の対象と想定していたこの「社会治療処分」制度が廃止され、それに伴って刑法63条 (精神病院における収容) 2項「ただし、65条3項の要件 (責任無能力 (20条) 又は限定責任能力 (21条) の状態：筆者注) が存するときは、裁判所は、『社会治療施設』における収容を命ずる。」(『』は筆者) も削除された今、「精神病質者の責任能力」につき再度、検討されるべきであろう。ちなみに、「精神病質」犯罪者は、以下の4つの方式で処遇されている。すなわち、①20条、21条該当者として63条 (精神病院における収容——これがわれわれがいう「治療処分」：筆者注) による収容、②有責とされ行刑法9条 (社会治療施設への移送) による刑期の範囲内での処遇、③有責とされ通常の刑事施設での処遇、④危険な常習累犯者として「保安拘禁」施設 (刑法66条) への収容の4方式で

ある。

(1) Mezger, E., Zum Begriff des Psychopathen, Mschr Krim 30. Jg. 1939, S.190-192.
(2) シュナイダー（懸田＝鰭崎共訳）『精神病質人格』（1954 年）85、98 頁。尚、この点に関して詳しくは、拙著『治療・改善処分の研究』（1981 年）100 頁以下。
(3) 斉藤金作訳『1956 年ドイツ刑法総則草案理由書（上）』早大比較法紀要（1959 年）4 号 160 頁以下。小川太郎『自由刑の展開』（1964 年）348 頁。
(4) 中田修「司法精神医学と精神鑑定」『日本精神医学全書』(6)（1965 年）217 頁。
(5) その間の事情につき、内藤謙『西ドイツ新刑法の成立』（1977 年）62 頁。
(6) 斉藤金作訳『1962 年ドイツ刑法草案理由書（総則編）―第 1 分冊―』刑事基本法令改正資料（1966 年）10 号 132 頁以下。
(7) BGHSt, NJW 1955 Nr. 19., S.1726 und 1727. Schwalm, G., Schuld und Schuldfähigkeit im Licht der Strafrechtsreformgesetze vom 25.6.und 4.7.1969 des Grundgesetzes und der Rechtsprechung des Bundesverfassungsgerichts, JZ 1970, S.492. では、"krankhafte seelische Störung" の方が "krankhafte Störung der Geistestätigkeit" より狭い概念であるとしている。
(8) BGHSt, NJW 1958 H. 51., S.2123. では、単なる「性格の欠陥」や「犯罪的才能（素質）(kriminelle Veranlagung)」を有する「精神病質」は、「精神（薄弱）弱化（Geistesschwach）」でも「精神活動の心的障害」でもないとしていた。仲宗根玄吉『精神医学と刑事法学の交錯』（1981 年）86 頁。
(9) Alternativ-Entwurf eines Strafgesetzbuches. AT.2. Aufl., 1966, S.59ff. 宮澤浩一訳『1966 年ドイツ刑法草案総則対案理由書』刑事基本法令改正資料 12 号（1969 年）41 頁。
(10) この「区別的解決」を採用しなかった理由として、①責任無能力・限定責任能力についての規定は、責任原理の尺度としての意味をもつ以上、異論の余地のない規定とする必要がある。②現行法においては、「精神病質者」が「責任無能力」とされたのは 2％であった。③21 条の規定中に「その他の重い心神の変性」を導入しても、その規定が広く適用される恐れはない。規範的要素（心理学的要素）による裁判官の判断による歯止めが可能だからである。Zweitere Schriftlicher Bericht des Sonderausschusses für die Strafrechtsreform über den Entwurf eines Strafgesetzbuches. 5 Wahlperiode, Drucksache V/4095, S. 10. 仲宗根玄吉「責任能力に関する基礎的諸問題」『現代精神医学大系』24 巻（1976 年）32 頁以下に詳しい文献の引用があるので参照されたい。また、同・前掲書『精神医学と刑事法学の交錯』117 頁では「病気概念は責任能力の基礎となるものであるから、その明確性は責

任能力論にとってとくに必要なものである。こうして、病気概念の明確性を維持するためには調和的解決をとらなければならないことが、その支持者によって強調された」としている。

（11）　Haddenbrock, S., Die Brurteilung der Schuldfähigkeit in der Bundesrepublik Deutschland. In: Kriminologische Gegenwartsfragen. 13, 1978, S.163. Haddenbrock, a.a.O., S.163 ff. Vgl. ders., Die psychopathologische Diagnose und ihre normative Bewertung. In: Psychopathologie heute. Fschrift f. Kurt Schneider, 1962, S.280 ff．

（12）　Witter, H., Die Bedeutung des psychiatrischen Krankheitsbegriffs für des Strafrecht. In: Festsschrift für Richard Lange, 1976, S.732 ff. Vgl. ders., Psychopathologie, Krankheitsbegriff und forensische Freiheitsfrage. In: Fschrift f. Kurt Schneider, 1962, S.289 ff.

（13）　Venzlaff, U., Methodische und praktische Probleme nach dem 2. Strafrecchtsreformgesetz, Nervenarzt 48, 1977, S.253.

（14）　Krümpelmann, J., Die Neugestaltung der Vorschriften über die Schuldfähigkeit, ZStW 88 Jg., 1976, S.28 ff.

（15）　NJW 1975, S.1571. JZ 1975, S.579. MDR 1975, S.861.

（16）　Hanack, E.W., Sozialtherapie und Unterbringung im psychiatrischen Krankenhaus nach § 36 StGB n, F., JR 1975, S.441. 尚、「社会治療処分」（刑法 65 条）の削除については、拙稿「西独刑法第 65 条（社会治療処分）削除と常習累犯者対策」ジュリスト（1985 年）846 号 96 頁以下。同「西ドイツにおける犯罪者処遇の最近の動向について」刑政（1989 年）100 巻 9 号 39 頁以下。

(2)　ダムは決壊したか──1975 年以降のドイツ刑法 20・21 条の適用状況

ラッシュとヴォルベルトは、上記標題と同じタイトルでドイツ刑法の責任能力規定（20・21 条）の運用について述べた論文で──結論から先に紹介すると──、「西ドイツにおける責任能力規定の改正に伴う論争の際に、責任能力規定の中へ『神経症』や『人格障害（Persönlichkeitsstörung）』といった症状を含めることになると『無罪の洪水』現象を招来することになるのではないか、という懸念が多く出されていた。しかし、この 10 年の適用の実績を見るとそういった『ダムの決壊』は生じなかった。勿論、新規定導入後は、いわゆる『限定責任能力』の適用事例が増加したが、この増加現象が『人格障害』事例への適用増加のためであると証明できる具体的根拠はどこにも見当らない。この増加

の原因は、統計を分析してみると、むしろ、犯罪行為がアルコールの影響や薬物依存の下で実行されることにある。」[1]としている。

　以上のようにドイツの現行刑法がその20条に「責任無能力」の要件の1つとして「重いその他の心神の『変性』」（schwere andere seelische Abartigkeit）という概念を規定した「改正上の沿革」、「改正後の適用の実態」を概観した。簡潔に結論を述べれば、心配された「精神病質」概念の濫用による「無罪の洪水現象」は起きなかったということである。では、何故、そうした「洪水現象」が起きなかったのであろうか。その最も大きな理由は、精神科医と法律実務家との間の信頼関係をベースに「責任能力」判断における協働関係が確立されているからであろう。弁護人も「重い心神の変性」や「精神病質」を理由にむやみに依頼人の「無罪」を主張しなかったし、鑑定を依頼された精神科医は、余程の重篤なケース以外は「精神病質」、「人格障害」などを理由として「責任無能力」、「限定責任能力」と鑑定しなかったからである。また、もう1つの看過できない理由は、新設された刑法65条の「社会治療処分」が1985年の削除に至るまでその適用が10年間停止されていたことである。けだし、前述のように、「社会治療処分」はまさに「精神病質」者や「人格障害」者を主にその対象として新設されたものであったからである。こうした「精神病質」（人格異常）犯罪者に対する「処分」制度が廃止されたドイツでは、今後おそらくこの「重い心神の変性」は「責任無能力」規定の適用の際に死語となっていくであろうし、「精神病質」という鑑定結果――「精神医学的要素」の確認――だけでは、その被告人が「無罪」となることは殆どなくなるであろう。勿論、前述の「アイケルボルン事件」の犯人のように「精神分裂病」（統合失調症）との合併症として評価されることとは別論であることは論を俟つまでもないことである。いずれにしても、わたしは、「精神病質」という医学上「疾病」概念として確立していない用語や概念は、あらゆる法分野から消去されるべきであると考えている[2]。

（1）　Rasch, W.u. Volbert, R., Ist der Damm gebrochen? Zur Entwicklung der Anwendung der §§ 20, 21 StGB seit dem 1.1. 1975, Mschr Krim 68. Jg., 1985, S.137 ff. Vgl. Rasch,

Forensische Psychiatrie, 1986, S.62ff. ders., Angst vor der Abartigkeit. Über einen schwierigen Begriff der 20, 21 StGB, NStZ 1982, S.181ff. Schreiber, H. L., Bedeutung und Auswirkungen der neugefaßten Bestimmungen über die Schuldfähigkeit, NStZ H. 2. 1981, S.49.

(2) 詳しくは、拙著『治療・改善処分の研究』(1981年) 143頁以下。

(3) 1998年ドイツ刑法改正後における「人格障害者」（重い心神の変性）

さて、前述のようにドイツの刑事司法では「人格障害犯罪者」に関しては、あまり「限定責任能力」とは判定しない傾向にある。しかし、今日、刑法の「精神病院収容処分」に付されているほとんどの「性犯罪者」がこのグループに属している。ところが「限定責任能力」とも判定されない場合には、処分の収容理由がないので、こうした人格障害のある性犯罪者などは司法精神病院に収容されなくなってしまう。

前述のように、ドイツ刑法20条（責任無能力）には人格障害犯罪者の司法精神医学的鑑定に関して、以下の2つの問題の多いカテゴリーが存在する。すなわち、「根深い意識障害」と、「重いその他の心神の変性」とである。

まず「根深い意識障害」は、健常人にも発現する意識の変化に限定される。この意識の変化は、極端な心的負担とか極端な苦境（苦難）という状況に立たされた時に発現する。それが、「限定責任能力」とされ刑の軽減に至るには、その意識変化によって人の精神的反応能力が著しく低下している状態でなければならない。この「根深い意識障害」の原因としては、通常、不安、怒り（激怒、憤怒）もしくは絶望感のような激しい情動的心的負担が考えられる。

もう1つの問題の多いカテゴリーは、「重いその他の心神の『変性』」で、このカテゴリーは、同じ刑法20条で規定されている「精神薄弱」および「病的な心神の障害」等に属さない、その他の全ての障害を包摂している包括的カテゴリー（概念）である。とくに人格障害、神経症および性的逸脱行動が、この「重いその他の心神の変性」に属するとされている[1]。

「根深い意識障害」と「重いその他の心神の変性」という概念の問題性は、この両者を明確に限界づける難しさから生じる。この問題は、「人格障害」が

比較的頻繁に診断されるだけに特に重要である。もし、DSM-Ⅳの診断基準に従えば、全人口の約10％の者が人格障害となる。

　ザース（Saß）教授によれば、精神科クリニックで治療を受けていた患者の39％の者が「人格障害」という診断であったとしている。拘禁中の者の40％〜50％が人格障害犯罪者とされ、特に「精神病院収容処分」の執行を受けている者の70％〜80％の者が何らかの形で「人格障害」と合併している患者であろうとされている[2]。

　ネドピル教授は、「ドイツの司法精神科医はその鑑定業務において『人格障害者』が『重いその他の心神の変性』があるために人格障害が明確であるかどうかとか、これらの『変性』が弁別能力もしくは統御能力を喪失させたり、著しく減弱させたりしているのかどうかということを（明確に）判定しなければならない。」としている[3]。

　ドイツ刑法は、無罪を証明する基準（責任阻却基準）を導入した時、まず精神医学上の疾病概念に基づくものだけではなく、一定の平均値から逸脱しているような機能的喪失をも基準にした。その結果、この人格障害の場合には、疾病の一種と定義されるような奇異性（異常性）でも、「性」同一性障害でもなく、いわば、一定の平均的人格特性からの極端な変形・変種が、問題にされることになった。

　精神分析的にも論証され、国際的にも認知されている「人格障害」の程度の「重さ」を測定するためのモデルは、ケルンベルクの考えに基づくものであるとされる。ケルンベルクは、「ボーダーライン人格障害」や「反社会的人格障害」、そしてまた「分裂型人格障害」やその他の多くのタイプも同様に精神力動的に最も低いレベルにある障害などを最重度の障害であるとした。

　しかしながら、司法精神医学の領域では、反社会的人格障害、ナルシスティックな人格障害、ボーダーライン人格障害などによって広範囲にわたって人格障害のある者の大部分が犯罪に走るという仮説はかならずしも受け入れられるに至っていない。もし、ケルンベルクの仮説が肯定されるとすれば、こうした人格障害者は、少なくとも彼らの行動に関して意識的な統制（統御）可能性がない場合もあり、従って、彼らにはしばしば完全な責任を問えないことになる。

第3節　人格障害犯罪者の刑事責任能力とその処遇

しかし、この解釈は、責任刑法の趣旨にも、刑事治療処分執行の基本原理である「社会防衛」の理論にも矛盾することになる。

ザース教授は、90年代の初めに「精神病理学的情報体系システム」を提唱し、心的外傷性の炎症性ないし血行条件性の脳器質的人格変化、側頭葉てんかんに見られる人格変化、または器質性偽精神病質に見られる人格変化、また、精神分裂病（統合失調症）の前兆期や残存期の場合の人格変化などに関する臨床経験から一定の精神病理的症状を記載できるとした。こうした症状が刑法における「統御能力」を判定する場合に大変重要な意味を持ってくる。また、ザース教授によれば、DSM-Ⅳでいう「反社会性の人格障害者」は完全責任能力者となる。しかし、例えば、ボーダーライン人格障害、パラノイア人格もしくは、分裂型人格障害などの場合には、「その他の人格障害」として「統御能力」が著しく減弱している場合もあるとしている。しかし、裁判の実務では、こうした「反社会的な人格障害」の場合には「限定責任能力」とされることは殆どないとしている[4]。

ドイツの鑑定実務においても「鑑定人と裁判官との間に了解事項（Konvention）」が確立されているとはいえ、「寛解期」の精神分裂病者（ドイツでは「統合失調症」という病名はつかわれていない）を全て無罪にしているわけでもない。しかし、前述のように、ドイツ刑法は、「刑と処分の二元制」を採用しているので「触法精神障害者」が責任無能力で「無罪」になっても「刑罰」が科せられないだけで、その触法行為の結果が重大であれば例外なく刑事治療・改善処分の1つである「精神病院収容処分」（刑法63条）の命令を受け無期限の司法精神病院収容となるのである。従って、刑事処分としての受け皿があるドイツでは、殺人、重傷害致死、放火、強盗、強姦、強制わいせつ事件などの重大事件においては、その捜査や事実の認定は厳格に行われるが、当該患者が当該事件の犯人であるとの客観的証拠が認定・確定された場合には、責任や責任能力あるいは刑や処分の量定などについては、日本的な感覚からすればかなりアバウトに行われているといえよう。

しかし、だからといって被疑者・被告人の人権を無視した司法判断が行われているわけではなく、バイエルン州では数年前から全ての殺人事件の被疑者・

被告人に「精神鑑定」を義務づけて当該者への刑事司法的処分が彼らの将来の社会復帰に何が最も適切であるかについて、鑑定医の意見を十分に取り入れて司法的処分が決定されているのである（私が見せてもらった鑑定書のほとんどに将来の治療・処遇の可能性についてのサジェッションが見られた）[5]。

（1） Scholz, O.Berndt u. Schmidt, Alexander F., Schuldfähigkeit bei schwerer anderer seelischer Abartigkeit. Psychopathologie, Gutachterliche Entscheidungshilfen, 2003.
（2） Saß, H., Herpertz, S.and Houben, I., Personality Disorders: Conceptual Issues and Responsibility. The Japanese Journal of Psychiatry and Neurology, Vol.48, 1994, pp. 5-17. Saß, H., Psychopathie, Sociopathie, Dissozialität, 1989. Saß, H. u. Herpertz, S.（Hrsg.）, Persönlichkeitsstörungen, 2003, S.4ff.
（3） Nedopil,N., Hollweg, M., Hartmann, J. and Jaser, R., Comorbidity of psychopathy with major mental disorders, in: D.J.Cooke et al.（eds.）, Psychopathy. Theory, Research and Implications for Society, 1998, pp.257-268. Nedopil, N., Violence of Psychotic Patients. How Much Responsibility Can Be Attributed？ International Journal of Law and Psychiatry, Vol.20, No.2., 1997, pp. 243-247. Nedopil, Norbert u. Krupinski, Martin, Beispiel- Gutachten aus der forensischen Psychiatrie, 2001. Kröber, Hans-Ludwig u. Albrecht, Hans-Jörg（Hrsg.）, Verminderte Schuldfähigkeit und psychiatrische Maßregel, 2001. Stolpmann, Georg, Psychiatrische Maßregelbehandlung. Eine Einführung, 2001.
（4） ザース教授の見解については、前掲［2］の注(6)100 頁を参照。
（5） 筆者は、ザース教授（ミュンヘン大学ネドピル教授の前任者）のご好意で、1990 年 10 月に行われたミュンヘン地裁の傍聴禁止の審判での傍聴を許された。この事件は、ペドフィリーの 44 歳（当時）の男性（ドイツ女性とアメリカ兵の混血）が、養女と近所の複数の幼女に対する性的濫用行為を行ったものである。ザース教授の鑑定書は 118 頁の大部のものであった。その結論は、①異性幼児愛と極端な性格欠損による反社会的人格障害を伴う「衝動障害」を理由に、刑法 21 条の「その他の重い心神の変性」に該当し、限定責任能力者である。②刑罰の執行の前に刑法 63 条を適用できるケースである。③しかし、本法廷が他の理由から「責任能力」者と認定する場合には、63 条の適用ではなく、再犯の危険性の高い「性癖」（Hang）を認定できるので、66 条（保安監置処分）を適用すべきである、とした。結局、判決は、9 年の自由刑。但し、未決拘留日数 5 年を差し引いた後、63 条の精神病院収容処分の併科を命じた。そして、この鑑定書には具体名としてシュトラウビンク司法精神病院が明記されている。

(4) ネドピル教授の『人格障害』における司法精神医学的リスク・アセスメント

　ネドピル教授がわたしの慶應義塾最終講義と学会の特別講演を兼ねて行った講演の一部を紹介しておきたい[1]。「今日では、『精神病質』は、R.Hare（1990）による『精神病質チェックリスト』により、多くの場合、定義付けがなされています。既に 2000 もの公刊物において、この評価診断ツールが用いられるに至っています。非社会的又は反社会的人格障害に関して問題とされるのは、治療的及び行動修正的処遇において、協働的体制が欠けているという点です。このような協働的体制の欠如というのは、確かに、社会的な問題であり、精神医学が個人的な問題に狭められていることを裏付けるものでもあります。このような『人格障害』を有する人間は、その者自身により、その障害における苦しみや主観的な観念を拭い去ることができないが故に、他人と調子を合わすことのできない自我同調的な特性として、DSM や ICD における診断的な指標又は基準に記載されるような異常性を育むことになるのです。従って、この診断名を DSM から削除することには、熟慮を要することになります。」「多くの『人格障害』の類型において、治療による成果が見込まれ、そのような治療研究において、薬物療法に限らず、精神・心理療法的な介入方法が有効なものとして適用されている一方において、『反社会的人格障害』は、当事者のみで解決すべき問題というような考えに陥りがちであり、個々的な症例研究が、そのような考えに反対しているにもかかわらず、治療成果を証明するような研究は、全くもって不足しています（Nedopil, 2005, 267-275）。」「PCL-R の人格障害におけるリスク評価：このような因子は、『犯罪学的な指標』として、次のようなことを含んでいます。①早熟した行動異常性、②少年時代の犯罪、③命令や遵守事項に対する違反。また、次のような『人格的指標』も挙げられています。①刺激への欲求、退屈に耐えることのできない感情、②寄生虫のような生活様式、③不十分な行動制御、④現実的・長期的計画性の欠落、⑤衝動性、⑥責任感の欠けた行動。また、第 2 因子において含まれる指標は、50 歳以上になると、明らかに減少する一方で、利己主義的で、心情配慮に乏しく、良心に欠ける他人への態度といった第 1 因子の指標は、生涯に亘って、比較的、持続し続けるものとされます（Hare, 1998b）。このような病状経過は、PCL-R により高い評点

を得た者ほど、高齢の段階に至ると、犯罪リスクが明らかに減少することを根拠付けるものかもしれません。Cooke & Michie（2001）による3因子モデルによるならば、『障害のある情動性』及び『衝動的で責任感のない行動様式』の因子は、暴力的な突発事故及び再犯に関して、大いに関係があるとされています。」

「このような指標により再犯の危険性を評価することの更なる問題は、その者の異常性が、自我同調的に体験され、主観的には苦しめられていないと指摘される事実に導き出されることから、その者において動機や事理弁別能力や行動制御能力が欠如しているという点です。確かに、社会及び法体系は、その制裁をもって、その者に苦痛を与え、持続的な変化を強いることになりますが、そのような制裁による威嚇が、もはや意味がないような場合には、そのような変化を期待することは難しいものとなります。非社会的な性格の持ち主と特徴付けられた者を治療することの限界及び治療成果の不足に関しては、既に、言及したところです。また、今日、用いられている再犯予測診断の手法を注意深く巧みに当てはめるならば、その予測診断の的確性が、過大に評価されることもないでしょう。PCL-R の適用による精神病質の診断と再犯における相関関係は、最大で、0.4 という値であり、そこで説明された分散の割合は、5分の1以下でした。」「積極的誤謬の高度な頻度を考慮するならば、法的な問題においても臨床的な問題においても、生命又は自由に関する判断が問題とされる以上、PCL-R は、適用すべきではない。PCL-R は、それを支持する者が証明するように、弱者を診断するという意味においては、最も優れているけれども、『将来の危険性を予測』するという意味では、全くもって信頼できないし妥当性を有しないのである」「このような警告は、PCL-R のみならず、およそ全ての診断手法、ないしは、その方法論において有するべき経験実証的な基礎的知見の適用を断念してしまっているような予測診断にも当てはまるものです。」「最新の文献（Hart, 2007）と同様に、ドイツ連邦最高裁の研究班によって、責任能力鑑定におけるものと同様にまとめあげられた『再犯予測診断』におけるミニマム・スタンダードは（Boetticher 等、2006）、片面的で個々的な予測診断手法の適用に対して、予測診断の客観化の手助けになるものとして説明されるもので

す[(2)]。」

　「この準則は、『人格障害』にも適用されます。人格障害における再犯予測診断の必要最低限度の準則において、本質的とされる観点は、次の通りです。

① 個々人における犯罪及びその背景並びに原因の分析（行動様式、考え方、態度、動機）
② 個々人におけるリスク因子に配慮した下での生活史に基礎付けられた多次元的分析
　　a. 犯罪特有的、b. 障害特有的、c. 人格性特有的
③ 再犯リスクの経験実証的知見において比較しうる行為者群との均衡（共通点と相違点の指摘）
④ リスク因子、肯定的因子、治療経過、そして、適応ありとされた治療過程の妥当性（的確性）といったことを特別に配慮した下での契機となった行為からの被験者の人格形成の説明
⑤ 社会における受け入れ、アフターケアによる行動制御の可能性、そして、想定されるストレスと安定化因子（例えば、仕事や配偶者）といったことを特別に考慮した下における将来的行動及び再犯リスクないし処遇緩和の濫用に関しての予測診断の評価
⑥ どの範囲において予測をするべきかといった状況の限定化及びどのような対策をもって、診断内容における品質を保障し、改善することができるかといった指摘（リスク・マネージメント）」（『』は全て筆者）

(1) この講演は筆者の慶應義塾最終講義と学会の特別講演を兼ねて行われた。ノルベルト・ネドピル（神馬幸一訳）「『人格障害』における司法精神医学的リスク・アセスメント」日本精神保健福祉政策学会編：精神保健政策研究（2008 年）17 巻 63 頁以下。ネドピル（神馬幸一訳）「司法精神医学の質を確保するためのドイツにおける方策」川端博・安部哲夫監訳『ドイツ刑事法学の展望』（2009 年）3 頁以下。
(2) A. ベッティヒャー（小名木明宏訳）「ドイツにおける受刑者への社会治療処遇及び外来によるアフターケアーの必要性に関して」川端・安部監訳・前掲書 123 頁以下では、「Hare の PCL と PCL-SV 精神病質チェックリストで高評価を得

た『性犯罪者』には、大抵の場合、『処遇の必要性』が認められる。しかし、同時に、このようなハイリスクのグループの『処遇能力』が限定的である」ことにも注意すべきであるとしている。

[4] ドイツにおける精神病院収容処分の運用の実態とその問題点

(1) ドイツにおける触法精神障害者の強制入院形態

　精神病院収容処分（刑法 63 条）6,440 人（うち女子 477 人 = 7.4％）と禁絶施設収容処分（64 条）2,811 人（うち女子 168 人 = 6％）で刑法 63 条と 64 条の総計 9,251 人（うち女子 645 人 = 7％）である。60 歳以上の総数 413 人（うち女子 26 人 = 6.3％）、63 条 393 人（うち女子 24 人 = 6.1％）、64 条 20 人（うち女子 2 人 = 10％）であった（Statistisches Bundesamt 2009）。

　ドイツにおける刑事法上の収容形態は、刑法 20 条（責任無能力）と 21 条（限定責任能力）との関連で、以下の 4 つの法的根拠に基づいて実施されている。すなわち、①刑法 63 条（触法精神障害者に対する精神病院収容）「ある者が、責任無能力（20 条）又は限定責任能力（21 条）の状態で、違法な行為を行った場合には、当該行為者及びその行為を総体的に勘案して、その者の状態がなお著しい違法行為を招来し、それによりその者が公共にとり危険であると思料されるときは、裁判所は、その者に精神病院における収容を命ずる。」（この場合収容期間は、刑法 67d 条により無期限）、②刑法 64 条によるアルコール・薬物依存犯罪者に対する禁絶施設収容（収容期間は 2 年以下）、③刑事訴訟法 81 条による被疑者の精神状態に関する鑑定のための精神病院収容（収容期間は 6 週間以下）、④刑事訴訟法 126a 条による確定判決前の精神病院又は禁絶施設への仮収容（裁判所の収容命令による）の 4 つである。また、ドイツでは、行刑法 138 条 1 項「精神病院又は禁絶施設における収容は、連邦法が別段の規定をしないときは、州法（Landesrecht）によって行うものとする。」と規定して、収容の具体的な執行に関する法的根拠を連邦各州法に委ねている。

(2) 強制入院収容施設からの釈放と刑法の改正

処分執行からの釈放の際には、もっぱら「予測される犯罪の危険性」があるかどうかの判断にかかっている。禁絶施設収容からの釈放は、当該患者（被収容者）の社会的予測が良好であるか若しくは執行期間が2年以上にわたっており、または患者をこの期間経過後釈放するべきであるか、或いは、その後治療の見込みがないと判明したときなどの場合に行われる。

刑法63条の収容からの釈放は、もっぱら「再犯の予測」判断に重点が置かれる。刑法67d条2項は、患者が自由になっても重大な触法行為を行わないであろうということが期待（予測）できる場合に釈放すると規定しているからである。

しかし、ドイツ刑法は1998年1月26日の改正によって厳格化されたにもかかわらず、予測（診断）と結びつく一定の非安定性を問題にしており、最終的な残りの危険性が排除されなければならないというところまでは要求していない。しかしながら、この刑法の改正によって被収容者にとりその釈放が大変難しくなったし、処分執行施設や（司法精神科）の鑑定人にも大きな負担が加わることになった。（釈放条件の厳格化に伴い）釈放数は低下し、釈放要件についての鑑定件数が、明らかに増加し、被収容者数も常時増加傾向にある。処分執行からの入・退所に関する原則が連邦全体としては統一されたにもかかわらず、バイエルン州やバーデン・ヴュルテンベルク州などでは、独自の執行法の改正を行い収容の長期化による社会防衛の強化をはかる州も出てきて、各州の処分執行法による収容条件は各州ごとにまちまちに規定されることになった。そのために処分の運用上の処遇条件、処遇緩和条件、休暇の条件が、各州ごとにそれぞれ不統一なものになってしまった[1]。

(3) 触法精神障害者に対する社会内の司法精神医学的治療サービス：処分執行からの釈放——行状監督の必要的付加

1. 行状監督官と社会復帰調整官の役割の相異

さて、わが国の「医療観察法」では、入院を伴わない通院医療や仮退院後の通院医療をサポートさせるため現行の保護観察所に社会復帰調整官（同法20

条）という新しい制度を導入することになった。一方、ドイツでは、精神病院収容処分（ドイツ刑法63条）による収容後、仮退院する場合に鑑定が義務づけられている。こうした司法患者は、仮退院と同時に刑法67c条により必要的に「行状監督」に付すことになっており、退院後のアフター・ケア・システムが確立している[2]。

2. ドイツの行状監督制度
① 自由剥奪を伴わない刑事制裁としての行状監督

この行状監督制度（Führungsaufsicht）の法的性格は、刑法61条5号に「自由剥奪を伴わない保安処分」の1つとして規定されているので、一種の刑事制裁である。裁判所は、犯人が将来重大事件を犯すおそれがあると思料するときは、「刑」に併せて、この「行状監督」を命ずることができる（ドイツ刑法68条）。これも刑事制裁の1つなので、「罪刑法定主義」の趣旨から各条文ごとに明記し規定されている。

対象者は、保護観察官（Bewährungshelfer）（行状監督官）のもとで、一定の指示（遵守事項）に従って行動する。この「行状監督」の期間は2年以上5年以下である。但し、98年の刑法の改正で、退院後もなお「再犯の危険性」がないと判断されるまで監督を無期限継続できるようになった（刑法68c条2項：新設）。もし、対象者が（外来の）治療に行けという指示に従わなかったり、行かなかったりした場合には行状監督未執行として扱うことができる。

②「行状監督」制度の担い手

行状監督の担い手は、保護観察官である。ドイツの場合、保護観察官は、地方裁判所に属し、この地裁の所長が、その地裁の行状監督所の所長、次長、所員を任命し、所轄事項の処理に当たらせる。実際のケース・ワークは、これも1975年に発足した「執行裁判官」制度による「執行裁判官」（Vollstreckungsrichter）の指揮の下、保護観察官（行状監督官）により実施される。日本の保護観察所は、法務省管轄なので、その点に違いがある。

監督の内容は、対象者と面接し、手紙や電話での相談を受けるほか、教育、職業の斡旋、失業保険などの申請の援助のサービスを行う。行状監督期間中の

「遵守事項」などの違反行為に対しては、「再収容」の措置や事情によっては、「指示違反の罪」で告訴することも出来る。しかし、実務においては当事者間の信頼関係が大切にされ、こうした処分は、通常では、まれにしか行われない。行状監督中の「遵守事項違反」は、ドイツ刑法145a条「行状監督期間中に、68b条第1項に記載した種類の一定の指示に違反し、そしてこれによって、処分の目的を危うくした者は、1年以下の自由刑又は罰金に処する。この行為は、監督所（68a条）の告訴がなければ訴追されない。」によって処理されている。

（1） 例えば、バイエルン州のものに、Bayerisches Gesetz zur Unterbringung von besonders rückfallgefährdeten hochgefährlichen Straftatern（BayStrUBG=Vom 24. Dezember 2001）などがある。
（2） 「行状監督」につき詳しくは、拙著・前掲書『人格障害犯罪者と社会治療』177頁参照。Schöch, Heinz, Bewährungshilfe und Führungsaufsicht in der Strafrechtspflege, NStZ 1992, S.364. Stree, 68c: Dauer der Führungsaufsicht, in: Schönke/Schräder, Strafgesetzbuch, Kommentar, 26. Aufl., 2001, S.911ff. u. 918ff.

[5]　連邦憲法裁判所の「事後的『保安監置』」収容処分の合憲判断について

(1)　ドイツにおける無期自由刑と保安監置の執行状況

　Statistishes Bundesamt 2009. によれば、2009年3月31日現在、受刑者と保安監置収容者の総数は、61,878人で、うち男子58,566人（94.6％）、女子3,312人（5.4％）であった。また、自由刑55,043人（女子3,072人＝6％）、少年刑6,344人（女子237人＝3.7％）、保安監置491人（女子3人）であり、無期受刑者2,009人（女子103人＝5.1％）であった。40歳以上の全収容者は、20,069人（32.4％）で約3分の1は高齢者である。60歳以上2,043人（3.3％）で、うち男子1,911人（93.5％）、女子132人（6.5％）となり、60歳以上の収容者では、女子が6.5％で若干多くなっている。

(2) 連邦憲法裁判所の「事後的『保安監置』」収容処分の合憲判断は妥当か

ところでドイツ刑法の1998年の改正では、刑事制裁の厳罰化と収容の長期化が行われた。それにより、63条の精神病院収容処分は、もともと無期限であったが、仮退院後必要的に賦課されていた「行状監督」が5年であったのが無期限になり、今回、66条の「保安監置施設」収容処分の最高期限の10年という制限も外され、たとえ、14・5年後に仮退所した場合でも無期限の「行状監督」が賦課され、実質的に「終身の自由剝奪刑事処分」が合憲とされたのである。もともとこの保安監置処分は、ナチスの所産とされ、戦後も多くの専門家が厳しく批判してきた。今回の判決の裁判長となったハッセマー教授も前述のように、大学教授時代は、「仮釈放のない無期自由刑」は人間の尊厳を侵害すると強く反対していた。

しかし、今回の判決では、「事後的保安監置」の新設は、合憲であるとした。但し、バイエルン州とザクセン・アンハルト州の「無期限の保安監置」収容法は違憲としたのである。ネドピル教授は、司法精神医学の専門家の立場から公聴会で「バイエルン州の『保安監置』執行法」を憲法違反であると主張していた。

(3) ドイツの「事後的保安監置」はヨーロッパ人権条約違反

ヨーロッパ人権裁判所は、2009年12月17日、1998年の刑法改正で新設されたドイツ刑法67d条3項の「事後的保安監置」は、ヨーロッパ人権条約に違反するとし、現在、ヘッセン州のシュワルムシュタットの刑務所に収容中の52歳の暴力的常習犯の収容者に5万ユーロの慰謝料を支払うように命じた（この判決については、The European Court of Human Rights: Fifth Section; Case of M. v. Germany（Application no. 19359/04），Judgment（Strasbourg 17 December 2009）Google; Sicherungsverwahrung）。

第3節　人格障害犯罪者の刑事責任能力とその処遇

[6] ドイツにおける人格障害犯罪者による凶悪「性」犯罪の多発と社会治療処遇の復活——被害者の応報感情の鎮静策として

(1)　ドイツにおける凶悪性犯罪をめぐる問題点

　ドイツでは、ここ数年のうちに、「凶悪な性犯罪」が多発したために、立法者は、刑法を改正して、重罰化を実現させるとともに、常習的な性犯罪者に限定して、施設内での「社会治療」処遇を積極的に実施することに踏み切った。

　「アイケルボルン事件」(1994年9月22日発生) は、リップシュタット司法精神病院の患者であった24歳の性的常習犯罪者の男に7歳の少女がテニス・スクールへ行く途中、自宅から僅か200mの所で強姦されたうえ、ナイフで十数カ所刺され殺害されたものである。パーダーボルンの地方裁判所は、被告人に対して、15年の自由刑と無期限の閉鎖的司法精神病院への収容を併科する処分を言い渡した。この強姦殺人犯の患者は、17歳の時に強姦殺人を犯した後リップシュタット司法精神病院に収容されていたが、その7年後の犯行であった。しかもこの犯行前は、ここ2年間の行状が安定していたので開放治療棟で処遇を受けていた。院外のキオスクへ買い物に行った途中、前もって、毎日少女が自宅近くのテニス・コートに通う姿を目撃しており、計画的な犯行であったため、担当医や関係者は大きなショックを受けていた。

　さらに、「ナタリー事件」(1996年9月20日発生) は、バイエルン州オーバーバイエルンのエプファッハで7歳の少女ナタリーが誘拐され「性的虐待」後に殺害されるという事件である。「逮捕された容疑者には子供に対する性的虐待の前科があり、5年半の刑期の3分の2を終了した約1年前に仮釈放となっていた」とも報告されている。更に、1998年3月にいわゆる「ロミー・リーケン事件」が起きた。この事件は、30歳で3人の小さな子供のいる男が、13歳と11歳の2人の少女を強姦の上殺害したものである。オルテンブルク地裁は、「治療可能性がない」として無期自由刑を言い渡した。

(2)　社会治療処遇の復活——被害者の応報感情の鎮静策として

　前述した「社会の保安」を重視し被害者の応報感情に配慮しなければならな

いという法律家の立場と凶悪犯罪者であってもその人間の尊厳の維持のためには治療による社会復帰の可能性を重視しようという司法精神医の立場の相克を克服するのがポストゲノム社会における刑事政策の課題である。

ドイツではわが国とは違って「処遇思想」の実践が、各州ごとの独自の予算で行われおり、とくに、処遇困難受刑者への「社会治療施設」での処遇には膨大な予算をつぎ込んでいることを看過することはできない。

前述のようにドイツでは、1990年代の中ごろから児童に対する「凶悪な『性』犯罪」が多発したために、立法者は、被害者の応報感情を鎮静させるために刑法を改正して、重罰化を実現させるとともに、常習的な性犯罪者に限定して、「社会治療」処遇モデルを復活させることに踏み切った[1]。ただし、エッグ博士によれば、このモデルの復活は「被害者感情」とリンクしているので、「処遇思想が応報思想に濫用されはしまいか」「収容者の同意を原則としていた『社会治療』の理念が崩れるのではないか」などの治療サイドからの強い批判が出されている[2]。

2008年3月31日現在、全州47カ所の社会治療施設があり1,895人が収容されている[3]。従来、行刑法9条による「社会治療施設」への収容は、「受刑者自身の同意を必要とする」としていたのを改正して、1項に「受刑者は、刑法170条（保護者による性的濫用）から180条（未成年者への性的行為の症例）もしくは182条（少年への性的濫用）に該当する行為により、2年以上の有期自由刑を言い渡され、社会治療施設での処遇を指示された場合には、そこに収容される」と規定して、本人の同意とは関係なく収容できるとしたのである。

更に、第3の自由剥奪を伴う刑事処分制度である保安監置施設収容処分（刑法66条）は、治療や禁絶しなければ将来再び重大犯罪を惹起する恐れがあるかどうかという要件や行為者の「責任」（Schuld）とは関係なく言い渡される（この点では、再犯者の青田狩りとしての色彩が強いものである）。この処分は、1933年に導入され、第三帝国の時代に濫用されたものである。戦後になっても、こうした（保安重視の）性格を持つこの保安監置処分に対しては殆どの人が批判的であった。そこで、1969年の改正法以来提言されてきた改正法案が1975年に成立し、収容の要件が厳しく制限され、収容期間は不定期ではあるが、最高

10 年が限度であるとされた。ところが、前述のアイケルボルン事件やナタリー事件のような凶悪な性犯罪等に対する厳しい処分をもとめる世論に即応する形でなされた 1998 年の刑法改正では、この処分の収容要件も再び拡大されてしまった。改正法では、収容 10 年経過後に、被収容者がその者の性癖の結果、なお「重大な犯罪を行う危険性」があるかどうかと「処遇の可能性」があるかどうかについて、検討すべきであるとし、特別な場合重大なケースの場合には、原則として無期限となった。そして、その判断を司法精神科医等に求めるべきであるとしたのである（刑訴法 246a 条＝医師たる鑑定人）[4]。

そして、同時に改正された行刑法 9 条により、こうした施設での社会治療的処遇が義務づけられることになった。この改正に対してネドピル教授は、強く反発し、「司法精神医学的視点からいえば、犯罪への『性癖』があるというためには、ただ単に再犯の危険性があるという消極的な犯罪予測だけでは十分ではない。また、人間科学的視点からいえば、『性癖』があると仮定するためには、経験に根拠付けられた再犯予測以上の明確な根拠が必要である。『性癖』を仮定する基準として、再犯の危険性（可能性）と統計的に考えられる犯罪の予測の両方が吟味されるべきであるときに刑事訴訟法 246a 条による鑑定人の招致は有意義であり、また適切であるように思われる。」としている。

(1) 斎藤純子「ドイツ・性犯罪者に対する刑罰強化の動き」ジュリスト（1997 年）1105 号 120 頁）。拙稿「ドイツにおける凶悪性犯罪に対する法的対応」季刊社会安全（1998 年）28 号 9 頁以下。

シューラー＝シュプリンゴルム博士（Schüler-Springorum, Horst, Sexualstraftäter-Sozialtherapie, GA8, 2003, S.575-646.）は、その第一人者らしく新旧の「社会治療」のコンセプトを比較しながら、凶悪「性」犯罪者に「社会治療」が有効であるとしている。これらにつき拙稿「ドイツにおける凶悪「性」犯罪に対する法的対応」季刊社会安全（1998 年）28 号 9 頁以下。

これらにつき拙稿・前掲論文 9 頁以下。1998 年の刑法改正は、所謂「性犯罪とその他の危険な犯罪の闘争に関する法律」（Gesetz zur Bekämpfung von Sexualdelikten und anderen gefährlichen Straftaten）と言われ、その改正では性犯罪者に対する法定刑や処分執行の期間はドラスティクに改正され、必要的に精神医がかかわるものとされた。

(2) そして、旧東ドイツ地域の統一後の行刑事情については、Rudolf Egg（Hrsg.）: Strafvollzug in den neuen Bundesländern.KrimZ, KUP Band 24, 1999, Schubert, Karin, Zur Eröffnung der Sozialtherapeutischen Anstalt-Bereich 2-der Justizvollzugsanstalt Tegel, ZfStrVo 2003, S.259ff. 最新のドイツの社会治療施設の状況につき、エッグ・安部哲夫訳「社会治療──何処へ向かうのか？」川端・安部監訳・前掲書『ドイツ刑事法学の展望』133頁以下。

(3) KrimZ（Hrsg.）: Sozialtherapie im Strafvollzug. 2008, S.6. 以下参照。

(4) ドイツ刑訴法246a条（医師たる鑑定人）は、「被告人の精神病院、禁絶施設への収容又は被告人を保安監置に付することが予測されるときは、公判において、被告人の心身の状態について鑑定人を尋問しなければならない。鑑定人が、まだ被告人を診察していないときは、公判前にその機会を与えなければらない。」（法務大臣官房司法法制調査部編・米沢慶治訳『ドイツ刑事訴訟法典──1980年7月1日現在の正文』（1981年）を参照・引用した）。

そして、今回の改正でBehandlungsaussichten（治療の見込み・可能性）が新たに追加された。ドイツ行刑法9条は、従来、収容者と施設長の双方の同意を前提に収容できる（kann）から、性犯罪者と危険な犯罪者で2以上の有期自由刑を言い渡された者は、その者の同意は必要なく、原則として「社会治療施設」へ収容すべき（ist）であると改正され、2002年12月31日からは必要的（soll）規定になった。

第4節 オランダの「人格障害犯罪者」に対する刑事政策の現状と課題
――メスダフ・クリニック(社会治療(TBS)施設)の管見

[1] オランダの「人格障害犯罪者」に対する刑事政策

(1) オランダの刑事制裁の概要

オランダの総人口は、約1,500万人。行刑施設の収容定員は、2000年に1万6,000人。行刑施設は、1人1居室を原則とする。オランダは、刑罰と処分の二元制を採用している[1]。

① 刑罰の種類:拘禁刑、拘留刑、社会奉仕命令刑、罰金刑などがある。死刑は、1870年に廃止されている。

② 保安処分制度の種類:①所持・使用の禁止、②犯罪収益の没収(オランダ刑法36e条)、③賠償金支払い義務、④精神病院への入院命令(同37条)、⑤社会治療処分(同37a条)、⑥外来通院命令(同38条)

(2) オランダの社会治療処分(TBS=terbeschikkingstelling)制度

この制度は、人格障害犯罪者に対して、短期集中的に「社会治療」を施し、もって再犯を防止するためのものである。オランダ刑法37a条1項によれば、TBS処分は、4年以上の自由刑を最高刑として有する犯罪(例えば、強盗・強姦・殺人)などを行った重度の精神障害者に対して、特に公共の安全を確保する必要がある場合に刑事裁判所が決定・命令する処分である。現在、オランダの社会治療(TBS)施設は、国立と私立あわせて12カ所(そのうち4カ所に性犯罪者処遇部門が併設)あり、メスダフ・クリニックは国立のモデル施設で、ファン・デル・フーベン・クリニックが、私立のモデル施設として有名である[2]。

そのTBS施設全体の収容定員も1990年に405人であったのが2005年には1,637人と4倍以上に膨れ上がっている。この増加傾向の第1の原因として、

かっての「鉄は熱いうちに叩け」とする短期決戦型の処遇モットーから慎重な再犯予測査定をベースに社会防衛的な施設内処遇モデルへの大きな転換をあげることができる。第2の原因として、そうした慎重な社会復帰処遇モデルの定着により、長期滞在型患者が増加してきたことがあげられる。タック教授によれば、1990年には、TBS患者405人のうち63人（15.5％）の退院があったが、2005年には、1,637人のうち97人（0.06％）にすぎなかった。TBS患者の約5％が性犯罪者、性犯罪患者の約100％が男子、TBS患者の約28％に性犯罪の前歴があった。再犯率の比較では、性的暴力患者は13-16％、非性的暴力患者は、23-25％であった[3]。

(1)　ここでは、ペーター・タック（中山研一・山下邦也・田中圭二共訳）『オランダ刑事司法入門―組織と運用』（2000年：原文は1999年）と最新の情報として、タック教授が慶應義塾大学で講演された原稿（Die Überlassung mit Versorgung von Staats wegen in den Niederlanden, 20.01.2007）を参照した。
(2)　タック・前掲書119頁。
(3)　タック・前掲書を参照。拙稿「国際司法精神保健学会参加とオランダ・メスダフ・クリニック（TBS施設）の管見」犯罪学雑誌（2007年）73巻2号48-53頁。この施設のAssessmentプログラムは、Offense-scenario, Filestudy, Genogram, Seksuele（history/anamnese）, Offense-analysis, Riskassessment（HCR-20）, Polygraph, FSNA, Penile plethsmograf, Visual reaction time, Cart sorting, Psychological assessment, Observationなどを中心に実施されていた。また、具体的な性犯罪者治療プログラムとして、SAG-conference, PAG-SAGgrouptherapy, Medication（triporeline/SSRI）, VRIS-course（friendships, relationships, intimity, sexuality）, Behaviortherapy/Vaardigheidstrainingen, Psycotherapie, Non-verbale therapy, Psychodrama groupなどが実施されていた。

(3)　オランダにおける人格障害犯罪者の処遇の現状

対象となる、4年以上の自由刑を最高刑とする犯罪（強盗・強姦・殺人等）を行った人格障害犯罪者に関しては、通常、オランダのほぼ中央に位置するユートレヒト（Utrecht）の精神鑑定施設ピーター・バーン・セントラム（Pieter Baarn Centrum）で、約7週間かけて、精神科医などのグループによって報告書

が作成される。基本的に刑事裁判所は本報告書の勧告に従って判決を下すという手続になっている。ちなみにこの施設では、対象者1人に対して1日約1,000DFL、日本円にして約6万円の経費を要するとされる（平野美紀「オランダにおける精神障害犯罪者の処遇」法と精神医療（1998年）12号117頁）。

また、タック教授の前掲講演原稿では、2005年現在のTBS施設の処遇経費は、短期滞在患者1日当たり512ユーロ（現在：1ユーロ約155円：約8万円）、長期滞在患者はその約半分の経費を必要としているとしている。

[2] メスダフ・クリニック（社会治療（TBS）施設）管見

(1) 1976年訪問時と2006年訪問時の大きな変化——短期処遇プログラムの後退

わたしは、30年ぶりにメスダフ・クリニック（Mesdag＝Kliniek, Groningen、オランダ、第1回：1976年12月9日、第2回：2006年6月13日）を訪問した[1]。

この施設は、ドイツの社会治療施設のモデルになった施設であったので、1976年の10月ビーレフェルトで開催された社会治療施設専門家会議で当時では、最も進んだ処遇と治療環境をもっていると言われていた。当時、この施設は、9人の精神科医（全員が分析医）・心理専門職を含めて約230人の職員が、約65人の収容者を取り扱っていた。実に収容者1人に職員3人の割合であった。しかし、今回の訪問時（2006年6月13日）の収容患者の定員数は、精神障害患者が80人、「人格障害」患者が80人で、患者合計が160人であった。しかし、訪問時には、収容者約200人で、やや過剰収容で、1976年当時の3倍強の収容者数であった。

メスダフ・クリニックのFluttert氏の報告によれば、調査対象となった220人（全員男子：平均年齢39.4歳）の診断名は、精神分裂病16.0％、精神分裂病と人格障害の合併53.3％、人格障害16.0％であった。罪名別では、殺人26.8％、殺人未遂と傷害45.9％、性的濫用（強姦含む）20.9％、放火6.4％、であった。

それに対して、職員定員数は、1976年当時は約230人で現在は約倍増の400人。訪問時は、500人、うち社会治療士が約200人、うち女性が35％であった。その結果、女性職員と患者の性的トラブルが多発しているとのことであった。

この女性職員の増加と性的トラブルの多発は、今回の訪問時の特徴であった[(2)]。

(1) 1976年当時の「施設の概要」(拙著『犯罪者処遇の理論と実践』(1990年) 202頁以下)。
(2) タック・前掲書では、「フロニンゲンの国立ヴァン・メスダフ・クリニックでは、ここ4年間に、患者の収容定員は、約90人から180人へと急増しており、これに対応して、職員数も約400人に増加している。このような施設の増・改築、患者数の急増、処遇内容の変化は、さまざまな問題も生み出している。現在、メスダフでは、精神障害の患者約80人からなる部門と人格障害の患者約80人からなる部門がある。クリニックの拡大によって、人格障害の患者グループを受け入れたために、新規の職員としては職業学校の新卒者の割合が高く、犯罪者処遇の経験を経ないままに、社会治療士として仕事に取り組まなければならないという。この部門で、しばしば事件や事故が起こっている。そもそも、患者数が100人を超えると、治療共同体として適切に機能しないという意見がある。官僚化も、1つの問題である。国によって任命された中間管理職たちは、古くからの職員たちの意見に耳を傾けず、その専門知識を無視しているという批判もある。こうして、国立施設を私立化することが解決策であるという提案もある。メスダフにおける約200人の社会治療士のうち、35％が女性である。これは、ノーマライゼイションの観点から、80年代当初に導入されたものであるが、最近、いくつかの不祥事も話題になっている。例えば、99年初頭に、4人の女性の社会治療士が、患者たちと性的関係をもったという疑惑から停職処分に付された。5月には、外出許可を得た患者に付き添っていた社会治療士が強姦されるという事件も起きた。強姦、セクハラ、危険な患者の逃亡、施設内での薬物濫用、職場での強いストレス、病欠、小児性愛犯罪者の保護観察期間の延長問題など、このところ、内部告発、労働組合の諸活動、警察による捜査、ヘルスケア監督局の調査報告書の提出、メディアによる報道、そして、議会での審議などを通して、社会治療処分にかかわる社会的関心が高まっている」(120頁)。

また、過剰収容の原因として、「ここ10年ほどの間に、この処分に付される者のためのクリニックの居室は、ほぼ倍増している。その理由としては、社会治療処分の命令を受けながらも、クリニックの居室不足のために、通常の刑務所で、社会治療処分を待機しなければならない患者たちが存在したことや、治療処分に付される患者の絶対数が増加したことがあげられるであろう。」としている。

(2) 処遇の基本方針の大幅な変化：短期処遇プログラムから長期滞在者処遇プログラムへの変化——「発達精神病質」概念の消失

　1976年当時の施設の最も大きな特徴は、所長をはじめ、殆んどの専門職員が同じフロニンゲン大学で同じコースを修得して来ており、主に精神分析療法を中心にした処遇方法が全施設に染み亘っていることであった。心理療法部門の部長である Reicher 博士は、実に自信をもって、収容者が釈放後2年間再犯ないしトラブルをおこさなければ、我々の処遇は成功したと言えるといい、約80％以上が、2年間犯罪を繰り返していないと強調した。この2年間という再犯期間の限定は司法省との話し合いで、「まあ、2年間再犯が発生しなければ処遇効果ありと言える」という結論になったそうである。彼もまた精神分析理論にもとづいた処遇論を展開し、「我々は、収容者を大人とみなさず、子供と同レベルとして扱っている」という基本線から出発している。子供にはもともとグループ療法が基本的には、成り立たない。ここでは個別精神療法だけが行われていると強調していた。

　このように前回の訪問時には、まさに精神分析理論のオンパレードであったのが、10数年前から、各種の再犯率の実態調査により、この精神分析理論では、「人格障害犯罪者」治療には殆ど効果をもたらさないことが明らかになるとともに、9人いた精神分析医も訪問時には、1人もいないとのことであった。

　前掲拙著『犯罪処遇の理論と実践』では、「このクリニックへの収容は、選別所（Auslese-Institut）によって、ここの精神分析的処遇方法に合致する収容者だけが分類され送致されてくるが、あまりにも精神分析理論とアカデミックな雰囲気が強調され過ぎてはいないかという疑問を感じ、むしろそれがやや非人間的な冷たささえ感じさせた。」と当時の印象を述べている（なお、30年前のこの施設の詳細については、拙著『治療・改善処分の研究』（1981年）222頁以下の「第4章：オランダにおける精神病質犯罪者に対する処遇——とくにメスダフ・クリニックでの実態を中心にして——」を参照されたい）。

　今回の訪問からは、治療・処遇困難な長期収容（ロング・ステェイ）患者の過剰収容問題を解決するために、如何に効果的なリスク・アセスメントやマネージメントのプログラムを構築し、実施していくかの方法論のところで、根本

的な問題解決方法のないまま悪戦苦闘している様子が印象的であった。この傾向は、メスダフ・クリニック人格障害者収容施設（TBS 施設）は、世界的に司法精神科施設においては「早期発見と早期介入」プログラムの実施とその効果測定に力点が置かれていることと密接な関連を持っている。

(3) メスダフ・クリニックにおける処遇結果の推移：処遇の基本方針の大幅な変化は「再犯率」にどのような影響をあたえたか

　前述のように、30年前のこの施設の患者は、ほとんどが凶悪犯罪を行った「発達精神病質者」か、精神障害のボーダーラインにある患者か、或いは、自己愛的人格障害者などのオランダで最も処遇困難とされた者であった。こうした危険で取扱いが非常に難しい患者の処遇には、「保安と処遇」という本来相容れない両面への配慮が必要となる。こうした特殊の処遇形態が、具体的には、処遇期間、釈放の仕方、処遇の形式といったものに微妙に影響する。そして結局は、そうした処遇形態が、再犯率などにも反映してくる。

　ところで、30年後のこのクリニックに関する詳細な学術的調査データはない。その最も大きな理由は、他の TBS 施設と同様に、定員をはるかに超える過剰収容の問題をかかえ、収容期間も長期化して、処遇プログラムを受けた後、直ちに釈放される患者が激減しているからである。しかし、タック教授の報告では、オランダの全 TBS 施設の再犯率に関する研究が紹介されている。

　この「再犯率」研究は、1974 から 1998 年の間に釈放された 1,798 人を対象としている。対象者の 95％ が男子、85％ がオランダ人、平均年齢 35 歳、83％ が性的・暴力的犯罪、TBS 施設平均収容期間 1,800 日（約 5 年）であった。

　1974 年から 1978 年の対象患者 497 人中 43％ が財産犯、64％ が暴力犯・性犯罪で有罪判決を受けた者であった。それに対して、1994 年から 1998 年の対象患者 275 人中僅か 16％ が財産犯、その他の対象者は全員が性犯罪と暴力犯であった。前者の平均収容日数は、1,500 日、後者は 2,100 日である。

　1974-1978 年グループの釈放 10 年後の再犯率は、70％、1994-1998 年グループは、40％ であった。前者の重大犯罪者の 10 年後の再犯率は、60％、後者は、35％ であった。また、1994-1998 年グループの 6 年後の再犯率と同時期の受刑

者の再犯率はそれぞれ57％で同じであった。

［3］ 結びにかえて

　以上、「人格障害犯罪者」の「刑事責任能力」とその処遇について、このテーマの先進国であるドイツとオランダの状況を比較検討した。以下に若干の提言をして結びにかえたい。
1.　わが国の現行刑法では「人格障害犯罪者・受刑者」を処遇するシステムがないので、例えば、全国20庁の指定施設で実施されている「認知行動療法」に基づいて策定された「処遇プログラム」にドイツ型の「社会治療処遇プログラム」を併設することを提案したい。
2.　医療刑務所を出所した後のアフター・ケアーのシステムが確立されていないので、ドイツ型の「行状監督制度」を導入して、現行の保護観察制度を充実させる必要がある。
3.　ドイツやオランダでは、「人格障害犯罪者」に対する改善・保安処分制度があり、各施設間でのキャッチ・ボールが出来るシステムが確立している。「医療観察法」の指定（強制）入院施設と医療刑務所における相互移送が可能な処遇制度を構築する必要がある。
4.　覚せい剤依存受刑者に対するドイツ型の「禁絶施設」を設ける必要がある。
5.　起訴便宜主義の下での鑑定制度に対する国民の信頼を得るためにも中立性・公平性が担保されたドイツ型の「司法前鑑定制度」を創設する必要がある。

第2章 ポストゲノム社会の『高度に危険な人格障害犯罪者』に対する刑事政策
──医療観察法から刑事治療処分へ

第1節 精神障害犯罪者の人権保護
　　　──リーガル・モデルとメディカル・モデルの調和をめざして
第2節 刑事政策学から見た『心神喪失者等医療観察法』の法的性格と責任主義の危機
第3節 刑事施設の精神障害受刑者の処遇について

第1節　精神障害犯罪者の人権保護
──リーガル・モデルとメディカル・モデルの調和をめざして

[1]　問題の所在──精神保健福祉法の発達史に見る「触法精神障害者の人権」

　かって「『精神障害者』とは何か」とか、「『精神障害』とは何か」などについて科学的にあまりはっきりと理解することのできなかった時代には、迷信や憶測によって──従って、それが偏見や差別の根元であった──「病者」を語ろうとしたことがあった[1]。
　国際疾病分類が、今日ほど正確で詳細なものでなかった時代には、「病者」を「未成年者」を扱うがごとく──俗な表現を使えば「女・子供・気違いは、度し難い」と言って十把一絡げ的に──「理解し難い者」、「守ってやらなけれ

第1節　精神障害犯罪者の人権保護

ばならない弱者」、「未熟で人の助けを必要としている者」、「成人の正常人と同列に置けない同情に値する者たち」などとして、いわゆる「パレンス・パトリエ（parens patriae＝国親思想）」的あるいはパターナリズム（父権主義）的に取り扱っていこうとする傾向にあった。これは、「病者」や「子供」などの社会的未成熟者、社会的弱者を国家の父権的、慈父的「保護」の名の下に包括的に取り込み、手厚く保護してやらなければとんでもない間違ったことを行ってしまうという考え方であり、こうした考え方と（極めて抽象的な意味の）「人道主義」などとがドッキングして一時流行したことがある。

　しかし、行動科学の発達とともに「精神障害者」に関する科学的解明が急速に進歩し、それとともに「弱者の人権の保護」を重視する思想の一環として「子供」や「精神障害者」の自律性、自己決定能力を尊重していこうとする風潮が生じてきた。ここでは、パレンス・パトリエ的に「病者」の治療から人権保護に至るまで包括的にやってあげる、面倒を見てあげるといったやり方——これが「メディカル・モデル」の実態であった——は、治療者側の主観的判断にあまりにも左右され過ぎ、差別や偏見、経済的強者の優先的な治療などの弊害が生まれるといったことが指摘されてきた。こうした「メディカル・モデル」的対応の長所を生かしつつ、「病者の人権」を平等に確実に保護していくためには、一定の「リーガル・モデル」の導入に踏み切らざるを得ない状況になってきた。

　もちろん、「リーガル・モデル」は、「法的理性人」を名宛人として登場した考え方であるので、「精神病者」や「子供」に即適用できるかは慎重な検討が必要であろう。ここで一番大切なことは、「メディカル・モデル」によろうが「リーガル・モデル」によろうが精神障害者にとり何が一体「その人権の保護」になり、十分な「治療」を受け、そして、再び健常者として社会に復帰できるかどうかであろう。つまり、ここでは、どちらかの原理に固執しなければ、その人権を保持できないか、あるいは、医療を受ける権利の保護ができないかというのではなく、病者にとっては両方の利益が守られるかどうかであり、そのためにはどちらの原理の選択がベターかを検討することが重要なのである。

　呉秀三博士は、すでに約90年も前に精神病者の人権侵害や差別の根拠となった「精神病者監護法」（1900年成立）の廃止に向け努力され「我邦十何万ノ

精神病者ハ実ニ此病ヲ受ケタルノ不幸ノ外ニ、此邦ニ生レタルノ不幸ヲ重ヌルモノト云フベシ。精神病者ノ救済・保護ハ実ニ人道問題ニシテ、我邦目下ノ急務ト謂ハザルベカラズ。」(2)(1918（大正7）年）という有名な言葉を残しておられる。今日、われわれが、精神障害者の人権につき語る時、まさに、この呉博士の問題提起をこの問題解決の原点としていかなければならないと言っても過言ではない。

この呉秀三博士の問題提起は、ヨーロッパ留学直後に行った「精神病者私宅監置ノ実況」という報告書の中で述べられたものである。

そして、呉博士は、当時の病者を取り巻く環境について、「被監置者ノ運命ハ実ニ憐ムベク又悲ムベキモノナリ。（中略）是ニ於テカ病者ハ遂ニ終生幽囚ノ身ト為リテ再ビ天日ヲ仰グニ由ナキハ無期徒刑囚ニモ似テ却ツテ遥ニ之ニ劣ルモノト云フベシ。囚人ニアリテハ尚ホ此病者ヨリハ多少広闊ナル自由ノ天地アリ、狭シト雖ドモ猶ホ清潔ナル檻房アリ、疾病アルニ際シテハ又監獄医ノ診療ヲモ受クルコトヲ得ベシ。精神病者ノ私宅ニ監置セラルモノニ至リテハ、実ニ囚人以下ノ冷遇ヲ受クルモノト謂フベシ。」(3)として当時の「私宅監置」の悲惨さを報告されている。

そして、呉博士は、現行刑法（明治41（1908）年施行）が、「心神喪失」で無罪となった者に対して何の（刑事政策的）措置も規定しなかった点について、「精神病者ニ対スル我邦ノ法律ニ不備アルハ、惟リ監護法ノミニ止マラス、我刑法ニハ精神病者ノ犯罪行為ヲ以テ心神喪失者ノ行為トナシ、之ヲ罰セザル規定ナルモ、此ノ如クニシテ免訴トナリシ犯罪ノ精神病者ニツイテハ、其後ノ処置ニ関シ法律上ニモ何等ノ規定ナク、行政上ニ於テモ何等ノ処置ヲ講ゼザルハ奇怪ニ堪ヘザルコトナリ。吾人ハ我邦ノ精神病者ニ対スル法律ガ社会ノ進歩ニ伴レテ改正セラレ、或ハ新ニ立案セラレンソコトヲ希望シテ已マザルナリ」(4)として、刑法を改正して「犯罪的精神病者」（触法精神障害者）に対する特別な法的措置が必要であることをすでにこの時代に述べておられたのである。

この呉博士らの批判や提言の直後に「精神病者監護法」（1900年）を克服する形で「精神病院法」（1919年）が制定されたが、これら両法は、共にその立法趣旨が当時の精神医療の現場で十分に実現されないまま昭和25（1950）年の

「精神衛生法」の成立時までその効力を持ち続けることになったのである。かくして、昭和25（1950）年に、「立ち遅れ、取り残されてきた精神衛生」を進展させ、病者の治療と保護、人権侵害の防止などを骨子とした「精神衛生法」が成立し、ここに、「私宅監置」制度などにより数々の人権侵害の源となった「精神病者監護法」は、廃止されることになった。ところが、この昭和25年当時の病者をめぐる状況報告によると、全国に、まだ約2,700人の患者が「私宅監置」——と言っても中には、家畜同然に「掘っ立て小屋」で扱われていた患者もいたという——に付されていたのである。この「精神衛生法」の成立においても以下の点で大きな禍根を残すことになったのである。それは、同法の成立とともに刑法を同時に改正して重大な触法行為を行った「触法精神障害者」に対する「刑事治療処分制度」を導入——触法精神障害者に対する「リーガル・モデル」の限定的導入——をしなかったことである。従って、「精神衛生法」は、スタート時から「医療」と「保安」の（二律背反的）両面の機能を負担することになり今日の混乱の源となってしまったことである。

　第二次世界大戦前の精神衛生および精神医療の実態は、治療環境の不備の民間病院や「私宅監置」中心のやり方で病者を社会から隔離し、あまり人目につかないところで密かに治療し、保護を与えていこうとする「密行主義」に支えられていた。そして、第二次世界大戦後の精神医療は、「精神衛生法」の成立とともに一気に民主化され開放的に実施されるはずであった。しかし、わが国の精神病院のベッドの数の約85％は民間に負っており、「民間精神病院」の中にはその営利目的と必ずしも一致しない病院の開放化や患者の行動制限の緩和に消極的な所も数多くあった。

　そういう病院では、「同意入院」（現行の「医療保護入院」）や「措置入院」を中心にした強制入院を伴う閉鎖的治療方法——よく行われたのが「薬づけ」といわれる営利中心的な方法である——が当り前のごとく行われ、およそ「患者の自己決定権」の尊重など「患者の基本的人権」に配慮した治療とは無縁の状態が続いたのである。

　そして、こういう「医療密行主義」の克服や「患者の自己決定権」を無視した「専断的治療方法」が、精神医療や精神病院に関する否定的評価やさまざ

な憶測を呼び、いったん精神病に罹患してしまうと一生恐ろしい病院に閉じ込められてしまうとか（かって「経済措置患者」を「固定資産」と呼ぶ病院経営者もいた）、精神病は「不治の病」でしかも遺伝するから、もしそういう患者がある家庭から出るとその家系は「悪い血」に呪われた家系であるかのごとく喧伝され、病者をうとんじ、隠し、閉じ込め、いじめ、虐待し、といったこともしばしば行われてきたのである。

　新憲法の「法の下の平等」原則や「基本的人権の尊重」原則は、何人にも、従って、当然に精神病者にも等しく適用されるべきものであるが、憲法の基本精神を体現する形で立法化されたはずの「精神衛生法」において、病者の人権への配慮、例えば、その立法趣旨、つまり、「精神障害者等の医療及び保護を行い」（1条）という趣旨が医療の現場で十分に実現されているとは思えない状況が続いたのである。

　わたしは、その一番の原因は、同法が重大事件を起こした「触法精神障害者」などの「保安面」のケアーも必要となる患者をも含めたすべての病者を一律に考えて、すべて「病者」である限り取り込んで、すべての精神病の患者に対して——たとえ、凶悪な触法行為を行い、なお、同種の触法行為惹起の危険性が大きい患者であっても——「医療及び保護」をあくまで「医療の現場」でのみ解決していこうとした「医療万能主義」、「医師全能主義」、「精神医学の過信」など——言ってみれば、「メディカル・モデル」や「医療的パレンス・パトリエ論」などの大きな誤解と濫用である——が、何処かにあったからであると思っている。つまり、殺人や放火などの重大触法行為を行った患者などに対しては、刑事法的対応などきわめて「保安」的エネルギーを必要とし、司法との協働作業が必要とされるにもかかわらず「措置入院」や「医療保護入院」などの強制入院形態中心の運用で全てがまかなわれてきたのである——とくに昭和50（1975）年代までは全入院患者数約30万人に占める「措置患者」の割合が非常に高かったことはまだ記憶に新しいところである。換言すれば、わが国の現行の「精神保健福祉法」の歴史的問題性は、「旧精神衛生法」の「保安処分的機能」を踏襲し刑法の肩代り的運用さえも積極的に行ってきたところにあると言えよう（但し、最近の統計では、「措置患者」の数が激減している。詳しくは、

第1節　精神障害犯罪者の人権保護

後述本章第2節を参照)。

　旧精神衛生法においても、それなりに人道主義的な諸規定、例えば、「精神病者監護法」にあった「私宅監置」制度の根絶を図り、旧精神衛生法48条には「施設以外の収容禁止」規定を置いたりしていた（但し、同条は、同法の見直しの際に削除されてしまった）。

　上記の「精神病者監護法」は、明治時代に成立した法律としては、「病者」の人権への配慮が随所に見られるが（例えば、「私宅監置」の届け出制は、当時、まさに全くの放置状態であった「病者」に一定の保護と治療の機会を与えるという意味はあった）、何にしろ、当時の「人道主義」であるから、それは今日から見るとやはり行政の一種のポーズであり、プログラム的であったのも止むを得ないところであったろう。そして、この「精神病者監護法」運用にとりさらに不幸であったのは、その7年後の1907年に成立した現行刑法が触法患者に対する何ら特別の規定（具体的には、「刑事治療処分制度」などの導入）を置かなかったことであったであろう（もちろん、刑法の立法者たちは「精神病者監護法」で十分で、さらに「保安処分」導入で屋上屋を架す必要はないとしていた）。

　「精神病者監護法」の制定により「病者」の人権と治療が法律的に保護されたかのように思われたが、実際には、刑法の肩代わり的機能を含めて、「病者」をポリス・パワーにより管理する側面、つまりその保安主義的側面が強調されていったのである。

　そして、旧精神衛生法の時代になっても、こうした同法がポリス・パワーの側面の強化という方向で運用されるきっかけとなったのが、「ライシャワー駐日大使刺傷事件」（1964年）の発生であった（蛇足ながら、元大使は、この時の輸血の際の肝炎が遠因となり肝臓ガンで死亡したと言われている）。この事件の直後には、長年関係者の懸案になっていた同法の「保安処分」化が一気に加速した。つまり、同法の一部改正は、単なる保安面の強化にあり、「警察官通報制度の拡大」、「緊急措置入院制度の新設」などのいわば実質的「保安処分」的改正に終り、病者の社会復帰などの治療の開放化など患者の人権の確立・確保などの重要な視点や提言はすべて退けられてしまった——現在でも「刑事治療処分制度」導入に反対する論者が同法のこうした実態を容認しているのは論理矛

盾であると同時に「患者の人権」を軽視している以外の何ものでもなかろう――。

そして、いわゆる60年日米安保闘争が激しさを増していく中で、青医連のドクターの卵たちを中心にして旧医学部解体の学生運動が行われた。その中の若手の精神科医たちが「保安処分に反対」の立場を表明し、学会はその後混乱し紛糾してしまった。この精神科医による「保安処分」反対運動こそが結果的に精神衛生法の保安処分化を追認し、同法を「精神病者監護法」の時代へと押し戻してしまったのである。わが国の悲劇は、今日もなお、刑罰を補充し代替する「刑事治療処分」に反対し、「精神保健福祉法」の保安処分化を肯定する刑事法学者・弁護士や精神科医がなお学会で活躍していることである。例えば、後述の「処遇困難例」研究会のメンバーの一部、刑法学会や日弁連の中でいわゆる「人権屋」と言われていた法律家を挙げることができよう[5]。こうした「触法精神障害者」に対する保安処分論争の結果、①精神障害の定義・診断が曖昧であること、②「措置入院」における「自傷他害のおそれ」と強制入院とを結びつける根拠が乏しいこと、③入院・退院手続の不備のため強制入院の手続的保障が欠落していること、などが指摘されたにもかかわらず、彼らによる何の改正提案のないまま、今日に至っているのである。

そして、「宇都宮病院事件」（昭和59（1984）年）における患者（2名）の暴行死事件をきっかけに昭和62（1987）年、名称も「精神保健法」から「精神障害者の人権に配慮しつつ適正な精神医療を確保し、かつ、その社会復帰の促進を図る」という改正理念の下に「精神保健福祉法」が成立した。さらに、1993年に新法施行後5年目の見直しが行われ、同法の一部改正が実現した。そして、2条の3（精神障害者等の社会復帰への配慮）、3条（定義）は「この法律で、『精神障害者』とは、精神分裂病、中毒性精神病、精神薄弱、『精神病質』その他の精神疾患を有する者をいう」と変更された。そして、更に、この定義は変更され、5条で「この法律で「精神障害者」とは、統合失調症、精神作用物質による急性中毒又はその依存症、知的障害、『精神病質』その他の精神疾患を有する者をいう。」（『』は筆者）とされ、「精神分裂病」が「統合失調症」へ、「精神薄弱」が「知的障害」へ変更された。また、20条の「保護義務者」を「保護者」に変更、48条の「施設以外の収容禁止」規定の削除（もっとも削除され

第 1 節　精神障害犯罪者の人権保護

たからといって「私宅監置」が再び許される趣旨ではない）などが実現したが、「精神病質」の概念だけは削除されなかった。この「精神病質」が削除されなかったために、同法の担わされてきた「保安処分的性格」を完全に払拭するまでには至っていないのである。

　さて、本節では、以上概観した「精神保健福祉法」の発達史とその運用の実態に学びつつ、精神障害者、とりわけ刑法に触れるような行為を行った「触法精神障害者の人権」の保護、治療の確保さらには彼らの触法行為の被害者となった者の救済を具体的にどのようにしていったら良いのかについて検討することとしたい。そして、この検討の際には、わたしが長年ドイツで生活しながら実態調査を繰り返し行ってきた「刑事治療処分制度」に関する比較法的情報と[6]国連の人権委員会での論議の状況や報告などの情報等々に配慮するよう心掛けて行っていきたい[7]。

(1)　本節は、拙稿「精神障害犯罪者の人権保護―リーガル・モデルかメディカル・モデルか―」西山詮編『精神障害者の強制治療』（1994 年）所収 78 頁以下、同「触法行為を侵した精神障害者の治療と人権―措置入院制度の違憲性と刑事治療処分制度の導入について」『臨床精神医学講座』22 巻（1997 年）345 頁以下に若干の加筆・補筆をしたものである。
(2)　呉秀三「精神病者私宅監置ノ実況」（1918 年）松沢病院研究会編『精神衛生法をめぐる諸問題』（1964 年）所収、92 頁。
(3)　呉・前掲論文 88 頁。
(4)　呉・前掲論文 91 頁。
(5)　この研究会の「処遇困難例」プロジェクト試案については、道下忠蔵「処遇困難例問題と取り組んで」日精協誌（1990 年）9 巻 10 号 4 頁以下。
(6)　拙著『治療・改善処分の研究』（1981 年）、拙稿「西ドイツにおける精神障害犯罪者に対する『精神病院収容処分』執行法に関する諸問題」法学研究（1987 年）60 巻 2 号 133 頁以下。同「『刑事責任能力』をめぐる諸問題―最近の日本、西ドイツにおける実務と学説を中心にして―」『慶應義塾大学法学部法律学科開設百年記念論文集』（1990 年）170 頁以下。同「責任能力判断と刑事治療処分の関連性について」刑法雑誌（1991 年）31 巻 4 号 69 頁以下。
(7)　これにつき、例えば、中山宏太郎「「精神病を有する人の保護及びメンタル・ヘルス・サービス改革のための諸原則」（国連人権委員会作業班草案）について」

精神経誌（1991 年）93 巻 266 頁以下、山上皓「国連原則と我が国の精神科医の意識」精神医学（1992 年）34 巻 12 号 132 頁以下。

[2] 触法精神障害者の人権の保護──精神科治療とインフォームド・コンセント

(1) 患者の自己決定権とは

　アルトゥール・カウフマン教授が、かつて、「人間が人間らしくあるのは精神的に自由だからである。人は自分自身の主人であり、たとえ他人がその人にとって最善であると考えたとしても──例えば、医師が患者にとりその治療が最善だと判断しても目的のための手段として用いられてはならないという『自己決定（Selbstbestimmung）』の価値は、生命・健康に優越する。」[1]と主張したように、ドイツの連邦憲法裁判所は、一貫して、ボン基本法 2 条 2 項の「各人（Jeder）は、生命、身体を害されない権利を有する。人身の自由（Freiheit der Person）は、不可侵である。これらの諸権利は、法律の根拠にもとづいてのみ、これを侵害することが許される。」という規定を根拠にして、「患者の自己決定権」は憲法上の基本権であり不可侵の権利の一種であるとしている。

　わが国には、ドイツにおけるような「憲法裁判所」制度がないので最高裁がどの程度、この患者の権利の根源である「自己決定権」を「患者の権利」として認めているかについては必ずしも明らかではない。ただ、わが国の憲法 11 条（基本的人権の享有）では、「国民は、すべての基本的人権の享有を妨げられない。この憲法が国民に保障する基本的人権は、侵すことのできない永久の権利として、現在及び将来の国民に与へられる。」と規定しているので、ドイツ基本法と内容的にあまり違わないとも言えよう。そして、民法 1 条では、「①私権は公共の福祉に適合しなければならない。②権利の行使及び義務の履行は、信義に従い誠実に行わなければならない。③権利の濫用はこれを許さない。」としている。例えば、最高裁は、昭和 30（1955）年 10 月 14 日の「恐喝詐欺銃砲等所持禁止令違反事件」（刑集 9 巻 11 号 7173 頁）で、「他人に対して権利を有する者が、その権利を実行することは、その権利の範囲内であったとしても

その方法が社会通念上一般に認容すべきものと認められない場合には『恐喝罪』が成立する」と判示していた。

　以上のようにわが国でも「自己決定する権利」は万人に賦与された権利ではあるが、民事でも、刑事でもその「濫用」は許されていないのである。つまり、わが国でも、「公共の福祉」や「公の秩序」に違反しない限度でのみ「自己決定権」、「私権」などの行使は許容されているものと言えよう。

　また、「私的領域あるいはプライヴェートな事柄における自己決定権というのは、いわゆるプライヴァシー（Privacy）の権利の問題といいかえてもよい。」（山田卓生『私事と自己決定』（1987年）6頁）とする意見もある。そして、とくにアメリカ合衆国では、プライヴェートな事柄についての「自己決定権」という意味を含めて、「プライヴァシーの権利」が論じられるようになってきた。そのもっとも著名な例は、アボーション（abortion 人工妊娠中絶）をするかしないかは――つまり「産む産まないは女性の自己決定権、プライヴァシー権の問題だ」とするもの――「女性のプライヴァシーの権利」であって、法律がこれを規制することは、憲法に違反するという合衆国最高裁の判決（いわゆる1973年の『ロウ』判決）である。さらに、一連の「安楽死事件」において、プライヴァシーの権利を基礎にして、生命を断つことを認めるべしという論議もなされている[2]。

　そしてアメリカ合衆国では以上のような諸権利は、精神科の領域の患者にも等しく保障されるべきものであるとされるようになった。

(2)　インフォームド・コンセントとは

　インフォームド・コンセント（Informed Consent=以後「IC」と略す）は、「説明と同意」（1990年日本医師会生命倫理懇談会訳）と訳されることが多いが、その原意は「説明された上での同意」、「十分な説明を受けた上での患者の自由意思による同意・承認」という意味であり、「すべての医師がまもらなければならないとみなされるようになった治療行為の際の医師＝患者関係の原則である。」[3]とするものもある。

　さらに、ICの内容は、「患者を扱うに当たって医師が守るべき次のような義

務であると定義することができる。すなわち『治療に当たる前に治療の内容を患者に説明し、この治療法がリスクや危険を固有または付随的に持つ場合は警告を発し、患者として治療法を受けるべきかどうかについて十分な理解と知識の下に選択を可能にさせる義務』（1977年メリーランド州における Sard v. Hardy の判決より）」である。そして、これは、「患者を対等な契約当事者のレベルにまで引き上げるため、医師に情報通告を強制する」ものである[4]。

英米法には、IC に関してカードーゾ（Cardozo）裁判官が1914年のシュレンドルフ（Schloendorff）事件において述べた次のような一節がある。「成年に達し、健全な精神をもつ人間であれば、自分の体に対し、何がなされるべきかを決定する権利がある。患者の同意なしに手術を行う医師は、損害賠償を義務づけられる暴行をおかすことになる。このことは、患者に意識がないか、同意の得られる以前に手術を行う必要のある緊急の場合を除いて、いえることである」[5]とする「患者の自己決定権」の法理が確立されていったのである。その結果、医師が患者のためによかれと思って行った治療でも、「患者の同意」がないかぎりは、不法行為――「専断的治療行為」のケース――になり、医師の患者に対する「保護者的性格」は否定されていった。そして、患者が治療行為に「同意」するに当たって、医師側にはその「治療行為」が「何故必要で、患者にどの程度の侵襲と危険性、長所と短所があるのか」についての「説明」義務があるのかどうかの問題が出てきたのである。

つまり、IC とは、「医師が患者に医療に関する十分な説明を行い、患者がそれを理解した上で『自由意思』をもって同意すること」とされる。すなわち、①医師の説明、②患者の理解、③患者の同意、という3つの要件が IC には欠かすことはできないのである[6]。

(3) 精神障害者への IC 法理の適用は可能か――とくに「同意能力」について

さて、以上見てきたような「患者の自己決定権」や医療行為の適法性要件としての IC 法理が精神科医療においても適用されるのであるが、精神障害者はもともと「同意能力」を含めて意思決定能力や責任能力、訴訟能力、受刑能力（もちろん、これらの能力はそれぞれ異質のものである）を欠くからこそ「精神の病」

であり「精神の障害」なのである。そうした能力の無い者やそうした能力が著しく減弱しているような者に、そうした「病」を持たない一般人と同じような能力を求めること自体が精神科医療の世界では自己撞着と言わざるを得ない。

　しかし、世界における精神科医療の流れの中では、もはや、1991年3月に国連人権委員会が採択した報告書でも盛り込まれているように「精神科医療におけるインフォームド・コンセントの原則的な義務づけ」(国連原則11)[7]が当り前のようになっている。

　秋元波留夫博士は、「精神科医療においてもインフォームド・コンセントは医療者対患者の信頼関係を築くための倫理的基本命題であると思う」[8]としておられる。さらに、続けて、「精神科医療においてインフォームド・コンセントの原則の尊重を普遍化するために最も必要な条件は精神病院恐怖(精神病院嫌悪といった方がよいかもしれない)を払拭することである。そのために何よりも必要なことは精神病院が最良の治療を提供して、患者の治療を受ける権利を保障すること、精神科医の信頼を高めることである。インフォームド・コンセントの原則が優先されることによって精神科医療において不可避とされた『強制入院』は後景に退き、『自由入院』が主位を占めることができる」としておられる。

　中島一憲医師らは、「インフォームド・コンセントを与える能力(意思決定能力)とは、当該治療の対象となる自己の状況の概略を把握し、医療者からの説明を正しく理解、同じ状況では一貫した判断を下し、それを表示できる能力である。またこれは、病識の有無とは直接関係せず、治療契約を結ぶ意思があることが前提となる」[9]としている。そして、その「意思決定能力」がないと判断された患者への「ECT(電気けいれん療法)」の施行は、いわゆる「医学的パターナリズムに基づいた医師の裁量による治療行為が行われるべきであり」、「非自発的治療が、あくまで社会保安的な要請とは別個に、患者の『治療を受ける権利』を保障する立場から正当化されるべきである」、「ただしその際、患者の権利を代理する者への説明を行い、その同意を得る必要がある」としている。

(1) Kaufmann, Arthur, Die eigenmächtige Heilbehandlung, ZStW 73, 1961, S.352ff. 町野朔『患者の自己決定権と法』(1986 年) 67 頁以下。
(2) 山田卓生『私事と自己決定』(1987 年) 6 頁以下。
(3) 秋元波留夫「インフォームド・コンセントと強制入院」北陸神精誌 (1990 年) 4 巻 2 号 57 頁以下。
(4) 中谷瑾子「インフォームド・コンセントの考え方」医療 (1987 年) 3 巻 9 号 32 頁以下。
(5) 山田・前掲書 267 頁。
(6) 拙著『医事刑法入門』(2005 年) 100 頁以下に詳しい。
(7) 東京精神医療人権センター訳『国連決議・精神病者の保護および精神保健ケアの改善のための原則』(1993 年) 24 頁以下。
(8) 秋元・前掲論文 73 頁。
(9) 中島・石井・守屋・福永「精神科治療におけるインフォームド・コンセント ― ECT についての試論―」精神経誌 (1992 年) 94 巻 8 号 763 頁以下。

　なお、近年になってやっと精神科領域でも IC につき発言が見られるようになった。辻悟「精神科医療における、基本としての精神療法と Informed Consent について」精神経誌 (1992 年) 94 巻 12 号 1250 頁以下。熊倉伸宏「服薬拒否した一精神分裂病例における『心理学的同意能力』判定の試み―『インフォームド・コンセントの原則』との関連性をめぐって―」精神経誌 (1993 年) 95 巻 3 号 242 頁以下。高木俊介・吉岡隆一「精神医療におけるインフォームド・コンセントと同意能力について―臨床的観点から―」精神経誌 (1993 年) 95 巻 11 号 891 頁以下。さらに、「特集・精神科領域におけるインフォームド・コンセント」精神医学 (1992 年) 34 巻 12 号 1274 頁以下もある。

[3] 措置入院の法的性格とは何か——患者の人権確保は可能か

(1) 措置入院制度と刑事治療処分制度の「法的性格」の違い

　さて、精神保健福祉法 29 条は「措置入院」につき、「都道府県知事は、第 27 条の規定による診察の結果、その診察を受けた者が精神障害者であり、かつ、医療及び保護のために入院させなければその精神障害のために自身を傷つけ又は他人に害を及ぼすおそれがあると認めたときは、その者を国等の設置した精神科病院又は指定病院に入院させることができる」としている。また、27 条 1

項は、「都道府県知事は、第23条（診察及び保護の申請）から前条までの規定（24条・警察官の通報、25条・検察官の通報、25条の2・保護観察所の長の通報、26条・矯正施設の長の通報、26条の2・精神科病院の管理者の届出）による申請、通報又は届出のあつた者について調査の上必要があると認めるときは、その指定する指定医をして診察をさせなければならない」としている。

「措置入院」手続がその運用次第では前述した憲法上の各種の人権条項に違反するおそれがあるとすれば「措置要件」である当該患者の「自傷他害のおそれ」につき指定医に診察をさせる時、患者に「同意能力」がないか、あるいは同意を得られるような状態ではないからといって同意なしの強制診察のために令状もなく強制的に身体を拘束し、病院の保護室に監禁するような場合である。

司法鑑定の場合には必ず令状と裁判所の許可を得て行われる（刑事訴訟法167条（鑑定留置）2項）。とくに「他害のおそれ」の判定の場合には、保護者と第三者に選任された弁護人などの法定代理人の同意書の添付が強制診察の必要要件とされなければならない。現に具体的な触法行為を行っていないのに「他害のおそれ」だけで、また、それが精神障害者（これは5条により「知的障害」も「精神病質」も含む広い概念である。また、この「精神病質」の概念は精神医学用語としては死語化しているので、わたしは長年この用語を精神保健福祉法5条の「精神障害者」の概念から削除すべきであろうと主張している）と言うだけで、上記の人権条項がすべて無視された強制入院手続が正当化されてよいはずはないのである。

もし、このままの形で「措置入院」手続が正当なものとして運用されれば、われわれ刑事法の領域でかって理論としてはあった「法益の侵害」という「先行触法行為」もなく、犯罪（触法行為）惹起の「危険性」だけでその対象として扱われてきた最もプリミティブな予防処分的「保安処分」制度論そのものを医療法的性格（メディカル・モデル）である「精神保健福祉法」の中に定着させてしまうことになるのである（後述の「刑事治療処分」反対論者の多くは、「保安処分」をこのような概念のものとして理解していると言えよう）。

「先行する重大な違法行為」という要件もなく「他害のおそれ」という要件だけで強制入院要件とするのではなく、少なくとも「先行重大違法行為があり、

かつ、今回も同種の違法行為を犯す『おそれ』あり」という要件にした上で、なおかつ入退院手続に「司法の関与」が考えられてもよいであろう。さらに考えられる「司法の関与・介入」としては、立法論的には、例えば、ドイツの「執行裁判官制度」や「検察官による改善処分独立請求制度」（ドイツ刑訴法 413 条（保安手続：Sicherungsverfahren）「検事局は、行為者の『責任無能力』又は『行為無能力』により刑事手続を遂行しない場合において、独立して『改善・保安処分』（Maßregeln der Besserung und Sicherung）を言い渡すことが法律上許され、かつ、捜査の結果によればそうすることが期待されうるときは、『独立して保安処分』を言い渡すよう請求することができる」）などがあろう（なお、わが改正刑法草案 97 条（保安処分の種類・言渡）2 項但書にも同旨の制度が提案されている。2 項「但し、保安処分の要件が存在するときは、行為者に対して訴追がない場合においても、独立の手続でその言渡をすることができる」）。

　もう一度繰り返すと、精神障害者への「強制入院」（自由剥奪を伴う「治療的処分」）が許されるのは、以下のような場合のみである。彼らが刑罰法規に抵触するような行為（まさに「触法行為」）を一度は行い、「責任無能力」の状態がその行為時（これは主に、司法鑑定と司法前鑑定による）にも鑑定時（これは指定医による鑑定）にも確認でき、かつその状態のため強制治療を施さなければ将来再び「他害のおそれ」が現にあり、入院させた場合の治療環境が整っているなどの諸条件につき裁判官による確認がなされた時には、裁判官は、「刑罰適応能力」がないと判断する場合にのみその刑罰の執行に替えて「強制入院」処分を命ずることができるのである。

　従って、「強制入院」のための必要条件は、①刑罰法規に抵触する行為が現に行われ、現行犯逮捕や緊急逮捕などでその者の行為であることが明白であること、②当該行為時、鑑定時、処分確定時にも「責任無能力」の状態にあり、実質的な「同意能力」や治療に関する説明を十分に理解することのできない状態にあること、③しかも強制入院させなければ「他害のおそれ」（「自傷」は司法の問題ではなく、これこそ医療的パターナリズムによる「医療保護入院」の問題である）の可能性が非常に高いと裁判官ないし検察官により確認されていること——従って、精神保健福祉法による司法関係の通報義務者の通報はこういう

「他害のおそれ」の可能性が非常に高い場合に限定すべきである。とくに、「矯正施設長」による通報は、一応、満期釈放の場合には、罪を償った後だからである（だからこそこういうケースについてはドイツの「必要的行状監督」制度などの導入が問題となるのである）——④強制入院の要件の形式的内容として治療環境の整っていることが必要で、単に、長期の隔離を目的に、閉鎖病棟や保護室に閉じ込めるだけではなく、むしろ積極的な治療——もちろん患者の不同意の「専断的治療行為」やたとえ「治療的」ではあっても「治療的人体実験」（例えば、「ロボトミー手術」や「脳定位手術」などの精神外科手術は、たとえ、同意を得られても施行すべきでない）はIC法理の適用のできない場合には厳禁すべきであるが——を施し、できるだけ早く退院させる方向で努力すること、⑤裁判官は、犯罪構成要件事実の認定、責任無能力判断、入退院に関する必要条件の存否の確認、入退院、仮退院の許可をすること、などの5つの要件をすべて満たしている「触法精神障害者」に関してのみその「強制」的な入院形態が、「リーガル・モデル」的とバレンス・パトリエ的な視点とが調和的に反映される場合に限定して許容される。こうした条件の下であれば「本人の同意」がなくても入院を強制することは、憲法上保障された「人身の自由」の不当な侵害でもないし、刑法の強要罪、監禁罪に該当することにもならないのである。

いずれにしても、「触法精神障害者」の人身・行動の自由を奪うためには、上のような厳格な条件が揃っていることが必要であり、現行「精神保健福祉法」のように「メディカル・モデル」とか医療パターナリズムの名の下にその裁量のすべてを都道府県知事に委ねる訳にはいかないのである。とくに重大触法行為後の「他害のおそれ」をなお有する患者に対する強制入院は、実質的な「刑事治療処分」であり、精神保健福祉法が措置入院制度によってその役割を代替している限りにおいては、上の条件は厳守されるべきであるといえよう。

では、例えば、将来再び「触法行為」を行う危険性のある患者に対する上記の「強制入院」のための必要条件が1つでも2つでも欠けていた場合の取扱いはどのように解決すべきであろうか。

このような場合の入院形式として以下の3つの「強制入院」タイプを提唱しておきたい。①比較的軽い触法行為を行った精神障害者に対しては、現行の「措

置入院」制度を適用する（この場合にも「検察官」との協働作業が必要条件となる）。②現に、常習的に触法行為を繰り返す、いわゆる「処遇困難」者に対しては、国公立精神病院に集中治療病棟（仮称）を設置し強制的に治療する。もちろん、ここでは①以上に検察官と裁判官の関与が強く行われることになる（なお、具体的制度の提案としては、前述の「処遇困難例」プロジェクトがある）。③常習的に重大触法行為（殺人、放火、強盗、強姦、幼児誘拐、重傷害、幼児に対する重大な性的逸脱行為など）を行い、しかし、その行為の時に、「責任無能力」であったり「限定責任能力」（この場合は「刑罰」との併科になる）の状態であったため、通常の「責任」を問えず、刑罰の減免をせざるを得ないような触法「精神障害者」に対しては、強制的特殊病院収容処分（刑事治療処分――なお、従来、とくにわが国では、不用意に「保安処分」という用語が用いられてきたが、狭義の「保安処分」は、例えば、ドイツ刑法で言えば66条の「保安監置」を意味しており、ここでは「刑事治療処分」という用語を用いた。ドイツ刑法63条の「精神病院収容処分」と同義語と理解していただきたい）を新たに導入して、「治療」と「保安」の両面を考慮した処遇を行っていく必要があろう。

(2) 現行「措置入院」制度のどこが問題か

1. 精神保健福祉法における「強制入院」制度の違憲性

精神保健福祉法による強制入院手続には、「患者の同意」に基づかず、「保護者の同意」に基づいて実行される「医療保護入院」（同法33条）と知事の命令によって実行される「措置入院」（同法29条）とがある。これらの強制入院手続の運用次第では、憲法31条の「法定手続の保障」条項（「何人も、法律の定める手続によらなければ、その生命若しくは自由を奪われ、又はその他の刑罰を科せられない」）に違反するおそれもあるし、国際人権規約（B規約）の特に9条以下の規定に違反する可能性も十分にある。例えば、その9条では「(1)すべての者は、身体の自由および安全についての権利を有する。何人も恣意的に逮捕され又は抑留されない。何人も法律で定める理由及び手続によらない限り、その自由を奪われない。」としており、患者の同意を欠く「医療保護入院」と「措置入院」の両方ともが「強制入院制度」として合憲とされるためには、その明

確な正当化根拠が示されなければならない。

　「強制入院の正当化根拠」には、前提条件として、やはり何らかの「触法行為」や「法益侵害行為」が行われ、なお、そのまま放っておくと、まさに同種の「他害のおそれ」がある行為があると裁判官や検察官などの刑事司法の専門家が判断したという要件が必要であろう。精神科指定医という医師2名の医学上の判断だけでは、強制的な自由剥奪の正当化要件としては根拠薄弱といえよう。

　また、都道府県知事の行政裁量による自由剥奪を伴うような強制処分（措置入院）には、医学上の根拠だけでは、憲法13条（個人の尊重・幸福追求）、18条（奴隷的拘束及び苦役からの自由）、21条（集会・結社・表現の自由、通信の秘密）、22条（居住・移転及び職業選択の自由）、31条（法定手続の保障）、32条（裁判を受ける権利）、33条（令状主義）、34条（不法拘禁に対する保障）などの諸条文に違反するおそれがある。また、場合によっては、例えば、「不法に人を逮捕し、又は監禁した」場合には刑法220条の「逮捕及び監禁罪」になるし、「脅迫し、又は暴行を用いて、人に義務のないことを行わせ、又は権利の行使を妨害した」場合には、刑法223条の「強要罪」に該当する場合もありうる[1]。

　さて、前述のように、憲法31条では、「法定手続の保障」を規定している。もちろん、この規定は、日本国籍を有し、日本に居住している「何人」にも適用されるべきものであるとすれば、精神障害者に対しても、これは等しく適用されるはずの法原則である。

　「精神保健福祉法」の「措置入院」制度と「医療保護入院」制度はともに患者本人の意思を無視した強制入院制度であるが、果たして、前記憲法31条の基本理念に抵触することはないか検討を要する問題であるように思われる。

　要するに、ここで問題になる「患者の人権」とは、「人が精神の病に罹ったというだけの理由で、何人にも平等に与えられている憲法上の諸権利を無視して身柄をいちいち拘束され行動の自由を制限されたのでは全くたまらないことだ」という患者の素直な気持ちが憲法上の権利として保障されうるのかということである。むしろ、逆に、患者は、その気持ちや考えを十分に他者（医師をも含めて）に伝えられないか、あるいは、伝えにくいからこそ、「患者」なのである。本人の気持ちを聞いても満足な答えもできず黙っていたから、本人の

代わりに家族が了解したとして患者「本人の同意」が全く得られないまま強行される「措置入院」や「医療保護入院」の手続は、やはりガラス張りで、しかもその入院要件も患者の意思をできるだけ尊重し、可能な限り科学的・客観的であるべきであろう。

そして、精神病患者に対しては、コスト・ベネフィット（費用便益）論やセレクティブ・サンクション（選択的制裁）、セレクティブ・トリートメント（選択的処遇）などの刑事政策的な考え方の適用は、よほど慎重に行うべきで――つまり、最後の手段（ウルチマ・ラチオ）としてかつ第三者のチェックが常に可能なようにしておく必要があろう（例えば、入退院や仮退院に際して弁護士などの法定代理人には鑑定書や診断書の閲覧権などを広く承認するなど）。

2. 強制入院の正当化根拠としての「パレンス・パトリエ」論

大谷實教授は、強制入院の正当化根拠は、「パレンス・パトリエ」論の考え方に立脚すべきであるとして、次のごとく主張される。「この見地からは、強制入院が認められるのは、その入院が精神障害者の医療・保護にとって必要であるという医学的適応性を有し、かつ、入院させることが精神科医療の技術上正当性を有する場合に限られることになる。そうすると、強制入院を実施するためには、病識がないなど患者が自己の利益について判断能力を欠いていること、強制的な医療・保護が本人にとって利益になり必要であることが要件となるであろう。」（前掲『精神保健法』70頁以下）としておられる。

一般の精神障害者に対する「医療保護入院」などの強制入院の正当化根拠としては、わたしもまったく同意見である。しかし、大谷教授は、触法患者に対しても同様の正当化根拠でよいとされている。「強制入院を医療・保護目的に限定すべきであるとする見解に対しては、他害を要件とする以上『措置入院』制度は警察・保安思想を払拭できないとする見解が主張されている（加藤久雄・法と精神医療（1990年）2号59頁）。しかし、精神障害者の犯罪を防止すること自体が保護の一種であるとも考えられるのであるから、他害の要件を警察・保安的に理解する必要はなく、保護のための強制入院の反射的な利益として社会の安全が守られるのだと考えるべきであろう。」（71頁）としておられる。他方、

大谷教授は、「処遇困難者問題」のところでは、「たしかに、自傷他害を防止することも保護の一環にほかならないから、ここでの強制が全く正当化根拠を有しないわけではないが、医療を度外視した保護は、少なくとも精神病院の任務ではなかろうし、まして他害防止のための強制であるとすれば、それは『保安処分』以外の何ものでもないであろう。保安処分の権限と責務を精神病院の管理者が持つのは過重な負担であろう」(同書169頁。『』は筆者) とも述べておられる。

ここに大谷教授の主張とわれわれ「刑事治療処分導入」論者の主張とがまったくかみ合っていないのは、大谷教授の言われる「処遇困難」患者のなかに「自傷だけ」で「他害のおそれ」のない患者も含めた広い概念として「処遇困難例」の概念を用いておられることと、その「保安処分」の概念がわれわれの使っている「刑事治療処分」(この概念が一部の論者により「保安処分」とされ歪曲して使われてきた)の概念とまったく内容を異にしているという点であろう。大谷教授や町野教授の言われるような「保安処分」の概念についてはもはや現代の「人道主義的・比較刑事政策論」においては誰も使っていないのである[2]。

(1) 拙稿「逮捕・監禁罪」大野眞義ほか編『要説刑法各論』(2訂増補・1993年) 86頁以下。「監禁」は、被監禁者が普段有する身体・行動の自由に制限が加えられれば成立するのであるから、例えば、広大な邸内に幽閉されるような場合は、ある程度、その邸内であれば身体・行動の自由の余地があるが、この場合にも本罪を構成するとされる (大塚仁『注解刑法各論』(上) 195頁、『注釈刑法』(5)(福田) 237頁など)。また、女子工員寮の室内に相当の設備をし、健康保全および慰安娯楽の方法を講じたとしても、外部より施錠し外出を禁止するのは監禁である (大審院大正4年11月5日判決刑録21輯1891頁)。さらに、学説では、監禁者自身が被害者と居を共にしても本罪を構成する (大塚・前掲書163頁、吉川経夫「逮捕監禁罪」『刑事法講座』7巻1572頁)。上記のような見解を支持すれば、かって精神病者に対して盛んに行われたいわゆる「私宅監置」も本罪を構成することになろう。ただし、判例は、被告人が、自宅から約30m離れた物置小屋を改造して、ここに精神病者である娘を住まわせ、その出入口の戸の外側にかんぬきを差し込み、内部から出られないようにして約3カ月留め置いたという、いわば「私宅監置」に関する事件で、「監禁罪の不成立」を判示したものである (東

京高裁昭和 35 年 12 月 27 日判決下刑集 2 巻 11・12 号 1371 頁)。しかし、上記の判例には問題がある。けだし、周知のように、昭和 25 年の旧精神衛生法(現行精神保健福祉法)の成立をもって「私宅監置制度」が廃止され、同法 48 条では、「精神障害者は、精神病院又は他の法律により精神障害者を収容することのできる施設以外の場所に収容してはならない」と規定していた。上記の事案は、明らかに同条違反であり、何ら違法性を阻却するものとは考えられない(反対説として、『注釈刑法』(5)(福田)231 頁、大塚・前掲書 198 頁は「緊急避難」とする)。

　本件のような事例が違法性を阻却するということになれば、上記 48 条は形骸化され、再び「私宅監置」を招来することになり、精神障害者の人権が不当に侵害されることになろう。この場合、認めることができるとすれば、情状によっては、せいぜい「期待可能性」がないとして「責任阻却」で処理する方がベターな処理方法といえよう。但し、この 48 条は、平成 7 (1995) 年 7 月 1 日施行の改正法で削除された。この削除は地方自治体の総合病院の一般病床への精神科患者の入院を可能にした反面、実質的な「私宅監置」を再び許してしまう口実を与えてしまったのではという危惧を払拭できるものではない。
(2)　拙稿「『処遇困難者』の処遇—欧米における 5 つの特殊病院(施設)における処遇の実態とその問題点—」日精協誌(1990 年)9 巻 10 号 19 頁以下。

[4]　措置入院の代替としての「刑事治療処分」の導入に伴う問題点

(1)　「刑事治療処分」導入と患者の人権

　以上、重大違法行為を行った「触法精神障害者」をも含めて、およそ精神障害者であれば、すべて精神保健福祉法体制下におかなければ——つまり「メディカル・モデル」、「医療パターナリズム」によらなければ——、「治療」「人権」の確保ができないとする問題設定を批判する形で検討してきた。わたしは、すでにいろいろなところで基本構想を発表しているので繰り返さないが、簡単にシェーマ化すれば、重大な触法行為を行って、裁判で「責任無能力」とされたが、その裁判で、なお「治療」を受けなければ再び同種の重大な触法行為や犯罪を行うおそれがあると認定された者に限って、「刑事治療処分」を導入して対応し、再び重大「触法行為」は行いそうにないが、なお中程度の「他害のおそれ」がありそうな者に対しては、「処遇困難例」プロジェクト研究会の構想

モデルのような「精神保健福祉法」上の治療モデルで対応する。

　そして、従来、犯罪歴はないが現行「措置入院」モデルで対応しなければならないような患者──特に「自傷のおそれ」のある──に対しては（おそらく、この大部分の患者は、「措置入院」よりも「医療保護入院」で対応できると思われるが）現行法モデルで対応するという、いわば広狭の意味での「処遇困難例」に関する「処遇・治療の三重構造処遇モデル」を構想している。刑事治療処分制度を導入したとしても、いったん処分が言い渡されたら「治療」が完了し、重大な違法行為の危険性が100％なくなるまで特殊病院に収容しておくなどとは考えていない──その失敗例をイギリスの「ブロードモア病院」やオランダの「メスダフ・クリニック」などの実態から学ばなければならない[1]。「刑事制裁の目的」は、社会の安全の確保とともに患者のできる限りの円滑な社会復帰を目指すところにある。この目的達成に際して、重大触法行為を行った精神障害者は、一時的にではあるが、精神保健福祉法の治療システム──メディカル・モデル──にはなじまない時期があるものと思われる。本書で何度も指摘するように、現行法制下では、刑事治療処分がないために、触法行為のときに「精神の障害」のゆえに「限定責任能力者」とされた者には、無期刑や長期刑が科せられ、通常の刑事施設で集中的治療を受ける機会もなく長期間拘禁されているのである。特に、無期刑を言い渡され、病気が回復しない受刑者は、ほとんど仮釈放の機会もなく、施設に沈殿してしまっているのである。刑事治療処分に反対する論者のほとんどが、特殊病院や治療処分施設で「治療」を行うと「強制下」での治療となり、治療参加への任意性がなくなり、治療効果があがらないばかりか、「強制下の治療」は患者の人権さえも侵害するというのである。すべての精神障害者を精保福法下で治療できるという自信があるならば、なぜ、刑事治療処分施設で精神科医によって行われる「治療」が人権侵害をもたらすといえるのであろうか。また、こういう反対論者に限って、特殊病院や処分施設に勤務する医師をさげすむ傾向にあるように思われる。こうした患者に対する「医療」を担当するのも精神科医であり、こうした患者の「人権」を保護するのも弁護士などの法律専門家の役割ではないだろうか。むしろ、わたしとしては、「精神保健福祉法」体制下で触法精神障害者も含め、およそ精神「病者」・

「障害者」であれば一切合切をまかなおうとする「医療万能」的、「医療パターナリズム」的発想を基底とした法制度の運用こそが「患者の人権」を侵害する危険性が高いと指摘しておきたい。ましていわんや保安処分化した現行精神保健福祉法体制下ではその危険性は明白であろう。その理由は上述のとおりであるが、一言でいえば行政処分こそポリス・パワーの拡大干渉・介入を内包しているからである。わたしは、日本の裁判制度とその運用実態を過信しているつもりは毛頭ないが、公平にみて、現行裁判制度の運用状況や矯正処遇の実態などからいって、保安処分反対論者が指摘するように刑事裁判手続によって患者ないし被告人・受刑者の人権が不当に侵害されているとは思われないのである。ある意味では、よく教育された警察官、有能な裁判官、検察官、矯正職員などによって運用されていると思われる現行刑事手続において「刑事治療処分」を導入するととたんに人権侵害が発生するとする論拠がどこにあるのか、わたしには今ひとつよくわからない点である。

「精神障害者の治療と人権の確保」というテーマに取り組む専門家に、今、求められていることは、過去に行われた、「保安処分論争」における互いの面子を忘れて、「精神科領域における『患者』の治療を受ける権利、強制治療を拒否する権利」を保障するには「リーガル・モデル」と「メディカル・モデル」の調和をいかに図るかというところにある、という共通認識をもつかどうかであろう。しかし、わたしの以上のような問題意識も後述するように、新たにスタートとした「裁判員制度」により完全に形骸化されてしまった。

(2) ドイツにみる触法患者の重大事件と医師の責任
――アイケルボルン事件後の「刑事治療処分制度」改革論争

前述したように、1994年9月22日、アイケルボルンのリップシュタット司法精神病院の患者で「性的常習犯罪者」の男に7歳の少女が強姦されたうえ、ナイフで10数か所を刺され殺害されるという事件が起きた(「アイケルボルン事件」)。パーダーボルンの地方裁判所は、被告人に対して、15年の自由刑と無期限の閉鎖的精神病院への収容を併科する処分を言い渡した。わたしが事件後訪問したときには、この患者はニーダーザクセン州のモーリンゲン司法精神病

院に移送された後であった。

　この事件をめぐっては、院長は更迭されなかったし、事件後、ミュンヘン大学のシューラー＝シュプリンゴルム教授などの法律家を含めた「特別調査委員会」が即座に設置され、当病院の処遇の実態に関する分析・検討・批判だけではなく、今後の治療指針や改善策についても具体的な提案がなされている[(2)]。

　なお、同年のグリュンネバウムの報告でも、過去に起こった入院中の患者の犯した重大犯罪につき、患者のみならず担当医師や医療管理者も併せて処罰されたことを報告している。この事例のうちの1件は、わたしも鑑定人のシュライバー教授を訪ねて詳しく伺った事件なので比較的詳しく知っているものである。この事例は、病院の構内のみで若干の開放的治療を許されていた患者が、警備の目を盗んで塀を越えて裏山に逃げ込み、偶然出合った女性に性的強要を行い、更に別件で2件の強姦などを行ったというものであった。ゲッティンゲン地方裁判所は1984年7月17日、この開放治療の許可を与えた医長を過失傷害として日数罰金制（これは、「日数」は行った行為の「責任」に応じ1日当たりの「金額」はその行為者の資産に応じて算定する方式をいう）により120日分の罰金刑が言い渡された[(3)]。

　シュライバー教授は、もし、このような判決が定着するようなことになると、「医療側」はますます「保身医療」に徹するようになり、結局は、患者の早期釈放・退院に消極的になり、患者にとり不都合な事態になるとして強く反対をしていた。

　わが国でも近い将来には、開放治療を主眼とする精神医療を推進すればするほど、医療現場での「義務の衝突」をいかに克服するべきであるかの問題を解決していかなければならないときがくるであろう。今までの医療側は、その医療行為に重大な過失がなければほとんどが免責されてきたのであるが、上記のような事態になると「犯人捜し」がはじまり、関係者の人権が大いに侵害される事態になるのが予想されるのである。ドイツやイギリスでの事件処理の状況から学びつつも、わが国独自の処理方式を確立していかなければならない。その意味で精神神経学会の委員会による「名古屋守山荘」事件の報告書（精神経誌（1995年）97巻867頁）はまさに上記の視点が欠落しているといわざるを得

ないのである[4]。

　現在のわが国の精神科領域では、患者、医者およびその関係者の「人権」に関する感覚が旧態依然としていると指摘せざるを得ないのである。「患者の人権」は、被害者や医療側の者の人権とのバランスのうえで解決していかなければならない問題である。精神保健福祉法は、このような視点、つまり患者の自己決定権の尊重と医療従事者の人権の確保という調和的視点の下に、早急に抜本的な改正がなされなければならない[5]。

(1) 拙稿・前掲論文「『処遇困難者』の処遇—欧米における5つの特殊病院（施設）における処遇の実態とその問題点—」日精協誌（1990年）9巻10号19頁以下。
　　尚、前述したようにオランダ・モデルも失敗し、結局、オランダではロングステイ（長期滞在）型の患者が急増していることを看過してはいけない。
(2) Gutachten der unabhängigen Expertenkommission: Sexualstraftäter im Maßregelvollzug, Grandfragen ihrer therapeutischen Behandlung und der Sicherheit der Allgemeinheit, MschKrim79, 1996, S.147-201.
(3) Grünebaum R., Zur Strafbarkeit des Therapeuten im Maßregelvollzug bei fehlgeschlagenen Lockerungen. Frankfurter Kriminalwiss Studien 46, 1996, S.35ff.
(4) 拙著『ボーダーレス時代の刑事政策』（1995年）105頁以下。
(5) 拙稿「触法精神障害者対策を忘れた『精神保健法』と『刑法』の改正について」日精病誌（1995年）14巻9号9頁以下。

[5]　結びにかえて——リーガル・モデルとメディカル・モデルの調和をめざして

　わたしが、本節において「処遇困難例」プロジェクト案を批判したのは、同案が、重大違法行為を行った触法精神障害者をも含めて、およそ精神障害者であれば、すべて精神保健福祉法体制下におかなければ、——つまり「メディカル・モデル」、「医療パターナリズム」によらなければ——「治療」・「人権」の確保ができないとする問題設定に対してである。

　わたしは、すでにいろいろな所で基本構想を発表しているので繰り返さないが、簡単にシェーマ化すれば重大な違法行為を行って、裁判で「責任無能力」

とされ、「無罪」になったが、その裁判で、なお「治療」を受けなければ再び同種の重大な「触法行為」を行うおそれがあると認定された者に限って、①「刑事治療処分」を導入して対応し、②再び重大事件は起こしそうにないがなお、中程度の「他害のおそれ」がありそうな者に対しては、「処遇困難例」研究会案構想モデルのような「精神保健法上の治療モデル」で対応する。そして、③従来、犯罪歴はないが現行「措置入院」モデルで対応しなければならないような患者――とくに「自傷のおそれ」のある――に対しては（おそらく、この大部分の患者は、「措置入院」よりも「医療保護入院」で対応できると思われるが）現行の「措置入院」モデルで対応するという、いわば広狭の意味での「処遇困難例」に関する処遇・治療の三重構造システムを構想している。

第2節　刑事政策学から見た『心神喪失者等医療観察法』の法的性格と責任主義の危機

[1]　問題の所在――医療観察法の運用実態と責任主義の危機の拡大

(1)　忘れられた処遇困難「人格障害犯罪者」対策

さて、「医療観察法」が成立し、2005年7月から施行され5年目になった。しかし、同法は、その対象者として「心神喪失又は心神耗弱等の状態にある者」（同法1条）としているので「人格障害犯罪者」は判例上、「完全責任能力者」とされてきた伝統的な「責任能力判断」を踏襲すれば、同法の対象者としては考えていないことになる。

医療観察法の運用の実態から見ても同法は、重大事件の犯人でかつ統合失調症（精神分裂病）のような真正の精神障害で、その「責任能力」がない「触法」精神障害者に特化された新たな「特別措置・強制入院制度」に関する法律になっており、大阪池田小事件や宮崎勤連続「幼女誘拐・殺人」事件の犯人らのような「人格障害者」や「人格障害」と統合失調症などが合併している「精神障害『犯罪者』」に対する立法にはなっていないのは明らかである[(1)]。

しかし、同法施行5年後の運用の実態を分析すると、いわゆる「保護主義」（パレンス・パトリエ）論を根拠にした「メディカル・モデル」的法的性格により、本来は対象者の「治療可能性」を根拠に治療的保護が主たる立法目的のはずが「再犯のおそれの回避」（再犯予防目的）に運用の重点が移され実質的に「責任主義」を無視した「保安処分」化が進んでいると言っても過言ではない[(2)]。

同法による強制入院手続が、刑事裁判でも民事裁判でもない「法的性格」の不明確な特別な第三の「審判廷」を地方裁判所に設け実施されている点が問題である。その法廷の裁判官の収容命令では、医療刑務所などの法務省管轄の刑事施設は一切使わず、厚労省管轄の国公立の指定保安病院で実施されるので、基本的「法的性格」は純粋な「メディカル・モデル」的であると言われてきた。しかし、同法が対象としているのは、刑事裁判で「心神喪失」故に無罪となった統合失調症（精神分裂病）などの「『触法』精神障害者」だけではなく、有罪者である刑の執行猶予（刑法25条）を受けた「精神障害『犯罪者』」（心神耗弱者）などである。この対象範囲からいって明らかに「再犯予防」が適用の目的になっていると言わざるを得ない。

しかし、同法の運用の実態は、入院を引き受けることになる新設の国公立の指定司法精神科病院・病棟では、86％の対象者が「起訴前鑑定」に基づき「不起訴処分」となり検察官の「申立て」による患者である。そして、その他僅かに正式な刑事裁判で無罪（心神喪失）の患者と有罪（心神耗弱）の患者の3つのタイプの患者を「混禁収容」しているので、司法精神科的「治療」コンセプトやターゲットがどこに置かれるか明確ではない。従って、どういう専門的素養を持った司法精神科医、司法臨床心理士、司法看護師、司法精神科保護観察官（新法では「社会復帰調整官」が新設された）、精神保健福祉士などの専門家を

養成するかについても統一的見解や具体的な養成プログラムがないのが現状である[3]。

しかし、こうした臨床現場での治療環境の整備・改善、運用上の矛盾の解決こそが焦眉の急の問題であるのに、2008年7月には、厚生労働省令により早くも医療観察法が一部改正され、国公立の指定司法精神科病院のベット数の不足を理由に「民間の指定病院」への収容を可能とするような法改正が行われた[4]。もし、この「医療観察法」の改正による民間の指定病院への強制入院が可能となると、保安処分化した現行「措置入院」制度との実質的違いは益々不明朗となり、現場は混乱することになる。現在でも地域住民との話し合いが付かず国公立の司法精神科病院の設置が遅れている状況の改善は困難になるばかりではなく、精神保健福祉行政に対する住民の不信感を増幅させ、患者の社会復帰に大きな障害となろう。また、この法改正は、刑事政策的にも「措置入院」制度に対してなされてきた「保安処分化」という批判に更なる屋上屋を架す結果となろう。

本節では、「医療観察法」の実施によっても従来の「措置入院」の「保安処分化」現象や刑法の基本原理である「責任主義」や「罪刑法定主義」の形骸化現象の解消や克服の第一歩になるとは思われないので、同法の将来的課題として、殺人や放火などの重大違法行為を行った処遇困難『『触法』精神障害者」（心神喪失者）や「高度に危険な人格障害『犯罪』者」（心神耗弱者）[5]に対する刑事政策上の有効な制度として機能するためには、同法を実質的に担う司法精神科医が果たすべき役割と責任は如何にあるべきか、という点にも言及しつつ、ドイツにおける「司法前鑑定制度」、「執行裁判官制度」、「刑罰と刑事治療処分」の刑事制裁二元制の下での司法精神科医の役割と責任の問題を比較法的に参考にしながら検討を行い、1年後に行われる同法の見直しはどうあるべきかについても論じたい[6]。

(2) 死刑制度のある国の裁判員制度と精神鑑定制度
——司法精神科医の苦悩と葛藤を如何に克服するか

わが国の現行刑法とドイツ現行刑法との最も大きな違いは、102年前に施行

（1908年）され古色蒼然とした「応報刑思想」を体現し、非人道主義の刑事政策の象徴である死刑制度も維持している点である。こうした死刑制度を前提とした司法精神鑑定医の鑑定業務——主に「責任能力」「訴訟能力」「治療可能性」の判断——は、被疑者・被告人の生殺与奪の実質的効力を持つことになる。また、裁判が確定して、死刑の言渡しを受けた者が「心神喪失」の状態にある時は、刑訴法479条（死刑の執行停止）により「心神喪失の状態が回復」するまで刑の執行を停止しなければならない。とくに、死刑の執行停止後の「心神喪失」状態の治療・回復は、これも同僚の司法精神科医の役割である。そして、鑑定医は、同僚の精神科医が死刑執行時の「心神喪失」状態から少なくとも責任能力が限定的にある「心神耗弱」の状態まで回復させたかどうかを判定し、回復していると判定すれば、その「死刑確定者」を処刑場に送り出す手助けをすることになり、「精神科的治療」が死に繋がる道を用意するという残酷な役割を担うことになる。このことをもってしても、わたしの「死刑廃止論」が1日も早く実現されなければならない。そうしなければ、司法精神科医が、「人格障害犯罪者」を慣例通り「完全責任能力者」と鑑定することが「死刑」判決の科学的根拠とされてしまうのである[7]。

「死刑」判決を巡っては、裁判官、とくに、新設の「裁判員」は、鑑定医が完全有責を認めたので、科学的根拠により「死刑」を選択したと言い逃れをするし、鑑定医は、「心神喪失」と「心神耗弱」は法律上の概念であるから裁判官の法的判断であるとして言い逃れをし、被告人不在のお互いの責任の擦り合い合戦がますます増加し、このことが結果的に、国民の鑑定制度や刑事司法制度への不信を招くことになろう。更に、重大な問題は、判例上は「責任能力」は裁判官の法律判断と言いながらも、「裁判員」は、「公判前整理手続」には出席できず、裁判員が出席する法廷には、鑑定の簡単な要点のみを列挙した書類が提出されるだけである[8]。裁判員たちは、そうした不十分な証拠と情報を根拠に僅か数時間の評議の間に「死刑」か「無期」かの選択を迫られるのである。その意味でも、「死刑」制度がもたらす専門家同士の軋轢を解消するためにも、EU諸国のように、刑事政策的に有効な「死刑代替案」を導入して「死刑」は廃止の方向で検討されなければならない（これについても、後述第2編を参照）。

第 2 節　刑事政策学から見た『心神喪失者等医療観察法』の法的性格と責任主義の危機

(1)　筆者は、すでに「刑事政策学からみた『医療観察法』の運用における司法精神科医の役割と課題について」(「特集：動き出した医療観察法」臨床精神医学 (2006年) 35巻 3号 303頁以下)、「刑事政策学から見た『医療観察法』の問題点」(臨床精神医学 (2009年) 38巻 5号 529-537頁)、「医療観察制度と裁判員制度における司法精神鑑定医の役割と課題」(日本精神保健福祉政策学会編：精神保健政策研究 18巻 (2009年) 54-78頁以下) などを書いた。
　そこで本節では、前稿で書いた問題点を検証しつつ、その後出てきた運用上の問題点と今後の触法精神障害者対策法の課題、司法精神医学の役割と課題などについて論じていきたい。

(2)　本法については、日本弁護士連合会・刑事法制委員会編『心神喪失者等医療観察法―解説』(2005年) で詳論されている。

(3)　筆者は、刑法を改正して「責任主義」に基づくドイツ型の刑罰を補充・代替する機能をもつ「刑事治療・改善処分制度」などを導入して新たに刑事制裁制度を作るべきであるとの立場である。また、筆者は、この視点から池田小事件後、『人格障害犯罪者と社会治療―高度に危険な犯罪者に対する刑事政策は如何にあるべきか―』(2003年) を出版して、処遇困難「人格障害犯罪者」対策に関する「立法の不作為責任」について論じた。

(4)　「医療観察法」の施行以来、ベット数の不足による様々な矛盾が噴出している。例えば、件数の多い都市部では、病床が満杯のため、ベットに空きのある地方の指定病院への「飛ばし入院」と言った移送が行われている。厚生労働省は、「医療観察法」に基づく「指定入院医療機関」の確保の予定は、本法施行の平成 17年 7月までに、全国の 25カ所に 720床程度 (国関係 350床、都道府県関係 370床) 整備しようとしていた。しかし、19年末現在は、国 316床、都道府県は 38床、合計 354床である。現在は 366床の不足である。

(5)　拙稿「ポストゲノム社会の『高度に危険な人格障害犯罪者』に対する刑事政策は如何にあるべきか―新『心神喪失者等医療観察法』と『高度に危険な人格障害犯罪者』に対する新しい刑事制裁制度に関する比較法的考察を中心として―」法学研究 (2004年) 77巻 4号 1頁以下では、本法は「人格障害犯罪者」を含んでいないと批判した。同様な批判は、前掲書『心神喪失者等医療観察法―解説』36頁以下にもある。

(6)　「ドイツにおける刑事責任能力鑑定制度と触法精神障害者の強制入院形態」については、拙著『ポストゲノム社会における「医事刑法入門」』(新訂版・2005年) 567頁以下。

(7)　詳しくは、本書第 2編第 2章以下を参照。

(8)　これについては、前掲拙稿「医療観察制度と裁判員制度における司法精神鑑

定医の役割と課題」54 頁以下で詳述した。

［2］　医療観察法の法的性格と責任主義の相克

(1)　医療観察法も憲法違反か：何故、無罪の者の保安病院への強制入院が可能か
——パレンス・パトリエ論による「保護主義」の違憲性

　先ず、刑事裁判で「無罪」が確定した者を医療観察法によって国公立の司法精神科病院へ強制入院させることは、パレンス・パトリエ論（国親思想、パターナリズム）の「保護主義」原理によって正当化されることについても検討されなければならない。

　筆者は、かって「精神保健福祉法の措置入院は、その『保護主義』により『自傷他害のおそれ』だけで、具体的な『触法』行為が無くても 2 名以上の指定医の同一意見により都道府県知事の任意的行政裁量権で無期限に強制入院させることができるので、一種のポリス・パワーの『予防処分』・『予防検束』的性格を持つ行政処分で精神病患者から『自己決定権』『裁判を受ける権利』を剥奪する制度」であり憲法違反と言わざるを得ないと書いた[(1)]。

　従来、学説では精神障害者が「自傷他害のおそれ」のある状態の場合には、少年法と同様にパレンス・パトリエの思想に基づく「保護主義」論により本人の同意と保護者の同意がない「措置入院」も正当化されるとしている[(2)]。確かに、「自傷のおそれ」の場合は、同法 29 条の 2 の「緊急措置入院」により「患者の生命・身体」の保護のため緊急避難的に最優先され正当化されることには問題はない。しかし、先行「重大触法行為」もないのに、「他害のおそれ」だけによる同法 24 条の警察官の通報義務と 25 条の検察官の通報義務に基づく無期限の「措置入院」による患者の自由剥奪処分は単なる「保護主義」によっては正当化されるものではない。しかもこの強制処分は、都道府県知事の「行政処分」であり「非訟事件」なので、不当な「自由剥奪」処分について国家賠償法による「損害賠償請求権」を行使できない（ただし、この精神病院への強制入院については「人身保護法」の立法趣旨から拘束者に損害賠償責任を請求すること

はできると解釈すべきである)。また、入院手続においても、当事者主義的ではなく、患者の人権を保護する弁護士などの立会権や意見陳述権が十分に認められていない点でも問題がある[3]。

(2) 医療観察法の運用の実態
──「責任主義」の危機回避のため「責任能力」判断の先議権は裁判所に

　従前は、「自傷他害のおそれ」がある場合には、検察官の通報義務(25条)により「措置入院」の「申立て」手続が行われてきた。医療観察法(33条1項)では、「検察官は、不起訴処分をしたとき又は無罪などの確定裁判があったときは、当該処分をされ、又は当該確定裁判を受けた対象者について、地方裁判所に対し、(入院収容における)処遇の要否及び内容を決定することを申立てなければならない」旨を規定している。この規定により医療観察法施行後も、「措置入院」の通報にするか「医療観察法」の申立てにするかの選択は、司法前鑑定の結果を踏まえて全て検察官の裁量に委ねられている。

　ここで問題になるのは、この地方裁判所(東京地裁では刑事20部で扱っている)で言い渡される「鑑定入院命令」「指定医療機関入院命令」の既判力が何処まで及ぶかである。つまり、すでに刑事裁判で「無罪」が確定している場合に、その既判力を破って地方裁判所の審判廷では「鑑定入院命令」「指定医療機関入院命令」を出して、「無罪」となった者を如何なる法的根拠で「人身の自由」を剥奪する処分を言い渡すことができるかと言う問題である。けだし、憲法の保障する「一事不再理」の原則と「法定手続」の原則違反ではないかと言う疑問がある。しかし、立法者は、同法は、やはり「パレンス・パトリエ」論により「患者の治療を受ける権利」が保障されているので、同法による強制入院は憲法違反ではないとする学説を支持してきた。しかし、従前は、刑事裁判で「心神喪失」により「無罪」が確定した場合に「治療の必要性」を理由に検察官通報による「措置入院」で対応してきた。医療観察法施行後は、対象者を検察官の「申立て」により審判を開始し、入院命令が決定されたりしても「一事不再理」の原則には反しないとしている。ここでは「患者」の自己決定権の保障よりも強制入院による「治療」を義務化し、もって「再発の防止を図り、社会復

帰を促進する」社会防衛目的が優先されていることは明らかである。その意味でこの法律の強制「入院」・「通院」命令は、現行精神保健福祉法の「措置入院」制度の法的性格と入院患者の法的地位の面では実体においても大差がなく、同法においても患者の基本的人権の侵害があると言う批判は払拭できないであろう。しかし、「医療観察法」では、対象者の中に、重大「触法」行為を行い執行猶予判決（有罪）が確定した「心神耗弱者」を含めているが、この「心神耗弱者」の中に、はたして「人格障害者」や「精神病質者」などの「反社会的パーソナリティ障害者」も含まれるか明らかでない。しかし、精神保健福祉法5条では、「『精神障害者』とは、統合失調症（精神分裂病）、精神作用物質による急性中毒又はその依存症、『知的障害』、『精神病質』その他の精神疾患を有する者をいう」と規定し（『』()内筆者）、現代精神医学の教科書では、死語となった「精神病質」という用語も依然として列挙されている。そして、精神科医療の現場には、「措置入院」患者や「医療保護入院」患者の中に相当数の処遇・治療困難な「精神病質」者・「人格障害」者が「社会的不適応」（いわゆる「社会的入院」）を理由に強制入院させられているのである[4]。

(1) 措置入院の憲法違反性については、拙稿「触法行為を侵した精神障害者の治療と人権―措置入院制度の違憲性と刑事治療処分制度の導入について」『臨床精神医学講座』22巻（1997年）345頁以下参照。
(2) この学説の代表的なものに大谷實『精神保健法』（1991年）71頁以下。町野朔「精神衛生法の改正と保安処分論の将来」法セ特集『これからの精神医療』（1987年）235頁以下などがある。これらの学説に反対するものに、拙稿「精神障害犯罪者の人権保護―リーガル・モデルかメディカル・モデルか―」西山詮編『精神障害者の強制治療―法と精神医学の対話2』（1994年）78頁以下。この通説を批判したものに、中山研一『心神喪失者等医療観察法の性格―「医療の必要性」と「再犯のおそれ」のジレンマ―』（2005年）211頁以下。
(3) 同法による司法処分を「非訟事件」とするものに、三好幹夫「心神喪失者等医療観察法施行後2年の現状と課題について」判例タイムズ（2008年）1261号25頁以下。
(4) 前掲書『心神喪失者等医療観察法―解説』7頁では、7万2,900人以上としている。

[3] 医療観察法の運用における検察官・裁判官・鑑定人の役割

(1) 統計からみた「医療観察法」の運用上の問題点

2007年の「医療観察法」の運用の実態（平成20（2008）年版犯罪白書123頁以下）を見ると、「対象行為・刑事処分別検察官申立人員」は、総数444人中、不起訴処分が382人（86.0%）、起訴され「無罪」となった者は僅かに2人（0.5%）であり、執行猶予等となった者60人（13.5%）であった。つまり、対象行為者で起訴された者は、僅か14%であった。この起訴された被疑患者14%のうち統合失調症等の精神障害者が何%で、人格障害との合併症の被告患者が何%いるかが問題である。また、地裁の終局処理人員の殺人総数619人中、死刑10人、無期刑21人、有期刑578人（93.4%）（うち、実刑469人（75.8%）、執行猶予109人（18.9%））、無罪となった者は僅かに2人（0.3%）であった（前掲白書50頁）。前記の「対象行為・刑事処分別検察官申立人員」における殺人等の対象行為においては、殺人等総数111人（約18%）中、不起訴が95人（85.6%）、無罪が1人（0.01%）、執行猶予等が15人（13.5%）で、これらが「医療観察法」の適用を受けるのである。

また、殺人等で適用対象になった112人中76人（67.9%）が入院決定になっており、放火等では132人中67人（50.8%）が、強盗等・傷害等では160人中99人（61.9%）が、それぞれ入院決定になっている。このように「触法精神障害者」による重大事件の約60%しか「強制入院」になっていない。

確かに最近の統計では、この「措置入院」の患者数は、1989年には13,843人（人口10万人比：11.2）であったが、2007年は1,774人（同：1.4）に激減している。しかし、それとは反対に「家族の同意」のみで強制入院できる「医療保護入院」は、1989年85,900人（同：69.7）、2007年は、175,624人（同：137.5）と10倍以上に激増している。

このように「措置入院」の患者数は、1,774人（同：1.4）に激減しているが、では一体、「社会的不適応」を理由に「社会的入院」となっていた処遇・治療・社会復帰困難な「精神病質」者・「人格障害」者たちは何処に行ったのであろうか。推測できるのは、10倍以上に激増している「医療保護入院」患者に吸

収されていることであるが、その実態は明らかではない。この医療保護入院にも多額の公費が投入されているので、関係者による実態調査が行われ、情報が公正に公開されねばならない。

　犯罪白書（平成20（2008）年版）によれば、2007年における「精神障害のある者」の検挙人員は、2,789人（うち精神障害者1,270人、精神障害の疑いのある者1,519人）であった（120頁以下）。また、同年の新受刑者30,450人中、「知的障害」242人（0.8%）、「神経症性障害」253人（0.8%）、「その他の精神障害」1,116人（3.7%）、合計1,611人（5.3%）であった。一般の刑務所で処遇が難しい「精神障害受刑者」は、全国4カ所に存在する医療刑務所に移送される。八王子医療刑務所と大阪医療刑務所は身体および精神科診療を行い、岡崎医療刑務所と北九州医療刑務所は精神科単科の診療・処遇を行っている。そして、北九州医療刑務所には、「精神障害受刑者」110人中、30人（27%）が「統合失調症」などであった。

　2007年7月1日現在、全国4カ所の「医療刑務所」に入所している「精神障害受刑者」は381人である。また、2007年12月31日現在、全受刑者70,625人中「M級受刑者」は385人（0.55%）であった（前掲白書63頁）。他方、新受刑者中の「精神障害等受刑者」は1,611人であったが、実際のところ、全受刑者中何パーセントが「精神障害等受刑者」であるか推測できない。

　「統合失調症」などの狭義の精神疾患患者は、触法行為に対し一律に「責任無能力」とされるのではなく、犯行当時の病状、犯行前の生活状況、犯行の動機・態様等から有責とされ、実刑を受ける事例も多い。また、刑事施設に収容された後に、狭義の精神障害が発見される者もいる。従って、この種の「精神障害受刑者」は多くの刑務所に在所し、（通常の）刑事施設内で普通の処遇を受けている。しかし、受刑中に「統合失調症」などの精神障害を発症した場合にはその治療のために通常の刑務所から医療刑務所に移送される受刑者も多いとされる。しかし、「人格障害受刑者」に対する精神科的処遇の実態は明らかではない。特に、B級（64,090人中30,442人・47.5%）・L級（5,826人・9.1%）・Y級（3,621人・5.6%）などの刑務所に在所中の多数回受刑者、暴力団受刑者、薬物依存受刑者、YB級の26歳未満の若年成人受刑者などの中には、「人格障

第2節　刑事政策学から見た『心神喪失者等医療観察法』の法的性格と責任主義の危機

害的性格」を有する者が多いと推測できるのである（白書63頁）。また、「覚せい剤」等違法な薬物の所持、使用および密売等の罪名で入所している者は、全受刑者の25％、実数で15,000人を超えるが、少数の営利目的事犯者を除けば、彼等の大部分は「薬物依存」の病者でもある。この者達の薬物依存治療は、刑務所の重要な課題になっている。また、「中毒精神病」などの症状を呈した場合には、医療刑務所に移送されることが少なくない。

　こうした重大問題を解消するため刑事制裁の「刑罰と刑事処分」二元制を採用しているドイツ刑事訴訟法では、軽微事件以外は、「起訴法定主義」により殆どの事件が起訴され、「宣告裁判官」が厳密に事実関係を精査・認定し、責任能力判断に基づき「責任無能力」で「他行為可能性」がないと判断したときは「無罪」を宣告するのである。「宣告裁判官」は、責任無能力で「無罪」と判断した場合に、刑と処分の「均衡の原則」（刑法62条）により司法精神科病院へ収容したほうが「再犯防止の可能性」「治療・処遇の可能性」に資すると思料される場合には、処分執行施設の「司法精神科病院」（刑法63条）への収容命令を言い渡すことができる。

　平成20（2008）年版犯罪白書（120頁以下）によれば、殺人の検挙人員総数1,161人のうち精神障害者等は113人（比率0.8％）であった。

　また、「精神障害者」による殺人事件でも、殺人総数111人中不起訴が95人（85.6％）、無罪1人、執行猶予15人（13.5％）、放火総数135人、不起訴112人（82.9％）、傷害総数145人、不起訴134人（92.4％）、強盗総数28人、不起訴21人（75％）であった。

　「検察官の申立てに係る地方裁判所の審判の対象行為別終局処理人員」は、対象行為総数422人中、入院決定250人（59％）、通院決定75人（17.8％）、医療行為を行わない決定75人（17.8％）、心神喪失でない者14人（3％）などである。「重大触法行為」を行った対象者の約4割が強制入院されていない。また、「殺人の申立て」件数112人中、入院決定76人（68.8％）で約7割しか強制入院になっていない。放火総数132人中、入院決定67人（50.7％）、通院決定31人（23.5％）、傷害総数128人中、入院決定79人（61.7％）、通院決定20人（15.6％）、強盗総数32人中、入院決定20人（62.5％）であった。

この統計数値の問題点は、各処分と各精神障害との関係が示されていないことである。
　そのため、例えば、殺人とどの精神症状との親和性があるかや放火と「知的障害」の親和性の有無などについて論ずることができないところに問題がある。

(2)　医療観察法の「入院命令」手続における精神鑑定医の役割について

1.「起訴裁量」の基準としての「心神喪失」「心神耗弱」
　　　——「責任と行為の同時存在」の原則の軽視か

　上記のように「不起訴率」が86％以上にもなっていることと、「起訴前鑑定」が密接な関係にあるとすれば、とくに殺人、放火などの重大事件の場合には、ドイツのように「起訴法定主義」を導入したり、「検察官による保安手続の独立請求権」（ドイツ刑訴法413条）のような制度を導入して、検察官の請求により「刑事裁判所」の命令で、その精神症状に適応する「司法精神科病院」へ収容（ドイツ刑法63条）できるように、現行「措置入院」制度を抜本的に改正し、必要的「措置入院」制度などを新設して、不起訴処分と強制入院との何らかの連携を図っていく必要がある。
　裁判官による「責任能力」の存否の判断の場合には、「精神医学的要素」（生物学的要素）や「規範的要素」（心理学的要素）などの明確な「判断基準」があり、判例・学説においても集積され承認されてきた。ところが、検察官が当該事案につき「不起訴」としたり「起訴猶予」としたりする判断の「裁量（判断）基準」は、明確ではない。刑事訴訟法248条では「不訴追の判断基準」として、犯人の「性格」、「年齢」、「境遇」、犯罪の「軽重」および「情状」並びに「犯罪後の情況」を列挙している。しかし、これらの「判断基準」のうち客観的に判断できるのは「年齢」のみであり、例えば、「犯人の性格」などについても「客観的」に判断することが困難な要件ばかりである。裁判官には、「刑」の量定に関するいわゆる「量刑相場」なるものがあるといわれるが、検察官にも「起訴裁量」に関する「裁量相場」なるものが存在するのであろうか。裁判官の「量刑相場」は、判例という形で公表されるので、ある程度比較検討の対象に出来るが、検

察官による「起訴裁量」に関する裁量結果については、「判例」のような形で公表されないのでその実態を把握することが困難である。将来は、とくに重大事件の不起訴処分については、被害側に配慮するという意味も含めて、その理由や基準を明確にして、それを開示していくべきである。

　ところで、唯一の公訴権者である検察官が、「公訴」を提起する場合には、「有罪とする証拠」と「訴訟条件」の存在の確認が必要である。その確認作業の段階で、被疑者の「精神状態」の問題性や「精神障害」の存否の判断が行われる。それは、刑訴法上は、主に、「訴訟能力」と「捜査」上の必要に伴う鑑定（刑訴法223条）などにおいてである。しかし、検察の実務においては、刑訴法上に根拠条文がないまま（おそらく刑訴法248条「犯人の性格」）、あくまで裁判上の概念である「心神喪失」・「心神耗弱」という法律用語を用いて、「心神喪失」は「不起訴処分」の一事由として、「心神耗弱」は「起訴猶予処分」の一事由として取り扱われてきたのである。

　この検察官の段階で判断される被疑者の「心神喪失」・「心神耗弱」は、「責任主義」の根本原理である「責任と行為の同時存在の原則」を適用した、当該被疑者の「行為の時」の「責任無能力」や「限定責任能力」の状態を判断するものではなく、逮捕されてから起訴されるまでの期間の検察官の面前における被疑者の「精神状態」が公判を維持できる状態かどうかを判断するものと解すべきであろう。つまり、これらの概念は、「訴訟能力」の存否や「自白」の信憑性やその証拠能力などの判断基準として用いられていると解すべきであろう。けだし、もし、これらの検察官の段階における「心神喪失」・「心神耗弱」の概念が、従来、われわれが用いてきた責任能力「概念」の同義語として使用されているということになれば、そこでは「行為の時」における「精神状態」や「精神障害の程度」と当該触法行為との因果関係存否についての判断が検察官により司法前に行われているといわざるを得ないからである。

2. 医療観察法の審判手続における検察官と鑑定人の役割

　検察官による「申立て」を受けた地方裁判所においては、審判は、1人の裁判官と1人の「精神保健審判員」とからなる合議体（11条）で行われ、必要に

応じて「精神保健参与員」の意見も聴いて（36条）実施される。また、「申立て」をした検察官には意見陳述および資料提出の義務を課している。

さらに、裁判官（所）が、一定の場合を除き、鑑定その他医療的観察のため、2カ月を超えない範囲（更に通じて3カ月を超えない範囲で延長が可能。最長3カ月）で、対象者を病院に「鑑定・観察入院」させることができる（34条、37条5項）。

そして、その鑑定については、裁判所は、一定の場合を除き、合議体を構成する「精神保健審判員」とは「別の（学識経験を有する）医師」に対象者の鑑定を命じなければならないとしている（37条）。つまり、この審判には、意見陳述をする精神保健審判員と対象者の鑑定をする鑑定人の2人の司法精神科医が参加することになる。

このように「医療観察法」の運用における「司法精神科医」の鑑定は、様々な場面で行われる。そのうち最も重大な「鑑定」業務は、刑事裁判で無罪ないし刑の執行猶予（有罪）が確定した対象者のうち、入院命令が必要な者に対して裁判所が、医師（精神保健判定医）に命じて行われる鑑定である。

法37条（対象者の鑑定）1項は「裁判所は、対象者に関し、精神障害者であるか否か及び対象行為を行った際の精神障害を改善し、これに伴って同様の行為を行うことなく、社会に復帰することを促進するためにこの法律による医療を受けさせる必要があるか否かについて、精神保健判定医又はこれと同等以上の学識経験を有すると認める医師に鑑定を命じなければならない。」としている。そして、同条2項では、「前項の鑑定を行うに当たっては、精神障害の類型、過去の病歴、現在及び対象行為を行った当時の病状、治療状況、病状及び治療状況から予測される将来の症状、対象行為の内容、過去の他害行為の有無及び内容並びに当該対象者の性格を考慮するものとする。」として、入院命令に先立って行われる「鑑定」の具体的内容につき規定している。

① 心神喪失で「無罪」が確定した対象者に対する鑑定の内容

判決で「無罪」が確定した対象者は、起訴の段階での司法前鑑定では、少なくとも「心神耗弱」で「訴訟能力」ありと鑑定されているはずであり、公判段階での「司法鑑定」では、「犯行の時、『精神の障害』」により「心神喪失」（「責

任無能力」）と判定され、「無罪」となった者である。従って、この「医療観察法」段階での「鑑定」の内容は、「対象行為を行った際の『精神障害』を改善し、同様の行為を行うことなく、社会に復帰することを促進させる」ことができるかどうかに関するものである。つまり、対象者の「対象行為の時の『精神障害』」がこの鑑定時にもなお継続的に存在しているかどうか、存在しているが、入院治療を施せば、同様の重大な触法行為を行うことなく、社会に復帰することが可能かどうかを鑑定することになる。しかし、「精神障害」の存否の判定はともかく、「社会に復帰することが可能かどうか」を鑑定させることは、本法の対象者がもともと殺人や放火などの重大事件を行った者であるということを勘案すると実質的に、精神鑑定医に重大な「再犯の予測・危険性」（犯罪予防効果）を判定させることになるのではないかという疑問は払拭できない。

②　心神耗弱で「刑の執行猶予」（有罪）になった対象者に対する鑑定の内容

　この対象者も起訴の段階の司法前鑑定では、少なくとも「心神耗弱」「訴訟能力あり」と鑑定されているはずであり、公判段階での「司法鑑定」では、犯行の時、「精神の障害」により「責任能力が著しく減弱」していたと判定され、「有罪」ではあるが、刑が減軽され「刑の執行猶予」となった者である。従って、この「医療観察法」の段階での「鑑定」の内容は、刑の執行を猶予して、保護観察に付し、「遵守事項」として外来通院させるか、検察官の「申立て」により、現行の「措置入院」に付すよりも、医療観察法の入院に処した方が、「対象行為を行った際の『精神障害』を改善し、これに伴って同様の行為を行うことなく、社会に復帰することを促進させる」ことができるかどうかに関するものである。勿論、この場合も対象者の「精神障害」がこの医療観察法の鑑定時にもなお継続的に存在しているかどうか、存在しているため入院治療を施せば、同様の重大触法行為を行うことなく、社会に復帰することが可能かどうかを鑑定することになる。司法精神鑑定医は、この「心神耗弱」で「刑の執行猶予」になった対象者に対する鑑定の場合には、「精神障害」の程度の判定よりも、この対象者には、「適切な治療」を受ければ「社会に復帰することが可能」かどうか「適切な治療」を受けなければ「再犯の可能性が高いか」どうかの所謂「社会の治安」の側面を鑑定することが中心になる。

[4] 裁判員制度と司法精神科医の役割と課題

(1) 裁判員制度の概略と裁判員の役割

「裁判員の参加する刑事裁判に関する法律」(以下「裁判員制度」という)は、2004(平成16)年5月21日に成立し、2009(平成21)年5月21日から始まった。この「裁判員制度」は、衆議院議員選挙の有権者から無作為に選ばれた6名の裁判員と3名の職業裁判官が9名の合議体で多数決で評決を行う(法2条2項、3項)市民参加型の新しい裁判制度で、国民の司法参加により市民が持つ日常感覚や常識といったものを裁判に反映するとともに、司法に対する国民の理解の増進とその信頼の向上を図ることが目的(法1条)とされている[1]。

「裁判員制度」の対象事件は、地方裁判所で行われる刑事裁判(第一審)のうち、殺人罪、傷害致死罪、強盗致死傷罪、現住建造物等放火罪、身の代金目的誘拐罪など、一定の重大な犯罪についてである。例外として、「裁判員や親族に危害が加えられるおそれがあり、裁判員の関与が困難な事件」は裁判官のみで審理・裁判する(法3条)。例えば、「暴力団犯罪」や「テロ犯罪」は原則除外される。

被告人には、「裁判員裁判」を拒否する権利はない。裁判員は審理に参加して、裁判官とともに、証拠調べを行い、有罪か無罪かの判断と、有罪の場合の量刑の判断を行うが、法律の解釈についての判断や訴訟手続についての判断など、法律に関する専門知識が必要な事項については「裁判官」が担当する(法6条)。

裁判員は、証人(例えば、精神鑑定人)や被告人に質問することができる。有罪判決をするために必要な要件が満たされていると判断するには、合議体の過半数の賛成が必要で、裁判員と裁判官のそれぞれ1名は賛成しなければならない。例えば、評決が5対4の場合、1名の裁判官と裁判員4名の計5名の賛成があれば、評決は、成立する。しかし、裁判員6名が賛成、裁判官3名が反対の場合は、評決は成立しない。

なお、連続殺人事件のように多数の事件があって、審理に長期間を要すると考えられる事件においては複数の合議体を設けて、特定の事件について犯罪が成立するかどうか審理する合議体(複数の場合もあり)と、これらの合議体に

おける結果および自らが担当した事件に対する犯罪の成否の結果に基づいて有罪と認められる場合には量刑を決定する合議体を設けて審理する方式も導入されている（部分判決制度）。

(2) 公判前整理手続による裁判員制度の形骸化
——裁判員は公判前整理手続に参加しない

1. 公判前整理手続

「公判前整理手続」とは、刑事裁判で公判前に争点を絞り込む手続である。裁判員制度の導入をにらみ、刑事裁判の充実・迅速化を図るため、2005（平成17）年11月の改正「刑事訴訟法」316条の2以下で導入された。裁判員制度では対象となる刑事裁判全てがこの手続に付される。問題は、この手続には、「裁判員」の参加は許されないことである。いわゆる法曹三者の裁判官、検察官、弁護人が初公判前に協議し、証拠や争点を絞り込んで審理計画を立てる。公開、非公開の規定はないが、慣例として大半が「非公開」で行われている。検察官は証明予定事実を明らかにし、証拠を開示する。弁護人も争点を明示し、自らの証拠を示さなければならない。手続には「被告人」も出席できる。採用する証拠や証人、公判日程はこの場で決まり、終了後は新たな証拠請求が制限される。初公判では検察、弁護側双方が冒頭陳述を行い、手続の結果を裁判所が説明する。公判は連日開廷が原則とされる。公判の途中に同様の作業をする「期日間整理手続」もある。「公判前整理手続」の終了後は新たな証拠請求が制限されるため、被告人に不利になる場合もあると言われている。公判前整理手続または期日間整理手続に付された事件については、「やむを得ない事由によって公判前整理手続又は期日間整理手続において請求することができなかったものを除き」公判前整理手続または期日間整理手続が終わった後には、証拠調べを請求することができない（刑事訴訟法316条の32第1項）。なお、裁判所が、必要と認めるときに、職権で証拠調べをすることもできる（同条2項）[2]。

2. 第1回の公判期日前の精神鑑定

裁判員法50条（第1回の公判期日前の鑑定）1項は「裁判所は、第2条第1

項の合議体で取り扱うべき事件につき、『公判前整理手続』において鑑定を行うことを決定した場合において、当該鑑定の結果の報告がなされるまでに相当の期間を要すると認めるときは、検察官、被告人若しくは弁護人の請求により又は職権で『公判前整理手続』において鑑定の手続（鑑定の経過及び結果の報告を除く。）を行う旨の決定（以下では、「鑑定手続実施決定」という。）をすることができる。」と規定し、2項は「『鑑定手続実施決定』をし、又は前項の請求を却下する決定をするには、最高裁判所規則で定めるところにより、あらかじめ、検察官及び被告人又は弁護人の意見を聴かなければならない。」と規定している（『』は筆者）。

　従来の刑事裁判では、公判開始後に主に弁護側の請求によって「精神鑑定」が行われることが多かったが、「裁判員裁判」では、「精神鑑定」は原則として「公判前整理手続の段階」で行われることになり、弁護人の防御権が大きく制限される。

　また、刑事訴訟法305条1項は、「検察官、被告人又は弁護士の請求により、証拠書類の取調をするについては、裁判長は、その取調を請求したものにこれを朗読させなければならない。但し、裁判長は、自らこれを朗読し、又は陪席の裁判官若しくは裁判所書記にこれを朗読させることができる。」と規定しており、「精神鑑定書」も証拠として採用された場合には、その全文を法廷で朗読する必要があることになる。

　従来の刑事裁判においては、長大な「精神鑑定書」が証拠採用されることもあった。しかし、一般市民も参加し3～5日間連日開廷で行われる「裁判員裁判」の審理において、こうした精神鑑定書を全文朗読することは明らかに不適切である。従って、証拠採用される「精神鑑定書」には、全文朗読が可能な、「簡にして要を得た」ものであることが必要とされることになる[3]。

3. 公判前整理手続における鑑定の決定

　鑑定の要否については、証拠調べを実施しなければ必要性を判断できない事案もあるが、審理開始後に鑑定のために長期間中断することはできるだけ避けるのが望ましいから、鑑定を命ずることになる可能性が強いようであれば、法

51条により公判開始前に鑑定を命ずることを検討すべきであろう。従って、従来の実務の運用に比して多少広めに鑑定が行われることになるのではないかと思われるが、その点の判断ができるようにするには、当事者において、鑑定が必要になるか否かを「公判前整理手続」で十分主張する必要があり、また、裁判所においては、審理によりどのような事実が立証されることになるかという見通しを立てることが、従来に増して重要になってくるであろう。

しかし、こうした鑑定の要否を法曹3者だけで、事前に決定してしまうのは、「裁判員裁判」制度の主旨に反するのではないかと思われる。従って、こうした鑑定制度の形骸化を防ぐためにもドイツ・バイエルン州のように「殺人」事件については原則として鑑定を行うことにする方が適切であるように思われる。

4. 鑑定に関する工夫の必要性

審理開始後に鑑定が採用される場合においても、そのために審理を中断する期間を短縮できるように工夫すべきである。

法51条（裁判員の負担に対する配慮）は「裁判官、検察官及び弁護人は、裁判員の負担が過重なものとならないようにしつつ、裁判員がその職責を十分に果たすことができるよう、審理を迅速で分かりやすいものとすることに努めなければならない。」と規定して、鑑定人が提出する鑑定書の平易・簡略化を求めている。

5. 公判前整理手続における「鑑定」結果カンファレンスの鑑定の「客観性」「中立性」の担保は可能か

確かに、法50条3項は、「鑑定手続実施決定があった場合には、公判前整理手続において、鑑定の手続のうち、鑑定の経過及び結果の報告以外のものを行うことができる」という規定を根拠に「事前カンファレンス」を行い、鑑定書を平易・簡潔にし、裁判員に分りやすい鑑定書を作成しようとする試みが行われている[4]。

しかし、こうした裁判官・検察官・弁護人・鑑定人の専門家の事前カンファレンスで「鑑定の経過及び結果の報告書」が作成されることは、当事者主義の

侵害になるのではないかという疑問がある。

(3) 裁判員制度における精神鑑定の内容

　これについて五十嵐禎人教授は、「精神鑑定において、鑑定に従事する精神科医が責任能力に関する意見を述べるべきかについては、種々の見解があった。精神科医は『生物学的要素』すなわち『臨床精神医学的診断』のみを行い、『心理学的要素』については規範的判断であるので、精神科医は立ち入るべきではないという意見が有力視されていた時期もあった。また、前述の司法研究では、鑑定人が『心神喪失』や『心神耗弱』といった判断を示すべきではないと提言しているようである。しかし、精神科救急における強制入院の要否の判断を考えてみればわかるように、それが明確に意識されるか否かは別として、精神科医は臨床の場面において、患者の判断能力の有無程度を判定したうえで治療方法や治療の場の設定を行っている。『鑑定人の責務』は、裁判所の補助者として、精神医学の専門家としての立場から、犯行時の被告人の精神状態や精神障害と犯行との因果関係を解明するように努め、その結果を裁判所に報告することである。『責任能力の判断』とは、犯行時点の被告人の判断能力の有無程度に関する判断であり、精神科医が、精神医学的知識に基づいて公正中立な立場から、犯行時の被告人の判断能力について意見を述べることは、裁判官や裁判員が被告人の『責任能力の判断』をなすことを妨げることではなく、むしろその判断のために有益な参考資料を提供するものといえよう。実際、平成20年4月25日最高裁判所第二小法廷判決は、『生物学的要素である精神障害の有無及び程度並びにこれが心理学的要素に与えた影響の有無及び程度については、その診断が臨床精神医学の本分である』と述べている。裁判員制度においても精神医学の専門的立場から犯行時の被告人の判断能力についての意見を述べることは引き続き鑑定人の重要な役割と思われる。」(『』は筆者)として、鑑定医の積極的「責任能力判断」を肯定している[5]。

(4) 裁判員制度に係わる司法精神科医は何を鑑定するか

　検察官による「起訴裁量」行為を暴走させないためにも、司法精神科医の提

出する鑑定書は科学的・客観的証拠としてますます重要になってくる。
　従来の精神鑑定では、精神障害者→殺人行為→逮捕→検察官の嘱託による「起訴前鑑定」（「訴訟能力」を刑訴法248条に規定する犯人の「性格」、「年齢」、「境遇」、犯罪の「軽重」および「情状」並びに「犯罪後の情況」を根拠に行う）→起訴後「司法鑑定」（当該「行為の時」の「責任能力」：「責任と行為の同時存在の原則」に基づく）を行う→司法精神鑑定の結果：裁判官の行う「心神喪失」（刑法39条1項：責任無能力→無罪：つまり「構成要件に該当し」かつ「可罰的違法性の存在」、しかし、責任能力が無く行為の是非善悪の判断能力がないので、「他行為可能性がない」ので「責任」非難が出来ない）と「心神耗弱」（刑法39条2項：限定責任能力→有罪：必要的減軽主義により刑罰の減軽→刑務所送致）の判断の基礎になる「精神医学的要素」を提供してきた。けだし、検察官の起訴裁量の判断基準のうち客観的に判断できるのは「年齢」のみであり、他の基準については「客観的」「科学的」に判断するのが困難な要件ばかりである。裁判官は、「刑」の量定を行うが、いわゆる「量刑相場」なるものも実務経験からくる極めて主観的なものであり、そのため医学的な客観的基準を司法精神鑑定医が提供していかなければならなかった。
　また、前述したように検察官が、起訴・不起訴の判断をする場合には、その「起訴裁量」に関する「裁量相場」なるものが存在するものでもない。裁判官の「量刑相場」は、判例という形で現われるので、われわれもある程度比較的客観的な検討の対象にでき、判例評論などによるスクリーニングが可能であるが、検察官による「起訴裁量」に関する裁量結果については、「判例」のような形で公表されないのでその実態を把握することが困難であり、客観的なスクリーニングが不可能で、全てが闇の中に陥る恐れがある。被疑者の防御権を担保するためにも検察官の「起訴裁量基準」の客観化・明確化を図ることが必要である。将来的には、刑訴法の改正で、ドイツ型の「起訴法定主義」の導入か、起訴前手続の「当事者主義」化を考えるべきであるが、そうした改正が実現するまでは、とくに重大事件の不起訴処分については、その理由を明確にして、それを被害者側にも加害者側にも開示し、かつ判例集のような「不起訴処分年次報告書」のようなもので、「不起訴処分基準」の公平性・客観性を担保する

ために第三者による事例研究を通したスクリーニングが可能なようにしていくべきである。

(5) 触法精神障害者と精神障害犯罪者の概念の違いなどの専門用語の明確化の必要性

　われわれ「医事刑法学」や「司法精神医学」の専門家は、素人裁判官（裁判員）が、刑事裁判で重要な役割を果たすためにも、従来、専門家の間でしか理解できなかった、例えば、「触法」精神障害者と精神障害「犯罪」者などの専門用語の相違を明確化し、簡潔に説明でき、素人裁判官になる一般国民によく理解できるようにしていく必要がある。

　ところで、「触法」精神障害者の「触法」という用語も、かっては、「司法精神医学」や刑事法の専門家の間でも「犯罪性」精神障害という概念の中に混同して使用されていたが、刑事法で「犯罪者」という場合には、刑事裁判で有罪が確定した者（勿論、刑の執行猶予を言い渡された者も含む。被疑者・被告人は無罪が推定されるため、未決拘禁施設に収容されている）を意味する。

　わが国の刑法では、「犯罪」が成立し、その犯罪者を処罰するためには、例えば、殺人罪では、「人が殺されている」という事実・現象だけではなく、①殺人罪の「構成要件」に該当する行為の実行行為者の「故意」「過失」に基づく人（胎児は殺人罪の客体ではなく、堕胎罪の客体である）を殺害する行為で、②「違法」な行為（「外科手術」などの正当業務行為「社会的に有用な行為なので『許された危険な行為』として適法（正当）行為とされる＝刑法35条」や「正当防衛」や「緊急避難」などの刑法で認められた「違法性阻却事由」がない行為は除外）で、かつ、③「有責」な行為（自由な意思決定が出来るため、「他行為可能性」があり、免責のための「期待可能性」がない行為。責任能力がある行為で「責任阻却事由」がない行為）であるという3つの要件（①＋②＋③）が全部揃ってはじめて「犯罪」行為があったとされ、「有罪者」「犯罪者」とされるのである。従って、「人を殺す」という行為を行ったが、「精神障害」が原因であると精神鑑定により証明され、裁判官により「当該行為の時」に「責任能力」が無かった（心神喪失）と判断され、無罪になった者や検察の段階で、「起訴前鑑定」がなされ「精神

第2節 刑事政策学から見た『心神喪失者等医療観察法』の法的性格と責任主義の危機

障害」であると判定されれば、「訴訟能力」がないため「不起訴処分」になる者などは、たとえ殺人罪や放火罪などに該当する重大「触法」行為を行ったとしても、刑罰法令に「触れて」はいるが、刑法にいう「犯罪」は成立しないので、いまだ「犯罪者」とは言えず、「触法」行為者と言うのである。従って、「触法」精神障害者には、「『犯罪』なければ『刑罰』なし」（罪刑法定主義の原則）、「『責任』なければ『刑罰』なし」（責任主義の原則）が適用され、刑法で処罰することはできないのである。ただし、前述の「医療観察法」がいう限定責任能力者（心神耗弱者）の行為は、「行為の時」責任能力が著しく減弱しているだけで、「責任能力」は限定的に存在していたので、「有責性」はあり、「犯罪」成立3要件を具備し「有罪」と認定できるので、精神障害「犯罪」者と表現できる。従って、わが国の現行刑法のように刑罰一元制をとり「責任主義」を厳格に適用すれば、「責任無能力者」は「責任なければ刑罰なし」の原則が適用されるので「無罪の洪水」現象を招来し、刑法による「被害者感情の鎮静」機能の低下や「治安維持」機能の低下減少が生ずることになってしまう。ここに、わたしがいうドイツ型の刑罰に代替し、刑罰を補充する刑事制裁制度（刑事治療処分）の導入を必要とする刑事政策的根拠が出てくるのである。

　従来は、起訴前鑑定の結果、触法行為を行った者が「心神喪失」「心神耗弱」とされた場合は、公判を維持する能力、いわゆる「訴訟能力」がないとして「不起訴処分」にした検察官には都道府県知事への通報義務がある（精神保健福祉法25条）。これらの「触法精神障害者」のうち、なお「自傷他害のおそれ」があると2名以上の「指定精神科医」に判定された者は、精神保健福祉法29条の「措置入院」規定により無期限の強制的な収容処分（ただし、これは都道府県知事による「行政処分」である。いくら「行政処分」だからと言って無期限に患者の自由を剥奪し、社会から隔絶しても良いという正当化根拠はない。人格障害（精神病質）患者に頻繁に使われてきた「社会的入院」と言われる「措置入院」こそ、まさに最悪の「保安処分」そのものではないか）に処せられてきたのである。しかし、「医療観察法」施行以降は、検察官の「申立て」によって、各地方裁判所に新たに設置された「審判廷」により国公立の司法精神科病院に強制入院される。

　しかし、検察官の裁量行為のみで決定される「不起訴処分」や都道府県知事

の任意的裁量行為である「行政処分」としての「措置入院」の濫用による「責任主義の形骸化現象」「無罪の洪水現象」を克服するためにもドイツ型の検察官の「起訴法定主義」と刑事制裁二元制（責任能力者・限定責任能力者には「刑罰」と責任無能力者には「刑事治療処分」の２種類の「刑事制裁」）の導入による「患者の裁判を受ける権利」「治療を受ける権利」の保障こそが立法者の焦眉の急の課題であったにもかかわらず、「医療観察法」導入に際しても、ドイツ型の刑事制裁の二元制は採用されなかった。従って、現場の司法精神科医は、従来の「措置入院」の入院要件の「自傷他害のおそれ」の鑑定に加え、新たに「収容入院」に伴う医療（治療の可能性）と治安（再犯の危険性）の鑑定という二重の課題を背負わせられることになり、その鑑定業務は益々困難になっている。

(6) 公判前整理手続と精神鑑定ガイドライン

裁判員裁判を数日で審理を終了させるため、公判の前に「公判前整理手続」を実施し、精神科医から提出される鑑定書も従来のものと比べると簡潔・平易なものが求められている。こうした要請に応えるため、岡田幸之医師を班長とする研究班が「刑事責任能力に関する精神鑑定書作成の手引き」（平成18～20年度総括版）を作成した（起訴前の簡易・本鑑定、公判鑑定、あるいは「医療観察法」における鑑定で刑事責任能力を検討する必要がある場合などにも利用される）[6]。

その精神鑑定ガイドラインでは、以下のようにされている。「手引きで紹介している書式の特徴：本手引きで紹介する書式の最大の特色は、犯行と精神障害との関係を中心に、以下の３段階の構造で整理することにあります。この構造のしっかりとした鑑定意見を作成することが、鑑定の水準を高めるうえでもっとも有効であると考えられるからです。

① 精神障害の診断（種類、有無、程度）
② ①の精神障害と事件の関係の説明（どのような関係があるのか、ないのか、障害以外の要素はどうかかわっているか）
③ ②の説明の、法的に要請されている文脈にもとづく整理（「弁識能力」「制御能力」あるいは「精神障害の事件への影響の程度」など、その鑑定の依頼主が求める表現への翻訳）。」

第 2 節　刑事政策学から見た『心神喪失者等医療観察法』の法的性格と責任主義の危機

「裁判員制度における利用について：裁判員制度でご利用される場合、別紙型書式の本体部分のように簡潔なものを用いたほうが、そのまま法廷での朗読などに使用しやすいため便利であると思われる。ただしその場合においても、鑑定のプロセス自体は従来どおりに丁寧に行うべきであり、またそうしたプロセスで得た情報やそれにもとづく精緻な考察については、本体部分以外に、別紙（4 別紙型書式用各種別紙）を有効に利用して、十分な記載をしておくことをおすすめします。」

「7 つの着眼点については、①項目間でその重要度は同等ではないこと、②各項目は独立しているわけではなく、項目間に重なり合うことがらもあること、③どれかひとつの項目に該当したからとか、何項目あてはまるからというようなことで『刑事責任能力』を判断するようなものではないこと、④各項目について一方向だけからみるのではなく、ニュートラルな視点から評価する必要があること（たとえば動機の了解可能性だけではなく、了解不能性にも目を向けること）、⑤事件によっては全く検討の必要がないものもあること、⑥検討をしても明確に言及することが難しいものもあること、などに注意しなければならない。」

(1)　池田修『解説：裁判員法――立法の経緯と課題』（2005 年）2 頁以下。
(2)　池田修・前掲書 95 頁以下。
(3)　池田修・前掲書 100 頁。
(4)　五十嵐禎人「裁判員制度と刑事責任能力鑑定」中谷陽二編『責任能力の現在――法と精神医学の交錯』（2009 年）113 頁以下。
(5)　五十嵐・前掲論文 118 頁。
(6)　岡田幸之「刑事責任能力と裁判員制度」前掲書『責任能力の現在』120 頁以下。岡田幸之編集責任『刑事責任能力に関する精神鑑定書作成の手引き』（平成 18 〜 20 年度総括版）。

[5]　結びにかえて――司法精神医学会による「専門認定医制度」の導入の必要性

さて、医療観察法 113 条（人材の確保等）は、「国は、心神喪失等の状態で重

大な他害行為を行った者に対し専門的知識に基づくより適切な処遇を行うことができるようにするため、保護観察所等関係機関の職員に専門的知識を有する人材を確保し、その資質を向上させるように努めなければならない。」と規定しているし、同法86条（精神保健指定医の必置）は、「指定医療機関の管理者は、その指定医療機関に常時勤務する精神保健指定医を置かなければならない」旨を規定している。この法律を適正に運用していくためには、上記の人材の養成は急務である。

　そして、ミュンヘン大学医学部附属司法精神医学研究所の特筆すべき1つの特徴は、鑑定留置中の患者の同意の下に、法学部の刑事法担当者と共同して行われる司法精神医学・刑事法学合同講義の中で、患者を講義室に招き入れて、聴講者にデモンストレーションされ、聴講学生などにも質問の機会も与えられていることである。この講義では、われわれ刑事法スタッフが検察調書をもとに刑事法的視点からの事件の概略を述べ（15-20分）次いで、主治医やネドピル教授がその所見を述べたあと、患者を教室に招き入れて約20分にわたり患者への問診のデモンストレーションを行い、最後に、心理テストの結果が約10分間紹介される。

　また、ドイツでは、15年程前から司法精神医学会が中心になり専門医教育コースが設置され、若手の専門家の育成が行われている。とくにネドピル教授が主催する教育セミナーにもわたしは3回ほど参加したので若干紹介しておきたい。

　このセミナーは、ミュンヘン近郊のシュタンベルク湖岸のニーダーペッキンにあるセミナーハウスで、毎年1週間合宿形式で行われる。この教育セミナーには、若手の精神科医と心理士が約50名参加している。そして、各セミナー約15名の参加者に、様々なテーマが与えられ1人の司法精神医学者、1人の司法心理学者、1人の法律家（刑法学者や連邦刑事裁判所判事、検察官、刑事弁護人等）の2～3人一組でセミナーをすすめていく。そして、3年間（毎年1週間）でこのコースを修了する。そして、司法精神科医の資格を取得するには、刑法、民法、行政法、行刑法、処分執行法、少年裁判所法などを60時間以上履修し、50の鑑定書を作成し、3週間3回（9週間）の処分執行施設での実習を終えた

あと、修了試験に合格する必要がある。これに合格すると、司法精神医学の専門医として各州の裁判での鑑定医や処分執行施設の勤務医として活躍することになる[1][2]。

(1) また、刑事治療処分制度の運用には大変費用がかかるため（シュトラウビンクの司法精神病院では、収容者1人当たり1日約5〜6万円）、財務省や内務省・厚生省などの関係者も学会などに出席し、専門家との活発な討論が行われている。ドイツでは司法精神医学会が中心となった教育プログラムを通して多くの専門家が養成されており、こうした専門家により精神鑑定業務や精神病院収容処分の執行業務が支えられて成果をあげているのである。
(2) ネドピル（神馬幸一訳）「司法精神医学の質を確保するためのドイツにおける方策」川端・安部監訳『ドイツ刑事法学の展望』(2009年) 3頁以下。

第3節　刑事施設の精神障害受刑者の処遇について

[1]　問題の所在——人格障害受刑者に対する矯正施設内「社会治療処遇」システムの導入

さて、大阪池田小に乱入し、8人の児童を殺害し、10数人に重軽傷を負わせた事件をきっかけにして、「心神喪失者等医療観察法」（以下「医療観察法」とする）が成立し、2005年7月から施行され5年目になった。

この法律の目的規定（1条）では、「心神喪失等の状態にある者が、重大な他害行為（殺人、放火、強盗、強姦、強制わいせつおよび傷害）を行い」、検察の不

起訴処分、無罪または刑の執行猶予を言い渡された場合に、「その者を継続的かつ適切な医療・観察・指導により、その病状の改善および行為再発の防止を図り、社会復帰を促進」すると規定している。しかし、前述したように同法の運用上の重大な問題は、「心神喪失または心神耗弱等の状態にある者」を対象にしているので、判例上は完全責任能力者とされてきた「人格障害犯罪者」は実質的には本法の対象者としては考えられていないことである。

　第2節で詳しく述べたように「医療観察法」の運用の実態は、入院を引き受けることになる新設の国公立の指定司法精神科病院・病棟では、86％の対象者が起訴前鑑定に基づき不起訴処分となり検察官の「申立て」による患者が大半で、その他僅かに正式な刑事裁判で無罪（心神喪失）の患者と有罪（心神耗弱）の患者の3つのタイプの患者を混禁収容している（前掲本章第2節を参照）。つまり、精神障害者が殺人や放火などの重大事件を起こしても、その大部分はメディカル・モデルである「医療観察法」の適用を受けるのである。殺人で適用対象になった112人中76人（68％）が入院決定、放火132人中入院決定67人（51％）、強盗・傷害160人中入院決定99人（62％）であった。精神障害者による重大事件の60％しか強制入院になっていないのである。

　こうした重大問題を解消するため刑事制裁の「刑罰と刑事処分」二元制を採用しているドイツに対して（前掲本章第2節を参照）、わが国の「刑法」と「医療観察法」の運用上の問題点は、後者による収容命令が「刑事処分」ではないので、医療刑務所などの刑事施設と指定保安病院との間でキャッチ・ボールができないところにある。特に、統合失調症と人格障害とが合併しているケースでは、「半治療・半刑罰」的処遇システムが有効であるとされるので、こうした施設間でのキャッチ・ボールができないことが処遇上致命的な障害になっている。そこで、本節では、わが国の矯正施設における精神障害のある受刑者の現状と処遇の実態につき検討して、人格障害受刑者や処遇困難精神障害受刑者の処遇はいかにあるべきかについて論じたい[1]。

---

(1)　本節は、拙稿「刑事施設における精神障害受刑者の処遇について」罪と罰（2009年）46巻3号9頁以下で論述したものに若干加筆した。

第3節　刑事施設の精神障害受刑者の処遇について

［2］　矯正施設における精神障害のある受刑者の現状

2007年から、「刑事収容施設法」が施行された。2008年4月1日現在の刑事施設は、本所が76施設（刑務所62（社会復帰促進センター4を含む）、少年刑務所7および拘置所7）、支所が112施設（刑務支所8および拘置支所104）である。

2007年における精神障害のある犯罪者の検挙人員は、2,789人（うち、精神障害者1,270人、精神障害の疑いのある者1,519人）であった（平成20（2008）年版犯罪白書120頁以下）。

殺人の検挙人員総数1,161人のうち精神障害者等は113人（比率0.8％）であった。詳細は第2節で述べたとおりであるが、要点を振り返ってみたい。

新受刑者30,450人中、知的障害242人（0.8％）、神経症性障害253人（0.8％）、その他の精神障害1,116人（3.7％）、合計1,611人（5.3％）であった。一般の刑務所で診療が難しい「精神障害受刑者」は、全国4カ所に存在する医療刑務所に移送される。八王子医療刑務所と大阪医療刑務所は身体および精神科診療を行い、岡崎医療刑務所と北九州医療刑務所は精神科単科の診療を行っている。2007年7月1日現在、全国4カ所の医療刑務所に入所している精神障害受刑者は381人である。また、同年12月31日現在、M級受刑者は、385人（全受刑者70,625人中0.55％）であった（白書63頁）。新受刑者中だけでも精神障害等受刑者は1,611人であったが、全受刑者中何パーセントが精神障害等の受刑者であるか推測できない。

「統合失調症」などの狭義の精神疾患患者は触法行為に対し一律に責任無能力とされるのではなく、犯行当時の病状、犯行前の生活状況、犯行の動機・様態などから有責とされ、その後実刑を受ける事例も多い。また、刑事施設に収容された後に、狭義の精神疾患が発見される者もいる。従って、この種の疾病者は刑務所に必ず存在し、（通常の）刑事施設内で治療を受けている。この種の精神疾患の治療のために通常の刑務所から医療刑務所に移送される受刑者は多いが、市中の精神病院で入院治療を受けることはごく稀である。

覚せい剤など違法な薬物の所持、使用および密売などの罪名で入所している者は、全受刑者の25％、実数で15,000人を超えるが、少数の営利目的事犯者

を除けば、彼等の大部分は「薬物依存」の病者でもある。薬物依存の治療は刑務所の重要な課題になっている。また、この者達は刑事施設内で、中毒精神病などの症状を呈し、医療刑務所に移送されることも少なくない。

また、「精神遅滞（知的障害）の受刑者」が、拘禁状況下で不適応を生じた場合には、医療刑務所に移送される。

更に、日本の刑事施設を最も悩ましているのは「高齢受刑者」の急増である。近年、老人の犯罪率が上昇し、その結果、刑事施設に高齢受刑者の新入所が増えている。

既収容の長期刑の高齢受刑者と合わせると、2006年末の60才以上の受刑者は8,671人、全受刑者の約12.3％に達した。加齢による心身の衰えと拘禁という異常環境に置かれた彼等は様々な精神症状を呈するようになる。彼等は施設の職務量を増やし、医療費を圧迫している。釈放の際の引き受けの確保も極めて困難となっている。

刑事施設と少年施設に勤務する医療関係専門職の定員は医師332人、看護師278人、その他の医療専門職員は102人である。この他、准看護師の資格を収得した公安職職員593人が医療関係の実務者として勤務している。

[3] 北九州医療刑務所における精神障害受刑者の処遇の現状

(1) 精神障害受刑者の処遇の現状

北九州医療刑務所編『論文集』（第2版・2009年）[1]によれば同所の「総収容定員は、300人で、そのうち「精神障害受刑者」は230人（77％）であり、経理作業に従事する受刑者は70人である。精神障害受刑者は、岡山県以西の各施設に収容されている成人男子のうち懲役刑が確定した受刑者であって、かつ精神疾患を有し専門施設での治療が必要とされた者である。

2005年、2006年に入所した精神障害受刑者はそれぞれ58人、60人であった。同年度の出所者は、それぞれ55人、59人であった。その内「自傷他害のおそれがある」とされ、精神保健福祉法の規定に基づき「措置入院」となった者は、13人、17人であった。全員が刑期満了による出所であった。

第3節　刑事施設の精神障害受刑者の処遇について

精神障害受刑者病名別人員を示す
（2007年7月現在）

病　　名	人員
物質関連障害	37
統合失調症、分裂病型障害及び妄想性障害	30
気分感情障害	4
精神遅滞	14
血管性及び詳細不明の痴呆	3
てんかん	7
拘禁反応	10
器質性精神病	2
その他の精神及び行動の障害	3
合　　計	110

精神障害受刑者の罪名別人員を表で示す。
（2007年7月現在）

罪　名	人員	罪　名	人員
殺人	41	強盗殺人	10
殺人未遂	3	傷害致死	1
強盗・同致傷・同未遂	10	強姦	1
強制わいせつ	3	放火	5
恐喝	4	覚せい剤	6
窃盗	24	詐欺	1
器物破損	1	合計	110

　2007年7月末日の収容人員は、精神障害受刑者110人（収容定員の47.8%、総収容定員の約37%）、その他の受刑者は122人、合計で232人（収容定員の77%）であった。

　2007年4月1日現在、職員定員125人で、内訳は以下のとおりである。

　所長（医師）1人、公安職幹部職員18人、幹部以外の公安職職員85人、所長以外の医師4人（現在1人欠員）、看護師12人、薬剤師・栄養士・X線技師・臨床検査技師各1人、行政職1人である。なお、非常勤職員は11人で、民間の企業からの派遣職員は9人である。

　病名別では、統合失調症、分裂病型障害および妄想性障害の収容者30人（27%）、精神遅滞・痴呆17人（15%）で42%に及んでいる。罪名別では、殺人・同未遂44人、強盗殺人10人、傷害致死1人、合計55人（50%）、放火5人、であった。

(2)　北九州医療刑務所における精神科治療の現状

1. 精神科治療

　現在、精神科医師3人および看護師12人が勤務している。診療の当面の目標は、受刑生活の障害となっている精神症状および障害の除去である。当所への入所の時点で、拘禁による発病乃至症状の悪化、或いは治療の中断による病

状の重篤な者も多い。

　施設が拘禁施設であることおよび患者は刑務作業を科せられているという制約下にありながら、一般社会の医療施設と同等の治療成績の達成をめざしている。

　患者の診察は、職員が必要と判断した場合の外、被収容者が診察を希望した場合は、現場の公安職から看護師を経由し医師に伝えられる。また、居室や工場を訪れる看護師に被収容者から直接希望が表明される。

　入所の最初の2週間は、毎日必ず医師による診察が行われる。新入所者には、当所が治療施設であるというメッセージが伝わることになる。機会ある毎に判りやすい言葉で、規律ある生活と作業に従事することが、症状の消失をもたらすことを強調しておく。診察の結果および医療上の重要な注意点などは、診察に立会をする公安職職員を通じて居室および工場の責任者に連絡される。保安警備体制が確立しているので、鎮静の目的で過剰に薬物を投与する必要は全くない。

　処遇審査会で、病状の改善に合わせて処遇が決定される。

　統合失調症およびてんかんなど狭義の精神疾患に対しては、「薬物の投与」が治療の中心となっている。

　作業特に工場出役は、対人ストレスなどにより病状を悪化させる可能性があるので慎重な判断が求められるが、出所後の病院や家庭での生活を考慮して、最終的には工場出役を目指して処遇を行っている。

　狭義の精神疾患や薬物使用歴によって生じる精神症状を欠きながら、元施設での処遇が困難になり、保護室使用などを繰り返して当所へ移送されてきた者に対しては、興奮が高まっている時点および自殺念慮が強い時点で薬物を使用している。工場での作業を早期に導入し、早い段階で元施設に還送している。

　元施設で、暴力行為・自殺企図・退行・拒食・失禁などの問題行動を起こして入所してきた「知的障害者」に対しては、処遇部職員が中心となって、支持的な態度で接近し、身だしなみ、自室の清掃、入浴、挨拶の仕方などの生活指導をきめ細かく繰り返し行っている。従来からのこうした処遇部職員の生活に即した指導に加えて、看護師が施設の整備に合わせ園芸やウサギの世話などを

治療に応用する試みを導入した。

　2002年に始まった20歳代および30歳代前半の「知的障害者」に対する教育専門官による個別の学習指導は、対象者の自己評価を高める上での一層の効果をもたらしている。比較的年齢の若い「知的障害者」は、長期刑の高齢受刑者および統合失調症の被収容者と同じ工場で作業させた場合、比較的よく適応する。工場出役が、生活指導や個別学科教育と相乗効果をもたらし、対人関係技能の習得および感情表現に優れた効果を発揮することを目指している。

2. 覚せい剤事犯者に対する断薬指導

　新しい刑事収容施設法では、薬物事犯受刑者に対する「薬物依存離脱指導」を義務付けている。これまで違法な薬物の入手が不可能であるという環境下、受刑という底尽きを体験させることから指導が開始される。彼等によく認められる粗暴な言動への対処も刑務所では容易である。こうした刑事施設の利点に加えて、刑罰のみでは薬物の使用を中止させることはできないとの批判を受け入れて、治療的な断薬指導が重視されるようになった。即ち、薬物の使用は疾病であり治療が必要であること、および刑務所での治療は社会でも継続される治療への橋渡しに過ぎないことの認識である。依存症の最も優れた治療手段は集団精神療法とされている。1997年、近隣の病院で研鑽を積んだ職員によって、当所の「集団精神療法」は開始された。参加メンバーは、依存に至った経緯、病者としての苦悩、家族、友人や社会に及ぼした害悪に真摯に向き合い、体験や感情を言語化するように促され、対人関係の障害や感情の制御困難などの歪みの修正が図られている。「集団精神療法」の場には、薬物事犯受刑者・精神科医師・看護師・心理専門職・教育担当職員に加えて、かって薬物使用者であった人達の団体である北九州ダルクのメンバーが回復のメッセージを携えて参加している。

3. 性犯罪受刑者に対する再犯防止指導

　刑事収容施設法は専門的な性犯罪者調査の結果、プログラム受講が必要であると認められた「性犯罪受刑者」に対して「性犯罪再犯防止指導」の受講を義

務づけている。日本の刑事施設では、平成 18 年度から、「認知行動療法」に基づいて策定された処遇プログラムを、全国 20 庁の指定施設で実施している。仮釈放された場合は保護観察所で再犯防止指導がなされることになった。更に、特に悪質な性犯罪者は、釈放時所管の警察署に通報される。北九州医療刑務所は、上記 20 庁には指定されていないが、法務省矯正局が作成した「性犯罪者処遇プログラム」の一部を活用し、独自に、精神科医師・心理職・教育担当職員によって指導を実施している。

知的障害のレベルにある者には、「認知行動療法」の技法を用いたプログラムの理解が困難なため、現在、同施設で実施している対象者は狭義の精神障害のない初犯の受刑者に限られているが、彼等もある意味では性嗜好異常を病む病者である。

(1) ここでは、佐藤誠所長の許可をえて、北九州医療刑務所編『論文集』(第 2 版・2009 年)では北九州医療刑務所における精神障害受刑者の処遇の現状が詳しく紹介されているので、大幅に引用させていただいた。

[4] 結びにかえて

以上、精神障害受刑者の現状については、北九州医療刑務所における現状を中心にして人格障害犯罪者・受刑者についてはドイツの状況と比較しながら検討した。

若干の提言をして結びにかえたい。

1. 全国の全受刑者 70,625 人中 M 級受刑者は、僅か 385 人 (0.55%) であった。新受刑者中だけでも精神障害等受刑者は 1,611 人で、全受刑者中何パーセントが精神障害等の受刑者であるか推測できないので、彼らに対する処遇の実態は不明確である。

2. 人格障害犯罪者・受刑者を現行法で処遇するシステムがないので、例えば、全国にある少年刑務所の中に「社会治療部門」を新設することを提案したい。

第3節　刑事施設の精神障害受刑者の処遇について

3．医療刑務所を出所した後のアフター・ケアーのシステムが確立されていないので、ドイツ型の行状監督制度を導入して、現行の保護観察制度を充実させる必要がある。

4．ドイツでは、人格障害犯罪者に対する改善・保安処分制度があり、各施設間でのキャッチ・ボールが出来るシステムが確立している。医療観察法の強制入院制度と医療刑務所における相互移送制度を構築する必要がある。

第2編　確信犯罪人に対する刑事制裁制度について

──特に、死刑制度廃止後のテロリスト・暴力団員・
大量殺人犯に対する「社会治療」モデルについて

第1章　確信犯罪人の処遇に関する比較刑事政策論

第1節　「確信犯」的テロリストに対する刑事政策的対応を中心にして
第2節　欧米における確信犯罪人による大量・連続殺人事件を中心にして

第1節　「確信犯」的テロリストに対する刑事政策的対応を中心にして

［1］　問題の所在

　わたしは、ドイツを中心とした国際比較刑事政策の視点から、すでに1990年の東西ドイツの統合以前の「テロ」問題や事件について、【1】拙稿「政治と女性犯罪―日独女性テロリストの比較研究―」（1987年）、独文として、【2】Katoh, Hisao, Zu politisch motivierter Franenkriminalität- Eine vergleichende Untersuchung über japanische und deutsche Terroristinnen. In: Festschrift für Horst Schüler-Springorum（Zum 65.Geburtstag), 1993 と【3】拙稿「政治とテロリズム」（1994年）において論文として発表してきた[(1)]。

　本節は、上記3篇の拙稿と9・11テロ事件後に書いた【4】拙稿「確信犯人の処遇に関する比較刑事政策論序説―9・11テロ事件以降のテロリズムの変化と政治的確信犯人に対する刑事政策的対応を中心にして―」（法学研究（2004

第1節 「確信犯」的テロリストに対する刑事政策的対応を中心にして

年）77 巻 12 号 243-296 頁）を中心に「確信犯罪人の処遇に関する比較刑事政策論」に関して論述したものである。

さて、前掲拙稿【4】の「はしがき」で以下のように述べた。「多くのテロリズム専門家が指摘するように、9・11 のアメリカ合衆国における『同時多発テロ事件』以降、現在、自爆テロの多発で益々混迷・泥沼化して、未だ終結の方向さえ見出せない『イラク戦争』に至るまでの『テロリズム』概念の大きな変遷を正確に把握しないと、国際比較刑事政策の研究対象としての『テロリズム』とそれを実践したテロリストの処遇方法などの理解を大きく見誤る恐れがある」。

わたしは、9・11 テロ事件を後述する「ユーロ・マフィア」の専門家のイギリス人ブライアン・フリーマントル氏にロンドンで面談した 3 日後、ケンブリッジ大学の「経済犯罪シンポジウム」の会場で知った。フリーマントル氏の原著『The Octopus』[2]は、1995 年に出版されており、1994 年までのソ連邦の崩壊と東西冷戦の終結後のヨーロッパにおける「マフィア型犯罪組織」の再編成を中心に書かれたものである。その第 3 章「殺し合うための武器」（21 頁以下）では、「ウラン・プルトニュウム」などの「核スキャンダル」につき、マフィア型の国際犯罪組織とテロ組織の結びつきが克明に論述されている。

2000 年の NHK 特集によれば、アメリカ合衆国の CIA やニューヨーク市では、「東京地下鉄サリン事件」の教訓を生かして国内テロ防止には万全のシュミレーションを行っていたが、国外犯によるテロ行為にはいわば無防備であった。しかし、事件後 FBI と CIA の縄張り争いや葛藤から明らかなように、9・11 テロ事件の背後にはアメリカ合衆国の「マフィア型犯罪組織」をはじめとする何らかの「国際犯罪組織」と「テロ組織」の共同関与があったことは否定できないであろう。

本節で紹介する実態調査の背景にある問題意識は、例えば、ニューズウィーク 1996 年 9 月 4 日号に掲載された「子供を商品にする悪い奴ら」「大人の欲望の犠牲となる子供は世界中で毎年 100 万人以上にのぼる、対象となる子供たちの年齢も下がる一方だ」「『世界で一番汚い商売』を止めることはできるのか」という記事に触発されて、先ず、わが国の「暴力団」の海外での蛮行を調べる

必要があると考え、ドイツとイギリスに渡り、現地の専門家から多くの情報を得ることから生まれてきたのである。

そして、わたしは、9・11テロ事件の1年後から、「ユーロ・マフィア」の調査と共にヨーロッパにおける「テロリズム」概念の変遷や「テロ対策」の実態を調べるべく研究に着手した。

そして、手始めに2002年11月「9・11テロ事件後のドイツにおけるテロ関連諸立法」に関する調査（これは「公安調査庁」の委託調査）をするためドイツ連邦憲法擁護庁、ベルリン市憲法擁護庁、バイエルン州憲法擁護庁、ドイツ連邦情報庁（BND）、バイエルン州刑事局公安部門、オランダ・ハーグのユーロポール・テロ対策部門などを訪問し多くの情報を得た。また、インターネットから関連資料を収集分析した。しかし、インターネットからのテロ情報は、優に10万件を超えておりそれを整理するだけで大変なので、その詳細な分析は、将来の課題として本節では、上記調査の一部から得た情報を中心にして論述するにとどめたことを予めお断りしておきたい。ただ、上記の調査研究の詳細な分析とその結論がまだ出せない前に、結論を先取りするのも変であるが、テロリズムの専門家の佐渡龍己氏が言われるように「テロリズムは、『犯罪』ではなく、『戦争』である。」[3]とするならば、一私立大学の刑事法学者としては、国際比較刑事政策的対策論の展開や提言は殆ど不可能と言わざるを得ない。実際、ドイツでの調査で第一線のテロ対策担当官との対論での感想は、日独の法制度上のあまりの相違に、調査で得られた結果の90％近くは、現場を知らない比較刑事政策研究者として、殆ど利用不可能な情報であった。

しかし、9・11テロ事件前後の「犯罪組織」と「テロ組織」が共同して行っている、テロ行為の手段としての武器を調達する資金を得るために行われている「人身売買」、「臓器売買」、「麻薬売買」などの国際組織犯罪については、決して看過できない重大犯罪なので本節では、「戦争」ではないテロ行為とそれを行うテロリストに対する国内刑事政策的視点からテロ問題の原因とそのテロ実行犯の刑事制裁・犯罪者処遇モデルの模索を中心に論述していきたい[4]。

しかし、何度も述べるように、わたしのような私立大学の一研究者には、研究を進めれば進めるほど国際的に巨大な暴力組織やテロ組織と闘うための理論

第 1 節 「確信犯」的テロリストに対する刑事政策的対応を中心にして

武装には限界があり、その意味でも警察・法務省の公安機関や外務省などの国の関係機関、さらにはマスコミなどとの共同研究や情報交換も含めた国際的・統合的・学際的撲滅キャンペーンが必要であることを強調しておきたい。もちろん、学者には学問の自由と表現の自由が最大限保障されるべきであることは自明の理である。しかし、特定の政治イデオロギーから警察・検察を中心とした「暴力団」などの犯罪組織による「人身売買」（臓器売買も含む）や「非合法薬物取引」などの撲滅対策の法制度化や刑法改正などを批判したり、反対したり、あるいは立法作業の不着手に沈黙したりして、そうした非合法活動を結果として助長したり、支持したりする言論活動は厳しく批判・指弾されるべきであろう。

しかし、わが国の刑事法学者の実態は、テロリストやマフィア・暴力団などの犯罪組織の構成員達が、自分たちの政治目的を達成したり、不法な利益を獲得するために多くの無辜の人々の命や基本的人権を侵害している現実を正視せず、空理空論を談じる学者が多いことである。まさにこうした学者達や「人権屋」と言われる法律家などは、「旧オウム真理教」への「破防法」適用や「共謀罪」の新設に反対しながら何ら効果的な撲滅のための代案を提言もしないことは、まさに間接的に「宗教テロ行為」や海外における「暴力団の犯罪活動」を黙認・擁護し、それが、わが国の暴力団犯罪撲滅対策のネックになり、結果的に日本人が世界の子供達へ行う虐待行為を容認していることになるのである。このようなタイプの学者や弁護士は、真理や社会的正義を追求する者としての資格はないし、また、「通信傍受法」などを含んだ「組織的犯罪処罰法」(5)などの成立に反対した（当時の）野党系の国会議員などは、立法府の国会議員としての政治的・社会的責任を全く果たしていないばかりではなく、まさに不作為的に、あるいは間接的な撲滅対策妨害行為による「人身売買」や「児童虐待」の共犯者であり、世界の被虐待児や性的搾取の被害女性達やテロの被害に遭った無辜の人々の共通の敵でもあるというべきであろう。

本節では、「テロ」組織の構成員、「暴力団」の構成員や狂信的宗教団体の構成員の多くに、司法精神医学の分野では、「人格障害」の者であったり、刑事法学の分野では、「確信犯罪人」であったりするとの仮説の基に、彼らに対す

る刑事政策は如何にあるべきかについて、若干の実態調査結果を踏まえながら検討するものである[6]。

(1) 【1】拙稿「政治と女性犯罪―日独女性テロリストの比較研究―」中谷瑾子編『女性犯罪』（1987年）216-234頁、【2】Katoh, Hisao, Zu politisch motivierter Franenkriminalität- Eine vergleichende Untersuchung über japanische und deutsche Terroristinnen. In: Festschrift für Horst Schüler-Springorum（Zum 65. Geburtstag）, 1993, S.173-187. と【3】拙稿「政治とテロリズム」イマーゴ（1994年）5巻5号 228-235頁。
(2) Brian Freemantle, The Octopus-Europe in the grip of organized crime,1995, pp.21-68. ブライアン・フリーマントル（新庄哲夫訳）『ユーロマフィア』（1998年）48-65頁。
(3) 佐渡龍己『テロリズムとは何か』（文春新書124、2000年）160頁以下。
(4) Katoh, Hisao, Human Trafficking and Organ Selling by Organised Crime, Keio Law Review, No.10, 2004, pp.1-13.
(5) 拙稿「組織的犯罪対策法の実体法的側面―加重処罰、マネー・ローンダリング、収益の没収等―」現代刑事法（1999年）7号47頁以下。
(6) 尚、本節で紹介する実態調査は、殆どが、警察庁、公安調査庁などの委託研究で行ったもので、外務省はじめ関係各機関の担当の方々、アメリカFBI、イギリス・内務省、ドイツ連邦警察局（BKA）・連邦憲法擁護庁、イタリア内務省、ユーロポールの担当の方々に、この場を借りて、心からの感謝を申し述べたい。

[2] 9・11テロ事件後の「テロリズム」概念の変遷

(1) 9・11テロ事件以前の「テロ事件」と「テロリズム」の概観

1.「政治とテロリズム」前史

9・11テロ事件以前の「テロリズム」概念とその後の「テロリズム」概念に変遷があるとすれば、「テロリズム」は「戦争」であり、「犯罪」ではないという概念が主張されはじめたことであろう。もし、「テロリズム」が「戦争」であるとすれば、一刑事法学者の出る幕ではないが、例えば、自爆テロ行為、精神障害者などによる要人殺害テロ行為、狂信的集団による「地下鉄サリン事件」のような事件を起こした集団やその構成員の行ったような犯罪行為であれば、

第 1 節 「確信犯」的テロリストに対する刑事政策的対応を中心にして

現行法や特別立法の適用対象として研究対象になりうるのである。
　わたしは、すでに前掲拙稿「政治とテロリズム」[(1)]では、概ね次のような事を中心に論述した。
　「『ブルートゥス（Brutus）お前もか！』の言葉とともに暗殺された古代ローマ共和制末期の政治家カエサル（Caesar シーザー）の殺害の有名な事件まで遡るまでもなく『政治とテロリズム』の関係はすでに紀元前に、言ってみれば、人類が『政治という祭り事』を始め、主権者が国と人民を統治する手法が発見されて以来の歴史を持っている。わが国の歴史を振り返っても、わが国の政治史は、とくに、20 世紀という時代には極論すれば『テロに明けテロに暮れた』」と言っても決して過言ではなかろう。
　昭和の初期、つまり「大正デモクラシー」の余韻に酔っていた人々を恐怖（テロ）で震撼せしめたのは、昭和 7（1932）年 5 月 15 日に発生したいわゆる「5・15（ごう・いち・ご）事件」であった。当時の若き陸海軍士官達が犬養毅首相にピストルをつきつけたが、首相はあくまで動じることなく有名な「話せばわかる」と制したが、犬養に説得されるのを恐れた海軍士官の 1 人が「問答無用、撃て！　撃て！」と叫んだため、ピストルが発射され、首相は殺害されてしまった。また、保坂正康氏は「『5・15 事件』はクーデターというより、現役の首相を殺害した『テロ』であったが、この事件は政治の世界では最大限に利用され、これ以降は議会での多数党から首班が選ばれるということはなくなった。まさに議会政治は死んだのである。彼らの法廷には減刑嘆願書が山のように積まれ、『動機が正しければ何を行ってもかまわない』という倒錯した風潮が公然と容認されていった。」[(2)]と述べている。そして、事実、その後わが国は、第二次世界大戦（1939-45 年）に巻き込まれ、あの悍しい「軍国主義」の暴走を許してしまったのである。保坂氏は、当時の若手の仕官学校の生徒達が、「軍部独裁政権」を樹立するため一国の首相を暗殺した「テロ」事件としている。
　また、世界史に目を転じても、例えば、第一次世界大戦（1914-18 年）のきっかけになったのは、1914 年 6 月 28 日、ボスニアの主都サラエボを訪問中のオーストリア皇太子フェルディナント夫妻がセルビアの民族組織に加わっていたボスニアのナショナリストの青年に「暗殺」された、いわゆる「サラエボ『テ

ロ』事件」であったことはあまりにも有名な話である[3]。

　そして、そのサラエボでは、第一次大戦から80年後の1994年2月5日、多くの人で賑わっていた青空市場に一発の120ミリ迫撃砲弾が打ち込まれ約270名の死傷者が出た大虐殺事件が起き、NATO軍による飛行機の撃墜など、サラエボはまたしても第三次大戦勃発の危険地域になるところであった。

　さらに、アメリカ合衆国では、1963年J.F.ケネディ大統領がテキサス州ダラスで暗殺されたのをはじめ、大統領の暗殺未遂事件[4]も多発している。例えば、1981年3月30日、レーガン大統領は、首都ワシントンのヒルトン・ホテル正面玄関前で大統領専用車に乗り込む直前、ヒンクリーという25歳の青年が3メートルの至近距離から22口径ピストルで撃った銃弾を左胸部に受け重傷を負った（いわゆる『ヒンクリー事件』）。

　そして、1994年2月19日の新聞は一斉に次のように報じた。つまり「クリントン大統領の暗殺を計画していたフロリダ州の元警察官ロナルド・バーバー容疑者（45）を逮捕した」とするものである。

　このようにアメリカの大統領や政府要人への「テロ行為」の多くは、特定の政治団体や宗教団体がその団体の設立目的を達成する意図で行われるものではなくて、「精神障害者」や「人格障害者」などのテロリスト個人の問題としてその事件の原因と対策を研究対象とすることができる。

　また、イタリアの「アンドレオッチ元首相」は、マフィアと結び付いて何人かの政敵を暗殺した疑いがかけられているが、最近の新聞報道によれば、現役の首相の座を退いた彼にはマフィアは何の魅力も感ぜず、むしろ彼との癒着の関係の発覚を恐れたマフィアが口封じのために「暗殺」が計画されたとの見方が有力である。さらに、朝日新聞2002年11月18日夕刊『「元伊首相に懲役24年逆転判決。』イタリアで戦後7度も首相を務めたジュリオ・アンドレオッティ被告（83）＝終身上院議員＝が79年に週刊誌編集者の殺人をマフィアに依頼したとして殺人罪に問われていた裁判で、ペルージャ控訴院は16日、懲役24年の判決を言い渡した。検察側は、同被告が極左テロ集団『赤い旅団』による『モロ元首相誘拐殺人事件』に絡んで自らに不利な記事を政治雑誌のミノ・ペコレッリ記者によって暴露されることを恐れ、マフィアのボスに同記者

第1節 「確信犯」的テロリストに対する刑事政策的対応を中心にして

の殺害を依頼したとしていた。99年の一審では証拠不十分として無罪判決が出ていた。」(『』は筆者)。

タウンゼントは、前掲訳書において、この事件は、イタリアの共産主義を標榜する過激派学生グループによる「セクトテロリスト(Groupuscular terrorist)」による犯行であるとしている(5)。そうであるとしたらマフィアの構成員とも言われた超右翼の元首相が極左の過激派学生と何処かで接触していたことになり、大変興味深い「テロ」事件である。わが国70年代の全学連運動資金が右翼の大物から流されていたことと同じ構造かもしれない。

政治学者の宮坂直史教授は、日本における「テロ事件」について述べている。「いうまでもなく日本は、オウム真理教以前からテロリズムと決して無縁ではなかった。幕末から近代日本の歴史はテロ、暗殺に彩られており、2・26事件や、5・15事件など大型のテロはひけもなく続いた。第二次世界大戦後も、浅沼事件(1960年)、嶋中事件(1961年)など右翼による殺害や、クーデター未遂の三無事件(1961年)があり、左翼も『日本トロツキスト連盟』(1957年)結成以来、さまざまな過激派が生まれ、離合集散を繰り返し今日に至る。過激派は互いに、戦術やイデオロギー解釈に相違があり、後に『内ゲバ』という虐殺の報復合戦を繰り広げるが、日本で共産主義革命を起こすという目標は同じであった。」(6)としている。

(1) 拙稿・前掲論文「政治と女性犯罪」228頁以下。この拙稿は、1987年のものなので、本節は、9・11テロ事件後出された、ウォルター・ラカー(帆足真理子訳)『大量殺戮兵器を持った狂信者たち—ニューテロリズムの衝撃』(2002年)(但し、原文の「The New Terrorism」は、1999年に書かれたものである)の「テロリズムと歴史」(21頁以下)を参考にした。Kronenwetter, Michael, Terrorisum. A Guide to Events and Document, 2004, pp.23.
(2) 『明治・大正・昭和 事件・犯罪大事典』(1986年)174頁。
(3) チャールズ・タウンゼント(宮坂直史訳)『テロリズム』(2003年)(本書は、Charles Townshend, Terrorism. A very Short Introduction, 2002. の翻訳である)95頁では、ナショナリストによる「20世紀初頭の象徴的なテロ」として紹介している。
(4) 詳しくは、拙著『暴力団』(岩波ブックレット No.323、1993年)1-63頁。
(5) タウンゼント・前掲書86頁以下。また、9・11事件後のテロ対策について、

谷口清作「イタリアのテロ対策立法―2001年10月19日暫定措置令を中心に―」警察学論集（2004年）57巻12号137頁以下。
(6) 宮坂直史教授の『国際テロリズム論』（2002年）242頁以下。

2. テロリズムとは何か――テロリズムは「戦争」か「犯罪」か

① テロリズムの語源

佐渡龍己氏は、「テロリズム」の語源について、「テロリズムが犯罪でないとしたならば、テロリズムとは何であろうか。ここでは、テロリズムをその語源から調べ、その言葉がどのような意味で、その当時使用されていたかを明らかにする（清水種子博士の講義「哲学」からこの方法を学ぶ）。そして、テロリズムという言葉の発生の原因となったフランス革命を考える。」「テロリズムという言葉の語源を調べると、次のことが分かる。『テロリズム』という言葉が初めて使用されたのは1795年であり、この言葉が最初に使用されるようになった淵源は、フランス革命にある（オックスフォード英語大辞典　OED）。そして、テロリズムという言葉は『terror』と『ism』に分解することができる。terrorは動詞として『恐怖で打ちのめす』という意味があり、『ism』は動詞から行動を現す名詞を形成し、システムという意味がある。これらをまとめて『テロリズム』とは、『恐怖のシステム』（A system of terror）と解することができる。terrorの語源であるラテン語の『terreo』は、驚かす、恐れさせる、不安にする、の意味のほかに『脅して追い払う、脅してやめさせる』の意味がある。」[(1)]としているのが参考になる。

② テロリズムとは何か

「テロリズム」を論ずるほとんどの文献が、テロリズムの普遍的な定義はないとしている。例えば、政治学者の猪口孝教授は、「テロリズムとは殺人を通して、政敵を抑制・無力化・抹殺しようとする行動である。抑圧的な政府に対して集団的行動がなかなか思うように取れない時に、政府指導者個人を暗殺することで、レジーム全体を震動させ、崩壊させるきっかけをつくろうと企図することをテロリズムという」[(2)]としており、もっぱら反政府運動を念頭に置いた記述をしているが、その後で「逆に、国家が政府を転覆しかねない反対勢力

第1節 「確信犯」的テロリストに対する刑事政策的対応を中心にして

に対して殺人を行うことを国家テロリズムという」としている。これに従えば、殺人に至らない政治的な暴力行為は、テロリズムに含まれないことになる。

現在、世界最大のテロリズム認定力を誇示する米政府の定義はいかなるものだろうか。国務省の報告書『グローバル・テロリズムの諸類型 2000年版』では「世界に遍く受け入れられているテロリズムの定義は存在しない」としたうえで、「『テロリズム』とは、非国家集団もしくは秘密のエージェントにより、非戦闘員を標的として、入念に計画された、政治的動機を持った暴力を意味し、通常それを見る者たちに影響を及ぼすことを意図するもの」と定義して、あらかじめ国家をテロリズムの行為主体から除外している。

宮坂教授は、テロリズムを定義して、「主として非国家アクターが、不法な力の行使またはその脅しによって、公共の安全を意図的に損なう行為につき、国家機関と社会の一部が恐怖、不安、動揺をもって受け止める現象」としている。そして、こうした行為がテロ行為となるためには、その行為によるパブリシティ（publicity：宣伝、広報、周知徹底、衆人環視の効果）が不可欠の要件であるとしている[3]。

また、佐渡龍己『テロリズムとは何か』では、テロリズムの方法は2つあるとしている。「1つは直接敵に恐怖を与える。もう1つは民衆に恐怖を与えることによって、民衆の圧力を利用し、間接的に為政者にある政策をやめさせる。テロリズムの方法をさらに簡潔にまとめると、それは『脅し』である。したがって、テロリズムの本質は、次のように言える。テロリスト自らが恐怖心を抱いているために、脅かして敵を追い払う、あるいは気後れさせてやめさせることである。さらに簡潔に表現すれば、テロリズムの本質は、恐怖、脅し、追い払う、やめさせる、である。」「以上述べたテロリズムの本質を、7種類のテロ事件（ロシア革命のテロリズム、イスラエルの反英テロリズム、キプロスの独立テロリズム、パレスチナ解放人民戦線のテロ活動、オウム真理教の行動、在ペルー日本大使公邸占拠事件、スリランカのテロ活動）によって検証した結果、次の結論を得た。テロリズムの本質はフランス革命以降も、そのまま変化していない。テロリズムの本質である4つの要素（恐怖、脅し、追い払う、やめさせる）は、時空を超えた普遍性をもっている。ただし、フランス革命以降、テロリズムは

4つの要素を軸とする主義となり、それを実行する方法が発展し、パターン化された。」「筆者は戦争には3種類があると考える。1は正規戦、2はゲリラ戦、そしてテロリズムである。『テロリズム』は精神的強力行為によって、相手にテロリストの意志を強要する。目的は精神的であり、手段も精神的であり、強要するテロリストの意志も精神的である。このことから『テロリズム』は目的と手段が直線的に結ばれる『精神の戦争』であるといえる。」（62頁）[4]「テロリズムは、敵の抵抗力（武力）を奪わずに、事態の鍵を握る人物の心に直接、影響を与えることができるのである。テロリズムは、物理的強力行為に代わる精神的強力行為によって、相手側にその意志を強要する戦争である。テロリズムにおいては、敵の武力を壊滅させる必要はない。精神的暴力を行使するにあたって、物理的な武力の壁は障害とはならない。」更に、同書「あとがき」（202頁）では、「テロリズムは『戦争』である。『心の戦争』である。この戦争では、血が流れる負傷よりも、心に受けた傷の方が重大である。人質になった人、その家族、その人に関係する企業そして社会の人々の心に、時空を超えて傷を残す。テロリストは見えない、テロリズムに戦線はない、あえて述べるならば、人の心が戦場である。この『心の戦争』は、恐怖で人の心を摑み、不安で消耗させ、脅しで人の心をテロリストの目的へと引きずり回し、そして人の心に諦念を植えつける。互いに正義を主張し、憎悪と怒りと復讐が永遠に繰り返される。『メビウスの環』である。この代表的な例が米国とイスラム原理主義テロリストとの関係、イスラエルとパレスチナゲリラの関係、そして英国とIRAとの関係である。今後、何世代にもわたって復讐のやりとりが繰り返されるであろう。『心の戦場』における恐怖の交換が、新たな戦略、戦術を使用して行なわれる。戦史上では、正規戦は陣取り合戦であった。土地が戦場となり、勝った方がその土地を奪った。しかし、激戦地域では、地雷および砲弾で荒れ果て、土地は長期間使用できなくなった。人の心が戦場となるテロリズムにおいては、人の心が土地に相当する。テロリストは恐怖によって人の心を支配し、勝利しようとする。テロリズムが何年も続けば、人の心は荒廃してしまう。人の心に依存する社会秩序は崩壊していく。そして復讐の念という地雷が、子供、孫の心へと受け継がれていく。大きなテロリズムを経験した国では、数年後、数十年後、

第1節 「確信犯」的テロリストに対する刑事政策的対応を中心にして

あるいは数百年後にテロリズムが再発する可能性がある。この分野における戦争の解明はいまだなされていない。ただ、心という戦場でのテロリズムという戦争が21世紀を迎えるにあたって、新たな段階へと進んでいることは確かである。」(『』はいずれも筆者）としている。

この佐渡氏の「テロリズム」概念は、2001年の9・11事件以前に論述されたものであり、アフガン戦争やイラク戦争を想定したものではないので、テロリズムは戦争と言っても「精神的戦争」を意味していた。

それに対して、9・11事件後に書かれた、首藤信彦教授の『現代のテロリズム』では、「はじめに：2001年9月11日同時多発テロを考える。歴史はテロの、たった一発の銃弾で変わると言われてきた。事実、1914年にサラエボでオーストリア皇太子を撃ったセルビア青年の銃弾が、第一次世界大戦と未曾有の惨禍を生み出した。また1995年、パレスチナ和平を進めていたイスラエルのラビン首相を襲った極右民族主義者の一弾丸は、最終局面にきていたパレスチナ和平のためのオスロ合意（パレスチナ暫定自治協定、1993年）のプロセスを崩壊させてしまった。いずれも、緊張した一触即発の国際情勢や政治状況において、指導者への暗殺というテロが歴史的事件の引き金となった事例である。しかしながら、2001年9月11日にアメリカで発生した同時多発テロは、南北戦争を除いて、自国が戦場になったことのない平和なアメリカ社会に未曾有の被害を与えただけでなく、現代世界全体に政治・経済的に多様で巨大なインパクトを生み出した。さらに『文明の衝突』とか『十字軍とイスラム聖戦（ジハード）との闘い』とか表現されるように、精神的な面においても深刻な影響を現代社会に与えたのである。ニューヨークのマンハッタンにそびえる世界貿易センタービル、世界最強の軍事力の中心であるワシントンのペンタゴン（米国防総省の通称）という世界の政治・経済を動かしてきた中枢が破壊され、文明の象徴でもあった高層ビルがもろくも崩壊した情景は、瞬時に世界中に伝えられ、多くの人々に驚愕と同時に、現代社会を支配する文明や高度技術の脆弱性、そしてある種の空虚感をも与えた。」「テロ事件直後、アメリカ政府は直ちにこれを『新しい戦争』と主張した。そしてアメリカは、独自の個別的自衛権、続いてNATO（北大西洋条約機構）諸国は集団的自衛権を行使し、攻撃を実行したとさ

れるテロ組織アル・カイーダの壊滅とその指導者オサマ・ビン・ラディンの逮捕あるいは殺害、さらにアフガニスタンを実効支配し彼を保護しているタリバンの排除を目的として部隊を派遣、アフガニスタンを空爆し、侵攻した。アメリカでは、9月11日のテロは旧日本軍の真珠湾攻撃や神風攻撃のイメージを持って伝えられたが、テロリストは別に連合艦隊や空母で攻めてきたわけでもなければ、ミサイルや核爆弾で国防総省のビルを破壊したわけでもない。たぶん、エコノミーの片道切符で、旅行かばんと小銭を持って、観光客といっしょの座席に身を縮めてアメリカに渡り、目的地に到着して以降は留学生のようなつつましい生活を送り、そしてアメリカの戦闘機ならぬボーイングの旅客機に一般客として搭乗し、満タンの燃料という爆発物を内包した同機をビルに衝突させた。巨大な軍事費も兵器開発費も要らないところから、テロ攻撃が『貧者のミサイル』と言われるゆえんである。」[5]としている。

そして、首藤教授は、「テロリズム」概念の普遍的定義の確定よりも、「テロリズム」概念の多様性に注目した適切な対策こそが重要であるとしている。「『テロリズム』には、反体制テロリズム、ナショナリズム、分離・独立運動とテロリズム、アラブの大義とテロリズム、企業テロリズム、宗教テロリズム（聖戦とカルト）、麻薬テロリズム、半文明・反現代社会テロリズム、グローバル・メディア時代のテロリズム、ネットワーク時代のテロリズムがあり、それぞれのテロリズムの原因を十分分析したうえ適切な対応を見つける必要がある。」[6]としている。

また、ジョン・ブラウン「テロリズムの定義という危険な試み」『力の論理を超えて―ル・モンド・ディプロマティーク1998-2002』では、「国家犯罪を規定するのでない限り、テロリズムを戦争犯罪からはっきりと区別する必要がある。その基準となるのがテロリズムの政治的目的である。この点はテロ資金供与防止条約の第2条に表われており、テロリズムとは『住民を威圧する目的、あるいは政府または国際機関に何らかの行為を行なわせまたは放棄させる目的でなされる』行為であると規定される。ここには劇的なパラダイム転換が認められる。卑劣な犯罪の詳細なリストと冗長な記述に終始し、その政治的目的を一貫して考慮の外におく時代は終わったのだ。これからは、新たな犯罪行為を

第1節 「確信犯」的テロリストに対する刑事政策的対応を中心にして

設定するためには、その政治的目的に言及すればよい。このコペルニクス的な発想転換は、法的な枠組みの外側から、現実主義の極致である警察という土壌から出てきたものだ。

政治的目的という考え方の原形は、警察によるテロリズムの定義に見出すことができる。この種の定義は、連邦捜査局（FBI）長官の職務リストにも盛りこまれている。『テロリズムとは、政治的あるいは社会的目的を追求するにあたり、政府、文民、または一部の文民への威圧あるいは強要を目的として、人身または財産に対して武力や暴力を不法に使用することをいう』」[7]と述べ、「テロリズムは『戦争』ではなく、一定の政治目的のために武力や暴力をもって行われる『犯罪』である」としている（『』は筆者）。

また、わが国司法精神医学の第一人者の小田晋教授は、本書と基本的に同じ立場から「オウム真理教団の一連の犯行に、『破防法』を適用すべきであった。」とされた上、テロリズムを「『暴力の行使の恐怖によって他者の行動に影響を与えようとすること』でよいであろう。この場合、個人犯罪と区別するために、組織としての、あるいは同一の組織に属する複数の個人による共同行為であることを要件とする。」（『』は筆者）と定義して、「組織犯罪・テロリズム防止の方策」を提言しておられる[8]。

③ 「テロリズム」と「ゲリラ」の概念の相異

テロリズム（terrorism）とは、一般に「恐怖（terror）」と混乱を利用して政治的権力に対する暴力革命的闘争手段として行われる行動やそれを支えている思想をいうと言われる。もっと簡単には、「政治的目的を達成するために行為される恐怖政策」を意味している。

フランス革命期のジャコバン派による恐怖政治（regime du terreur）に由来するとされる。このテロリズムも行使する主体が政府である「政治テロ」の場合でも、革命的な「赤色テロ」と反革命的な「白色テロ」とに区別される。

また、このテロリズムは、「都市ゲリラ（urban guerrilla）」という言葉と同義的に用いられることもあり、例えば、日本の警察当局は、政府の要人などの「個人」を直接攻撃するものを「テロ」、「施設」を攻撃するものを「ゲリラ」と規定している[9]。

このゲリラ（guerrilla）は、「敵の背後や敵に占領された地域などにおいて、小部隊の不正規兵によって行われる遊撃戦をさす」と定義されていたが、現在では、「ゲリラ」という言葉は、ゲリラ戦に参加している個人や団体を意味する場合が多いとされている。

　また、ドイツの有名な犯罪学者カイザー教授は、「テロリズムとは、計画的で、政治的動機を達成するために『暴力』を使う」行為を言うとしている[10]。

　また、この「テロリズム」という用語が、「恐怖政治」体制に由来するとすれば、ファシズム（日本語の定訳がないが「独裁主義的、全体主義的な思想」）に基づく政治・国家体制も一種の「恐怖政治」体制ということができるであろうから、この両者の区別も確認しておく必要があろう。

　この「ファシズム（fascism）」は、狭義においては、1922年から43年までイタリアを支配したムッソリーニ（Mussolini）の思想・運動・政治体制を意味するとされるが、他方では、第一次世界大戦から第二次大戦の間の時期に諸外国に登場した類似のイデオロギーにファシズム体制を見出したり、さらにドイツの第三帝国（1933-45年）、スペインのフランコ体制、更に日本では2・26事件（1936年）もしくは大政翼賛会制散る（1940年）以降の政治体制などを称して「ファシズム体制」とする立場も有力であると言われている。

　また、一般に「ファシズム」と呼ばれる現象は、「立憲主義・共産主義・国際主義の排撃と全体主義・急進的ナショナリズム・軍国主義を高唱し、独裁者への個人崇拝と指導者原理に基づく社会と再編成を断行しようとする点、ならびにその結果として、極右政策ないし軍部、官僚中の急進右派分子による政治的独裁の主張もしくは樹立に終わる点で、共通の特徴を有している。」（見田・栗原・川中共編『社会学事典』（1988年）750頁）と説明される。そして、こうした「ファシズム」体制を実現させるために冒頭による政治体制の改革論や民主主義的多数決原理は弾圧され否定され、そして多くのケースでは「テロ」行為と結びついて実現されていくのである。そして、これも歴史が有弁に物語っているように、「暴力には暴力が、血には血が」というまさに因果応報の世界が繰り返され、そのたびに貴い多くの人命が犠牲にされてきたのである。

　現在、われわれが享受している民主主義、平和主義、基本的人権の尊重と確

保などの諸原則は、どれも人類が「血を流して」勝ち取ってきたものであり、こうした人類の共有財産を一発の凶弾で奪い取ってしまうような「テロ」行為は、理由の如何を問わず、つまり、こうしたまさに理不尽そのものの暴力主義は決して許されるべきではないのである。「平和」や「民主主義」を維持するために軍事力に頼ってはいけない。為政者が、その政治を行うに際して、「軍事力や暴力に頼れ！」という悪魔のささやきに誘導された時、その国の国民の悲劇が始まるのである。

(1) 佐渡龍己・前掲書『テロリズムとは何か』47 頁。
(2) 『政治学事典』(2000 年)。
(3) 宮坂直史・前掲書『国際テロリズム論』28-30 頁。
(4) 佐渡龍己・前掲書 60 頁以下。
(5) 首藤信彦『現代のテロリズム』(岩波ブックレット No.556、2001 年) 2 頁以下。
9・11 テロ事件に関する翻訳本は、数多くある。例えば、ジャン・ボードリヤール (塚原史訳)『ワー・インフェルノ―グローバル・パワーとテロリズム』(2003 年)。ジョン・コールマン (太田龍監訳)『9・11―陰謀は魔法のように世界を変えた』(2003 年)。ジョナサン・バーカー (麻生えりか訳)『テロリズム―その論理と実態』(2004 年)。ジルベール・アシュカル (湯川順夫訳)『野蛮の衝突―なぜ 21 世紀は、戦争とテロリズムの時代になったか？』(2004 年)。
(6) 首藤・前掲書 27 頁以下。
(7) ジョン・ブラウン「テロリズムの定義という危険な試み」『力の論理を超えて―ル・モンド・ディプロマティーク 1998-2002』(2003 年) 40 頁。
(8) 小田晋『宗教と犯罪』(2002 年) 180 頁以下。
(9) 森岡清美・塩原勉・本間康平編集『新社会学辞典』(1993 年) 1046 頁。
(10) Kaiser, G., Kriminologie, 9.Aufl., S.445ff.

(2) 「テロリズム」の原因

1. 精神障害とテロ行為

影山任佐教授 (犯罪精神医学) は、その著書『暗殺学 (assassinology)』[1]の中で、暗殺犯、政治犯と精神障害との関係からこの「暗殺」事件の原因の解明に迫ろうとしている。その 1 つの結論として、「最近のレーガン大統領狙撃犯の『ヒンクリー』も精神障害の故に『心神喪失』とされている。一方、欧州では暗殺

犯に精神障害者は比較的少なく、米国では逆に両者の結びつきが強い傾向を示している。たとえば米国の精神医学者ヘスティングス（Hastings）はケネディ大統領暗殺までの米国歴代大統領暗殺犯9名中7名は全て精神病者で、7名中6名は『妄想型精神分裂病者』であるとしている。この診断が正しいかどうかはここで論じないが、米国大統領暗殺犯の約8割が精神障害者で、約7割が精神分裂病者である。この数字は米国の一般の殺人に占める精神障害者や、精神病者の比率よりはるかに高い数字である。」（『』は筆者）。

このように暗殺犯と精神障害との結びつきは欧州と米国では差が認められるが、わが国ではどうであろうか。「著者の調査した範囲では、明治以降現在に至るまでの暗殺犯63名中明確な精神病者は3名程度であると考えられ、わが国の暗殺犯はこの意味では欧州の暗殺犯に近い特徴を示していると考えられる。」としている。

2. 政治的確信犯罪人による「テロ行為」

そして、影山教授は、ヨーロッパ的暗殺を伝統型として、政権奪取や政府転覆などを目的として行われる特徴をもって、精神障害者による暗殺の多い「アメリカ型」と区別している。

そして、わが国のテロ事犯の特徴としては、「どちらかと言えばヨーロッパ型＝伝統型であり、アメリカ型のように精神障害者により政府の要人や皇室関係者等が次々に暗殺されるといった状況にはなっていない」、とも述べている。

勿論、わが国でも、あの有名な「ライシャワー駐日大使刺傷事件」（1964年3月24日）——アメリカ大使館本館ロビー前で駐日米大使のライシャワー大使（当時53歳）が同大使館に忍び込んでいた少年（19歳）に襲われ、重傷を負った——がある。犯行の動機は「世間を騒がせるために大使を襲ってやろう」と機会を狙っていたものである。しかし、この少年は、高校時代に精神分裂病と診断されたことから、起訴前鑑定が実施され「心神喪失状態の犯行」とされ不起訴処分が決定された。あるいは丹羽兵助元労働大臣襲撃事件（1990年10月21日、精神病院入院中の「統合失調症」の患者が、日頃から考えていた「政治家を刺して有名になりたい」という念願を果たすため、自衛隊の記念行事に出席しよう

第1節 「確信犯」的テロリストに対する刑事政策的対応を中心にして

としていた元労働大臣であった代議士を刃物で襲いその首を刺しもって殺害したという事件。不起訴処分)。更には、政治家に対するものとして、アントニオ猪木国会議員傷害事件（1998年10月14日、講演中にステージに駆け上がり、刃渡り約20cmのあいくちで全治3週間を要する左後頭部切創等の傷害を負わせた。「妄想型精神分裂病」で措置入院中。不起訴処分）など政治家を狙った事件も起こっているのである。

これら3件の精神障害者による犯行の動機は分裂病（統合失調症）の単なる幻聴であったり、「政治家を殺して有名になりたい」というものが殆どで、本節で問題としている「政治とテロ」とはあまり関係がないように思われる。それは、そうした患者の単独犯であることが殆どで、特定のイデオロギーにこだわり続け、その政治目的実現のために政敵を殺すといったテロのモチーフはあまり考えられないからである。

とくに「政治家の犯罪」というテーマに絞り込んでみると、例えば、ドイツ刑法の公民権の停止・剥奪の手段[2]などは、わが国の政治家と暴力団の癒着の構造を断ち切る方法として有効であり、多くを学ぶことができる。現代社会の「政治」体制が言語と多数決原理によって支えられているとすれば、それを「暴力」や「武力」で「問答無用」的にその政治目的を達成したとしてもその結果においても将来に関してもあまり満足のいく成果が挙がったと言える状況ではなかろう。そして、そうした社会では、再びその政治目的を達成するために手段を選ばず的に「テロ」行為に走る者が出てくるようである[3]。

3. 貧困と差別、絶望と無関心からのテロリズム

首藤信彦教授は、「私がテロリズムを研究するようになったきっかけは1978年、当時は『中米の日本』、『自然の風景が天国のように美しい』と言われたエルサルバドルで発生した『インシソカ社事件』であった。これは同社に日本より出向していた社長が、反政府グループFARN（国民抵抗軍）に誘拐され、結果的に殺害された事件であった。この事件発生によって、日本企業はいっせいにエルサルバドルから撤退したが、この事件は、セキュリティ問題＝人の命の重さというものを、いまさらながら明らかにしたのである。未経験の事件に日

本側は動揺し、政府特使を派遣するなどしたが、こうした稚拙な対応が、結果的に事件の解決を困難にした。必ずしも、この事件だけが引き金になったわけではないが、事件後、エルサルバドルは犠牲者7万人、難民50万人と言われる内戦状態に突入していった。この事件が、テロを単なる犯罪の一種ぐらいにしか考えていなかった私の認識を根本的に変え、この時から、テロリズムが伝えるメッセージ、そしてそれがもたらす影響の深さと広がりについて、研究をはじめたのである。テロリズムへの対応のむずかしさは、その暴力の対象となった国家がしばしば暴力をもって報復するために、そのことが新たな破壊を生み、結果的に報復の連鎖を引き起こすことである。アメリカはタリバンを攻撃するためにアフガニスタンを空爆し、そしてタリバンと対立する北部同盟の南進を援助した。が、そのことによって、すでに人口の半数が国内で避難民化し、300万人が難民として隣国に逃れているような〝破綻国家〟の国民に、さらに新たな苦しみを与えた。」「貧困と差別、絶望と無関心──テロリズムを生み出す根源的な原因：テロを熱とすると、その熱の根源となる病因がある。不摂生な生活をおくっていれば、いくら解熱剤を飲んでも風邪は治らないように（中略）テロリズムもその根源的な原因を治療し、排除しなければ解決することはできない。このようなアラブの若者の絶望感を一時的に癒やしてくれたものが、アフガニスタンの対ソ連ゲリラ活動であった。」「このような高い宗教的精神性と残忍な戦闘を経験した若者は、自分たちの貴重な経験を、世俗化し堕落したイスラム国家（彼らの母国）に伝えて改革をうながし、真のイスラム国家の樹立をめざそうと、新しい社会に希望をもってサウジアラビアやアルジェリアに帰国し、活動を始める。しかし、そこで待っていたのは、当局の厳しい弾圧であり、アメリカの情報提供にもとづく、彼ら活動家の逮捕であった。この裏切りに対し、ムジャヒディンの若者は、既存の政府への反発を強め、それを背後で支えあやつっているアメリカを激しく憎むようになった。ここにオサマ・ビン・ラディンが登場する背景がある。まるでスイッチを切り替えるように、優遇と冷遇、援助と裏切りをくり返すアメリカに、怒れる若者のリーダーとして人一倍憎悪を強めていったのではないかと想像される。」[4]としている。

4. 宗教テロと狂信的テロリスト

また、首藤信彦教授は、「宗教テロリズムは人類の歴史とともにあるが、宗教は特定民族や特定地域と深く結びついている。スリランカの仏教徒のシンハリ人とヒンズー教徒のタミール人の抗争、カトリックとプロテスタントの争いが自治権をめぐって続く北アイルランド問題などは、近代社会のなかでも暴力のエネルギーを失わなかった。冷戦構造の崩壊は、これまで宗教をアヘンとして排斥していた社会主義圏に巨大な伝統宗教の空間を生み出し、他方では、ボスニア紛争におけるバチカンのクロアチア支援に見られるように、カトリックも宗教復権をかけて活発に行動するようになった。このような状況下で、カトリックやイスラムのような伝統宗教が新たな拡大のエネルギーをもち、おたがいに競争し競合する局面が増大してきている。ここに新たなテロリズムの芽がある。」と述べている。いまや、「現代社会において、宗教は冷戦後世界の精神的空白を埋める存在としていっそう重要となってきている。宗教復権を目ざす伝統的宗教側の覚醒や活発化の一方で、明確な教義・経典を持たぬ新興宗教が独自の末世的世界観を携えて登場してきた。さまざまな宗教のエッセンスを採り入れたオウム真理教や、1993年にテキサス州ウェイコで、アメリカ政府と銃撃戦のうえ消滅したブランチ・デビディアン（教祖を含む数十名が死亡）などは、そうした宗教カルトの典型である。周囲の社会との摩擦を強める過程で、やがて武装化し、自己の統治がおよぶ土地を占拠し、最後は自己破壊的なテロにのめりこむ現象が出現するにいなった。」[5]ともしている。

タウンゼントは、「20世紀末、世界は宗教原理主義の復興に直面した。」「1990年代後半の主要な調査によれば、宗教的な命令は今日のテロリズムの最も重要な特徴である。アメリカの大学テキストでは、テロリストの動機の筆頭に『宗教的な狂信』があげられている。公式の評価もこれを裏付けた。例えば、カナダ安全情報局の報告書パブリック・レポート2000は、「現代テロリズムの主要な動機付けの1つはイスラムの過激主義である」と記している。「米国務省はテロを地域的、政治的に捉え、統計の分類においても宗教を1つのカテゴリーにしておらず、国家支援テロリズムという分類を頑固に守っているが、それでも国務省が発行する国際テロ年次白書パターンズ・オブ・グローバルテロリズ

ムには、主として政治的に動機づけられたテロリズムから、より宗教的あるいはイデオロギー的に動機づけられたテロリズムへの変化が最近の傾向の1つとして書かれている。」[6]としている。

ユルゲンスマイヤーは、「宗教は本来、暴力に満ちた戦争状態に終止符を打ち、秩序と平和を打ち建てる役割を担っている。だが宗教過激派から見れば、彼らが敵と考える勢力はこうした秩序の確立を妨げ、逆に彼らを絶え間なく攻撃している。それ故、過激派たちは自分たちは戦争状態にあるとの認識を持ち、自らの価値観や運動を防衛するため暴力行為に走る。しかも彼らは自分たちの戦いを宗教的な文脈の中で聖なる戦争とイメージし、敵との関係を善と悪、秩序と無秩序、真理と虚偽といった絶対的な二項対立の枠組みで理解する。こうした理解は彼ら独自の、場合によってはきわめて独善的な教義解釈に基づいており、善や秩序、真理はすべて彼らの側にあると認識される。それゆえ、彼らが行っている戦いにおいて妥協の余地はいっさいない。」としている[7]。

ユルゲンスマイヤーが主張する「コスミック戦争」とは、こうした次元の戦争であり、被害者意識の裏返しとしての「仮想戦争」的な色彩が濃いものである。

小田晋教授は、「宗教的テロリスト集団の特徴は彼らの行為の高い致死率である。」「イラン・シーア派系テロリストグループについて指摘されている特徴、①宗教的観念に基づく暴力の合法化、②深刻な疎外感と孤立感、③広義の敵の範疇に属する者を抹殺しようという熱狂の三者はたとえば米国の白人優越主義のキリスト教武装集団にも、イスラエルにおける過激ユダヤ教テロリスト集団にも、インドのシーク教徒テロリスト集団にも同様に認められる。これらの諸集団にとって、社会の他の部分を全部抹消しようというのが目的であり、化学生物兵器・放射能兵器を含む大量殺戮手段の使用を自明のこととして躊躇しない。」「『オウム真理教』のテロ行為の謎は、これらの前例の中に潜んでおり、さらに予告しているかもしれないところが怖ろしい。ホフマンによると宗教的使命を動機とするテロリストは、大量殺人や破壊行為を、暴力が聖なる行為であるとか、神聖なる義務であるとかいう信念に基づいて自ら納得しうるのである。そういうわけで宗教的テロリズムは超越的次元に起源を有するので、犯人

第1節 「確信犯」的テロリストに対する刑事政策的対応を中心にして

たちは、他のテロリストが有する政治的・道徳的・実際的制約にとらえられてはいないように見える。世俗的なテロリストはだんだん無差別テロが不道徳で非建設的であると考えるようになっているのに、宗教的テロリストは無差別な暴力も彼らの神聖な目標を達する不可欠な手段として倫理的にも正当化されると考える。『世俗的テロリスト』は、暴力の行使を基本的には正しいシステムの歪みを正すため、または新しいシステムを作り出すための煽動の手段であると考える。宗教的テロリストはこれに対して、自分たちはシステムの構成者ではなく、システムの外在者で、現存の秩序の全面的変革が必要であると考える傾向がある。宗教的テロリストの疎外感こそが、世俗的テロリスト以上に破壊的で致死的なタイプのテロ行為を発想させられるのであり、それは彼らの宗教または宗教運動に従しない者はすべて広義の『敵』に化するからである。したがって宗教的テロリストは武器や大量破壊手段を用いた劇的な行動を成功させうる可能性が最も大きい団体になっている。」[8]（『』は筆者）「宗教的テロリストはたとえその手段は原始的でも、今日のどの世俗的テロ集団よりも持続的で破壊的集団を形成するに至っているのである。」「『オウム真理教』は、上記の宗教的テロリズムの特徴のすべてをもっとも集約的に、拡大された形でそなえていたのみならず、いわゆる『マインド・コントロール』の技法としても、①感覚遮断、②断眠、③飢餓、④矛盾したメッセージの交互注入、⑤その後同一のメッセージを反復して外部注入する、⑥向精神性をもつ薬物（バルビツール酸の静脈注射、覚醒剤、幻覚剤の使用）、⑦『電気ショック』による記憶消滅、⑧虚構現実（アニメビデオ、アストラル・ミュージックと呼ばれる音楽使用）の応用など考え得る手段を、道徳的・法的制約を一顧だにせず、シニカルに、集中的に用いている。それに、医師たちが積極的に関与していたのである。精神科医は、著者を含めてこれにもっと早く警告の声をあげるべきであった。著者自身も、同教団から執拗な抗議と、告訴の嚇しを受けた経験がある。その後、マスメディアで、同カルトについての名指し批判をしようとしても、『上層部から教団からの攻撃に対して、企業は、担当者や出演者を防衛できないという通達が来ている』として阻止されてきた。それよりも『イエスの方舟』事件以来、我が国の論壇にはカルト批判者は『有徴性のある者を疎外し差別する者である』

とする有力な勢力があり、カルト、それも反体制的なカルトに対する名指し批判は発表の場を持ちにくかった。それでもなお、宗教病理研究者として、犯罪学研究者として、そのことを痛恨の念をもって回想させざるをえない。『オウム真理教』については、秋元波留夫、森武夫によるすぐれた論考があり、カウンセリングについては高橋紳吾による試みがある。秋元名誉教授は教祖を空想虚言者と診断している。」[9]「いずれにしても鑑定は、宗教精神病理学・犯罪学・社会心理学的側面を統合して、裁判官と協力して、新しい判例と正当な慣例を生み出すものでなければならないし、矯正精神医学は、一方的なカルト支援者の声に迷わされず、信者の社会復帰のために、その技術を、法規および人権と、社会的要請との間の共通妥協点の発見を行いつつ、十二分に発揮するものでなければならず、それは今日の『犯罪精神医学』が当面する最も重要な課題であると言えるであろう。」とし、後述のように、傾聴に値する具体的司法精神医学的対策を提言しておられる。

(1) 影山任佐『暗殺学（assassinolgy）』（1984年）35頁以下。また同書第7章「暗殺の防止と対策の問題」では、大変示唆に富む提言で結んでいる。「『米国型暗殺犯』のように非政治的動機に基づく『単独犯』の場合には、暗殺犯をあらかじめマークすることは困難である」（197頁）、「一般的対策としては、暗殺頻発を招いたり、これを促進する社会、経済、文化的要因を減少させる政策が実行される必要がある。」「次に被害者学が明らかにしたように、暗殺され易いタイプというものがあり、積極的で、社会改革を強引に進め、若く、人々の羨望や嫉妬を受けるような生活スタイルをマスコミなどを通じて華やかに伝えられている場合に暗殺の対象となり易い。また、被害者個人の暗殺に対する警戒の不注意や怠慢、無警戒が暗殺促進の重大な要因として指摘されている。」「暗殺に対して、刑を重くし、極刑を望むことに対してはその威嚇効果について疑問が持たれている。というのは、暗殺者には自殺傾向が強く、自分の死をまさに求めているからであると言われている。」（200頁）。

(2) ドイツ刑法は、「各則」編第1章「平和に対する反逆、内乱及び民主主義的法治国家に対する危害行為の罪」第4節92a条（付随効果）「本章による犯罪行為を理由とする少なくとも6月以上の自由刑に併せて、裁判所は、公職につく能力、公の選挙から生ずる権利を獲得する能力、及び公の事項に関して選挙し又は投票する権利を剥奪することができる」（宮澤浩一訳「ドイツ刑法典」法務資料

(1982 年) 439 号 79 頁参照) としている。
- (3) 詳しくは、拙著・前掲書『暴力団』(岩波ブックレット No.322) 58 頁以下。
- (4) 首藤・前掲書 26 頁以下。
- (5) 首藤・前掲書 35 頁以下。
- (6) タウンゼント・前掲訳書 122 頁以下。
- (7) マーク・ユルゲンスマイヤー (古賀林幸・櫻井元雄共訳)『グローバル時代の宗教とテロリズム』(2003 年、解説：立山良司) 442 頁。ジョン・L・エスポズィート (塩尻和子・杉山香織訳)『グローバル・テロリズムとイスラム—穢れた聖戦』(2004 年) 45 頁以下。佐々木良昭『ジハードとテロリズム—日本人が知らないイスラムの掟』(PHP 新書 325、2004 年)。板垣雄三編『「対テロ戦争」とイスラム世界』(岩波新書 766、2002 年)。山内昌之『歴史のなかのイラク戦争—外交と国際協力』(2004 年) 158 頁以下。
- (8) 小田晋・前掲書『宗教と犯罪』66 頁以下。
- (9) 小田晋・前掲書 75 頁以下、108 頁以下。

[3]　9・11 テロ事件以後のテロ組織と「マフィア」型犯罪組織の癒着の具体例の検討

(1)　冷戦終結後の 90 年代におけるユーロ・マフィアの登場

1. 災害、戦争、内乱時における「マフィア」型犯罪組織の暗躍

わたしは、かって、「ユーロ・マフィア」の問題について概ね以下のように紹介したことがある。

「『暴力団員 1 人に拳銃 1 丁』という時代は終り、今では組員 1 人につき 1 台の『パソコン』という時代に突入し、マネロンなどの『経済犯罪』が彼らの犯罪の大半を占めるようになった。そして、暴力団はその勢力を拡大するためにインターネットを駆使して、ブラック・ビジネスで膨大な利益を上げる、一方で、相変わらず伝統的なやり方で『ロシア・マフィア』などと結んで、ロケット砲や他の兵器などを密輸入して武装化し、そうした銃器を内戦の続くゲリラ組織やテロ組織に密売したりしている。」[1]。

また、わたしは、1992 年にイタリアの「シシリア型マフィア」(犯罪組織)

の研究のためヨーロッパを訪問した折、ローマのマフィア対策課とミュンヘンの組織犯罪対策課の両方で、「西側のマフィア型犯罪集団が、その麻薬取引で得た潤沢な資金を背景に、旧ソ連邦体制下でスパイ組織として暗躍したが、すでに一種のマフィア的集団と化している旧KGB（国家保安委員会）の一部の者たちと結託して、旧ソ連時代の余剰な兵器や武器の密売に乗り出している」と紹介したこともある[2]。この場合、密売の対象になるのは短銃類や機関銃類だけではなく、ロケット弾やミサイルを搭載した戦闘機にまで及び、ロシア近辺の内戦、紛争地域だけではなく、中央アジアや欧州経由でバルカン半島の旧ユーゴ内戦地域やアフリカなどの内戦状態にある国々に売りさばいていると言われた。そして、1994年7月・8月の朝日新聞などが、連日報道したように、ドイツで摘発された核物質がロシア製であることが判かり、露独関係だけではなくロシアとヨーロッパ諸国、アメリカ合衆国とロシアといった国際関係に大きな衝撃を与えることになった（後述のように、ドイツでの調査でミュンヘン近郊にある「連邦情報庁」（BND）の職員が関係していたことを聞いた）[3]。

　われわれ「組織犯罪」の専門家も「マフィアがそこまでやるか」と、当初は、半信半疑であったものが、今や、「プルトニウムの密輸はマフィアの仕事」というのが常識となり、「核の密輸拡散を許してはならぬ」（朝日新聞1994年8月26日付）とか「核弾頭から取り出される大量のプルトニウムなどが、国際的な密輸グループを通して、核武装志向国やテロリストに渡るような事態になっては大変だ」（朝日同上紙）とかという不安になり、悪いことにはそれが現実になろうとしていることである。ところが、後述するように、まさに、テロ資金は、こうした「マフィア」型の犯罪組織から提供され、テロ組織と上記のような国際的な犯罪組織の密接な関係が明らかになって来た[4]。

(1)　拙稿「組織犯罪対策は万全か―阪神大震災は暴力団対策に何をもたらすか―」季刊社会安全（1995年）16号2頁以下。
(2)　ソ連のスパイ組織KGBとフランス政府や共産党との関係につき述べたものに、T・ウォルトン（吉田葉菜訳）『さらばKGB―仏ソ情報戦争の内幕―』（1990年）がある。
(3)　例えば、旧ソ連のマフィアの存在については、A・イレッシュ（鈴木康雄訳）

『ソ連のマフィア』（1991年）などがある。東京新聞1992年12月7日付。
(4) Williams, L. Paul, Al Qaeda. Brotherhood of Terror, 2002, pp.163-176. マホメド・ラシッド（坂井定雄・伊藤力司訳）『タリバン』（2001年）196頁以下。

2. テロ組織に対する「マフィア」型犯罪組織の資金援助の実態
① テロ資金の調達と核物質密輸・麻薬取引・人身売買・絵画ドロボー

　わたしは、雑誌『トップ・ジャーナル』の連載「怒りの犯罪学」第1回「臓器売買の犠牲のために抹殺される子供達」（2000年10月号）ですでに詳しく引用したが、フリーマントル氏は、その前掲書『ユーロマフィア』において1990年代前半のユーロ・マフィアの実態について詳しく述べている[1]。「組織化された犯罪はペイする。本書ではこれを8つの大まかな項目に分けて、検証する。すなわち非合法な武器取引、非合法な麻薬取引、マネー・ローンダリング、コンピュータ犯罪、臓器密売目的の子供の誘拐、売春およびポルノグラフィー、不法移民、テロ、そして芸術作品の窃盗、偽造である。いわばタコの8本の足のごとくその黒いマフィアのビジネスはどんどん拡大しているのである。世界の各国政府を何より悩ませている旧ソ連圏からの通常兵器、核物質および核技術の密輸は、違法な麻薬取引と密接に結びついているのである。これら2つの地下活動がもたらす莫大な利益は、黒い不正資金を浄化するためにきわめて高度なマネー・ローンダリングの技術を必要とする。こうした技術の大半は簡単に国境の壁を超えるコンピュータに依存しており、それがさらに他のあらゆる分野で犯罪を生む下地となっているのである。その1つがコンピュータ・セックスであり、これは古くからの売春やポルノ産業とつながっていく。この産業を支えるために不法移民という悪質な手口で、しばしば強制的に男や女たちが連行される。またラテンアメリカや東ヨーロッパの子供や若者の誘拐、あるいは人身売買によっても現物が供給される。これらの補給地は、かつて国連事務総長のブトロス・ガリ博士が槍玉にあげたもっとも恐るべき犯罪である臓器取引の土壌にもなるのである。麻薬はテロの資金源になっており、核兵器や通常兵器の購入に熱心な中東の宗教支配国家の一部はそれによってヨーロッパの不安定化に狂奔する。これらの諸国はヨーロッパの美術品競売所を通して自

国の名品を売り払い、さらなるテロ資金を調達してきた。その同じ美術品競売所を介して、旧ソ連帝国から大量に略奪された美術品のほか、EU15ヶ国から盗んだ莫大な美術品が取引されているのである」[2]。

わたしは、フリーマントル氏にこれら信じがたい記述を確かめるべく、同僚の横山千晶法学部教授（英文学）に通訳を兼ね同行をお願いして、ロンドンのホテルでインタビューした（2001年9月8日）。その3日後の運命の9月11日にケンブリッジ大学の「国際シンポジウム」でのアート・リスク・コンサルタントのチャールズ・ヒル氏[3]の講演を聴くため訪れていたケンブリッジで「9・11同時多発テロ事件」を知らされた。ヒル氏へのインタビューの目的は、彼の友人フリーマントル氏の上記「これらの諸国はヨーロッパの美術品競売所を通して自国の名品を売り払い、さらなるテロ資金を調達してきた。」の部分を確かめることであった[4]。

今回のインタビュー調査で、はっきりしたことは、フリーマントル氏が書いているように、「マフィア型犯罪組織」と「テロ組織」が結びついていることであり、テロ問題の解決は、マフィア・暴力団型犯罪組織の撲滅の問題でもあるということである。

例えば、1995年5月11日付の朝日新聞「国揺らすテロへの恐怖―野放し核に危機感―新テロ時代が冷戦終結で職を失ったスパイに再び暗躍の場を与えたようだ。昨年1年間に欧州で起きたプルトニウムやウランなどの核物質密輸事件は124件に上り、前年の2倍に増えた。西側情報機関の調べでは、旧ソ連の原子力潜水艦から盗まれた可能性が最も強いという。」「地下鉄サリン事件に端を発したオウム真理教絡みの事件にも、ロシア政府機関は関係を否定している。」という報道が、上記の同時多発テロ事件で一気に辻褄が合ったように思われる。

そして、折しも1999年6月22日付の朝日新聞では「上海マフィア日本進出」という一面の見出しで「香港系の『爆窃団』や中国・福建省系の『蛇頭』などの外国人犯罪組織（マフィア）に続き、リューマン『流民』と呼ばれる中国・上海系のマフィアが日本に進出していることが警察庁や埼玉県警の調べでわかった。上海にある『流民』の約300グループのうちの十数グループ、数百人が

第1節 「確信犯」的テロリストに対する刑事政策的対応を中心にして

入国しているという。また、マフィアとの話し合いで縄張りを調整し、日本の暴力団と連携しながら密入国の手引きや偽装結婚、薬物密売、窃盗、旅券の不正取得などを手がけているとみられる。」「警察庁などによると、『流民』の歴史は古く、1949年の中華人民共和国建国以前から北京や上海、香港の資産家の用心棒をしていたが、新体制の設立によって職を失い、『流れ者』になって犯罪集団化していった。」「日本の暴力団の組長に当たる老大（ラオタ）に絶対服従し、①仲間を売らない、②身分を明らかにしない、③分け前は階級を問わず、均等に配分、④仲間が受けた仕打ちには必ず復讐するなどの掟がある」「警察庁によると、国内に進出している外国人犯罪組織は10近くある。香港系マフィアの『14K三合会』は東京、大阪、福岡、札幌などの主な都市に下部組織5団体が進出し、傘下の4、50グループ、約1,000人が活動している。一昨年ごろから偽造クレジットカード事件や貴金属店強盗事件で相次いで逮捕された。『蛇頭』は、数年のうちに台湾系から福建省系に主流が様変わりした。主要都市に潜伏して密航受け入れ組織の拡大を図りながら、最近では、集団密入国のほかに、偽造旅券で日本人になりすましての不法入国も手がけ、日本人の旅券を買い漁さっているという。窃盗集団の『爆窃団』は、一昨年ごろまで全国で摘発が相次いだが、最近は鳴りを潜めている」と報道された。

　実際に、フリーマントル氏も以下のように述べている。「医院や総合病院はヨーロッパの組織犯罪グループにとって利点がいくつかある。そうした医療施設をフランス——とりわけ南部——とイタリアに所有している。ドイツにも存在すると教えられた。表面上は何もかも『完璧な経営かつ最高水準で運営』され、保健、衛生、医療の各面から見てもあらゆる基準に適合しており、裏で行っている所業に当局から好ましからざる関心を向けられるのをさける仕掛けになっている。しかも適切に経営されている施設としてこれらの病院や医院は、最初にそれら施設を獲得した『マネー・ローンダリング』用の投資を通じ、組織犯罪グループに多額で継続的かつ合法的な収入をもたらしているのである。そして、犯罪組織はこうした医療施設を恐るべき目的のために悪用している。時には誘拐され、時には現金で買われた子供や若者から臓器を取り出し、その同じ医院や病院内で、しばしば臓器提供者の身元も知らない重病人や危篤患者

にそれを移植する。かかる裏ビジネスの存在はよく知られている。欧州議会でも何度か暴露されてきたし、最近では自ら医師である現職のEU議会議員によって明るみに出された。その結果、公に名指しされた2つの国——ブラジルとイタリア——で大騒動を引き起こした。共同体として何の対策もとられてこなかったことへの驚きは、フランスの移植外科医で元フランス厚生大臣・元欧州議会議員レオン・シュワルツェンベルク博士の発言に明らかにみてとれる。」[(5)]

博士は、「『ボディー・スナッチャー』たちは何の妨害も受けずに、貧困化した第三世界や東欧圏から子供たちを誘拐したり、買い入れたりしつづけている。もしくはこれらの国々で、精神病院の経営者を買収し、人を信じて何の疑いも持たない入院患者といつでも接触したり、彼らを手に入れたりできるようにしつづけている。それはそら恐ろしくも必然的な結論として四肢を切り取ったり、臓器を摘出したり、殺害したりすることが何の妨害も受けずに継続しているということである。これは生きているものに限定されてさえいない。移植ビジネスは何の疑いも持たなかったり、ひどく金に困って買収されたりした母親の子宮からも奪い去る、まだこの世に生まれていない胎児にまで拡大されているのだ」。シュワルツェンベルク博士はその報告で、幼児密売買者としてルーカス・デ・ヌゾーの名前をあげ、この男は1989年から92年の3年間に総計4,000人の子供を表向き里子としてブラジルからイタリアへ送りこんだという。4,000人のうちイタリアへ到着してからの消息が追跡できたのはたったの1,000人だったという。博士はさらに、「ナポリ系マフィアの『カモッラ派』がメキシコ、タイ、ヨーロッパの子供たちを臓器摘出のために秘密の医院や病院に送り込む組織犯罪グループの1つだと決め付けている」。博士はまた、1992年7月にグァテマラ警察のスポークスマン、ボディリオ・ヒチョス・ロペスが行った発言を引用し、子供たちは臓器の提供者として2万ドルでアメリカに売られていると述べていた。博士によると、ペルーから2年半の期間にわたって、3,000人の子供がアメリカとイタリアに送られたという。「ホンジュラスでは障害を持った子供が、まるでスペア・パーツのように子供を売り飛ばす人々によって養子にされている。ヴィリヴァッキムというインドの村には五体満足の者はほとんどいない。腎臓の1つを2万8,000ルピー（870ドル）で売ったり、片目を

売るためにボンベイに行くのだ」⁽⁶⁾(以上『』は筆者)。

　ベエノスアイレスの事件はイギリスのテレビ・ドキュメンタリーで報道されたが、この中には両眼を抜き取られた精神薄弱の若者がうつっていた。眼球は角膜をとるために、医療スタッフがティー・スプーンでえぐりとったと番組は申し立てていた。この若者は地下水路に投棄されて死ぬがままにされていたところを家族によって救出されたのだった。犠牲者たちは普通は殺害され、死体は地下水路や下水溝に遺棄される。番組はまた、疑わしい状況で入手された臓器を売買するモスクワの医師の名前をあげていた。医師はオランダのライデン大学付属病院に設けられた非営利組織の「ヨーロッパ臓器移植財団」とのつながりを主張した。同財団はベルギー、オランダ、ルクセンブルグ、ドイツ、オーストリアにわたる1億1千万の人口を擁する地域で臓器移植を推進し、提供される臓器の国際的な交換を調整している。英仏両国でも連絡と臓器の交換が行われている。27年間の歴史において財団は、全ヨーロッパで推計5万人の命を救ってきたとされる。

(1)　ブライアン・フリーマントル(新庄哲夫訳)『ユーロマフィア』(1998年)。原題は、Brian Freemantle: The octopus: Europa in the grip of organized crime, 1995である。とくにこの本の中には、わたしが、長年関心を持っているマフィア型の犯罪組織による「児童の人身売買」や「臓器泥棒」やテロ資金調達の話が満載されている。本書での『ユーロ・マフィア』という表現は新庄氏の訳を拝借したものである。
(2)　チャールス・ヒル氏(Charles Hill、54歳、前Scotland-Yard捜査官)は、現在、盗難にあったターナーやフェルメールの絵を追っている(ドイツ雑誌Spiegel, 37/2001, S.243)。
(3)　ヒル氏の情報提供で作成されたテレビ番組に「NHKハイビジョンスペシャル『フェルメール盗難事件—解き明かされた名画の謎』」(2001年6月19日)がある。参考資料として、映画『迷宮のレンブラント』(1999年)がある。
(4)　フリーマントル・前掲訳書23頁以下。参考資料「ビデオ『8mm』(1999年)」。
(5)　フリーマントル・前掲訳書213頁以下。
(6)　わたしは、2002年3月パリに博士を訪ねこの発言の真意を直接聞く機会を持った。現在でも、まだ、こうしたおぞましい事件はあるかの質問に、博士は肩をすくめ、『では、何故、あなたは、遠い東京からわざわざわたしを訪ねてきた

のか。こうした問題が解決したという報道に接したことはない』という博士の答えであった。博士は、2004年に逝去された。欧州議会が採択したシュワルツェンベルク報告 (Reports by Mr. Schwartzenberg (A3-0074/93) and Mrs. Ceci (A3-0074/93) : Transplant organs—self-sufficiency in blood (Vote). Official Journal of the European Communities, No. C 268/20, 4. 10. 93) は、1994年のナポリ国際犯罪対策会議でも国連事務総長が一項目としてとりあげた全世界的な窃盗および殺人による臓器密売買を明らかにしたのである。

② ユーロ・マフィアとテロ組織の黒い関係——人身売買・臓器売買の実態

臓器売買や人身売買の厳罰化に伴って、犯罪組織のブラック・ビジネスが益々繁盛するのである。わが国では、売春の管理や営業、ポルノの製造・販売も禁止されているので、それらの「物」は、暴力団の資金源になっている。臓器売買が禁止されている上に、臓器移植法の欠陥から深刻な臓器不足の状態にある。こうした臓器不足に付け込み「ボディー・スナッチャー」たちはマフィア型犯罪組織の非合法ルートを使って何の妨害も受けずに、貧困化した第三世界や東欧圏から子供たちを誘拐したり、売買したりして膨大な利益を上げ、それがテロ資金として上納されているのである。また、こうした報道を裏づける資料は沢山ある。例えば、外務省主催「人のトラフィッキングに関するアジア太平洋地域シンポジウム」でのキャロル・ベラミー UNICEF 事務局長の「数百万の人々が家畜同然に売買され、国内で、あるいは国境を越えて密売され、決して逃げ出せない状況においこまれている。その状況は、強制労働、強制結婚、売春、不法養子縁組みによるものである」。また、キャサリーン・パレデス=マセダ氏（フィリピン）は、「国連では、少なくとも400万人が世界的な規模で毎年売買されていると推計している。そして、トラフィッキングは組織的犯罪によって浸透し、世界規模の産業に成長し、少なくとも年70億米ドル（約1兆円）を稼ぎだしている」[1]としている。

兼元俊徳元 ICPO 総裁の「国際犯罪組織によるトラフィッキングの実態と取り締まり活動」では、蛇頭と暴力団による集団密航事件について詳しく報告し、「密航請負料1人300万円」としている[2]。この3年間に約3,000人の集団密航者が検挙されている（朝日新聞2000年6月21日付「上海マフィア日本進出—日

本の暴力団と連携しながら密入国の手引きや偽装結婚、薬物密売、窃盗、旅券の不正取得などを手がけている」としている)。

③ 聖戦の陰に「子供の売買」

スポーツ新聞『スポニチ』2001年10月3日付に以下のような記事が掲載された。「タリバン政権支配下の首都カブールを逃れてきた姉妹少女2人が2日、タリバンが子供たちを誘拐、殺害するなどして『臓器売買』をしていると証言した。『北部同盟』支配地域マフムドラキで、シャゼアさん(14歳)とノデラさん(13歳)が、共同通信のインタビューに答えた。シャゼアさんらによると、タリバン関係者の男たちが突然家庭に侵入し、子供たちを略奪。子供たちはその後タリバン政権を承認する隣国パキスタンで売られ、肝臓や腎臓、眼球などが売却されている。ノデラさんは『臓器は1つ約1000ドル(約12万円)で取引されている』と話した。」と報道され、ビンラディン一派が、如何に低次元で非人道的なテロ活動資金作りを行っているかの一端が見えてきたように思われる。自国の子供を売ってテロ資金を作り、全く罪のない民間人が勤務する世界貿易センターを爆破し、4,000人近い人が命を奪われ、その関係者を含めれば何10万人の人の人生を狂わせてしまったのである。こうしたならず者達が100万遍の言い訳をしようが、「聖戦」なんてとんでもない話である。

(1) 外務省編「人のトラフィッキングに関するアジア太平洋地域シンポジウム Asia-Pacific Symposium on Trafficking in Persons」: 報告書・2000年1月20日(赤坂プリンスホテル) 11頁以下。また、財団法人日本ユニセフ協会編『子どもの商業的性的搾取の根絶に向けて―日本の国内行動計画の策定と子どもサイバーポルノ対策への提言』(1998年)。また、わたしは教え子の荒井由希子ILO幹部候補生をジュネーブに訪ね、東南アジアでの情報を得た際に入手した、ILO: Combating Trafficking in Children for Labour Exploitation in West and Central Africa, 2000. も参考になる。
(2) 鬼塚友章「トラフィキング事案の現状と課題」警察学論集(2003年) 56巻9号51-67頁。

　　また、2004年6月パウエル・レポートにより、日本は「人身売買」最警戒国レベル2であると警告されている。

　　The fourth annual Trafficking in Persons Report by Colin L. Powell, U.S.Department of State Publication 11150, June 2004, pp.1-274. United States Senate: Russian Organized Crime in the United States. Hearing of Committee on Govermental Affairs, May 15, 1996. Eberwein, Wilhelm/Tholen, Jochen, Market or Mafia, Russian Managers on the Difficult Road towards an Open Society, 1997.

Berthiller, Catherin, The trade in organs in Europa-Organ trafficking and mafia-, in: Ethical Eye, Transplants. Edited by Council of Europe Publishing, 2003, p.163. Fitzgibons, Sean R., Cadaver organ donation and consent. A comparative Analysis of the United States, Japan, Singapore and China, ILSA J. Inter & Comp. L. 73, 1999 pp.100-104.

(2) わが国の犯罪組織・テロ組織の不正収益獲得作戦防止策

1. 暴力団による不正収益の獲得作戦——臓器売買・人身売買

わたしは、世界13カ国での日本の「暴力団」の海外での実態調査旅行から帰国した直後の1992年12月7日付の東京新聞で「フィリピンでは腎臓を—臓器マフィアとは何か。フィリピンで、日本の暴力団が受刑者の『腎臓』を売買する事件があった。」と発言したことがある。また、朝日新聞（1999年11月25日付）では、「お得意様は日本人」、「日本人が『臓器』パックツアーでフィリピン人から腎臓（移植パックの料金1200-1800万円）を買い漁っている」と報道している。

わが国でも最近は、失業問題が深刻化し、不良債権問題が未解決の昨今、ある金融業者の取り立ての際、「返す金なければ腎臓を1つ置いていけ」という脅しが現実のものとなっている。

上記のようにイギリスのジャーナリスト・フリーマントル氏がユーロ・マフィアによる「児童売買」や「臓器売買」などによる児童の虐殺の実態を見事に告発してみせているように、「暴力団の歴史と実態」を見事に暴いてみせた著書に、アメリカ合衆国のジャーナリスト、ディビット・E・カプランとアレック・デュブロの共著『ヤクザ』がある。その第7章「ヤクザの進出する地—東アジア」の「ヤクザと性の奴隷」では、セックス・ツアーが巨大産業をもたらし、大きなホテル、観光業者、航空会社を成長させ、売春婦たちの自国政府関係者も共犯者として決めつけている[1]。そして、日本人自身による告発書として、弁護士の坪井節子・平湯眞人共著の『アジアの蝕まれる子ども』があり、「加

害者としての日本人」の蛮行が告発されている[(2)]。また、日露間の交流が活発化するにつれ、けん銃や手投げ弾を日本に持ち込むロシア人船員が増えている。今後、暴力団が本格的に動けば、けん銃や麻薬の密輸ルートを通して、人身売買（すでに、ロシア人売春婦が大量に流入している。今回の調査でも、EU 諸国で、「ロシア・マフィア」が中心になって東欧圏、東アジア圏から少女や婦人が売買されているという情報に接した）が頻繁に行われる恐れがある。また、こうしたルートから暴力団、急進的右翼団体、過激派グループなどに「核」兵器が渡り、内乱や地域の紛争、暴力団同士の争い（かつての暴力団山口組内部の「山一戦争」の時にバズーカ砲が用意されたように）などに「核」を搭載した武器なり兵器なりが市街地で濫用される恐れは決して杞憂ではなかろう。現に、オウム教団による「地下鉄サリン虐殺事件」は、ロシア・オウムが介在していたと言われている。

(1) ディビット・E・カプラン・アレック・デュブロ共著（松井道男訳）『ヤクザ』（1987年： Kaplan, E. David and Dubro, Alec, YAKUZA. The Explosive Account of Japan's Criminal Underworld, 1986.）280 頁以下。
(2) 坪井節子・平湯眞人共著『アジアの蝕まれる子ども』（「ストップ子ども買春」の会編・1996 年）20 頁以下。

2. わが国の「組織犯罪」「テロ犯罪」対策は万全か

　フリーマントル氏は、1992 年 7 月にグァテマラ警察のスポークスマン、ボディリオ・ヒチョス・ロペスが行った発言を引用し、「子供たちは臓器の提供者として 2 万ドルでアメリカに売られている」と述べていた。先頃起こった、グァテマラでの「日本人観光客撲殺事件」（2000 年）の背景には、東洋系マフィアによるインターネット・セックス・ビジネスと人身売買に伴う「人さらい」事件があると言われている。「『子どもを写しているんだろう』中米グテマラで日本人観光旅行者が地元の人々に襲われて死亡した事件は、気軽に写真を撮ろうとするツアー客と、貧困を背景に行われる子どもの人身売買に神経をとがらせる先住民族」「日本人観光客らが先住民に近づいた際、まず 4 人ぐらいが、『子

どもをさらいにきた』と思いこんで叫び声をあげ、周囲の人々が襲いかかった」（朝日新聞 2000 年 5 月 11 日付）という悲劇の背景にも犯罪組織による「人身売買」ビジネスがあった。彼らは、誘拐した子供たちを「インターネット・オークション」で売買しているという情報もある。わが国の「通信傍受法」では、事前の傍受は不可能で、こうした唾棄すべき非人道的犯罪を未然に防止することはできない。

また、わが国のマスメディアも、こうした事件を徹底的に追及するような報道姿勢はなく背後で必ず暗躍する悪徳旅行業者や犯罪組織の実態についても殆ど報道しないので、暴力団の暗躍の実態が国民にはベールに包まれたままである。

また、国際的テロリストの重信房子容疑者が、不法入国し大阪に潜伏中のところを逮捕されたし、「よど号」をハイジャックした赤軍派メンバーの妻も帰国し何やら不穏な雰囲気が漂いはじめている（週刊新潮（2002年）10月11日号、18日号、25日号連載「八尾恵『よど号』犯の妻たちは金日成に忠誠を誓い日本人『拉致疑惑』の実行犯になった」）。

以前、わたしは、「最近、日露間の交流が活発化するにつれ、けん銃や手投げ弾を日本に持ち込むロシア人船員が増えているともいわれている。今後、暴力団が本格的に動けば、けん銃や麻薬が大量にわが国に流れ込む恐れがあるし、暴力団、急進的右翼団体、過激派グループなどに『核』兵器が渡り、内乱や地域の紛争、暴力団同士の争い（かっての『山一戦争』の時のように）などに『核』を搭載した武器なり兵器なりが市街地で乱用される恐れは決して杞憂ではなかろう。また、例えば、『国際マフィア連合』の存在を指摘し、もし各国がこうした犯罪組織の連合を無視して国内の組織の撲滅だけを目ざしていても効果が薄いことを指摘している。現在世界にはいたるところにマフィア＝犯罪組織が存在する。マフィアの元祖とも言うべきシシリアン・マフィア、アメリカのコーザ・ノストラ、さらにコカイン市場を握るコロンビア・マフィアそして、チャイナ・マフィア、ベトナムやトルコのマフィア、日本の暴力団等の組織犯罪集団が、これまでの縄張り争いに終止符を打ち、協力関係を結んで、これまでの世界に例のなかったような地球規模の犯罪共同体をつくりあげた」とする情

報（SAPIO（1995年）2月23日号17頁）を紹介したことがある。
　また国内に目を転じても総会屋に対する利益供与事件や不良債権焦げ付き事件などに対する暴力団の関与や旧オウム真理教団による「核シェルター」建設事件における教団の積極的活動の再開にみられるようにわが国の組織犯罪撲滅対策は国際的にみれば全く理解できない。ほとんど放置され無策の状態であるといっても過言ではない。もともとこの「組織的犯罪処罰法」（平成12（2000）年2月1日施行）は、旧オウム真理教団が行ったような大規模で組織的な凶悪大量無差別サリン殺人事件や暴力団などによる大型経済犯罪が平穏な市民生活の脅威になり、社会の発展に悪影響を及ぼしているとの危機感から法務省が本格的な組織犯罪対策として着手したものである。ところが前述のように、「暴力団対策法」（平成4（1992）年3月1日施行）や「組織的犯罪処罰法」などが暴力団撲滅対策として有効でなかったことは、両法の施行後、暴力団員数は年々増加し、現在では83,000人を突破しているのである。最近問題になっている「オレオレ詐欺」や「振り込め詐欺」の大半は、暴力団の新しい資金源活動の一環であることが明らかになって来た事実を示すだけで十分であろう。

(3) ユーロポールのテロ対策課における聞取り調査
1．ユーロポールの「テロ対策委員会」の設置と任務
　2004年3月「人身売買・臓器売買」の調査のため2度目の訪問をしたユーロポール（EUROPOL）では、ストーベック所長（Jürgen Storbeck）が応対してくれた。所長とのインタビューでは、ユーロポールのテロ問題への具体的対策について聞いた。
　ユーロポールの職員は、「ドイツ憲法擁護庁」の職員と同様に捜査・逮捕権を持たないため、その日常活動は、もっぱら情報収集活動とその分析・評価を中心に行われている。当時、一番の関心事は、2004年に決まった、EU加盟国が15カ国から25カ国に増えたことである。もし、トルコが追加加盟ということになれば、イスラム教国の加盟で問題は一気に複雑化するであろうと戦々恐々であった。また、インターポールは、181カ国をカバーする巨大組織であるため、ユーロポールとの関係も複雑である。

EU加盟国のドイツとの関係は円滑であり、加盟国内でのテロ事件や「ユーロ・マフィア」などの犯罪組織の摘発・撲滅のための情報提供は、インターネットや衛星を使い行われている。

　合衆国へのテロ攻撃と2001年9月20日の司法・内務委員会の決定に続いて、ユーロポールとEU加盟国はユーロポール本部にテロ対策委員会（Counter Terrorism Task Force）を設立し、包括的な対策を実行した。加盟国の警察と諜報機関からの専門家と連絡職員によって構成されるテロ対策委員会は、先例のない協力・共同の実行について同年11月15日には、十分に運用可能となった。

　ユーロポールはまた、7つのEUに加盟していない国、インターポール、欧州中央銀行、薬物と薬物中毒についての欧州監視センター（the European Monitoring Centre on Drugs and Drug Addiction: EMCDD）と協定を締結することでその国際関係を拡張した。一方で欧州警察大学やPCTF、ユーロジャストなどのその他の団体や機構とも密接な関係を維持・向上させた。

　結論として、ユーロポールは、予見できない挑戦に対応したと同時に国際的法執行協力におけるその作戦・戦略的付加価値を確実に、決定的に、向上させてきた。

　2002年年次報告（2002 Annual report: Europol: 2003, pp.9. 尚、この年次報告については、当時の慶應義塾大学法学研究科修士課程平賀祐子院生の全文仮訳を参照した）から「テロリズム」の項目の部分を見ると、「2001年9月11日の出来事の結果は、人的・財政的資源の利用に影響を与え、テロリズムの分野のみならずユーロポールにおけるすべての作戦・論理学的支援活動について事業の再優先順位付けを要求することになった。2001年9月20日、司法・内務委員会は、ユーロポールとthe Counsil General-Secretariatによって提案されたテロリズムとの闘いのための一連の対策を採択した。Councilは、ユーロポール内に対テロ専門家によるチームを設立することを決定した」とある。

　この「テロ対策委員会」は以下の任務を負う。①関連するすべての情報と現在の脅威に関する知見を、時宜を得て収集すること。②収集された情報を分析し必要な作戦的・戦略的分析を行うこと。③得られた情報に基づいた脅威の評価文書の起草を行うこと。④加盟国の安全のために、特にターゲット、損害、

潜在的な手口と結果をリストアップすること。

委員会の最初の成果は、「イスラム過激派」によるテロリズムについてのEU脅威評価文書とテロに関する安全対策のEUによる初の再検討であった。さらにユーロポールによって9月11日以前にすでに作られていたユーロポール爆発物データベースの利用が対策委員会に許可された。このデータベースは爆発物に関する技術的な詳細をも含むものである。その他の対策委員会活動は、基金あるいは財産を没収することによってテロリストの活動を弱めるという目的での「テロ組織」の財政に関する査定や加盟国から伝えられる大量のアラビア語による情報の評価のためのアラビア語から英語への翻訳システムの整備などが含まれる。

9月11日の結果として優先事項に混乱があったにもかかわらず、ユーロポールは対テロに関連したいくつかの成果とサービスを提供した。

ユーロポールの連絡職員と国内の連絡部門とのネットワークを通した加盟国間の対テロ情報の交換は盛んになっている。2001年1月29日から2月2日まで、マドリッドにおいてテロリズムに関する特別会議が催され、いくつかの関連規則が改正された。例えば、「各加盟国内の対テロに関する国家レベルの責務」「加盟国内の対テロ立法」「対テロ（CT）能力／加盟国内の優秀さの中心」などが挙げられる。

2. EU加盟国内におけるマフィア型「犯罪組織」の脅威

組織犯罪の脅威がどのように測られるか。例えば、経済的、政治的、法的あるいは社会的になど、に関係なく、それは加盟国に挑戦する恐ろしい力である。EUの法執行機関が直面している主要な「脅威」としては以下のものが挙げられる。

① 犯罪組織拡大
- EU域内固有の犯罪組織の国際的な活動範囲の拡大
- アルバニア系（コソボ）、コロンビア系、ポーランド系、ロシア系、トルコ系などの少数民族による犯罪組織の拡大
- 新しい犯罪と物や人を供給源国から目的国へと移動させる犯罪組織間の国

際的なネットワークの拡大

② 犯罪類型の多様化と増加
・ 特に薬物に関して、犯行形態の多様化という状況が恒常的に発展している
・ 薬物密売、なかでも合成薬物に関して犯罪組織が大きく関与し、増加している
・ 不法入国への犯罪組織の関与が増加している
・ 「人身売買」への犯罪組織の関与が増加している
・ 盗難車の密売に犯罪組織が依然として大きく関与している
・ 金融犯罪、特にさまざまな形態の詐欺（VAT、間接税）、マネー・ローンダリング、通貨偽造に犯罪組織の関与が増大している
・ 犯罪組織による物品密輸、なかでもアルコールとタバコ、の拡大
・ さまざまな形態の財産犯（知的財産窃盗（IPT）を含む）への犯罪組織の関与の増大
・ 犯罪組織による「伝統的タイプの」犯罪を新しい方法で行うという目的、犯罪を功みに隠蔽する目的、などのためハイテク機器の利用の拡大

3. ユーロポールにおける「人身売買・臓器売買」の調査

わたしは、上記で紹介した新聞や週刊誌の報道が事実であるかを裏付けるべく、2004年3月「人身売買・臓器売買」の実態調査を行った。ユーロポールのストーベック所長によれば、新しい「人身売買」の顕著な方法として、もともと「被害者」であった女性を第一線に立たせ、他の被害女性や子供をリクルートさせるやり方で犯行が実行され、その方法は巧妙化し、潜在化して益々暗数が増加しているということであった。

① 「人身売買」はほとんどの加盟国にとって主要な問題である

「人身売買」は、EU加盟国の主要な問題であるだけでなく、例えば、イタリアでも、著しく増加している。被害者はきまって加盟国間を移動させられるため、グループが目指す目的国を特定するのは困難である。しかしながら、ドイツ、オランダ、ベルギーやフランスが特に狙われやすい。

アルバニア系の犯罪組織は、中東欧のその他の地域（例えば、ルーマニア、ハ

ンガリー、リトアニア、ポーランド）からの組織と共に、特に「人身売買」に積極的である。トルコ、中国、ナイジェリア系の犯罪組織も同様にこの犯罪分野に非常に積極的であり、レバノン、イラン、アゼルバイジャンもきまってこの分野で言及されている。

「被害者」は、一般に同じ国籍を有する犯罪者によって連れてこられる。しかしながら、アルバニア系犯罪組織の被害者は多様であり、特に中東欧の国々から連れてこられる。被害者の大半は、通常中東欧（アルバニア、バルカン諸国、ロシア）、アフリカ（ナイジェリア）、ラテンアメリカ（ブラジル）、アジア（タイ）から来ている。

被害者はセックス産業で働くことになることを知っているが、自分達がこれからその下で雇われることになる過酷な条件については認識していない。いくつかのケースでは、誘拐されたばかりの段階（recruitment stage）で、女性に対して（いくつかのケースでは「子供」に対して）、暴力がしばしば用いられる。

② 児童ポルノは隠れた組織犯罪問題である

「児童ポルノ」は、依然として犯罪組織の仕業であるとともに、個人がネットワークによって実行する分野である。しかしながら、こうした「児童ポルノ」を扱うメンバーの中には、彼ら自身が「幼児性愛者」だからではなくむしろ「児童ポルノ商品」を流通させることによって得られる利益のために、この分野に関心を持っている者達が多いと報告されている。

4. 「パシフィック・ポール」の設立の必要性

国際的な「テロ撲滅策」の1つとして、「ユーロポール」の提案で「アラブ・ポール」の設立が新たに準備されているとのことであった。アジア諸国への提言として、タイの外務大臣の発案で「環パシフィック・ポール」の設立が企画されているとの情報も聞くことができた。

もう1つの課題は、「インターポール」と「ユーロポール」の軋轢の問題がある。

わたしに対応してくれたのは、オーストリア人の若い所員（法律家）であった。彼の意見として、「インターポール」は181カ国をカバーしているので、

政治・宗教・人種などは際限なく、情報も混沌としている。それに対して、当時加盟15カ国の小規模のユーロポールにはそういった加盟国間の軋轢の問題はない。しかし、インターポールとユーロポールの関係というのは、国連レベルの問題とヨーロッパ・ユニオンとの問題であって、そこに様々な軋轢があって、両者間の情報交換も必ずしもうまくいっていないという感想を率直に語ってくれた。

[4] ドイツにおける1990年東西ドイツ統合までの「テロ事件」の特徴とその原因——ドイツ赤軍派の終焉とユーロ・マフィアの登場

(1) ドイツ赤軍派の登場と終焉

わたしが、ミュンヘン大学のアルトゥール・カウフマン教授の主宰される「法哲学」研究所に2年2カ月に亘り留学していた1975年という時代は、ドイツ各地でまだ大学紛争の余韻が漂い、若い教授達は、ノーネクタイのTシャツ姿で講義する光景もまだ残っていた。前掲拙稿「政治と女性犯罪」（1987年）では、西ドイツ赤軍派のリーダーであったウルリケ・マインホーフ（Ulrike Meinhof）とグドゥルン・エンスリン（Gudrun Ensslin）それに日本赤軍派リーダーの永田洋子の3人の女性テロリストの比較研究を行ったものである。留学期間も終わり、帰国の準備をしていた1977年には「日独赤軍派」による2つの好対照とも言える「ハイジャック事件」が発生した。

1. 日本赤軍によるハイジャック事件

ダッカ空港ハイジャック事件（バングラデシュ・1977年9月28日）パリ発羽田行きの日航機がボンベイ空港を離陸後、日本赤軍の丸岡修・和光晴生・佐々木規夫・坂東國男・戸平和夫の5人のメンバーによってハイジャックされ、獄中同志の解放と600万ドル（約16億円）を日本政府に要求した。この要求金額は、奥平剛士・岡本公三らによる72年5月のテルアビブ空港乱射事件で日本政府がイスラエル政府に支払った見舞金とほぼ同額のものであった。日本政府は、この時も、「超法規的措置」として16億円を支払うとともに、東アジア反

日武装戦線の大道寺あや子、浴田由紀子、赤軍派の城崎勉、一般刑事犯の泉水博・仁平映の2人を釈放した。乗客は、アルジェリアのダニエル・ベイダ空港で全員無事解放された[1]。

2. 西ドイツ赤軍派（RAF=Rote Armee Fraktion）のハイジャック事件

西ドイツ赤軍派は、1977年10月13日、ルフトハンザ機を乗っ取り、バーダー（Andreas Baader）やエンスリン（Gudrun Ensslin）らの釈放を要求したが、ドイツ政府は、飛行機が強行着陸したアフリカ中南部ソマリアのモガジシオ空港に、特殊部隊GSG9を派遣して、18日未明、機内に突入させ、赤軍派の3名を射殺、1名を逮捕して、人質を全員釈放した。同志による救出作戦が失敗に終わったことを知った、アンドレアス・バーダー（ピストル）、グドゥルン・エンスリン（首吊り）、ラスベ（ピストル）らは、10月17日から18日にかけて同日獄中で自殺した[2]。

3. ユーロ・マフィアの登場――西ドイツ赤軍派の終焉とニュー・マフィアの登場

前述のように、1970年代後半に、極左グループの西ドイツ赤軍派が終焉を迎えるとともに、1980年代に入ると、「ネオナチズム」などを標榜する極右グループが台頭してきた。1982年のミュンヘン・オクトーバーフェスト（毎年9月末から10月初めに行われる通称「ビール祭」）におけるネオ・ナチによる爆弾テロ事件で、一気に極右グループの存在が注目された。しかも、若者がこの極右グループを形成しており、それが東西統合後の「外国人排斥運動」の中核になっていった[3]。

わたしが、拙著『組織犯罪の研究―マフィア、ラ・コーザ・ノストラ、暴力団の比較研究』を出版した時代のドイツにおける「組織犯罪」の状況は、1970年代後半に前述のように、西ドイツ赤軍派の勢力が弱くなるとともに、経済不況の恒常化の中で、新しいタイプの犯罪組織の台頭が目立ちはじめた。これが、「ニュー・マフィア」と呼ばれるものである。

4. ドイツにおける「ユーロ・マフィア」の実態

　1998 年 11 月 20 日ドイツ・ザール大学の 50 周年記念大学祭のメイン・イベントとして慶應デーが開催され、記念シンポジウムが行われ、わたしは、慶應グループの代表として出席し、「日本における暴力団と政治家の癒着とその解決策」というテーマで報告した[(4)]。

　また、イギリスでの調査に続いて、ドイツでの「ユーロ・マフィア」対策について若干調査を行った。

　わたしは、「現場主義」を研究の基本としているので、日独の「組織犯罪」の現状と問題点を比較するため、このシンポジウムでの報告の前にヴィースバーデンにある連邦警察局（BKA）を訪ね、連邦レベルから見た「ドイツにおける組織犯罪とユーロ・マフィア」の現状についていろいろと貴重な情報を得た。また、丁度、新しく連邦の内務大臣になったシリー（Schily）氏の講演を聴くことができた。その講演は、まさに刑事政策の現代的課題を殆ど網羅しつつかなり攻撃的な内容のものであった。もちろん、そのなかでもユーロ・マネーが 2002 年の 1 月からいよいよスタートするのにともない当然混乱する金融市場を舞台に犯罪組織が暗躍することを憂慮してドイツ国内での被害を最小限に押さえるために各州の警察関係者は効果的な捜査協力をしていくべきであると厳しく要求するものであった。

(1)　事件・犯罪研究会編『明治・大正・昭和　事件・犯罪大事典』（1986 年）481 頁以下。
(2)　拙稿・前掲論文「政治と女性犯罪」229 頁。なお、独文のものに、Katoh, Hisao, Zu politisch motivierter Frauenkriminalität -Eine vergleichende Untersuchung über japanische und deutsche Terroristinnen-. In: Fest. f. Schüler-Springorum, S.173-187.）。
(3)　オビット・デマリス・大江舜訳『ザ・テロリズム』（1983 年）203 頁以下。
(4)　拙著『組織犯罪の研究―マフィア、ラ・コーザ・ノストラ、暴力団の比較研究』（1992 年）。Katoh, Hisao, Die Besonderheiten und die Ursachen organisierter Kriminalität in Japan am Beispiel der Boryoku-Dan und unter Berücksichtigung der Verflechtungen zwischen Politik, Wirtschaft und den Boryoku-Dan. In: Rüssmann, H.(Hrsg.): Keio Tage 1998, 2000, S.15-27.

(2) ドイツにおける「テロ事件」の現状とその原因・対策に関する実態調査の概要

以上のような問題意識から、後述するような「旅行日程」により、2001年9月11日のアメリカ合衆国におけるいわゆる「同時多発テロ事件」以後のドイツにおける「テロ対策」としてのドイツ刑法129b条の新設や「団体規制法」（結社法）の改正、その適用・運用状況を中心に調査を行った[1]。

本節では、後述注(3)の谷口論文や小島論文などの優れた既存の研究報告がすでに発表されているので、できるだけ重複を避けて、今回聞取り調査した「憲法擁護庁」・「連邦情報庁」・「ユーロポール」のテロ対策課などで入手した情報や治安機関の現状などを中心にして概観し、紙数の制限もあるので、更に詳細な報告は後日を期したい。

現在、ドイツは、Berlin州、Bremen州、Hamburg州のいわゆる都市型州が3州とBaden-Bürtemberg州、Bayern州、Brandenburg州、Hessen州、Mecklenburg-Vorpommern州、Niedersachsen州、Nordrhein-Westfalen州、Rheinland-Pfalz州、Saarland州、Sachsen州、Sachsen-Anhalt州、Schleswig-Holstein州、Thüringen州などのいわゆる広域型州が13州、合計16州よりなる連邦制を採っている。現在のドイツにおける情報機関としては、以下のようなものがある[2]。

連邦刑事局（Landeskriminalamt in Wiesbaden und Meckenheim）

連邦国境警備隊（BGS）

憲法擁護機関（Verfassungsschutzbehörde）

連邦情報庁（BND）

旧東ドイツの国家保安省

そして、16州全てに「州の憲法擁護庁」があり、「連邦憲法擁護庁」と合わせて、17カ所の憲法擁護庁がある。ただし、憲法擁護庁年次報告書は、Bremen州とNiedersachsen州にはなった。従って、本調査では、15冊の年次報告書の分析も合わせて行った。

1. ドイツのテロ対策から何を学ぶことが出来るか

さて、結論を先取りして、本調査から「ドイツのテロ対策から何を学ぶこと

が出来るか」について、以下の諸点を指摘しておきたい。
①法治国家を守るための法的手段によるテロとの闘争
②キリスト教とイスラム教の「宗教代理戦争」化の背景にある欧米社会の歴史の理解
③テロ問題もマフィア問題（オウム問題も暴力団問題と同様に）もいずれも背景に民族問題がある
④平和な法治国家の確立には潤沢な資金の投入と人材の育成システムの確立――宗教教育・民族問題教育をどう行うのか――「ナチス犯罪」を正面から捉えた歴史教育から多くを学ぶ必要性
⑤情報機関と捜査機関の緊密なネット・ワーク作りが具体的に実施されている方法を学ぶ
⑥9・11以降の欧米におけるテロ関連法規の迅速な改正と情報機関設立の重要性の再認識
⑦わが国では、刑法・刑訴法などの基本法を抜本的に改正して、現代型・国際型の「テロ犯罪撲滅策」を具体化する必要性

2. 今回の調査の目的

今回の調査では、「ドイツにおける団体規制法（結社法など）は、テロ団体のみを対象としているわけではないので、これまでテロ対策という視点からの研究がなされていない。そこで、テロ対策という視点から9・11米国同時多発テロ事件後の動向を中心に、結社法改正の経緯および内容並びに同法の手続、処分及び運用状況等につき研究する」ことを目的とした。

① **具体的調査内容**
  1) テロ防止を行う各機関の権限（特に憲法擁護庁に認められた調査手段）および各機関相互の関係
  2) 9・11米国同時多発テロ事件以降の組織改編の有無およびその内容
     ○ ドイツにおけるテロ対策の一環として、2002年1月1日付けで連邦憲法擁護法などの改正の状況
     ○ テロ対策 →「連邦憲法擁護庁法」などの改正の内容およびその

経緯・理由
② 結社法等の内容および運用状況
　1) ドイツにおける団体規制法（主として結社法）
　　○ テロリズム防止法（1976、1986年）
　　○ 同法は団体規制法ではないが、「テロ団体結社罪」などを定めている（刑法129a条）。結社法に基づく禁止（解散）の要件の1つに「刑法違反の目的又は活動」があるので、この点で結社法との関連を有する。　→外国結社に同刑法129a条の適用を定める刑法129b条が新設されたが、同措置は「テロリズム防止法」の改正に基づくものか確認をする。
　　○ 組織犯罪対策法（1992年）、犯罪対策法（1994年）の改正の状況。
　2) 結社法の規制主体
　　○ 連邦および州の内務大臣　→行政委員会ではなく独任制機関とした理由、その問題点
　3) 結社法の規制要件：基本法上の禁止結社（基本法9条2項）
　　○ 外国における結社については、その組織または活動がドイツ国内に及んでいる場合に限り活動禁止をなし得る（18条）。　→外国における結社について、上記要件を定めた理由および「組織又は活動」の具体的内容の検討。その組織または活動がドイツ国内に及んでいない「外国におけるテロ結社」に対し活動禁止を行わない理由、その問題点
　　○ 構成員の行動が結社の活動または目的と関連性がある場合などに当該結社の禁止をなし得る（3条5項）。　→当該措置を可能とする法的根拠。取消訴訟などで問題とされていないか
　　○ 危険性を明示の要件としていない。　→禁止の本質は「保安処分」か。犯罪を実行した場合と実行していない場合で相違はあるのか。「保安処分」であれば、危険性を明示の要件としない理由
　4) 結社法の規制内容・効果
　　○ 禁止（解散）──代替組織結成等の禁止および団体財産の押収、

没収、清算（8条〜13条）　→ドイツでは、対外経済法に基づく命令で資産凍結が行われているが、結社法による解散との関係如何（前者では足りない場合に、後者を行うのか）

○　外国結社については、禁止（解散）に代えてドイツ国内での活動禁止

○　禁止結社の構成員に対する出入国規制について結社法には規定がない。　→禁止結社の構成員に対する出入国を規制する法律の存否および内容

5)　結社法の規制手続

○　対象団体への事前手続（告知・聴聞等）はない。　→事前手続を要しない理由、その問題点

○　官報公示および命令の送達　→外国結社については禁止（解散）に代わる活動禁止命令を対象団体に送達せず、官報公示のみとしていると思われるが、その理由

○　取消訴訟　→外国情報機関からの入手情報など秘密情報の取扱い如何。2001年12月20日付けで改正された行政裁判所法99条で「インカメラ手続」などが採用されたが、「インカメラ手続」の対象となった情報を証拠として採用できるかどうかの確認

6)　結社法の改正

○　ドイツにおけるテロ対策の一環として、2002年1月1日付けで結社法が改正されている。　→結社法改正の経緯、理由

7)　結社法の適用事例、運用状況

○　これまで結社法の適用事例が多数認められるが、同法がテロ結社のみを対象としているわけではないので、テロ結社および外国におけるテロ結社への適用という視点から整理されていない。

○　9・11米国同時多発テロ事件後、テロ団体への適用がなされているか。　→2002年8月5日、ドイツ国内における「アルアクサ関連団体」について禁止（解散）がなされた由であるが、当該団体およびその活動の実態について調査

243

○ テロ団体に対する結社法の運用状況およびその成果 →成果が上がっていると評価されているのか。成果が上がっている理由または上がっていない理由は何か。また、運用上問題とされている点は何か

③ 刑法の改正

1) 各則編の第7章の目次において「129a条テロリスト団体の編成」の記述の後に「129b条外国における犯罪的及びテロリスト団体の編成；『拡張的追徴』及び没収」の記述を挿入する。

2) 129条1項において「宣伝し（wirbt）」という文言の前に「構成員又は支援者を（um Mitglieder oder Unterstutzer）」という文言を挿入する。

3) 129a条3項において「宣伝し（wirbt）」という文言の前に「構成員又は支援者を（um Mitglieder oder Unterstutzer）」という文言を挿入する（筆者注：本条2項と同様）。

4) 129a条の後に、次の129b条を挿入する。

「129b条外国における犯罪的及びテロリスト団体の編成；拡張的追徴及び没収

（1） 129条及び129a条は、『外国における団体』においても適用する。その行為が欧州連合の構成国外の団体に関連したものであるのならば、本法の場所的適用範囲を通過するかたちで活動の実施が行われた場合又は行為者若しくは被害者がドイツ人であるか内国に滞在している場合においてのみ、これらの規定は適用される。第2文における場合、その行為は、連邦司法省の委任を持ってしてのみ、訴追される。当該委任は、具体的事件について又は特定の団体に関連した将来における団体の活動についても一般的に与えることもできる。委任についての裁決に際して、当該省は、その団体における目標実現というものが、『人間の尊厳』を尊重する国家的秩序に対抗し又は民族の平和的共存に対抗するものに向けられており、かつ、全ての考慮すべき事情において非難すべきものと思われるか否か、を検討する。」（神馬訳）

(3) 「ドイツにおける最近のテロ関連諸立法の現状」に関する聞取り調査

「ドイツにおける最近のテロ関連諸立法の現状」に関して、ユーロポール、ドイツの情報機関の関係、ドイツにおけるテロ事件の現状とその原因・背景、調査事項の説明、2001年9月11日のアメリカ合衆国「同時多発テロ」以降の、ドイツにおけるテロ対策としての刑法129b条の新設、その適用・運用状況などに関して聞取り調査を行った。

また、「ドイツにおける最近のテロ関連諸立法の現状」については、当時慶應義塾大学大学院法学研究科後期博士課程1年の神馬幸一君（現静岡大学人文学部法学科准教授）が、文献を調査し、改正法についても、翻訳をしたので、以下では、それを中心に報告する[3]。なお、このドイツにおける立法状況に関して、紹介したものに以下のような資料が有り、本報告の翻訳・紹介でも、それらを参照した[4]。

1. 連邦憲法擁護庁（11月21日（木）14時〜17時）

Herr Frauenrath, Ralf und Frau Beaumart, Annette

Bundesministerium des Innern（Hrsg.）: Verfassungsschutzbericht, 2001.

「連邦憲法擁護庁」は、ケルン市近郊にある。ここでは、女性1人を含む3人の法律家が対応をしてくれた。ここでは主に、連邦憲法擁護庁というのは、どういう役割をしているのか。各州との間で、どういう関係にあるのかということを中心に質問した。

連邦憲法擁護庁と対応するのは連邦刑事局で、各州の憲法擁護庁に対応する捜査機関は州の警察局ということになっていて、連邦レベルでは、何が「連邦犯罪」となり、或いは諸外国との対応で何が連邦の問題であるかを決めることになる。そのため外国での情報収集のために、約1,600人くらいが連邦憲法擁護庁の職員として活動している。ここの本部では、約1,200人の職員がいる。

ここでも、ただ単に情報を収集し、分析評価するという仕事が中心課題であることは変わりない。しかし、「連邦憲法擁護庁」なので、州の憲法擁護庁に指揮命令権を持っているかと質問したが、そういう権限は無いということであった。

ドイツでは、「ユーロポール」との折衝関係、情報交換というのは、州の連邦憲法擁護庁が直接やるわけではなくて、これもやはり「連邦憲法擁護庁」が行っている。そのユーロポールには各国から何人かの精鋭が、オランダのデン・ハーグにあるユーロポールに出向をしており、そこでも自分の国と諸外国との連絡を行っている。
　この「連邦憲法擁護庁」は、擁護庁自身が何か具体的に犯罪を摘発するなり、そういう情報をターゲットを絞ってやるということは少ない。そのためターゲットを絞って実際に情報活動を展開するというのは、やはり州の憲法擁護庁が行っている。連邦憲法擁護庁の主な役割は、州と州の間の調整役、或いは各州の責任者・関係者を集めて、ドイツ全体の治安の維持、或いはテロ事件に関する情報交換をするという、その要の役を果たすことである。

2. ベルリン憲法擁護庁（11月20日(水)11時〜13時）
　　Herr Rhode, Mathias（Referatsleiter Grundsatz, Recht und Öffentlichkeitsarbeit）
　　Senatsverwaltung für Inneres（Hrsg.）: Verfassungsschutzbericht, Berlin 2001.
　ドイツでは東西が統一された後、ベルリンに首都が移転した。ボンからベルリンに移り、どこの国でも、東京をはじめパリ或いはワシントンDC、ロンドンなどの大都会には様々な人が集まる。ベルリン市は、ブランデンブルク州に囲まれた、16州の中でもいわゆる都市型州といわれるもので、都市型州にはかってのハンザ都市であったブレーメン市であるとか、ハンブルク市といった都市があり、これも州扱いされている。他の13州は、広域型州といわれる州である。
　「ベルリン憲法擁護庁」では、東西のドイツ統一後の特殊な事情からくる治安の面での問題が多いのではないかということで、それに関する情報を中心に質問した（詳細は、Senatsverwaltung für Inneres（Hrsg.）: Verfassungsschutzbericht, Berlin 2001を参照）。
　さて、ベルリン州の憲法擁護庁では、先ず、ベルリンで一番問題になっている、かっての東ベルリンであるとか、東ドイツの人達が相当の割合で失業状態になっているので、治安対策に問題があるかどうかについても質問した。

訪問時は統一されてから 12 年経っていたのに失業状態が一向に解消されず、統一の時に約 1,600 万人近くあった旧東ドイツの人口が 1,000 万人を切るのではないかと言われるくらい、人口が西側の方へ流動してしまって、東ベルリンの周囲にいる人達は仕事がなく、そういったことが社会の不満分子の一翼を形作っている。かって、東ドイツ側の情報機関として活動していたが、統一後解散され職を失くして、犯罪組織に走った「シュタジー」という旧東ドイツの情報機関（スパイ組織）の職員が旧ソ連の KGB の失業者（ロシア・マフィア）と一緒になり、東ドイツに季節労働者として来ていたベトナム人の「ベトナム・マフィア」――このグループはもともとタバコを売り買いしていたので「シガレッテン・マフィア」と言われる――などの 3 つグループが結びついて、いわゆる「ユーロ・マフィア」という新しい犯罪組織を形成した。この 3 グループに「イタリア・マフィア」の一部が結びついて、4 つの大きなグループが、新しい「ユーロ・マフィア」という犯罪組織をつくっている。

　さて、90 年代にかけて「ドイツ赤軍派」の終焉と共に、「ユーロ・マフィア」が登場してきた。現在ベルリン市では「マフィア型組織犯罪」グループが拡大し、これを放っておくと、「反政府勢力」になる可能性があり、従って、この対応がベルリン市の憲法擁護庁の 1 つの大きな仕事になっている。

　ドイツでの今回の調査で明らかになったのは、9・11 同時多発テロ事件以降は完全に「イスラム原理教」と「キリスト教」との「宗教代理戦争」になってきている。わが国も、「旧オウム真理教」への破防法の適用が見送られたため、全面解散がなかったので、将来、こういった宗教テロが起きる可能性が大きいと言えよう。

　ベルリンには、その背後に東西ドイツ人の葛藤、軋轢の問題、差別の問題、失業の問題という深刻な社会的不安定要因があり、特に慎重な対応が必要で、西ベルリン側では、特にトルコ人のイスラム系の労働者が失業した場合に、そういった不満分子に成り変わる可能性があるのではないかと懸念されているとのことであった。ドイツにおける「イスラム教徒」の動きというのが、今後のテロ問題に大きな影響を与えてくるとの認識で取り組んでいるとのことであった。

第1節 「確信犯」的テロリストに対する刑事政策的対応を中心にして

　また、ベルリンではそういった意味で、重要課題として「イスラム原理主義者」への慎重な対応が問題である。もう1つのベルリンでの重要問題は、「自由主義論者」（オートノミー）と言って、宗教からも政治からも、イデオロギーからも「自由」をモットーとするグループの者がかなり多く在住しているし、そういうグループの者達の支援者がドイツ全国から首都ベルリンへ向けてやってくる傾向ができている。かってのヒッピー族は、あまり暴力を伴わない、麻薬をやって桃源郷に入って、既存の資本主義社会から離れて、ベルト・コンベアーに乗るような人生から、ちょっと足を外すというような人達が多かったけれども、この「オートノミー」という、自由主義論者達は、付和雷同的にいろいろな不満分子の人達と簡単に結びつき、特に、5月1日のメーデーの日に、労働者のグループと結びついて大きなデモをしたりする。そのデモをやっている最中に、いろいろなグループが喧嘩を仕掛けるとか、或いは刺激をすると、そこで喧嘩になり暴力沙汰になって、群集心理が相乗的に働き暴動みたいなものに発展して、停めてある車や商店に放火をするといったような蛮行が行われることがしばしば起きている。こういった「自由主義論者」というのは、ドイツ全体に当時約6,000人近くいて、そのうちベルリンには1,200人ほどいると言われていた。バイエルン州にもそういう「自由主義論者」が400人ほどいて、そういった連中が集会をする時には、過去にそういう行為をやっているので、「集会は禁止」されているが、メーデーの集会のため全国から集まって来てデモをやり暴れるということが続いたため、デモに対する厳しい規制が行われている。しかし、それは、憲法の「集会結社の自由」に反するのではないかと質問した。「そうではない、過去に暴力沙汰を起こしている者に対して規制をする、非常に厳しい条件を付して、事実上集会を開かせないというのは、これは憲法で保障された基本的な権利である」といった論理で、バイエルン州ではそういったグループの集会が禁止されている。

　しかし、ベルリンでは、未だそういった人達の集会が行われている。5月1日は、特にそういうグループの人達のイベントということで、全国から自由主義者が集まってきて、最初は静かに行進をしているのだけれども、そこで、麻薬をうったり、ロック音楽をやったりしながら次第に興奮状態に陥って騒擾に

繋がるというような問題が起こっている。そういう不穏な現象があっても、「憲法擁護庁」というのは、あくまで情報収集機関なのであり、その捜査、逮捕権を持っていない。ここでは、情報のみを収集するだけである。そして、その情報を分析し評価をすることだけがその任務になっている。その評価で、犯罪或いはテロ行為の危険性が非常に高いと思われる分析結果を得た場合には、直ちに刑事局の方に通報しなければならない。しかし、何度もしつこく質問したが、例えば、テロ行為などの場合は、通常そういった過去を持たない人が多いので、「電話の傍受」をはじめとした様々な情報活動をやった結果、そのまま更に踏み込んで捜査をした方が良いのではないかと思われても、これは必ず捜査機関に連絡して、言ってみれば手柄を向こうに譲ってしまうというようなところがあり、情報もできるだけ小出しにする的なところが無きにしも非ずというようなこともあるというのが現状のようであった。しかし、ベルリンでは、この憲法擁護庁と市の警察局が特にテロ対策に関しては、共同で捜査・情報収集活動、人事交流などを非常にスムースにやろうというような試みが行われていることが、他の州と比べると1つの特徴になっている。

3. ベルリン・テーゲル刑務所と「社会治療」部門の見学（11月20日（水）14時〜17時）

午後は、いわゆるかって西ドイツの赤軍派のテロリスト達が収容されていた「ベルリン・テーゲル刑務所」を見学した。

結論から言えば、現在は、かっての西ドイツ赤軍派のテロリスト達は全て釈放されており、当時ドイツの刑務所にはそういった政治犯やテロリストといった受刑者は収容されていなかった。

しかし、ドイツでは、将来を見越して、わたしがドイツでこの35年間研究に携わってきた「社会治療処遇」や「社会治療施設」モデルを、こういった「政治犯的テロリスト」や「凶悪人格障害犯罪者」に適用して、できるだけ社会復帰させるような方向でもっていこうという刑法改正が1998年に行われた（これにつき、拙稿「21世紀のわが国における矯正処遇を展望する」刑政（2003年）114巻4号23頁以下）。この法改正と共に、かってテロリスト達がよく適用されて

いたいわゆる「保安監置処分」という刑法66条の「性癖」(Hang)・常習的な「人格障害犯罪者」に対する刑事制裁制度も同時に改正され、「再犯の危険性」が消失するまで「無期限」に拘禁できるようになった[5]。

ところで、ドイツでは、憲法102条により「死刑」が廃止されている。凶悪な無差別テロ犯罪を引き起こすようなテロリストや犯罪組織のメンバーの刑事施設での処遇の実態を把握するため、ヴィースバーデンでは、犯罪学中央研究センター所長のエッグ氏を訪ねて最新の「社会治療施設」の現状と問題点についてレクチャーを受けることができた。エッグ氏とはビーレフェルト大学の統合科学研究所における2カ月の合宿研究会でいわゆる「社会治療施設に関するビーレフェルト・モデル」を一緒に作成して以来およそ18年振りの再会であった。

ドイツでは、前述（本書第1編）したように、「性的常習犯罪者」が「アイケルボン事件」や「ナタリー事件」などで幼い少女を強姦して殺すという事件が頻繁に起きたり、最近もやはり2人の少女がつぎつぎと強殺されるという事件が起き、1998年には、刑法の傷害罪や性的濫用罪が改正され、重罰化された。

しかし、長期刑を科して「犯人の（社会的）無害化」を待つだけの刑事政策だけではなくて「人格障害」でかつ「性的常習犯」に対してこの「社会治療」を施して、徹底して処遇していこうとする刑事政策の下で、1985年の刑法65条の削除後一時衰退したかに見えた「社会治療」処遇モデルがここに来て俄に復活してきた。その証拠の1つに行刑法9条が大幅に改正されたことである。それによれば現在16州に増えたドイツの各州は少なくとも1カ所の「社会治療施設」を持ち社会治療を施すことを勧告している[6]。

4. バイエルン州の刑事警察局・憲法擁護庁・連邦情報庁（11月25日（月）9時～13時）

Herr Vöst, Richard:（Leitender Kriminaldirektor: Bayerisches Landeskriminalamt-PolizeilicherStaatsschutz Abteilungsleiter）

Herr Bihler, Robert:（Pressesprecher: Bayerisches Landesamt für Verfassungsschutz）

Herr Dr. Schneider:（Bundesnachrichtendienst: BND）

Bayerisches Staatsministerium des Innern（Hrsg.）: Verfassungsschutzbericht, 2001. Jahresbericht des Landeskriminalamts, 2001.

　次に、ミュンヘンでは、9時から13時の4時間の間に、バイエルン州の刑事警察局、憲法擁護庁と連邦情報庁の3つの庁の関係者に聞取り調査をした。バイエルン州の刑事警察局の中には、「公安テロ対策課」がある。そして、刑事局の刑事課にも、もちろん「テロ対策課」がある。それは、例えば、刑法129条（犯罪団体結社罪）、129a条と同b条（政治団体結社罪）の両方どちらが使われようとも、使われる時には既に犯罪が発生している、或いは構成要件に該当する行為が認知されているので、この場合には刑事局が出動することになる。このように刑法が適用される時には既に情報局の方は次の仕事にかかっているという役割分担が決められている。

　しかし、「麻薬犯罪」のように、犯罪組織が行う犯罪はずっと恒常的に行われ、最初誰かが逮捕されてもまた次のメンバーがまた犯罪を受けついで繰り返すのである。特に、「マフィア型犯罪組織」は、まさに各種犯罪のデパートみたいなところがあり、いろいろなタイプの犯罪を行っている。麻薬の方で捕まったから、今度は「人身売買」をやるとか、自動車窃盗でやるとか、或いは武器密輸をやるというように、1つの組織がいろいろな犯罪を行っている。そういった「マフィア型犯罪組織」がテロ組織と結びつくという場合もあり、そういった状況を考えると、このケースは情報局、他のケースは刑事局というふうに簡単に振り分けてやるのは捜査上非効率ではないかということで、バイエルン州では州の刑事局の中の公安課と刑事課が密接な連絡チームを作っている。

① バイエルン州の憲法擁護庁

　州の憲法擁護庁の主な任務は、バイエルン州全体の治安維持活動である。バイエルン州では、外国人の犯罪者が多くて、バイエルン州というのはイタリアとオーストリアに国境が接しており、フランス、スイスといったところに非常に近いところに位置するので、外国から、例えば、バルカン半島で紛争が起きれば難民が大量に入ってくる。或いはルーマニアであるとか、ブルガリアであるとかいうところから、車で来られるような地理的条件のところである。

第1節　「確信犯」的テロリストに対する刑事政策的対応を中心にして

　バイエルン州には、オリンピックを開催したガルミッシュパルテンキルヒェンに、いまだにアメリカ軍が駐留している。そこのアメリカ兵が、ドイツの若者に麻薬を横流しているというようなことがあって、アメリカ兵などが、ドイツの極右の連中と結びついて何かやるのではないかということを質問したところ、極右グループというのは正にドイツ国粋主義者の集りで、アメリカに敗北をして、「敵国のアメリカ野郎」ということで、ドイツの極右の連中はアメリカ人に対して最も憎悪感をもっているので、極右グループとアメリカ兵が結びつくということはあり得ない。むしろアメリカの基地に対して、極右が出て行け運動をやる可能性は大いにあるということであった。

　この面談で、一番興味深く思ったのは、実務の話で、バイエルン州では約1,200万人の人口のところ、100万人くらいが外国人、つまり約1割が外国人である。そういうことで、空港の職員であるとか、税関の職員であるとかの人達の中にも「イスラム教徒」がいて、ドイツ在住の外国人は、本来は非常に真面目で、多くの人が10年以上ドイツにいてドイツの国籍も取得し、ドイツ人として働き、税金も払っているが、そういう外国人の職員の一部の者が「イスラム原理主義」のテロ活動を支援したり、手引きをしたり、或いは荷物検査の所で見逃したり、目こぼしをするということがあり得るということであった。

②　バイエルン州刑事局公安課

　バイエルン州の刑事局、憲法擁護庁の方でも、「ブルーメン・マフィア」というグループに注目していた。「ブルーメン」というのは、ドイツ語で「花」の意味である。日本でも、時々レストランで花売りの少女であるとか、花売りの人がいるが、ドイツのレストランにいると頻繁に、そうした花売りがやってくる。それは皆、背後に「マフィア・グループ」、特に、「アラブ系のマフィア・グループ」などの犯罪組織が背後にいるということがいわれている。そういう者が多くなると、そういう「マフィア」型の犯罪組織がミュンヘンに入って来たなとか、この地域に入って来たなということがわかる。日本でも同じように「ピーナツ」とか、「レンタル植木」、「おしぼり」などの売り手や業者がいるが、その背後に暴力団の「みかじめ料」の請求の代わりに、そういう商売があると紹介したら大笑いになった。

ミュンヘン市内の「チャイナ・レストラン」に、「香港マフィア」とか、「上海マフィア」などのボスが、ミュンヘンの中華店主を集めて、そこでいろいろなイリーガルな物を売らせたり、強制的に押し売りしたりするケースもある。

ドイツでは、憲法擁護庁の年次報告では、「自動車窃盗」というのが非常に多く報告されている。

これはよくいわれる話で、ポーランドのワルシャワの街が何気なくテレビに映ると、車のバックナンバーの約50％はドイツからの盗難車であると言われるくらい、何の抵抗もなく、船に乗せるということもなく、今はEUになり国境もないので、「自動車窃盗」が横行して日常化している。また、ある時に、ベンツの新車がミュンヘンのレストランの駐車場から忽然と消えて、1週間後にアラブの石油王が庭でそのベンツを得意気に洗車をしていたといった話も聞いた。そこには、窃盗団、解体業者、輸送業者、組み立て業者、販売業者、それは全部マフィア型「犯罪組織」が牛耳っているけれども、全部別々のグループになっている。日本の暴力団は、デパートのように何でも利益のあるものには、1つの組が全てをやるが、ドイツの犯罪組織は、犯罪類型ごとにグループ化されているのが特徴である（詳細は、拙著・前掲書『組織犯罪の研究―マフィア、ラ・コーザ・ノストラ、暴力団の比較研究―』（1992年）7頁以下）。

③ 連邦情報庁（BND）

連邦情報庁（Bundesnachrichtendienst）は、イスラム原理主義者の海外での活動に特化された情報機関である。そのBNDは、プーラッハというミュンヘンから30kmばかり離れた郊外にある大きな施設で、そこに約2000人の職員を配置している。このBNDは、全世界に5,500から6,000人近い職員を配置し情報活動を展開している。ベルリンが首都になりイスラム問題を抱えることになったからその1,000人がプーラッハからベルリンの方に移動するといわれている（詳細は、小島・前掲論文「ドイツの治安機関の概要（2）」74頁以下。Vgl. Peter F. Müller & Michael Mueller, Gegen Freund und Feind. Der BND: Geheime Politik und schmutzige Geschäfte, 2002. Andreas von Bülow, Im Namen des Staates. CIA, BND und die kriminellen Machenschaften der Geheimdienste, 7.Aufl. 2002.）。

この「連邦情報庁」は、他の連邦情報機関の縮小廃止を求める声もあったが、

第1節 「確信犯」的テロリストに対する刑事政策的対応を中心にして

9・11同時多発テロ事件以降むしろ情報機関の充実が図られ復活したと言われる。わが国においても公安調査庁の役割・機能を大きくしテロ活動を未然に防止する施策が求められている。例えば、日本でも「地下鉄サリン事件」のような全世界に影響を与えるような大事件や拉致事件などの日本の主権を侵害するような事件が起きる可能性は大きく、やはり情報機関の充実は焦眉の急と言わねばならない。

ドイツも言ってみれば、BNDが息を吹き返したのは、まさに9・11ニューヨーク・テロ事件のお陰であると言われている。いずれにしても、この「連邦情報庁」は、現在は「イスラム原理主義」を中心に情報収集活動を展開している。そこで何が一番難しい問題かと言うと、結局ケニアのテロもそうであったように、情報活動というのは非常に抽象的なところで終わらざるをえないのである。具体的にテロ行為があると認知されると、もう情報庁の仕事ではなくなる。ということで、どの情報機関も、自分たちの仕事の成果が目に見えない。そして国民は、逮捕したその現場にいる警察官であるとか、チェチェンの時もそうであったが、人質を解放した部隊であるとか、そういう救援に命がけでやったということばかりが評価を得ることになる。例えば、マスメディアなどは、好んでそういう現場に行って、そういうところで働いている人達にインタビューをする。ところが、情報局の職員の場合は、テレビに顔を出すわけにはいかず、そういう意味では、「黒子の存在」でもある。もう1つは、やはり現代社会の情報戦争というのは、ハイテクを利用して、情報収集活動ができる非常にハイレベルの収集技能・技術、専門家を養成していかなければならないのと同時に、いわゆるマンツーマンとか、従来の秘密捜査員、秘密情報員であるとか、伝統的な情報収集活動を併せてやっていかなければならない。このBNDも衛星を使って、情報活動を全世界的に展開しており、そのように情報収集活動も変化している。

また、バイエルン州にある連邦情報庁（BND）は、首相府直轄の情報局である。このBNDの活動は全て外国のイスラム教徒に関する情報収集だけを行っているという、非常に特殊な情報機関である。例えば、旧オウムのような狂信的新興宗教団体が、日本でも非常に拡大するというようなことになると、特別な

省なり局が必要になってくるのではないか。特にニューヨークのテロの主犯がイスラム教徒であり、そういったテロリストがハンブルクで8年間も生活して、工科大学で相当の教育を受けていたということが、ドイツ人にとって非常なショックな出来事であったので、この事件を契機にBNDの存続がしばらく続くものと思われる。

ドイツの犯罪組織がロシアのマフィアと結びついて、ウラン・プルトニウム・スキャンダルというのが一時マスコミを賑わせた。こともあろうに、連邦情報庁の職員が共犯者の1人であった。

連邦情報庁に関する動きで注目されるのは、1994年の9月から犯罪対策の一環として、その権限が拡大されたことである。「テロ、武器取引や麻薬取引のような組織犯罪の疑いのある場合には、衛星や無線による国境を越えた通信を盗聴するようになった。一方94年の8月にミュンヘン空港で、核兵器製造に使用し得る密輸プルトニウムが押収されたが、その後の調査で連邦調査庁のスタッフが、ロシアからドイツへのプルトニウム持込に関与していたとの疑惑が生じている」。

④　バイエルン州の憲法擁護法の改正

この度、バイエルン州の憲法擁護法において、警察と憲法擁護庁の共同捜査、或いは共同作戦をすることができる法律の改正があり、バイエルン州に限っては、それは共同捜査・作戦が可能な体制が出来たわけである。

ベルリン市の場合には人的交流によって、官庁間の軋轢というか葛藤の問題を解決していたが、バイエルン州の方は法律によって解決していこうという方向がとられており、1つの選択肢としては、わが国の将来の改革・改正においてどちらの方をとるかについてはそういうベルリン方式と、バイエルン方式ということも考慮される。

ただ、これは同じ刑事警察局とその若干情報収集活動が違うのだが、この刑事警察局のテロ対策課の責任者との話では、ここも州の警察の情報部門と毎月1回は特別の電話回線を使っての電話会議を行っている。そして、主だった人は、1カ月に1回はどこかで会合をして情報交換をする。インターネットは使わず、警察専用の回線で、情報交換を行い、どこでも情報がきちっと流れるようにす

るということをやっているという話であった。

(1) Vgl. Deutsches Institut für Menschenrechte (Hrsg.): Menschenrechtliche Erfordernisse bei der Bekämpfung des Terrorismus. Bericht und Beiträge zu einem Arbeitsgespräch am 19. April 2002 im Französischen Dom/Berlin-Mitte (Dokumentation), 2002. なお、この研究会報告については、神馬幸一「テロリズム撲滅に際しての基本的人権上の要請」（要訳）を参照した。
(2) 渡邊斉志「テロ対策のための立法動向」外国の立法（2002年）212号105-114頁。同「最近のドイツ連邦共和国基本法の改正について」外国の立法（2001年）209号41-46頁。
(3) なお、ドイツの刑事立法改正の紹介には、すでに谷口清作「ドイツの組織犯罪対策立法—最近の動向から—」警察学論集（2004年）57巻8号148-165頁がだされている。また、ドイツの「治安機関」に関する調査研究には、小島裕史（前在ドイツ日本国大使館一等書記官）「ドイツの治安機関の概要」(1) 警察学論集（2002年）55巻11号89-104頁、同（2・完）55巻12号67-120頁、和田薫「諸外国におけるテロ対策法制の概要について」警察学論集（2002年）55巻8号51-96頁などがある。なお、本調査後、小島裕史「ドイツの治安関係法令—テロ対策法を中心に—」(1) 警察学論集（2003年）56巻4号113-128頁、同 (2) 56巻5号151-174頁、同 (3) 56巻6号183-199頁、同 (4) 56巻7号185-207頁、同 (5) 56巻9号109-123頁、同 (6・完) 56巻11号125-137頁などが出されている。同「フランス組織犯罪対策法の成立とその課題」警察学論集（2004年）57巻4号150-166頁。同「イタリアのテロ対策立法—2001年10月19日暫定措置令を中心に—」警察学論集（2004年）57巻12号137-156頁、などの貴重な論稿がある。渡邊斉志「テロ対策のための立法動向」外国の立法（2002年）212号105-114頁。同「最近のドイツ連邦共和国基本法の改正について」同誌（2001年）209号41-46頁。戸田典子「マネーロンダリング対策立法」外国の立法（2002年）212号115-119頁。同「『移民国家』にむけて外国人政策の転換をはかるドイツ」同誌（2001年）210号173-179頁。同「ドイツの宗教教育—ベルリンのイスラム」同誌（2002年）211号98-103頁。その他、中川かおり「米国のテロ対策」外国の立法（2002年）212号84-95頁。門彬「非行対策法からテロ対策法へ『日常生活の安全に関する法律』成立」同誌（2002年）211号91-97頁。白井京「『韓国』テロ防止法案」同誌（2002年）212号123-126頁。
(4) 小島・前掲論文 (1) 89頁以下、同 (2) 67頁以下に詳しい。
(5) これにつき、拙稿「ポストゲノム時代の『無期自由刑』のあり方について—

ドイツにおける死刑に代わる『無期自由刑』と社会治療処遇モデルの復活から学ぶもの―」犯罪と非行（2004年）140号70頁以下。同「ポストゲノム社会の『高度に危険な人格障害犯罪者』に対する刑事政策は如何にあるべきか」法学研究（2004年）77巻4号29頁。ただし、両拙稿では、バイエルン州やバーデン・ヴュルテンベルク州の処分執行法は、合憲としたが、宮澤浩一「事後的保安監置に関する新立法動向について」現代刑事法（2005年）69号102頁で正しく指摘されるように、両州法は、4月10日の判決で違憲とされている。しかし、5日前の4月5日の判決では、「事後的保安監置」の新設そのものは合憲とされている。
(6) 詳しくは、エッグ博士の「社会治療―何処へ向かうのか？」前掲書『ドイツ刑事法学の展開』133頁以下。

［5］ 結びにかえて

　9・11同時多発テロ事件後のドイツにおけるテロ行為に対する刑事立法の改正を中心に論述してきた。この論述に際し、2002年の11月にドイツのテロ関連諸機関を訪問した時に聞取り調査を行った。
　これらの調査から、若干のまとめを提示して結びに代えたい。
1. ナチスの戦争責任を前提に「人間の尊厳」を守ることを宣言したボン基本法に基づく法治国家的秩序を守るための法的手段による闘争（ドイツ基本法の1条は、「人間の尊厳」の保持を宣言）。
2. 9・11以降の欧米におけるテロ関連法規の迅速な改正と情報機関の重要性の再認識。
3. バイエルン州のように情報機関と捜査機関の緊密なネット・ワーク作りをする必要がある。
4. ドイツでは、連邦情報庁（BND）を始め情報機関の縮小・廃止を求める声もあったが、9・11以降むしろ情報機関の充実がはかられている。わが国においても「公安調査庁」の役割は大きくなるであろう。
5. わが国においてもテロ対策に特化した「テロ対策法」を早急に立法する必要がある。

6. 9・11以降ドイツをはじめヨーロッパ各国は「テロ」関連諸法の整備・改正・新設を行っている状況を、G8の一員として謙虚に受け止め、同盟国と対等の「テロ事件」への対応が求められる。そのため現行（明治）刑法・被収容者処遇法（旧「監獄法」）などの刑事基本法の抜本的改正が必要である。その際、ドイツ刑法129条（犯罪団体結社罪）、129a条、129b・c条（政治団体結社罪）類似の構成要件や保安処分制度の導入なども必要である。

7. 社会の治安を維持するためには潤沢な資金の投入と人材の育成システムの確立が必要である。

8. 「確信犯」的テロリスト逮捕後の処遇をどうするか、早急に検討する必要がある。とくに、死刑を廃止した後、「ドイツ型保安処分」や「社会治療」処遇プログラムの導入の検討が必要である。

9. 「パシフィック・ポール」などの設立を準備し、東南アジアの「治安維持」のためわが国がイニシァティブをとるべきである。

10. 現代のテロリズムは、宣伝効果を狙っているので、テロ行為を劇場化させないためにもマスメディア側も取締まり当局との協調路線を選択すべきである。

11. 9・11以降、欧米の「テロ」問題は、完全に「イスラム原理教」と「キリスト教」との「宗教戦争」になった。わが国も、旧オウム真理教の完全な解散が行われていないので、ドイツの「BND」（連邦情報庁）のような情報機関の設置が急務である。行政改革により公安調査庁などを縮小する方向は、国際刑事政策に逆行するものである。

第2節　欧米における確信犯罪人による
大量・連続殺人事件を中心にして

［1］　問題の提起——大量殺人と連続殺人の定義の相違

『大量殺人』は、いちどきに多数の人間を殺害する犯罪であるのに対して、『連続殺人』は、同一犯人が一定期間にわたって、駆りたてられるように人殺しをくりかえしていく犯罪をさすとされる。また、大量殺人でも「津山事件」のような場合はスプリー・キラーと呼ばれる。「スプリー・キラー」（英名：Spree killer「spree」＝浮れ騒ぎ、お祭り騒ぎ）とは短時間の間に見知らぬ人を大量に殺す人を指す。日本語では確立された定訳はないが「無差別（大量）殺人」が最も近い訳語である。

エリオット・レイトン（中野真紀子訳）『大量殺人者の誕生』（1995年：Elliott Leyton: Hunting Humans, 1989）を始めとして、欧米の文献の多くは、「大量殺人」と「連続殺人」の定義を区別している。同じように複数の人が殺されると言っても、ある一定期間にわたって殺人が続けられる「連続殺人」と、一度に短時間のうちに複数の被害者が殺傷される「大量殺人」は、犯人の殺人の方法・動機・心理が異っているので、本節でもこの両者を区別して論述していくことにしたい。また、2001年9月11日「アメリカ同時多発テロ事件」が発生後、欧米での無差別テロ行為は、まさに宗教テロ、宗教戦争（大きく分ければ、キリスト教とイスラム原理主義の戦いでもある）に起因しており、個人犯罪としての「大量殺人」・「スプリー殺人」や「連続殺人」とは、その原因、動機、規模、死刑を執行しない場合、何処の国でどのような施設で適正な刑罰の執行が可能か、各国の刑事政策的課題が山積している。つまり、わたしの長年の「テロ犯罪」の研究の経験から、政治・宗教の思想・心情からの「確信犯罪人」によるテロ行為による大量殺人と行為者個人の問題として行われる大量・連続殺人とは、その性質・内容・動機・原因・対策の面で全く異質のものであるため、研究者

の個人の研究には限界がある。従って、本節では、テロ行為による大量・連続殺人は別項に譲ることにした（「テロ犯罪」については本章第1節を参照されたい）。

(1) 大量殺人とは

大量殺人（Massmurder）とは、1人の人間が一度に多数の人間を殺害する殺人行為のことを言う（フリー百科事典『ウィキペディア（Wikipedia）』）。

また、「津山事件」のような場合は「スプリー・キラー」と呼ばれる。前述した「大阪池田小事件」の犯人のように無関係の学校に侵入し大量の殺害を行うような者が、スプリー・キラーの典型的な者である。外国の代表的な「スプリー・キラー」として、チャールズ・ホイットマン（テキサス州タワー乱射事件）、禹範坤（韓国：世界最大の短時間大量殺人犯）、チョ・スンヒ（韓国人：バージニア工科大学銃乱射事件）、などがいる。

日本の「スプリー殺人事件」として、津山事件（1938年）、ピアノ殺人事件（1974年）、新宿西口バス放火事件（1980年）、深川通り魔殺人事件（1981年）、池袋通り魔殺人事件（1999年）、下関通り魔殺人事件（1999年）、大阪池田小事件（2001年）、自殺サイト殺人事件（2005年）、秋葉原通り魔殺人事件（2008年）などがある。

もちろん「大量殺人」が20世紀以前に皆無だったわけではないが、「大量殺人」の増加の原因は、過去3、40年の間に人間社会の支配力がいちじるしく損なわれ、殺人衝動に歯止めをかける社会心理的抑制が正常に機能しなくなったからというのが一般的見解である。普通、「大量殺人」犯罪の新時代は、1949年9月6日に始まったと言われる。その日、ハワード・アンルーという男がアメリカ合衆国のニュージャージー州キャムデンの街角をぶらつきながら、12分間のうちに13人を射殺した。この悪名高い先駆者から1990年代の後継者たちにいたるまで、大量殺人鬼のプロフィールにはある一定のパターンが認められる。例えば、「犯人の十中八九が男性である。おそらく白人で、年齢は30歳以上が多い。ガンマニアで、本物の銃を少なくとも1挺は所持している。生活は孤独。知り合いはいても、親友と呼べる者はいない。場合によっては住所不定、まともな仕事も頼れる家族もない。たぶん犯罪の前科はなく、それらしい

精神異常の治療を受けたこともない」。だが心の底にはどす黒いものがわだかまっている。現実にせよ、思いすごしにせよ、さまざまな不平や満たされぬ思い、失意や怒り、長いあいだ続いてきた他人の仕打ちに対する恨み、鬱積、憤懣がある。こうした憎悪と怠憑の塊がやがて極限に達し、激しい殺意となって爆発する。仕事をクビになった、女性にすげなくされた、といった具体的なショックが引き金となることも多い。自分を傷つけた当事者に対して報復に出るのは当然として、腹いせの対象を不合理に拡大するのも特徴の1つである。犯人がどこかで辱めを受けたとすると、そこで働いている人間はただそれだけで命を狙われる十分な理由を持つことになる。」「『大量殺人』は社会的または道徳的な規範を無残に踏みにじる蛮行なので、そんな罪を犯す連中は頭が狂っているにちがいない、と思われるかもしれない。例えば、『ハワード・アンルー』は『妄想型精神分裂症』と診断され、異常性格の犯罪者として精神病院に終生収容された。しかし、犯罪学者たちは、大量殺人犯の半数以上は医学的にも法律的にも正気だと考えている。彼らには現実が見えている。ただ、その現実がひどくいびつなだけなのだ。彼らの行動は狂気の一言では片づかない。だれもそう思いたくはないだろうが、殺人鬼と化すまでの彼らはどこにでもいる一市民なのである。激情にさいなまれ、そのはけ口を求めさまよう男と出くわす運命がだれかを待っている」（『』は筆者）。

「大量殺人」は、普通、①「古典的大量殺人」と②「家族大量殺人」の2種類に分類される。

① 古典的大量殺人

「古典的大量殺人」は、数分から数時間、あるいは数日間といった期間をかけて1人の人間の手で行われる。動機は怒りや復讐心であり抱えている心理的問題が限界に達した時、怒りが爆発し所属している場所の人間や全く無関係な人々が狙われる。通常は計画的に行われ犯人はその場で自殺するか殺されるか自主的に出頭して現行犯逮捕されることがほとんどである。最初から逃げることは考えていないように思われる。犯人は20〜30代の男性であることが多く、孤独な社会不適応者や精神を病んでいる者、薬物による中毒者が多く占める。凶器は主に銃や刃物を使用する。特にアメリカでは銃社会ということもあって

第2節　欧米における確信犯罪人による大量・連続殺人事件を中心にして

近年、銃の乱射による事件が増加している。フリー百科事典『ウィキペディア』では、大量殺人・スプリー殺人の具体例として、46の事例を列挙している。わが国の大量殺人事件として、秋葉原通り魔事件、津山事件、下関通り魔殺人事件、練馬一家5人殺害事件、深川通り魔殺人事件、大阪池田小事件などが紹介されている。

② 家族大量殺人

「家族大量殺人」は、家族内で行われる殺人を言う。家族のうち4人以上が殺され犯人も自殺した場合は「大量殺人および自殺」（一般的には無理心中）、犯人が自殺しなかった場合は「家族殺戮」（ファミリー・キリング）と呼ばれる。具体的事例として、①ジョン・リスト（1971年、ニュージャージー州：家族5人を殺害後逃亡。終身刑）、②ジェレミー・バンパー（1985年、イギリス：遺産および保険金目的で両親、姉、姉の息子2人を殺害：終身刑）、③ロナルド・ジーン・シモンズ（1987年、アーカンソー州：家族14人を殺害後、自分を解雇した元上司やストーキングを行った女性など計16人を殺害：1991年、死刑執行）などがある。

(2)　連続殺人

「連続殺人」とは、殺害の間にある程度の期間を置きながら1人の人物がほぼ同様の手口で複数の人間を殺害することである。連続殺人を実行した犯人は連続殺人犯人あるいは連続殺人者（Serial killer）と呼ばれる（フリー百科事典『ウィキペディア』）。犯人の主眼が殺害行為に置かれており、テロリズムや犯罪組織に所属しているなどの理由で継続して殺人を犯す場合とは明確に分けて考えられる。「シリアルキラー」（英：Serial killer）という単語は、アメリカ合衆国の連続殺人犯テッド・バンディを表現するために考え出されたと言われている。「快楽殺人犯」の犯行は、その性的嗜好から連続殺人になりやすい。「連続殺人」は、人を殺すこと自体に快感を感じる「快楽殺人」のように、人を殺すことに特別な意味がある殺人もある。特徴的な方法で殺人を犯したり、遺体に対して奇妙な儀式的行為をすることもある。犯人は、警察をあざ笑うように捜査の目をかいくぐって、何度でも殺人を繰り返す（例、昔ロンドンに出没した「切り裂きジャック」や、映画「羊たちの沈黙」「ハンニバル」に登場する殺人鬼レクター博

士のような殺人鬼)。

[2] 内外における大量・連続殺人事件の歴史的概観

(1) わが国における大量・連続殺人事件の歴史的概観
1. わが国における代表的「大量殺人」事件・「スプリー殺人」事件
① 津山30人殺し事件（1938年5月21日）

わが国最大の大量殺人事件（スプリー殺人事件）と言われる。徴兵検査で不合格となった農業・都井睦雄（22歳）は、日本刀1本匕首2本、猛獣狩用12口径9発により、即死28人・重傷後死亡2人・重軽傷3人と計33人を殺傷した。犯人は、付近の山の中に逃げ込み、遺書を書いた後「猟銃で自殺」した。犯行の動機は、「徴兵検査で肺結核と記入されて以来、自暴自棄の虚無になり」、結局、自殺への道づれとして、自分を邪険にした女や辛く当たった村人に復讐しようとして、「大量殺人」の計画を綿密にたてて実行に移した。

② 新宿駅西口バス放火事件（1980年8月19日）

勤め帰りのOLや、ナイターを見た親子ら30人が、西口のバスターミナルの京王帝都バス、新宿発・中野行きバスに乗車して発車するのを待っている間の出来事だった。中年の男が火のついた新聞紙と4リットルのガソリンが入ったバケツを後部座席に向かって投げ込んだ。火はまたたく間に車内に広がり、乗客が逃げ惑う惨状となった。6人が死亡、14人が重軽傷を負った。犯人は、住所不定の建設作業員の丸山博文（当時38歳）であった。犯行当日、酒屋で日本酒の小瓶を買い、新宿駅の地下通路に通じる階段に腰掛け、コップ酒を飲み始めた。ちょっと、いい気分になってきたとき、通行人から罵声が飛んできた。「邪魔だな。あっちへいけ！」その声で、体じゅうの血が逆流した。思わず立ち上がったが、雑踏の中なので、誰が言ったのか分からなかった。だが、帰宅途中のサラリーマンに違いない。奴らは高い給料をもらい、郊外のきれいな家に住んでいるが、俺にはそんなねぐらもなければ、家族もいない。これまで、ずっと毎日、真面目に働いてきたというのに……。1984（昭和59）年東京地裁は、被告人に「軽度の精神遅滞」の入院歴があることや、犯行当時、是非善悪を弁

第2節　欧米における確信犯罪人による大量・連続殺人事件を中心にして

識し、それに従って行動する能力（統御能力）が甚だしく低下した「心神耗弱」状態にあったとして、無期懲役刑を言い渡した。1986年、東京高裁は、一審を支持し刑は確定した。丸山受刑者は、1997年（平成9年）千葉刑務所で昼食後に「メガネを仕事場に置き忘れた」と言って、作業場に向かったが、戻らず、職員が捜したところ、作業場の配管にビニールひもをかけ「首吊り自殺」していた。遺書はなかった。55歳だった。

③　大阪教育大学附属池田小学校事件（2001年6月8日）

出刃包丁を持った男1人（宅間守）が、2時間目の授業が終わりに近づいた午前10時過ぎころ、自動車専用門から校内に侵入し、校舎1階にある第2学年と第1学年の教室などにおいて、児童（8人が殺害）や教員など23人を殺傷した。公判では「下関通り魔事件の模倣犯になりたかった」と供述していた。2003年8月28日に大阪地方裁判所にて「死刑」判決を言い渡された。死刑確定から1年近く後の2004年9月14日、大阪拘置所にて死刑が執行された。だが、最後まで遺族への謝罪は無いままの死刑執行であった。この事件は「精神障害者の責任能力」の問題が注目される契機の1つとなった。

④　秋葉原無差別殺傷事件・荒川沖駅周辺連続殺傷事件

2008年3月23日にはJR荒川沖駅で、24歳の男がナイフで8人を殺傷する通り魔事件が起きた（荒川沖駅周辺連続殺傷事件）。

また、2008年6月8日（日曜日・午後0時半頃）東京秋葉原の歩行者天国の交差点にトラックに乗った25歳の男が突っ込み、通行人をはねた後、ダガーナイフで次々に刺して、17人（うち死者7人）を殺傷する事件が発生した（秋葉原無差別殺傷事件）。尚、両事件とは現在公判中である。

わが国で過去に起こった大量殺人事件でも「犯罪原因と動機」はそれなりに明らかにされて来た。しかし、これらの両大量殺人事件の犯人らは、殺傷の対象は、「誰でもよかった」と警察で供述しているが、それは、伝統的な犯罪原因や動機とは言えない不可解なものである。

2. わが国における代表的「連続殺人」事件

① 小平義雄「連続殺人」事件（1945（昭和20）年5月25日）

　1945（昭和20）年5月25日〜翌1946（昭和21）年8月6日までの約1年2カ月の間に、小平義雄（当時40〜41歳）は17〜32歳の比較的若い女性7人に当時、食糧難だったことを利用し、そのほとんどの女性に「米を安く売ってくれる農家がある」などと言って誘い出し電車に乗って栃木や東京の田舎に出かけ、「こちらが近道になっている」と言って、雑木林に連れ込んで強姦と殺人を繰り返していた。他にも同じ時期に同じような手口で若い女性が殺害された事件が3件あり、これも小平による犯行と見てほぼ間違いなく、検察は合わせて10件で起訴したが、この3件については小平は否認しており、また証拠不十分で退けられた。1948（昭和23）年最高裁は一、二審での死刑判決を支持し、上告を棄却して死刑が確定し、1949（昭和24）年「死刑」が執行された。

② 大久保清「連続殺人」事件（1971（昭和46）年3月31日）

　強姦や恐喝などの罪により約3年と8カ月間、東京の府中刑務所で服役していた大久保清（当時36歳）が仮出所し、更生を誓って帰宅するが、家族に冷たくされたことが引き金となり、1971年3月31日〜5月10日のわずか41日間にベレー帽にルパシカを着て画家などになりすまし、白い新車のマツダ・ロータリークーペを1日平均約170キロとタクシー並みに走行し、127人の女性に「絵のモデルになってくれませんか？」などと巧みに声をかけ、車に連れ込んだ35人の女性のうち10数人とセックスし、その中でも、抵抗したり、警察へ被害届けを出すおそれがあると思った16〜21歳の女性8人を殺害した。1973（昭和48）年前橋地裁で死刑が言い渡された。大久保は第1回公判で起訴事実を全面的に認めて、控訴もしなかったため一審で死刑が確定した。1976（昭和51）年「死刑」が執行された。

③ 宮崎勤「幼女誘拐・連続殺人」事件（1988（昭和63）年8月22日）

　東京・八王子市郊外の山林に6歳の女の子を連れ込み、裸にしてカメラで撮影していた若い男が、幼女の父親に捕まり警察に突き出された。この若い男・宮崎勤（当時26歳）が、埼玉県西部を中心に前年8月から連続発生していた『幼女誘拐・連続殺人』の犯人だと分かったのは8月10日のことだった。1988（昭

和63）年8月22日午後、埼玉県入間市の歩道橋で、Mちゃん（当時4歳）に声を掛けた。自分の車に乗せて誘拐、東京・八王子市内の山林に連れ込んだが、泣き出したので殺害した。1989年2月6日、Mちゃんの両親に段ボール入りの灰、骨片や歯を送りつけた。2月10日には、新聞社に殺害状況を記した文や、Mちゃんを写した写真を『所沢・今田勇子』の名で送っている。昭和63年10月3日、遺体を弄んだ興奮が忘れられず、埼玉県飯能市で、自宅近くの小学校付近に居たKちゃん（当時7歳）に「道を教えて」と近付いた。そして車に乗せ、同じ山林に連れ込み、首を絞めて殺害。12月9日、川越市の団地内で遊んでいたEちゃん（当時4歳）に「あったかい所に行こう」と声を掛け車に乗せた。車内で首を絞めて殺害し、近くの山林に遺体を捨てた。平成元年6月6日、東京・江東区の公園で1人で遊んでいたKちゃん（当時5歳）に「写真を撮ってあげる」と声を掛けた。車に乗せ、約800メートル離れた所にある倉庫の前で殺害。この時の動機は、これまでと違った。やや不自由な手のことをKちゃんに指摘され、カッとなって殺したという。その後、遺体を部屋に運びビデオで撮影。2日後に匂いがひどくなった為、遺体を切断した。頭髪や歯を抜いたりして、埼玉県内の霊園や五日市の山林に捨てた。犠牲者は、いずれも幼い女の子ばかり。公判では「自分は祖父が最も好きだった。その為、墓から何度も骨を取り出し食べた。」「殺した少女達が、有り難うと言っている。」「僕のビデオを返してほしい。」など、夢と現実の区別のついていない様な発言をしている。平成4年の1回目の鑑定では『責任能力あり』とされだが、平成7年2月には『多重人格』『精神分裂症』という鑑定も出ている。日本の裁判で正式に『多重人格』の鑑定が証拠採用されるのは初めてのことであった。2008年6月17日「死刑」が執行された。

犯行動機は未解明のまま、精神鑑定も継続中という状況だった。（過去10年間における）死刑確定から死刑執行までの平均は約8年であり、死刑確定から2年4カ月というスピード執行であった。

3. 80年代を締め括った凶悪事件

80年代の高度経済成長期によく言われた「おたく（オタク、お宅）犯罪」と、

最近の流行語になっている「ハイテク犯罪」とは、まさにネット社会におけるボーダーレス型犯罪の典型例であるという点で共通性が多々ある。

「おたく族」と称せられた者は、自らの趣味により収集した「物」の中に自分を置き、普段の日常生活では人と接したり話したりすることも殆どなく、「面と向かうと人の名前を呼べず『おたく』と呼び掛ける」ためマスコミから「おたく族」と命名された。

以下の3件の事件は「おたく犯罪」の典型とされる。

3件の事件は、いずれも89年に起きた①小4男児絞殺事件（3月5日）、②交番警察官刺殺事件（5月16日）、③幼女連続誘拐殺人事件（8月22日、いわゆる宮崎勤事件）である。まさにバブル景気に狂騒した80年代を締め括るかのような事件であった。いずれも20歳代の青年の単独犯行で、「犯行の動機」が必ずしもよく理解できない凶悪殺人事件として、世の耳目を集めた。

①の事件は、犯人（当時22歳）が、TVゲームを通じて知り合った10歳の小学生に「大人のくせにプラモデルで遊んでいる」などとからかわれ、カッとなって小学生を絞殺してしまった。この事件では、被告人の「小学生と友達になり、彼と対等に喧嘩し殺害に及ぶ」という精神的未熟さが問題となった。

犯人は中学生の頃からプラモデルやミニカーのマニアで、捜査員が踏み込んだ時、彼の部屋はTVゲーム機やゲームソフトなどで一杯であった。

②の事件の犯人（当時20歳）は、元自衛隊員で除隊後、「大金を得るため銀行強盗を計画」、その強盗のためには「武器」が必要、そこで警察官からピストルを奪って武器を調達しよう……と、劇画の世界そのもののように実行に移した。

マスメディアの影響をモロに受ける若者の短絡的反応の恐ろしさを示す事例であった。この犯人も、一人暮らしのアパートの四畳半の部屋には、劇画の「コンバットマガジン」や「ゴルゴ13」などが積み上げられていた。

当時、彼の犯行の動機について、自衛隊時代に体験した「銃」への憧れを現実のものにするため大金を必要とし、武器を使った銀行強盗もサバイバル・ナイフで警官を殺害したのも、こうした劇画からの影響が強いと言われた。

③の事件の犯人（当時27歳）は、社会的未成熟で典型的な「独りぼっち人間」

であった。成熟した女性との交際を望みながら、それができずペドフィリー（幼児性愛）へと突っ走り、4人の幼女に暴行し殺害した後、全裸にして埋め、死体の一部を食べたとも言われている。彼の部屋にも、その種のビデオソフトが約6,000本もあり、中には自作自演のビデオもあった。

　彼ら「おたく」犯罪者たちは、ビデオ画面や残酷・エロ・戦争劇画などの疑似的情報に没頭するあまり、そうしたバーチャル（仮想）情報と実生活における決断や行動との区別が出来なくなってしまったのかもしれない。

(2)　諸外国における大量・連続殺人事件の歴史的概観

　Peter & Julia Murakami, Lexikon der Serienmörder-450 Fallstudien einer pathologischen Tötungsart, 2003. の「はしがき」によれば、「『連続殺人』は、通常の殺人が加害者と被害者の葛藤・怨恨などの直接的・間接的関係から生じるのに対して、そうした人間関係のない者に対する攻撃として生じる」としている。そして、450件の「連続殺人」事件を①ヨーロッパ、②北米・中米・南米、③アフリカ、④アジア、⑤オーストラリア・オセアニアの5つの地域に分けて紹介・検討している。

1.　アメリカ合衆国における「大量殺人」事件の具体的事例

　アメリカ合衆国における「現代の大量・連続殺人者」につき日本語に翻訳された文献では、前掲E.レイトン（中野真紀子訳）『大量殺人者の誕生』（Elliott Leyton, Hunting Humans, 1989）がある。同書では、「シリアル・キラー（連続殺人者）は、復讐と同時に有名人になるために殺し、マス・マーダラー（大量殺人者）はもはや生き延びる意志がなく一種の『自殺の遺書』として殺す。本書の目的は、『なぜ彼らは大量殺人に走るのか』『殺人鬼は精神異常の怪物ではなく、現代アメリカ文化、そして我々の現代社会を体現する存在であることを、綿密な犯罪分析と、歴史の各時代に出現した殺人鬼との比較により浮き彫りにする。彼らの出現が根本的に社会的な性格を持つこと、彼らの行動には社会的に深い意味があることを明らかにしたい』」との視点から、具体例として、①エドモンド・ケンパー（Edmund Kemper, 1963-1973：当局への示威行為：肉親・女子学生

10人を殺害：複数の『終身刑』・ヴァッカヴィル刑務所に服役）、②セオドア・バンディ（Theodore Bundy, 1973-1978：1人の女を所有する：中産階級の女子学生22人を殺害：1989年『死刑』執行）と「現代の大量殺人者」につき③チャールズ・スタークウェザー（Charles Starkweather, 1958：死ねば皆、同じ身分だ：上流階級の人間はじめ11人を殺害：1959年電気イスで死刑執行）、④マーク・エセックス（Mark Essex, 1972：白人は地上の獣だ：白人警官をターゲットに9人を殺害：マータ――黒い炎――我が運命ここにあり。差別主義者どもに血塗られた死を：1972年銃殺刑執行）。

最近起こったアメリカ合衆国の「大量殺人事件」・「スプリー殺人事件」の具体例としては、バージニア工科大学銃乱射事件（アメリカ：2007：死者32人（フリー百科事典『ウィキペディア』））がある。この事件は、アメリカ合衆国バージニア州ブラックスバーグのバージニア工科大学で2007年4月16日月曜日（東部標準時）に発生した銃乱射事件である。33人（教員5人、容疑者1人を含む学生28人）が死亡し、23人が負傷した。それまでアメリカの学校での銃乱射事件で史上最悪の犠牲者を出した、1999年の「コロンバイン高校銃乱射事件」（15人（教師1人、容疑者2人含む）死亡）を上回り、史上最悪の犠牲者数となった。容疑者は同大4年に在籍していた当時23歳の在米韓国人の男子学生、チョ・スンヒであった。8歳の時に一家で韓国ソウルからアメリカに移住した在米韓国人で、アメリカ永住権（グリーンカード）を所有していた。家族は、両親と姉の4人家族であった。所持していた拳銃2丁（グロック17とワルサーP22）は、自分の身分証を使って購入した7万円相当の拳銃であった。アメリカのメディアは、彼の高校での知人などの取材を通して、彼には「場面緘黙症」（家庭ではふつうに喋ることができるにも関わらず、学校などの特定の社会的環境において喋ることができなくなる情緒障害の一種）の可能性を報じた。

タイム・ライフ編（北代晋一訳）『大量殺人者』（1994年：True Crime Series, Mass Murderers by Time Life Books, 1992）では、アメリカ合衆国の「大量殺人者」の具体例として以下の4例を挙げ検討している。①リチャード・スペック（Richard Speck：アメリカ：1966：シカゴの看護婦寮で看護学生8人をナイフで刺殺もしくは絞殺）、②チャールズ・ホイットマン（Charles Whitman：アメリカ：1966：実母と妻を殺害したのちオースティンのテキサス大学時計台から銃弾を乱射：

死者 13 人、重軽傷 31 人)、③マーク・エセックス（Mark Essex：アメリカ：1973：ニューオーリンズ市警本部を襲撃後、市内のホテルに籠城、激しい銃撃戦を展開：死者はあわせて 9 人、重傷者 12 人)、④ジェイムズ・ヒューバティ（James Huberty：アメリカ：1984：メキシコ国境に近いサンイシドロのファストフード店で 21 人を射殺、19 人に重傷を負わせる）。

さらに、コリン・ウイルソン・ドナルド・シーマン（関口篤訳）『現代殺人百科』(1988 年：Colin Wilson /Donald Seaman: Encyclopaedia of Modern Murder, 1962-1983）では、「大量殺人者」の具体例として、①御意見無用のいれずみ（リチャード・スペック：アメリカ：1966：看護婦 8 人の殺害）、②鐘塔のライフル男（チャールズ・ホイットマン：アメリカ：1966：18 人を 1 日で射ち殺した）、③マスコミを挑発する犯人（ゾディアック：1968-74：アメリカ）、④殺人を命ずるテレパシー（ハーバート・マリン：1972：アメリカ：妄想症大量殺人鬼：13 人殺害）、⑤霊媒に予告された末路（ボール・ジョン・レーノス：アメリカ：1974：大量凌辱殺人鬼：35 人殺害）、⑥ニューヨーク警察化連続通り魔（デビット・バーコウィッツ：別名「サムの息子」：アメリカ：1976-77：「妄想性精神分裂病」）、⑦二重人格殺人事件（ウェイン・ウィリアムズ：アメリカ：1979：38 人の黒人の子供殺し）を挙げているが、大半は「連続殺人」の事例である。

2. アメリカ合衆国における「連続殺人」事件の具体的事例

タイム・ライフ編（松浦雅之訳）『連続殺人者』(1994 年：True Crime Series, Serial Killers by Time Life Book, 1992) では、「連続殺人者」の具体例として、4 人の連続殺人鬼の例が取り上げられている。①テッド・バンディ（Ted Bundy: 1946 年生）。法曹界志望の頭脳明晰かつハンサムな男で、1974 年から 78 年までに殺した女性は本人が公に認めただけでも 30 人にのぼり、ほかにも相当の余罪があると見られる。89 年に死刑。ギプスをはめ、けが人を装って若い女に近づく手口は T・ハリス『羊たちの沈黙』[1] にも使われた。②ジョン・ウェイン・ゲイシー（John Waynz Gacy: 1942 年生：精神病質者：死刑）。地域社会のボス的存在として活躍しながらも、夜な夜な若い少年を家に連れこみ、男色行為を強要したうえで殺害。72 年から 78 年までに床下やガレージに埋められ、あ

るいは近くの川に捨てられた犠牲者は計33人で、アメリカにおける単独犯の公式な殺人記録としてはこれまでの最高である。③デニス・ニルセン（Dennis Nilsen: イギリス人：1945年生）。昼はまじめな公務員を装いながらも、夜はゲイバーで男を漁っては絞め殺した。死体は自宅でバラバラに解体し、燃やしたり、鍋で煮て下水に流したりした。78年以降その魔の手にかかった人間は5年間で15人。イギリスでは切り裂きジャックに引けをとらない世紀の殺人鬼と言われる。④デイヴィット・バーコウィッツ（David Berkowitz: 1953年生）。別名「サムの息子」[(2)]。1976年から翌年にかけて停車中の車のなかにいる女性などを襲い、6人を射殺、7人にけがを負わせ、さらに新聞社や警察に狂気の手紙を送ってニューヨーク住民を恐怖のどん底に陥れた。1,500件近い放火事件も起こし、計365年の刑を宣告されて現在服役中。

　レイトンは、前掲書『大量殺人者の誕生』において、アメリカ合衆国の「連続殺人鬼」にはいくつかの共通点があるとしている。その圧倒的多数は白人男性で、平均的な知能以上の持ち主である。そして彼らの大部分は精神病質者（人格障害者）である。1970年代にニューヨークを震撼させた、デイヴィッド・バーコウィッツ（サムの息子）はこの種の殺人鬼である。しかしながら連続殺人鬼のほとんどは精神病者ではない。連続殺人犯の精神病者1人に対して、「精神病質者」はほぼ9人の割合と言われる。「精神病質者」、「社会病質者」とか「反社会的人格者」とも呼ばれる者は、精神の病ではなく性格上の欠陥者である。彼らは現実の世界と接触を保って生きており、是非善悪の別をわきまえ、殺人が悪であることも知っている。「精神病質者」には、ほとんどの人が当然のものと考えている人間性の決定的な要素つまり「良心」が欠けている。彼らはそもそも良心をもちあわせていないか、あるいはその良心が弱すぎて自分の犯す暴力を抑えきれないのだ。だから精神病質者は、罪悪感も自責の念もいだかずに人を殺し続ける。

　おびただしい数の若い女性を殺害した上記①のテッド・バンディは、知性や魅力にあふれてさえいた「精神病質者」だ。だが、こうした殺人鬼もひと皮剥けば、そこには必ずといっていいほど2つの特質がひそんでいる。それは、「異常な性欲」と「支配力」への渇望である。殺人は彼らの性欲を満たし、支配へ

の欲望——それも生と死をめぐる究極の支配欲を満足させる。簡単に言えば殺人は彼らに喜びを与えてくれる。専門家によると、彼らは殺したいから殺すのだという。殺人が好きだからこそ、殺人鬼は凶行をくりかえすのである。

3. アメリカ合衆国における「連続殺人」事件の原因としての「精神障害」

影山任佐教授（犯罪精神医学）は、その著書『暗殺学（assassinology）』の中で、暗殺犯、政治犯と精神障害との関係からこの「暗殺」事件の原因の解明に迫ろうとしている。その１つの結論として、「最近のレーガン大統領狙撃犯の『ヒンクリー』も精神障害の故に心神喪失とされている。一方、欧州では暗殺犯に精神障害者は比較的少なく、米国では逆に両者の結びつきが強い傾向を示している。たとえば米国の精神医学者ヘスティングス（Hastings）はケネディ大統領暗殺までの米国歴代大統領暗殺犯９名中７名は全て精神病者で、７名中６名は『妄想型精神分裂病者』であるとしている。この診断が正しいかどうかはここで論じないが、米国大統領暗殺犯の約８割が精神障害者で、約７割が『精神分裂病者』である。この数字は米国の一般の殺人に占める精神障害者や、精神病者の比率よりはるかに高い数字である。このように暗殺と精神障害との結びつきは欧州と米国では差が認められるが、わが国ではどうであろうか。著者の調査した範囲では、明治以降現在に至るまでの暗殺犯63名中明確な精神病者は３名程度であると考えられ、わが国の暗殺犯はこの意味では欧州の暗殺犯に近い特徴を示していると考えられる。」（『』は筆者）としている。

(1) トマス・ハリス（菊池光訳）『羊たちの沈黙』（1989年：Thomas Harris: The silence of the lambs, 1988）。
(2) ローレンス・D・クラウズナー（中森明訳）『サムの息子』（1987年：Lawrence D. Klausner: Son of Sam, 1981）。

(3) ドイツにおける大量・連続殺人事件

1. ドイツにおける大量・連続殺人事件の歴史的概観

東西統一後ドイツでは、アメリカ型や日本型の大量殺人事件は非常に少ない。

上記の文献のほかに最近だされたドイツ語の文献を中心にして、ドイツにおける「大量・連続殺人事件」を概観しておきたい。

　コリン・ウイルソン（大庭忠男訳）『殺人百科』（1963年：Colin Wilson: Encyclopaedia of Murder, 1961）では、ドイツにおける「大量殺人者」の具体例として、①アナスターシャを殺した男（ゲオルグ・カール・グロスマン：1921：50人以上殺害）、②ナチも手を焼いた大量殺人者（ブルーノ・リュートゲ：1943：85人殺害）、③美男子の肉売ります（フリッツ・ハールマン：1918：28人殺害）の3例を検討している。

　また、最近のハーベルマンの『20世紀ヨーロッパにおける連続殺人』（Jens Inti Habermann: Serienmörder im Europa des 20. Jahrhunderts: Berichte：Interviews Fotos, 2005.）では、「連続殺人者」の具体例として、20例を検討し、ドイツに関しては以下の6人の例をあげている。① Paul Ogorzov（S-Bahn強姦殺人事件：1940：東ベルリン）、② Adolf Seefeldt（1933-1935：40歳の同性愛者による児童連続殺人：鑑定は「精神薄弱者」：1936年絞首刑）、③ Karl Denke（人肉食事件：1924：30人の男性を殺して食べた男）、④ Jürgen Bartsch（Das Goldkind：1976）、⑤フリッツ・ハールマン（Fritz Haarmann）、⑥ペーター・キュルテン（Peter Kürten：デュセルドルフの性的サヂスト：鉄工、47歳：1931年、ギロチンによる死刑執行）。

　ハンス・パイファーらの『ドイツにおける連続殺人』（Geserick/Harbort/Pfeiffer/Schüler; Serienmöder in Deutschland, 2005.）では、上記②の性犯罪者（Sexualmörder）の（1）Adolf Seefeldt（1933-1935）と（2）Johann Eichhorn（1931-1939）、強盗殺人犯（Raubmörder）の（3）Heinrich und Johann Heitger（1928）と（4）Veronika Nitzberg（1987-1991）、縁故殺人犯（Beziehungsmörder）の（5）Iise Metzner und Rada（1942-1957）と（6）Hilmar S.（1969）確信的殺人犯（Gesinnungsmörder）の（7）August Geitlinger（1990）と（8）Manfred Blocher（1995-1996）、素質的（生来性）殺人犯（Veranlagungs mörder）の（9）Dr. Sigmund Rascher（1939-1944）と（10）Hans Müller（1990-1991）、など10例を検討している。

第2節　欧米における確信犯罪人による大量・連続殺人事件を中心にして

2．ドイツにおける古典的大量・連続殺人事件の具体例
① 教頭ワグナー「大量殺人」事件（1913年9月4日）

　この事件は、ドイツの「大量殺人事件」・「スプリー殺人事件」として最も有名なもので、前述した25年後に起こったわが国最大の大量殺人事件「津山30人殺し事件（1938年5月21日）」との比較で必ず引用される。「パラノイヤ患者」で「同性愛」者の元教頭の「ワグナー」（39歳）が、27歳のころ住んでいたシュトウットガルト近郊のミュールハウゼンという小村で、ある晩、飲酒の後「獣姦」を犯し、そのため深い嫌悪感に襲われると同時に、村の男たちが自分の行為を噂のたねにしていると思い込み、村人たちに敵意と憎悪を抱くようになる。犯行の日の未明、睡眠中の妻子5人を殺し、ミュールハウゼン村に行き、村の家屋に放火し、道で出会った村民を次々と銃殺し、9人を殺し、12人に重傷を負わせた。結局、26人を殺傷した。「精神病のため責任無能力」とされ精神病院に収容され25年間64歳までそこで過ごした。

　この事件は、レイトンの前掲書『大量殺人者の誕生』でも詳しく紹介されている（273頁以下）。「この時代の主な殺人の主題は、中産階級に昇格した者（成り上がり者の不安に取り憑かれている）が、自分の階級的な位置づけに対する病的な敏感さを脅かす、あるいは新しい時代の要求する洗練にそぐわない振る舞いをする下層階級を懲らしめるというものであった」としている[(1)]。

② フリードリッヒ・ハールマンの「連続殺人」事件（1924年5月17日）

　この事件は、戦前・戦後を通してドイツにおける「連続殺人事件」の最大のものである。1924年5月17日、ハノーバーの川岸で人間の頭蓋骨が発見された。そして間もなくその周辺で、胴体と思われる人骨もバラバラにされた状態で袋に入れられているのが発見された。鑑識の結果、殺害された後にノコギリで切断された、10代から20代の男性のものであることが判明した。約1カ月後の6月23日に「フリードリッヒ・ハールマン」という45歳の「同性愛の男」が逮捕された。

　彼は、ドイツが敗戦直後で食糧難だったことを利用して、「食べ物をあげるから。」と言葉巧みに少年たちを誘い、自宅に連れて来て、次々に殺害した。「そして少年を縄で縛り、服を脱がせてその肉体をさんざんもてあそび、最後にの

どに噛みついて生き血をすすり、生肉を食う。殺害した後は、死体をノコギリでバラバラに解体し、骨だけ残して肉は全てそぎ落とす。」という殺害方法で殺人を繰り返した。

　ハールマンは、13回に亘る裁判の結果、「打ち首」による「死刑」、共犯のグランスは懲役12年を言い渡された。1926年4月15日、ハールマンは処刑された。ハールマンは1875年10月25日、ハノーバーで生まれた。彼は6番目の子供で、父親は機関車の火夫、7つ年上の母親は病身で、夫婦仲はよくなかった。フリードリッヒは母親のお気に入りで、父親を憎んだ。女の子のように人形と遊ぶのが好きで、スポーツは嫌いだった。少年時代は、子供にワイセツな行為をしたかどで、保護観察のため少年院へ送られた。ハールマンは若者を殺し（彼の自白によると、のど首を噛み切ったという）、死体はバラバラにして、密輸肉のルートを通じて人肉を売りさばいた。衣類は売りとばし、役に立たない部分（つまり、骨や頭蓋骨など）は川に投げ捨てた。裁判では28人の犠牲者の名があげられた。13才から20才までの青少年ばかりである[2]。

（1）　Gaupp, R.: Die wissenschaftliche Bedeutung des Falles Wagner, Münchner Medizinische Wochenschrift, 61, 1914, pp.633-637. Mass Murder: the Wagner Case; by Hilde Bruch, American Journal of Psychiatry. ヒルデ・ブルック「大量殺人―ワグナー事件」アメリカ精神医学誌（1967年）124号 693-8頁。宮本忠雄「教頭ワグナー」（Erunst Wagner 1874-1938）新版『精神医学事典』（1985年）166頁。
（2）　Christine Pozsaer/Michael Farin（Hg.）; Die Haarmann –Protokolle, 1995, rororo. は、彼の生涯を描いた映画「殺人製造人間（Totmacher）」をベースにした詳細な資料である。

3.　ドイツにおける「大量殺人」・「連続殺人」事件の具体例の検討

　戦後ドイツでは、前述した「古典的大量殺人事件」の具体例である「教頭ワグナー大量殺人事件（1913年9月4日）」のような大量殺人事件は起こっていない。従って、文献的にもハンス・パイファーらの『ドイツにおける連続殺人』を扱ったものが殆どである。同書の「まえがき」では、ドイツにおける「連続殺人」は、統計的にはそう頻繁に起こるものではないとして、具体的事例とし

て10例を検討している。そして、1945年から2000年の間に、男子68件、女子8件の連続殺人事件が有罪判決を言い渡されているとしている。そして、この76件の「連続殺人」で421人が犠牲になっている。

そして、ドイツにおける「連続殺人」を定義することは難しいが、少なくとも、次の5つのカテゴリーに分類して定義することができるとしている。①性的殺人（Sexualmörder）、②強盗殺人（Raubmörder）、③縁故殺人（Beziehungsmörder）、④確信犯的殺人（Gesinnungsmörder）、⑤素質的殺人（Veranlagungsmörder）の5つの連続殺人類型を法医学者、犯罪学者、弁護士、の9名の専門家が「ドイツの凶悪連続殺人」について、分析・検討している。

① 性的殺人（Sexualmörder）では、HANS PFEIFFERによるAdolf Seefeldt（1933-1935：40歳の「同性愛者」による児童連続殺人：鑑定は精神薄弱者：1936年絞首刑）とKATHRIN KOMPISCH/FRANK OTTOらによるJohann Eichhorn（1931-1939：1906年生の「性的精神病質者」：完全責任能力者で死刑）が紹介されている。

② 強盗殺人（Raubmörder）では、WOLFGANG SCHÜLERによるHeinrichとJohann Heitger（1928），STEPHAN HARBORTによるVeronika Nitzberg（1987-1991）などが紹介されている。

③ 縁故（顔見知り）殺人（Beziehungsmörder：家族・友人・知人）では、HANS PFEIFFERによるIise Metzner und Rada（1942-1957）らによる「子殺し」とGUNTHER GESERICK/ KLAUS VENDURA/INGO WIRTHらによるHilmar S.（1969）の連続性的殺人のケースが紹介されている。性的殺人の女性被害者は、6歳から21歳の若い女性、55％が、知人か親類による殺害、21％が見知らぬ者による殺害、74％が前科者である。

④ 確信犯的殺人（Gesinnungsmörder）では、STEPHAN HARBORTによるAugust Geitlinger（1990）によるホームレス「連続殺人」とSTEPHAN HARBORTによるManfred Blocher（1995-1996）のケースが紹介されている。

⑤ 素質的殺人（Veranlagungsmörder）では、HANS PFEIFFERによるDr. Sigmund Rascher（1939-1944）という医師による連続殺人のケースが紹介されている（WOLFGANG SCHÜLER/WILFRIED ZOPPA: Der S-Bahn-Möder Hans Müller

（1990-1991））。

4. ドイツにおける「連続殺人」の原因の解明
① 連続殺人に関する 10 の特徴

Robertz & Thomas（Hg.） Serienmord, 2004. の中でアレクサンドラ・トーマスが「連続殺人」に関する 10 の作り話（根拠のない仮説）に言及している（527 頁以下）。

① 連続殺人は、性的動機から起こるとされるが、性的動機のないものもある。
② 連続殺人犯は、素質的な異常性格で責任無能力であるとされるが、家族や社会的環境との葛藤とされるケースもある。
③ 連続殺人は、男性犯罪であるとされるが、数は少ないが女性による連続殺人もある。
④ 連続殺人者の行為態様は、行為者の内面と矛盾する。
⑤ 連続殺人は、現代的な社会現象である。
⑥ 全ての連続殺人犯は、映画のハンニバル・レクターのような魅力的な性格の者ばかりではなく、自分勝手な理解不可能な性格の者もいる。
⑦ 連続殺人犯の生活圏では、周りの人と無関係である。しかし、第 2 点との関係で言えば社会的環境とかかわっている。
⑧ FBI のレスラー（Ressler）は、最初に連続殺人の定義づけを行い、プロファイリングのコンセプトを考え出した。
⑨ 「連続殺人の原因は、解明できる」とされてきたが、例えば「幼少期の外傷体験」が何故「連続殺人」の原因になったかは必ずしも解明できない。
⑩ 犯罪学者は、このテーマに取り組むことだけがより社会に貢献できると考えているわけではない。

レスラーは、「殺人犯を『秩序型』と『無秩序型』の 2 つに分類して「連続殺人鬼の性格」を十把一絡げにくくることは不可能だ。彼らがどんな人間であり、なぜ人を殺すのかそのすべてのケースを網羅するただ 1 つの説明などはあり得ない」としている。

また、過去に起こった「大量殺人」事件は、社会や地域に対する怒りや復讐

第2節　欧米における確信犯罪人による大量・連続殺人事件を中心にして

心が、殺人の動機によるものも多いようである。しかし、最近のわが国の「大量殺人」事件では、復讐心が、直接自分と関係のない学校や会社の人間など、犯人とは無関係な人々に向いてしまう傾向がある（例：「大阪池田小事件」など）。また、「秋葉原通り魔事件」のように「誰でもよかった」として無関係な人が楽しそうにしていると理不尽な嫉妬や差別感などから通り魔的に狙われることがある。事前に殺人が計画されるが、それでも基本的には、自分の希望・思惑通りに行かない場合に一時的な感情の爆発による大凶行に及ぶのである。

覚せい剤や飲酒などの「薬物・アルコール依存症者」などの精神障害者による大量殺人（例：「深川通り魔殺人事件」などの「フラッシュバック現象」）もあるが、犯罪歴も薬物の使用歴もない人が、路上や学校や会社内で、突然刃物を振り回し、銃を乱射することもある。「大量殺人」は一度に行われ、犯人はその場で自殺するか、射殺されるか、現行犯逮捕される。最初から逃げることなど考えていない。大量殺人犯は、自分のことも、社会全体も、どうなっても良いと思っている厭世感に陥っている場合が多い。

行動科学の専門家の定義によれば、「連続殺人鬼」とは、殺人によってしかはけ口の見いだせない内的衝動に迫られ、一定の期間にわたって、3人以上の人間を殺す者とされる。だがこうした専門家によれば、彼らがいだく衝動や殺人の動機は千差万別であり、従って「連続殺人鬼」の種類もその動機の数ほど多岐にわたっているという。

とはいえ、これらの殺人鬼にもいくつかの共通点がある。その圧倒的多数は白人男性で、平均的な知能以上の持ち主である。そして彼らは通例、2つのカテゴリーに分けられる。サイコティック精神異常者か精神異常者はいわゆる狂人であるが、連続殺人鬼としては少数派に属する。彼らは幻覚や幻聴を（ときにはその両方をいちどきに）体験し、その狂気が殺人を生むのである。1970年代にニューヨークを震撼させた「サムの息子」、すなわちデイヴィッド・バーコウィッツはこの種の殺人鬼である。しかしながら「連続殺人鬼」のほとんどは狂人ではない。精神異常者1人に対して、「精神病質者」はほぼ9人の割合といえよう。

「精神病質者」、「社会病質者」とか「反社会的人格障害者」とも呼ばれる者は、

精神の病ではなく性格上の欠陥者である。彼らは現実の世界と接触を保って生きており、是非善悪の別をわきまえ、殺人が悪であることも知っている。「精神病質者」には、ほとんどの人が当然のものと考えている人間性の決定的な要素つまり「良心」が欠けている。彼らはそもそも良心をもちあわせていないか、あるいはその良心が弱すぎて自分の犯す暴力を抑えきれないのである。だから「精神病質者」は、罪悪感も自責の念もいだかずに人を殺し続けることが出来るのである。

「精神病質」の何が殺人鬼を生みだすのか、確かなところはだれにもわからない。遺伝的性格（もって生まれた人殺しの素質を強調する理論もある）と社会環境（生い立ちにまつわるさまざまな要素）がその個人を殺人者に仕立てあげていくという説もある。そして、遺伝と環境の組み合わせのなかにこそ正しい答えがひそんでいると考える専門家も多い。「精神病質者」の連続殺人鬼に備わっているもっとも恐ろしい資質は、他の人々のなかで何ら目立たずに生きていける能力である。その外見は普通の人と変わらない。ときには知性や魅力にあふれてさえいる。おびただしい数の若い女性を殺害した「テッド・バンディ」は、まさにこのタイプの「精神病質者」だった。だが、こうした殺人鬼もひと皮剝けば、そこには必ずといっていいほど２つの特質がひそんでいる。それは、異常な「性欲」と「支配力」への渇望である。殺人は彼らの性欲を満たし、支配への欲望――それも生と死をめぐる究極の支配欲を満足させる。簡単に言えば殺人は彼らに喜びを与えてくれる。専門家によると、彼らは殺したいから殺すのだという。殺人が好きだからこそ、殺人鬼は凶行をくりかえすのである。

② 90年代ドイツにおける連続殺人の原因とその特徴

最近のドイツでは、伝統的意味での「大量殺人」や「連続殺人」の件数は、統計上、極めて少ない。しかし、その中でもドイツにおける「連続殺人」の特徴である、「性的動機」から起こる「性的殺人事件」が多発している傾向が顕著である。

また、東西ドイツ統一後の90年代には、特に、若者の失業率が高くなり、政府の経済政策、失業対策に対する不満、その不満が外国人労働者へ転嫁され、「ネオ・ナチ」の若者グループによる「外国人排斥・憎悪」が原因の「連続殺人」

が多発している。

　ドイツでも、ネドピル・ミュンヘン大学教授も性的連続殺人事件の動機の解明には「性的サディズムと性的精神病質」の検討が不可欠であるとしている（Norbert Nedopil, Forensische Psychiatrie, 3. Aufl. 2007, S.202ff.）。また、暴力的な精神病質者の再犯リスク評価基準として「PCL-R」「PCL-SV」の活用の必要性を強調している。

　また、犯罪心理学者のホフマン（Hoffmann, J.）は、2009年にフィンランドの学校で起きた銃乱射による大量無差別殺戮事件（Massaker, Amokläufer）を例にあげて、動的リスク分析システム（DYRIAS）の導入を提案している。

5. ドイツにおける1970-90年代の大量・連続殺人事件の特徴
　　——テロ犯罪と外国人排斥犯罪
①　東西ドイツ統一前のテロ犯罪——ドイツ赤軍派のテロ犯罪

　ドイツ赤軍派（バーダー・マインホフ・グルッペ（Rote Armee Fraktion, RAF））は、第二次世界大戦後のドイツにおける最も活動的な極左民兵組織、テロ組織であった。同組織は1970年代から1998年まで活動を行い、20年以上の活動で主なターゲットにしたのは、西ドイツの政府公共施設、政府関係者、政界関係者、法曹関係者、西ドイツ大企業とくに軍需産業幹部、駐留アメリカ軍で多数の著名ドイツ人を殺害した。1972年5月には西ドイツ各地で連続15件の爆破事件を起こしたが、この事件をきっかけに中心的メンバーのアンドレアス・バーダーとウルリケ・マインホフたちは逮捕され、シュツッツガルトのシュタムハイム刑務所に収監される。1977年10月にはルフトハンザ機をハイジャックしたが、ソマリアのモガディシュに着陸したところを西ドイツ政府によって派遣された特殊部隊GSG-9によって急襲された。結果、ハイジャック犯3人を射殺、1人を逮捕、乗客人質全員を救出され、ハイジャックの失敗を知ったバーダーらは獄中で自殺。しかし、1989年にベルリンの壁が崩壊し冷戦が終結すると資金源や目標、存在基盤を失った。東ドイツに潜伏していたメンバーが次々逮捕され1990年代には後継組織とみられる「反帝国主義者細胞」が活動を始めたが1996年に最高幹部が逮捕され以後、現在は活動をしていない。1998年に

ロイター通信ボン支店にドイツ赤軍派の解散宣言の声明文を送付した。
②　ネオ・ナチの若者によるトルコ人家族の住宅放火殺人事件
　ドイツのテロ組織は、東西ドイツの統一後、政治目的からの目標がなくなり、組織も解体した。こうした極左グループに代わり台頭してきたのがネオ・ナチの若者を中心とした「外国人排斥」をスローガンとする「極右グループ」で、彼らによる大量殺人事件が頻発した。

　例えば1992年11月には2所帯のトルコ人家族の住宅がネオ・ナチの若者に放火され、14歳の少女とその51歳の祖母が焼殺された。高等裁判所は、1993年3人に対する殺人罪、7人に対する殺人未遂罪で無期自由刑に処した。

第2章　死刑制度廃止後の確信犯罪人に対する刑事制裁制度

第1節　「確信的犯罪人」の処遇に関する刑事政策的対応
第2節　死刑の代替刑について
第3節　ドイツにおける「死刑」に代わる「無期自由刑」から学ぶもの
第4節　結びにかえて――「裁判員裁判」制度は、死刑存置の「免罪等」になるか

第1節　「確信的犯罪人」の処遇に関する刑事政策的対応

[1]　問題の所在

　わたしは、前章で述べたように、日本のテロリスト「永田洋子」死刑確定者とドイツのテロリスト・「ウルリケ・マインホーフ」と「グドゥルン・エンスリン」の3人の女性テロリスの比較研究をしたことがある。その後、永田被告人は最高裁で死刑が確定しまだ執行されていない。マインホーフとエンスリンの2人は、シュタムハイム拘置所で自殺した[1]。

　さて、いまだに約8万3,000人の暴力団員を有する犯罪組織[2]や旧オウム真理教団[3]のような狂信的宗教組織などの組織犯罪撲滅のために成立させたはずの「組織的犯罪処罰法」は、国際比較法的視点からみると世界の「マフィア型組織犯罪」対策やテロ対策の専門家の間では常識になっている「犯罪団体結社」罪（例、ドイツ刑法129条1項「その目的若しくは活動が犯罪行為を行うことを意

図して団体を設立した者、又はこのような団体の構成員として参加し、このために宣伝し、若しくはこれを支援した者は、5年以下の自由刑又は罰金に処する」）や「テロ団体結社」罪（ドイツ刑法 129a 条、新設の同 129b 条）、「不法収益」の没収規定などの導入さえもなされていないので、肝心な所では欠陥だらけのザル法になる危険性がある。組織犯罪集団・テロリスト組織に「人・物・金」を与えない「三ない運動」を推進して組織の資金源を枯渇させ、もって組織を壊滅させる具体的刑事政策を模索していかなければならない[4]。政府が、上記のような「テロ対策法」や「組織犯罪対策法」を成立させないでモタモタしている間にわが国は国際犯罪組織の中継国となり、そのために例えば、世界の子供たちが「人身売買」されているのに全く傍観者の役割を演じ、国際社会から嘲笑と軽蔑の対象になるであろう。

そこで本節では、上記のような「テロ」組織の構成員や「暴力団」や「マフィア」型の犯罪組織の構成員の多くの者が、「確信的犯罪者」であったり、「人格障害（精神病質）犯罪者」であったりするとの主張に基づき、こうした犯罪者達が有罪判決を受けた後、どのような処遇システムに乗せれば、彼らの再犯を防止できるかどうかについて若干の考察を加えようとするものである。

(1) 拙稿・前掲論文「政治と女性犯罪—日独女性テロリストの比較研究—」中谷瑾子編『女性犯罪』（1987 年）216-234 頁は、西ドイツ赤軍派のリーダーであったウルリケ・マインホフ（Ulrike Meinhof）とグドゥルン・エンスリン（Gudrun Ensslin）それに日本赤軍派リーダーの永田洋子の 3 人の女性テロリストの比較研究を行ったものである。

獄中で自殺した、前 2 者のドイツのテロリストは、「確信的政治犯罪人」で、永田洋子死刑確定者は、1993 年に最高裁で死刑が確定して 17 年が経過しているのにまだ、執行されていない。1972 年に逮捕されて以来、40 年間、彼女らが蔑んだ官憲の下で生き続けている。

本書では、彼女のようなタイプの者は、「確信的」政治犯罪人ではなく、私憤や嫉妬から実行された「大量殺人」主犯者であると考えている。
(2) 平成 16 年版『警察白書』162 頁では、平成 15（2003）年に、暴力団構成員の総数は、85,800 人（構成員：44,400 人、準構成員：41,400 人）としている。
(3) 平成 15 年版『警察白書』271 頁では、平成 15（2003）年 4 月当時、教団は、

全国18都道府県に30カ所の拠点施設を有し、信者約1,650人を擁して、近年、地方への進出が顕著であるとしている。
(4) この暴力団撲滅策の「三ない運動」については、拙著・前掲書『組織犯罪の研究―マフィア・ラ・コーザ・ノストラ、暴力団の比較研究―』132頁、222頁。

[2] 政治的確信犯人の処遇——「社会治療」処遇モデルの導入

ところで政治犯罪人に対する刑事政策的処遇モデルを検討する場合には、確信犯的な政治犯罪人と確信犯的でない政治犯罪人とに分けて論ずる必要がある。

(1) 確信犯的政治犯罪人

「確信犯的政治犯罪人」は、一定の主観的な政治目的や政治イデオロギーをもって、現体制下の法秩序を侵害・破壊する行為を実行する者であるから、彼らに対する処罰の根拠づけが困難である。その政治的確信に基づいて行われた違法行為については、違法性の認識や期待可能性を認定することは大変困難であり、たとえ、厳しい「刑罰」を科したとしても、既存の社会的「規範」を受容する遵法精神に乏しいか、全くないかであり、「刑事制裁」による「社会復帰」のための説得はほとんど不可能であろう。こうした事情にかんがみて、従来から、多くの刑事法学者達は、「確信犯的政治犯罪人」に対しては特別な取扱いを検討してきた。

ラートブルフの「確信犯人論」によれば、「普通の犯人は、犯人自身が侵害した法律に対して保護を要求するという『自己矛盾』を犯すが『確信犯人』にその矛盾を指摘して説得することはできない」（例えば、前述の「日独女性テロリスト」の逮捕後の身の処し方が参考になる。）としている[1]。

また、瀧川幸辰博士は「『ラードブルフ』教授は『確信犯人』において、改善不能といふ刑事政策的特徴と、確信――道義上・宗教上・政治上の――が行為の決定的動機を形作るところの心理学的特徴とに基く定型を認め、この定型にあてはまる犯人――確信犯人――に対し、懲役刑・禁錮刑の代りに『監禁刑』

に科すべきことを主張したのである。」(『瀧川幸辰刑法著作集』第4巻・610頁)。博士は、その「人道主義的罪刑法定主義」の帰結から「刑罰によって矯正される『確信犯人』は、そのこと自体、確信犯人の本質に矛盾する。確信を洗落して牢獄を出て来る『確信』犯人のそれは、実は確信ではなかったのである。鋼鉄の確信を鍛へに鍛へて牢獄を去る『確信』犯人のそれでなければ、真の確信といふことは出来ない。『確信犯人』に改善を目的とする刑罰——教育刑——を科することは、実は意味をなさないのである。」「私はラードブルフ教授の提案を是認したい。」(同614頁)(『』はいずれも筆者)[2]と主張しておられる。

しかし、かって国家は、この種の危険な者をただ放置しておくわけにはいかないから、結局、「違った考え方をする者」として普通の犯人に対するとは違って「名誉を尊重する刑罰」としての「監禁刑」を科すといった方法も考案した。ドイツでは、この刑罰思想は、ワイマール民主主義時代の法思想として、1922年の「ラートブルフ草案」をはじめ、戦後の刑法改正草案などにも導入された。しかし、現行「ドイツ刑法」では、「政治犯に対する刑の問題は、刑の種類にあるのではなくて、その内容にある」という意見の下に、「監禁刑」制度は採用されておらず、政治犯罪人は単一化された自由刑ないし保安処分の1つである「保安監置」(刑法66条)の範囲内で処遇されている。

前述のように、わたしが訪問した1980年頃のバイエルン州の「シュトラウビンク保安監置施設」では、施設のほぼ中央に厚いコンクリートと鉄板で作った特別の舎房を設け、その中に「テロリスト」を収容していた。しかし、2006年11月に14年振りに見学した同所では、もうテロリストは1人も収容されていなかった。だだ、新装された監視塔には自動小銃が備えつけられていたし、施設のグランドの上部には、ヘリコプターなどによるテロリストの奪還を防止するワイヤーが張り巡らされていたのが印象的であった。

わが国では、刑法改正作業の過程で、「確信犯的政治犯」の問題は、禁錮刑の存続と単一刑採否の問題として論じられた。しかし、結局は、改正刑法草案(但し、同草案は1974年の法制審議会総会で決定されたにもかかわらず、その後廃案になり今日に至っている。ここに立法者の『刑事立法の不作為責任』の原点がある)は、従来通り懲役・禁錮の二本立ての存続が決まっており、確信犯的政治犯は、

動機の非破廉恥性により主として「禁錮刑」を言い渡されることになっていた。

　本来の意味での確信犯的政治犯に対する矯正処遇の目標は何に求められるべきか。彼らには、洗脳とか転向などを働きかけ得るが、簡単に自己批判したり転向したりする確信犯人は、本当の意味の確信犯といえるかどうか疑問である。もともと「確信犯罪人」に対しては、「社会復帰」を目的とする処遇はあり得ないことである。現体制側は、彼らをその刑期一杯安全に拘束することができるだけであり、そのかぎりで妥協せざるを得ない。

(2)　確信的ではない政治犯罪人

　「確信的ではない政治犯罪人」に対しては、必ずしも名誉を重んじた処遇が行われるわけではない。これらの者の犯罪については、例えば、それが政治的イデオロギーの結果行われたとしても、原則として、「違法性の意識」や「期待可能性」を十分に認定することができるから、一般の犯罪行為に対するのと同様に、個々の犯罪行為に比例した刑を言い渡すことになる（具体的には、前述の「永田洋子」のケースがある）。また、行刑においては、これらの者の社会的に不適応な原因を究明し、社会適応性回復のための教育、指導、援助などが矯正処遇上の目標となる（例、ドイツの「社会治療」処遇プログラムが参考になる）。

　小田晋教授は、「組織犯罪・テロリズム防止の方策が急務」として、以下のような、提言をされている。

　「ルクソール事件やリマ事件だけが問題ではなく、今日の政治的テロリズムと宗教的テロリズム、さらに企業を対象とするテロリズムの相互のボーダレス化を考えても、『オウム真理教』がそれを連結、総合化して見せながら、しかも我が国は団体としてのそれを消滅、解散させ得なかったことを考えても、これらの脅威は我が国社会に対して明瞭に現存し、今後とも増大するものであることは論理的にみても明らかに推論し得る事柄ではないであろうか。さらに国際化現象は政治的にも、経済的にも、文化的にも、犯罪・カルトなど社会病理現象の上からみても、今後ますます進展するであろうことは疑いを入れる余地がない。そういう状況下にあって、あの「オウム真理教」に対する解散請求さえ却下され、主犯である開祖に対する刑事裁判でさえ、これほどの引き延ばし

が許されている実情であるからには、我が国の治安と国民の安全を守る新たな手段を考える必要は当面、もっとも重大な課題だと言うほかはない。もし、新たなサリン事件のようなテロリズムが発生しても、この国はそれに対する有効な手段がないというのでは済まされないのである。つまり、組織犯罪とテロリズムの態様の変化に即応した法規の適用と、それが不可能なら立法が考えられなければならないのである。」[3]

「何よりも、組織犯罪・テロリズムの調査および防止にあたる機関の充実が必要である。公安警察が存在するといっても、それとこれとは目的も使命も同じでない。およそ文明国で、大国であれば、警察と並行調査する公安調査機関を持たないところはない。それは民主政治が唯一の治安情報源にのみ依拠しないで機能し『警察国家化』することを防止するためにも、二本立ての情報機関は必要で、ただ両者が協力して動作するのが望ましいのである。犯罪の国際化、カルト、暴力団、過激派、総会屋、さらにおそらく近く生じるであろう単に反社会的な愉快犯集団などの出現を考えても、組織は十分に柔軟で機動的でなければならない。行政改革に便乗して、組織犯罪に対する機関の縮小を企図するようなことをすれば悔いを千載に残すようなことにもなりかねないのである。」[4]として、刑事法学者にも傾聴に値する提言をしておられる。

わたしは、政治犯に対する予防対策を構築する場合最も重要なのは、権力的な治安対策の強化だけではなく、現在の体制の側に立つ者が、憲法上の民主主義的な政治体制を実現し国民の福祉に役立つ経済的・社会的制度を確立し、「テロリズム」の原因になっている「貧困と差別、絶望と無関心──テロリズムを生み出す根源的な原因」を解決し、そのためにも民主主義的・人道主義的法治国家を発展させ政情を安定させることであろうと考えている。

しかし、大多数の国民が満足し、安心できるような政治体制を確立しようとも、国家という１つの権力組織が存在する限り、その転覆や改革を狙うグループを根絶することはできない。従って、「確信犯罪人の処遇」の問題は、もはや刑事法のレベルの問題ではなく、高度な政治上の問題であり、より哲学的な問題であることも看過すべきではなかろう。

(1) このラードブルフの「確信犯人論」については、すでに、瀧川幸辰「確信犯人と教育刑」『瀧川幸辰刑法著作集』第 4 巻（1981 年）608 頁以下に詳しく訳出されている。尚、必読の文献として、比嘉康光「確信犯人論史序説―ドイツにおける学説史を中心にして」立命館法学（1972 年）105 号・106 号 448 頁以下がある。
(2) 本書は、瀧川博士を私淑する立場から、その「確信犯人論」を支持する立場である。拙著・前掲書『ポストゲノム社会における医事刑法入門』で論述した罪刑法定主義・責任主義も瀧川学説の影響を受けたものである。拙著『刑事政策学入門』（1991 年）165 頁。
(3) 小田晋『宗教と犯罪』（2002 年）182 頁。
(4) 筆者も全く同感である。前述したドイツのテロ対策として各州に設置されている「憲法擁護庁」の活動が参考になる。

［3］ 暴力的・狂信的犯罪人に対する刑事政策的対応

(1) オウム事件への「破防法」不適用が招いたテロ撲滅対策の問題性

わたしは、わが国の近代史上稀に見る凶悪宗教テロ集団の「旧オウム真理教事件」[1]の処理の際、首班格の麻原彰晃被告人を死刑にする代わりに、「特別無期刑」を新設して被害者への謝罪のため、終身刑務所に収容し、旧オウム真理教教団には、破防法 7 条（解散の指定）・8 条（団体のためにする行為の禁止）を適用して、「解散命令」を出し二度と類似の宗教活動ができないようにするべきだと主張した。けだし、麻原被告人を「死刑」にすれば、彼は信者の「神」となり彼等に「聖戦」の根拠を与えることになるからである。

しかし、宮坂直史教授が正しく指摘されるように、日本の国内安全保障政策（治安政策）を研究した政治学者のカッツエンスタイン（Peter J. Kazenstein）と辻中豊氏などの 1991 年の論文を引用して、「すなわち日本の国内安全保障政策は、必要に応じて漸進的な微調整を繰り返しただけであり、日本の過激派に対しては、根絶ではなくて『封じ込め作戦』、『長期消耗戦略』をとった。」と正確に述べている。そして、「このような戦略は、初の大量破壊兵器テロを引き起こしたオウム真理教に対しても変わることがなかったのである。オウム真理教事件では、信者以外に 24 人もの死者（地下鉄サリン 12 人、松本サリン 7 人、坂本

第 1 節 「確信的犯罪人」の処遇に関する刑事政策的対応

弁護士一家 3 人、公証役場事務長 1 人、VX 殺人 1 人）に加えて、5,500 人以上の負傷者を出したにもかかわらず、日本の戦略は変わらなかった。」としている。

また、宮坂直史教授は、「しかし破防法後の対応は後手に回った感が否めない。オウム真理教は、すでに宗教法人格は剥奪されていたが、任意団体として活動を許された。麻原をはじめ幹部が多数逮捕され、破産管財人がついているにも関わらず、オウム真理教はその力を蓄え始めた。公安調査庁が 1999 年 2 月に公表したデータによると、オウム真理教のメンバーは 1500 人、施設が全国 30 カ所以上、パソコン等の売上高は 1998 年には約 60 億円になった。1999 年頃から住民や自治体によるオウム移転反対、追放運動が激しさを増してきた。2000 年 1 月末の段階で全国 13 都県 186 自治体がオウムの進出に反対した。この時にはオウムの拠点はわかっているだけで 11 都府県 26 施設に及んだ。」[(2)]としている。オウム事件を契機に立案された「無差別大量殺人行為を行った団体の規制に関する法律」が 1999 年 12 月に成立・施行された。しかし、この法律は、「破防法」の代用となるものであったにもかかわらず、「観察処分」があるのみで、「解散命令」や「団体のためにする行為の禁止」などの規定はなく、これは、テロ団体規制法にはなっていない。

もし、ビンラディンやその一派を逮捕し、政治的にも比較的中立の立場にあるわが国で特別裁判が行われた場合はどうなるのか。何処の国の法律で裁くかにもよるが、アメリカ合衆国や日本には「死刑」が存置されているし、主犯を含め逮捕者全員を死刑にするわけにはいかないであろうから、無期懲役刑になった多くのテロリストを何処の国で、どうやって処遇するかも考えておく必要があろう。

(2) 刑法を改正してドイツ型「犯罪団体結社罪」・「テロ組織結社罪」の導入

前述したように、ドイツ刑法 129a 条では、「テロリスト団体の編成」をした者（設立・参加した者）、主犯は 3 年以上、その他は 1 年以上 5 年以下の自由刑が科せられる。そして、支持したり、宣伝したりしただけで、6 月以上 5 年以下の自由刑が科せられる。そして、前節で紹介したように、刑法の改正で同法 129b 条が新設され国外犯も処罰されることになった。もし、将来の危険性が

認定されれば、無期限の「保安監置」処分（ドイツ刑法66条）に処せられる。もちろん釈放後も厳しい無期限の「行状監督」（保護観察の一種）に付せられる。そして、更に「事後的保安監置」処分も合憲とされる改正が行われた。

オウム教団員が人類史上全く類例を見ない凶悪大量殺人事件を起こした時、非難ごうごうの国際世論や先進7カ国会議で日本はどう釈明してきたか忘れたのであろうか。

当時「サリン特別法」を成立させたり、この「組織的犯罪処罰法」（平成12（2000）年2月に施行）を成立させると言って国際世論を納得させてきたのではなかったか。

「通信の傍受」だけではなく「犯罪団体結社」罪（例：ドイツ刑法129a条）や「不正収益の剥奪」規定などを追加導入すべきであると考えている。

---

(1) オウム真理教事件・裁判につき、佐木隆三『オウム裁判を読む』（岩波ブックレット No.408、1996年）、オウム破防法弁護団編著『オウム破防法事件の記録―解散請求から棄却決定まで』（1998年）、浅野健一『オウム『破防法』とマスメディア―続『犯罪報道』の再犯』（1997年）、一橋文哉『オウム帝国の正体』（2000年）、などがある。
(2) 宮坂直史『国際テロリズム論』（2002年）252頁。「オウム真理教は、正悟師による集団指導体制下で『麻原回帰』の傾向を強め、2月に東京地方裁判所において麻原彰晃こと松本智津夫に死刑判決が言い渡されて以降は、信徒の動揺を抑えるため、『麻原回帰』をより一層鮮明化させた。また、教団が、引き続き、ヨーガ教室を装うなど教団名を秘匿した信徒の勧誘活動や、拠点の確保、資金獲得などの活動を続ける一方、修行により在家信徒や分派グループ信徒が死亡するなど、麻原の教えに基づく危険な修行を継続している事実も明らかとなった。」としている。

第2節　死刑の代替刑について

[1]　ポストゲノム社会の「無期自由刑」のあり方について

　わたしが、1975年11月に、ドイツ刑法・法哲学の第一人者として活躍しておられた、ミュンヘン大学のアルトゥール・カウフマン教授の下に留学したのは、大阪大学で瀧川春雄先生の「死刑廃止論」などの人道主義的刑事法学を学んでいたので、カウフマン教授の人道主義的刑法学・法哲学に大きな憧れの念を持っていたからである。本節は、「まえがき」にも書いたようにその憧れの先生の下で、死刑を廃止した後の「確信犯罪人」や「人格障害犯罪者」に対する刑事責任能力論とその刑事制裁論を研究した成果の一部である。

　さて、前述してきたように、ドイツにおける「死刑」に代わる「無期自由刑」の問題と現状を紹介する時、1998年の刑法改正に伴う「凶悪『性』犯罪者」に対する厳罰化と刑事制裁の長期化をめぐり連邦憲法裁判所の合憲判決が2004年2月10日に出されたため、それに触れないわけにはいかない[1]。特に、この判決には、比較刑事政策的な学問上の関心の他に、2人の友人が訴訟当事者として関与しているという個人的関心からでもある。

　カウフマン先生は、教え子の故梅田育夫君への追悼論文「無期自由刑について」（宮澤浩一訳：法学研究（1974年）47巻7号）において以下のように述べておられる。「今世紀の初頭には、死刑と無期自由刑は、殆んどすべての世界において、重大犯罪の防止と処罰のための放棄すべからざる手段とみなされた。これらの刑罰的な制裁の正当づけは、殆んど論議されなかった。これらのものは、自明のものとみなされていた。若干の批判者は、刑法の現実に何らの影響をもたないアウトサイダー達であった。その後、2つの世界大戦と犯罪的な国家制度の経験とが人間性をゆり動かした。数百万という人間の生命が『法の名において』絶滅された。たとえ殺人犯人であっても、1人の人間を『法律により』殺害してよいか、或いは永遠に共同社会から無期自由刑によって排除してよい

かどうかについて、今日、われわれがもはや確信をもっていないことは不思議でない。グスタフ・ラートブルフがかつていったように、刑罰権はその良心を失った。いかなる社会といえども、犯罪者に対し道徳的な優位性をもって対抗し、彼等に対して死刑を言い渡すことが決定的に許されるほど、その中で犯された犯罪に対してなんら責任のない社会はない。日本には、今日、死刑も無期刑もある。それには、ヨーロッパの傍観者には見抜くことの困難な理由があるに違いない。しかしながら、日本で、刑法の徹底した改正に対する意思が極めて活発であり、多年にわたってこの改正に精力的にとりかかっていることは看過しえない。日本の〔刑法〕改正の状況における特殊性は、2つのもの、つまり死刑と無期自由刑を同時に廃止するチャンスがあるということだが、しかし現在のところ、これを利用しようとしていないように思われる。1949年に、ドイツ連邦共和国が憲法を制定し、その中で死刑を廃止したとき、このことは、ナチスの権力掌握者達による人間の生命の比類のない軽視に対する強烈な印象の下で行なわれた。死刑の廃止は、従って、決して刑法改正の行為としてではなく、生命の不可侵性を警告する信仰の告白と考えられた。つまり、国家は1つの例を示そうと欲し、殺害の禁止の絶対性を、自分自身この禁止を非難すべきやり方で軽視した者に対してさえも貫徹しようと望んだのだった。」(3頁)そして、「今日、専門家の間で、無期自由刑に反対する者の数は、恐らくすでに過半数になっているといえよう。」(5頁)とし、ゲッティンゲン大学のアルツト教授、テュービンゲン大学のバウマン教授と並び自分の愛弟子フランクフルト大学のハッセマー教授の名もあげている。そのハッセマーこそ上記連邦憲法裁判所判決の裁判長なのである。つまり、ハッセマーは、フランクフルト大学に赴任した当時の70年代は、仮釈放のない「無期自由刑」(従って、「終身刑」と言ったほうがいいかもしれない)には反対していたのである[2]。

ところで、カウフマン先生が述べておられるように現行刑法の母体となったドイツ刑法は、前述のように1949年に、また旧刑法の母体となったフランス刑法は1981年にそれぞれ死刑を廃止している[3]。

そして、とくに「死刑存置論」に関して何よりも残念なのは、その時代時代を適切に反映した立法者の理念に基づく法律制度や刑事司法制度に関する立法

第 2 節　死刑の代替刑について

能力に関するポジティブな評価や立法権を有する国会に対する信頼感がない点である。その点、自由主義的・民主主義的・人道主義的法治国家原理を多くの流血の果てに闘い取ってきたヨーロッパ諸国と大きな隔たりがあると言っても過言ではない。

　わが国は、戦後、確かに、経済発展や先端科学技術の発達という点では、欧米先進国の仲間入りを果たしたが、「人間の尊厳」の保持を基本理念とする人道主義的刑事政策の発展という点では、まさに後進国の域を出ていないのである。それは、現行刑法が明治時代以来 102 年間も大改正されていない点を指摘するだけで十分であろう。

　また、国連で採択された「死刑廃止条約」なども含めて幅広く死刑存廃を論じるべきであるのに、政府は、1989（平成元）年 12 月に採択された「死刑の廃止をめざす市民的及び政治的権利に関する国際規約第二選択議定書」（「死刑廃止条約」）を全く無視しているのである。この条約を批准していないのは、いわゆる先進 7 カ国のうち日本とアメリカ合衆国だけである。ロシアも G8 に参加したのを契機に死刑廃止に向けて本格的な検討に入ったと言われる。今度 EU に加盟するポーランドは死刑廃止に踏み切った。いうまでもなく、日本は非資産国であり国際社会との協調関係においてのみ 21 世紀の国際的ボーダーレス社会の中で平和な社会を維持できるであろう。もし、政府が国連平和主義を国是とするならば、また、そのために国連の常任理事国の地位を狙っているというならば、国連で採択されアメリカ合衆国を除くすべての先進国で批准されている「死刑廃止条約」を一日も早く批准すべく国内法の整備をすることも政府に課せられた重要な任務であるといえよう。

　2004 年 2 月に、旧オウム真理教団教祖に対して、第一審では、死刑判決が言い渡された。また、わたしは、あの犯罪学史上初めての筆舌に尽くし難い悲劇をもたらした極悪非道な大量虐殺事件の「大阪池田小児童殺傷事件」（以下「池田小事件」とする）を契機に、前掲拙著『人格障害犯罪者と社会治療――高度に危険な犯罪者に対する刑事政策は如何にあるべきか』（2003 年）を書いた。この「池田小事件」では、誰が見ても被害者や遺族に対する「立法者の不作為責任」が問題であると思われるのに、立法の関係者の誰もがその責任を採ろう

としなかった。そればかりか、犯人が過去に「措置入院歴」があったことから、あたかも現行の「措置入院制度」の運用自体に問題があったとして、現場の臨床医に責任を転嫁し、前述の「ライシャワー駐日大使刺傷事件」の処理のように「措置入院を保安処分化」の方向で改正すれば、刑法をあえて改正してドイツ型の「刑事改善・保安処分」制度を導入しなくても「触法精神障害者」の重大事件も大半がカバーできるのではないかという方向に問題のすり替えが行われてきた[4]。

　また、前述したように、この「池田小事件」を契機として立法された「『重大な触法』精神障害者」に対する特別法である『心神喪失等の状態で重大な他害行為を行った者の医療及び観察等に関する法律』(以下『心神喪失者等医療観察法』『医療観察法』などという)が2003年7月16日の臨時国会で成立した。しかし、この法律は、前編第2章でも厳しく批判したように、いわゆるドイツ型の「刑事治療・改善処分制度」などの「リーガル・モデル」とは法的性格を全く異にするだけに、この「池田小」事件の犯人や旧オウム真理教教祖の被告人のような「人格障害」犯罪者(彼らは、本書でいう典型的な「確信犯罪人」である)をその対象としていないと思われるので、もし、死刑執行の延期制度が導入された場合や死刑が廃止され「無期自由刑」で代替された場合には、現在の「刑務所過剰収容」の時代のなかで、果たして、こうした処遇困難な長期受刑者の施設内処遇をどうするかが刑事政策の緊急の課題となってくるであろう。

　そこで、以下では、2003年4月ヒト・ゲノムの解読が完了したことも念頭に入れながら21世紀の「ポストゲノム社会」における凶悪な犯罪を行った「確信犯罪人」や「人格障害犯罪者」の「行為時の」責任能力判断やそれに基づく新たな「犯罪者処遇モデル」の構築が必要であるという問題提起をしてみたい。そして、具体的には、犯罪者処遇モデルとして待望久しかった「高度に危険な『人格障害犯罪者』」に対する刑事法上の対策の一環として新たに立法された「『重大な触法』精神障害者」に対する特別法である「心神喪失者等医療観察法」が、「メディカル・モデル」である現行「措置入院」制度の保安処分化や刑事裁判における「責任主義」や「罪刑法定主義」の形骸化現象にどの程度の歯止めがかけられるか、また、「立法の不作為責任」の克服の第一歩になりうるか

第2節　死刑の代替刑について

どうかの問題意識の下、この「医療観察法」が刑事政策の専門家の上記のような期待に沿うものでないならば殺人・強盗・強姦などの重大違法行為を行った高度に危険な「人格障害犯罪者」や「確信犯罪人」に対する「死刑に代替する」刑事制裁制度は如何にあるべきか、という点について、わが国の刑事政策的問題点を比較法的に検討してみたい[5]。

（1）Urteil des Zweiten Senats vom 10. Februar 2004.（http://www.bverfg.de/entscheidung/ rs 200040210 2bvr083402.html）Streichung der zehnjährigen Höchstgrenze bei einer erstmalig angeordneten Sicherungsverwahrung: Bundesverfassungsgericht-Pressestelle-Pressemitteilung Nr.10/2004 vom 5. Februar 2004.

　　Norbert Nedopil, Schrifliche Abfassung eines Konzeptes für die Anhörung bei der mündlichen Verhandlung des Bundesverfassungsgerichts am 21. Oktober 2003. などがある。なお前述のように「事後的『保安措置』」制度は、2009年12月にヨーロッパ人権裁判所により否決された。

（2）ハッセマーは、2009年5月東京で開催された刑法学会のシンポジウムの質疑応答で「死刑の残虐性」を改めて強調し、「残虐な死刑のある日本には住みたくない」と言い切った。

（3）この間の事情について、ジュリスト特集「死刑制度のあり方」ジュリスト（1983年）798号を参照した。特に、ここでは、ドイツの事情について、田中開「西ドイツにおける終身自由刑の改革―第20次刑法変更法律の施行にちなんで」同54頁以下から多くを引用させていただいた。また、新倉修「フランスは死刑を廃止した」同62頁以下参照。本節の基にしたのは、拙著・前掲書（2003年版）第12章「高度に危険な人格障害犯罪者に対する『死刑』に代わる刑事制裁」279頁以下。

（4）最近の町野朔編『精神医療と心神喪失者等医療観察法』（ジュリスト増刊2004年）は、そのすり替え論のオンパレードである。

（5）これらについては、前編で詳しく述べた。また、拙稿「人格障害と司法精神医学―人格障害犯罪者の刑事責任能力と社会治療処遇―」精神科（2003年）351頁以下、同「触法精神障害者と検察官の訴追裁量権―心神喪失者等医療観察法における検察官の役割について―」精神医療と法（ジュリスト増刊2004年）127頁以下も参照。

[2]　わが国における「死刑存廃論」の現状とその刑事政策的問題点

(1)　わが国における「死刑存廃論」

　わたしは、1999年11月にISPACの組織犯罪専門家会議で「日本の経済界・政界の汚職問題」について報告するため久し振りに訪れたミラノで、会議の合間に立ち寄った美術館の階段の踊り場にベッカリーア[(1)]の石像を見つけ、死刑廃止論の先駆者との意外な出会いに、大いに感激した。

　わたしは、すでに「死刑廃止論」につき数本の論文[(2)]を書いて、明治時代以来ずっと続いている現行刑法の「応報的刑罰一元制」（主義）を克服して一日も早い「人道主義的刑事制裁二元制」（主義）の実現を一貫して主張してきた。

　また、長井圓教授が、「死刑存廃論の到達点―死刑の正当根拠について―」（神奈川法学（1996年）31巻1号187頁以下）と「世論と誤判をめぐる死刑存廃論―死刑の正当根拠について―」（神奈川法学（1997年）31巻2号1頁以下）を発表され、刑法学者の「存廃論」を実に詳細に検討されている。これら両論文の意義は、戦後の刑法学者の死刑論を詳細に分析して、最高裁判事を退官された後も、その高著『死刑廃止論』（2000年）がすでに第6版を重ねている団藤重光博士の精力的な死刑廃止論[(3)]の後に続く刑法学者がいかに少ないかを見事に指摘しているところにある。

　今年（2010年）、施行（1908年）後102歳を迎える現行「刑法」をはじめとする多くの刑事関連法の悲劇は、いわゆる「人権屋」と称する学者や実務家が、不毛のイデオロギー論争を持ち込むことによって、立法者の国際的視野に基づく刑事法改正案をことごとく廃案に追い込んできたことである。こうした対案無き教条的「死刑廃止論」は、人道主義に基づき、とにかく「最初に廃止ありき」を云々するが、これは決して人道主義的国際比較刑事政策的視点を考慮した刑事法学者の説得力ある主張とは言えない。

　戦後の民主主義教育、人道主義教育を受けた刑事法学者や法曹実務家で「死刑」制度そのものをまともに肯定する人はいないであろう。もし、そういう刑事法学者が大学で刑事法の講義をしているとしたら、それを聴かされる学生こそ可哀想である。わが国の殆どの刑事法学者は、「勿論『タリオの原則』（目に

第 2 節　死刑の代替刑について

は目を、殺人には命を、という古代の応報原則）は否定するが、死刑制度を廃止するにはまだ時期が早い」とする所謂「死刑廃止尚早論」が大勢であろう。

　本書では、こうした「尚早論」を一種の「存置論」と決めつけることはせず、出来るだけ導入・立法可能な具体的代替策を示すことで、大勢を占めるこの尚早論者を納得させる廃止論を展開することを目的としている。

　また、紙数の関係上、参考文献も必要最小限に留めた。詳しい文献については、前掲長井論文や前掲拙稿を参照されたい。

(1)　ベッカリーアの人道主義に基づく「死刑廃止論」（ベッカリーア（風早八十二＝五十嵐二葉訳）『犯罪と刑罰』（1998 年）90 頁以下）から強く影響を受けた瀧川幸辰博士は、すでに大正 8（1919）年の「死刑廃止論者ノ一典型」（法学論叢 2 巻 4 号・『瀧川幸辰刑法著作集』4 巻（1981 年）543 頁以下）の最後に「人々ヨ、死刑廃止ノ為ニメ益々奮起センコトヲ祈ル」（550 頁）と叫ばれ、同「死刑」法学論叢（1928 年）20 巻 1 号・同『著作集』4 巻 580 頁以下、同「死刑問題への一寄与」（1933 年）・同『著作集』1 巻（1981 年）533 頁以下などで、軍国主義華やかなりし頃であったにもかかわらずその「人道主義的廃止論」を堂々と展開されたのである。

(2)　最近の拙稿として、「死刑代替論について」（法学研究（1996 年）69 巻 2 号 123 頁以下）、「『死刑』存廃論―死刑に代わる代替刑とは」（『ボーダーレス時代の刑事政策』（改訂版・1999 年）65 頁以下）、「『死刑存廃論』の人道的刑事政策論的再検討―代替刑による廃止か世論重視の存置か」（『宮澤浩一先生古稀祝賀論文集』第 2 巻（2000 年）33 頁以下）、そして「被害者の応報感情と死刑廃止論」トップ・ジャーナル 2001 年 2 月号 76 頁以下、「死刑の代替刑について」現代刑事法（2001 年）25 号 48 頁以下などがある。

(3)　団藤博士の廃止論に通ずるものに瀧川学派を流れる「人道主義的刑罰観」がある。そして、それは、筆者の恩師瀧川春雄先生の『新訂刑法総論講義』（1979 年）の「死刑制度は野蛮時代の遺物である。わたくしも刑罰組織の人道化の上から、刑法の進化の点から、死刑は廃止せられるべきであると思う」（221 頁）へと受け継がれている。筆者も瀧川両先生と団藤先生を目標にして「人道主義的死刑廃止論」を発展させていきたい。

(2) 死刑廃止尚早論と世論

　わが国のいわゆる「世論」は、圧倒的に「死刑」存置を希望していると伝えられている。また、学説においてもこれも圧倒的に「『死刑』は基本的に廃止される方向で検討すべきであるが、旧オウム真理教団員による大量殺人事件等が起こる現状では、その廃止は世論を納得させることはできず、「まだ時機尚早である」」とするいわゆる「廃止尚早論」が多いのである。わたしは以前から、この「尚早論」は「世論」という実態のよくわからないものに迎合した「存置論」であると位置づけてきた。しかし、法制度論や法解釈論を展開し論議する場合には、こうした留保論は学説としては、廃止論者に何のインパクトも与えず説得力を持たないのである。現代の「死刑」存置論においてはまさに「ルビコン川を渡るか」どうかに係っているわけで、死刑を廃止して対岸へ渡らず、マスコミや他人がやった「世論」調査の結果だけを根拠に慎重論や尚早論を展開しても刑事法学者の刑罰制度論としてはまったく説得力を持たないのである。死刑存置論においては「世論」や「社会的合意」必要論が先行しているが、学説は、むしろ「世論」形成のソースや世論を啓蒙してリードしていく論拠でなければ社会的価値を持たないのである[1]。

　その意味で、シンポジウム「死刑制度のゆくえ」[2]は最近の刑法学者の「死刑」論議の１つの象徴的動きであるように思われる。例えば、シンポジウムのコーディネーターの大谷實教授は、「研究者の間でも消極的な意味での存置論、特に、国民感情を根拠とした死刑廃止尚早論が根強い、現在、国民の法感情は死刑廃止を肯定するまでに至っていないと見るのが妥当であろう。こうした法確信が厳然として存在している以上は、死刑廃止を実現することは困難であるし、国民の支持を得られない法政策は独善的なものとして許されないのである。また、国民の法感情に反した死刑を廃止することは、議会制民主主義においては不可能である。その意味では、わが国の国民感情が変化し、死刑が通常の人間感情にとって耐えられなくなり、残虐性を感じさせるようになったときに廃止されるべきだということができる」とされるが、これでは、人道主義者を標榜し活動する法学者や政治家の役割を無視することになるし、わが国の国民の大半がいまだに「通常の人間感情」を持っていないことになるのではないか、この発

第2節　死刑の代替刑について

言が日本学術会議刑事法学研究連絡委員会の主催によるシンポジウムでのものだけにその影響を考えると残念と言わざるを得ない。とくに、本シンポジウムの問題提起者（大谷實教授、所一彦教授、土本武司教授は、「世論」重視の存置論・廃止尚早論であるが）は相対的応報刑論、積極的責任主義論[3]を支持していると思われるが、これらの有名な刑法学者達は、この刑法理論上の矛盾をどう説明されるのであろうか、説得力のある死刑存置論を聞きたいものである。とくに、土本教授は、検察官出身の論客であり、われわれが、教授に期待するのは、現役検察官へのリップ・サービス的な尚早論ではなく、その豊富な検察実務経験に基づく死刑代替への具体的提案である。ところで、このシンポジウムに参加したシンポジストのうち、佐伯千仭博士、平川宗信教授の廃止論は、学問的説得力のある憲法論と刑罰論を基調としたものである。また、坂本俊夫元広島拘置所総務部長は、その「死刑執行と死刑囚の処遇」の中で「その実態と問題点」について実務経験に基づく「死刑執行」の残虐性、とくにその執行を担当する刑務官の「心的外傷体験」についても述べられている。わたしは、常々、「死刑」は憲法36条の「残虐」な刑罰に当たるので、職務命令としてその義務を履行しなければならない刑務官という「職種」は憲法18条の「苦役」に相当するのではないかと主張しているので、坂本氏のこの現場からの発言は大変に説得力のあるものであった。裁判官の場合には、刑法81条の「外患誘致」罪の「絶対的死刑」以外は「死刑か無期か」の選択刑になっているのでまだしも、検察官の場合も刑務官同様、刑事訴訟法472条と475条によって「死刑の執行」指揮を義務づけられている。わたしは刑事法学の一教師として、「人を殺す」命令を下さざるを得ない職業に法学部学生が就くための法学教育を施したくはない。この意味でも「死刑」制度は、廃止していくべきである。また、憲法31条の解釈としては、手続規定としては「死刑」を含んでいるとすべきであるとしても、手続はまさに「実体法」、「制度」の運用のための「手順」なので、この「死刑」合憲・違憲の問題はまさに「死刑」制度そのものを争点としているのであり、その死刑という刑罰「制度」が13条と36条で否定されるとすれば、31条の規定の仕方、解釈の仕方が間違っていると言うべきである。むしろ、憲法の部分的改正をして、31条から「生命」の用語を削除し、判例を変更して、

13条と36条に「死刑」を含むとするべきであろう。あるいはドイツ・ボン基本法102条のように「死刑は廃止されたものとする」と憲法で規定していくべきであろう。

(3) 幻想としての「威嚇力」

1年に7～8件しか死刑が言い渡されない現状の中で、死刑判決を受けるような残虐極まりない極悪非道の犯罪を惹起するようなタイプの行為者、例えば、死刑判決を受けている旧オウム信者のような者、暴力団関係者、テロ集団に属する者など本書がテーマとしている「確信的」大量・無差別殺人者などに、果たして、存置論者がその正当化根拠とする「死刑の威嚇力」があると言えるのであろうか。この死刑の威嚇力に関しては、その肯定・否定論双方にとっても全く信用のできる実証的・科学的調査は存在していない。まさに本書が言う「ボーダーレス」社会では、その最大公約数的「世論」の実態の把握は難しいのである。こうした科学的根拠のない「世論」を持ち出して、「人の命」を奪う制度の存廃を論じる際の正当化の論拠としてははなはだ不適切であると言わざるを得ない。

裁判官の資質を信用することと、裁判制度、司法制度、死刑手続制度が適正かつ正当性を持つかどうかの評価は別問題である。前者は誤判の恐れが完全に払拭できない限り、裁判官という「人の身分」は歴史が示す通り、裁判官もまた「人の子」である限り、政治権力やイデオロギーあるいは金銭的誘惑から全く独立で中立であるはずがない。法制度は、議会制民主主義で立法権を持つ国会で政治力の決着の所産であるわけであるから、多数決という大の利益により小の利益を押さえることによって、妥協の産物として成立するものであることを忘れてはならない。とくに、前述したように、死刑に相当する凶悪事件を素人の「裁判員」が多数決で「死刑」判決を出すことになる「裁判員裁判」制度の再検討が必要であろう。

(1) 昨年（2009年）、内閣府が行った調査結果では約85％の世論が「死刑存置」に賛成している（朝日新聞2010年2月7日付）。

(2) 大谷實「シンポジウム『死刑制度のゆくえ』」法律時報（1997年）69巻10号7頁以下。
(3) 山中敬一「刑罰の目的と死刑制度の本質から考える」佐伯千仭・団藤重光・平場安治編著『死刑廃止を求める』（1994年）25頁以下では、現代刑法の基本的原理である「責任主義」を固守する以上、絶対的応報である「死刑」制度の廃止は論理的必然であるとして、「個人の基礎となる生命は、その国家も責任の一端を担うべき行為の責任を問うために、国家の行為によって奪われるべきではない」（27頁）としている。尚、第1編で引用した拙稿「責任主義の危機と刑事制裁二元制論について―触法精神障害者の刑事法上の処遇制度を中心にして―」『西原春夫先生古稀論集』第4巻（1998年）281頁以下。

［3］ 最近の死刑判決抑制傾向

さて、最近、現役の裁判官である井上薫判事の編著[(1)]が出版され、1984（昭和59）年から95（平成7）年までの12年間に、最高裁の判決で死刑が確定した全43件に関する、『死刑の理由』（8頁）が収められており、「今後、死刑について発言する方は、少なくとも本書の内容程度は頭に入れておいていただきたいと願っています」（「はしがき」より）として、裁判所内部からも「死刑問題の再検討」という問題意識を持った法曹実務家が出てきたことは大いに評価に値しよう。次は、死刑の執行を指揮する検察内部から同様の問題意識を持った人が現われ、国民を納得させるような存廃論を展開することである。

最近、「旧オウム真理教団」のサリン殺害事件の実行犯には、最高裁で、次々に死刑判決が確定している。しかし、全体的に裁判の動向を概観すると、最近の傾向としては、やはり、特に、事件と比較的近い時期に事実認定が行われることもあって、地方裁判所の死刑判決はまだ時々出されているが、10年以上経ってから最高裁まで上がってくると、事件そのものがすでに社会の人々から忘れられ、風化していることもあってか、殆ど死刑判決が出されなくなっているような印象が持たれている。この傾向が、現場の裁判官たちへの人道主義的刑事政策観の浸透であれば、われわれ人道主義的死刑廃止論者にとって大いに

歓迎すべきものである。そして、最高裁は1999年11月から12月にかけて、控訴審の無期懲役刑の判決に対して検察官が死刑を求めて上告した5件の強盗殺人被告事件のうち「仮釈放中の『老女強盗殺人事件』」については「無期懲役刑」の判決を破棄し、控訴審に差し戻した（12月10日）以外は、4件とも控訴審の無期懲役刑の判決を支持して上告を棄却している。以上の判例の動向を踏まえて、「検察側は死刑に対して極めて積極的であるのに対し、最高裁は極めて慎重で謙抑的であることである」[2]とされている。

(1) 井上薫編著『裁判資料・死刑の理由』（1999年）。
(2) 神山敏雄「死刑選択基準―死刑か無期懲役」法学教室（2000年）233号3頁。
　　また、最近の「死刑か無期か」の判例を詳細に検討したものに、對馬直紀「殺害された被害者の数が1名である身の代金目的拐取、殺人、拐取者身の代金要求、監禁、強姦の事実につき、原判決が維持した第一審判決の死刑の科刑がやむをえないものとされた事例（最1小判平成10年4月23日判時1638号154頁、判タ972号151頁）」現代刑事法（2000年）11号54頁以下がある。

第3節　ドイツにおける「死刑」に代わる「無期自由刑」から学ぶもの

[1]　ドイツにおける「死刑」廃止から「終身自由刑」そして「無期自由刑」への変遷過程

ドイツにおける死刑廃止から「終身自由刑」そして「無期自由刑」への変遷過程については[1]、法政大学の田中開教授の「西ドイツにおける終身自由刑の改革―第20次刑法変更法律の施行にちなんで―」（ジュリスト（1983年）798号

54頁以下）に詳しく紹介されているので、本節ではドイツにおける「（仮釈放付）無期自由刑」の詳しい成立過程については、田中教授の論稿に譲り、1998年の刑法改正以後の「無期自由刑」や「保安監置」の運用状況や「社会治療モデル」の復活などを中心に検討していきたい。田中教授は、「西ドイツでは、さる1981年末、終身自由刑に処せられた者（以下、「終身受刑者」と略記する）の仮釈放（残刑の延期 Aussetzung des Strafrestes）を認める第20次刑法変更法律が公布され、翌82年5月1日に発効した。ここにおいて、約30年前、死刑に代わって最高刑の座についた「終身自由刑」（lebenslange Freiheitsstrafe）は、『終身』という絶対性を失い、『終身なれど終身にあらず』といわれるに至ったのである」としている[2]。

田中教授は、また、「西ドイツで基本法102条によって死刑が廃止されたのは、1949年であるが、その当時は、社会はむしろ不安定で、殺人事犯もとくに減少していたわけではなく、『世論調査』でも謀殺罪に対しては74％が死刑の存置を支持していた。それにもかかわらず基本法制定会議が死刑廃止の決断をあえてしたのは、16,000件を上回るナチスによる死刑の濫用の強烈な記憶のゆえであった。会議に参集した各ラントの代表者達は、新生ドイツに死刑はあってはならないとの想いに駆られていたのである。反面において、西ドイツにおける死刑の廃止は、刑事政策的熟慮の所産ではなかったといわなければならない。レールによると、それは、確かに、『必要不可欠の人間性の行為』ではあったが、『合理的な刑事政策』の意味においては、ある『排害刑』（Eliminationsstrafe）をもう1つ別のものに取り換えたにすぎなかったのである。」としている[3]。

また、カウフマン教授は、前掲論文「無期自由刑について」において、エドウアルト・ドレーアー（前司法省刑事局長）の反対論を紹介しつつ、「『死刑の中に人間の尊厳の侵害を見る見解に対し、一体この尊厳というものは、人間が白痴のように死ぬ迄、動物のように一生涯檻りの中にその者をとじこめた場合には、もはや侵害されないかどうか自問せねばならない』と。従って、唯一の正しい結論は、『死刑廃止』と同時に、（仮釈放のない）無期自由刑をも廃止するということであろう。これが行われなかったのには、歴史的、社会学的、心理的理由がある。しかし、無期自由刑を死刑の代替物と説明することによって、

第一の過誤を第二の過誤をもってなおそうと試みるのは論理に反する。」「責任思想を用いる第二の論証は、本質的により重要である。イェシェックが論じているように、それによると、無期自由刑は『最も重い責任のある行為、特に謀殺の場合に、犯人を少くとも象徴的に共同社会から排除することが共同社会の合法的な正義の期待を充たしうる』が故に、不可欠である筈である。さらに、多くの者は、この刑罰が原則として生命の終りまで執行せられるべきこと、その理由は、この場合、特に重大な責任の清算が問題なのであって、社会復帰は問題にならないからである、とする。」「哲学者マックス・シューラーは、かつて、『処罰を受ける者を破滅させる刑罰は、刑罰ではない』といった。実際、死刑においては、いずれにせよ、殺されること（Getötetwerden）が刑罰と考えられているのであって、死である（Totsein）ということが刑罰と解されるのではない。しかし、長すぎる拘禁の後、あらゆる力を破壊されたが故に、もはや全く感情について能力を失った無期囚の状態も、死の存在である。チャールズ・ディッケンズは、『生きながらの埋葬』となづけたことがある。生命は、なお希望のあるところでのみ可能であり、希望なき者は、人間として生きることはできない。希望のない人間は、何ら有意義なことをなしえず、刑罰をも実現することはできない。いつの日か、充分に贖罪をなしとげ、その後、新規まき直しをしようという希望が生きている者のみが、『その者の』刑罰に積極的な内容を与えることができる。」（9頁）、「たしかに、謀殺犯人の中にも、公共に対するその危険性の故に釈放することのできない者が居る。しかし、それらの者がいるからといって無期自由刑を必要とすることはないし、時として要求されるように、不定期刑も必要ではない。公共にとって正当な保安の必要に対して、保安監置もしくは精神病院での収容で全く充分になしうる。」（10頁）。また、カウフマン教授は、ハンブルク大学のルドルフ・ジーファーツが委員長を務めた行刑委員会が「条件付釈放の問題は、20年の刑の執行を終えたとき、はじめて審査をする」（11頁）としたことも紹介している。

　しかし、法律制度論としては、仮釈放のない「無期（終身）自由刑」は、「人間の尊厳」を侵害するものであるとする批判が湧き上がった。わたしは、1980年2月にハンブルクの「フールスビュッテル刑務所」で終身（当時）受刑者の

第3節　ドイツにおける「死刑」に代わる「無期自由刑」から学ぶもの

ペシック（Peecic）氏に出会った。彼は、当時殺人罪と殺人未遂罪で 30 年間服役していた。塀の中の学者と言われた彼には、刑事政策に関する多くの業績がある[4]。

例えば、ヴェルツェルは、刑法大委員会への意見書中で、「全ての経験が、終身自由刑は人間には耐えられないものであることを肯定している。刑事施設の長および教誨師は、一致して、結局は全くの『人間の抜けがら』（Menschenhulse）になる終身受刑者の、『無力化』（Absakken）および『木質化』（Verholzen）について報告している。自殺数は、謀殺犯人一般においてのみならず、恩赦を受けた謀殺犯人においても目立って高くなる」とし、「死刑の方が、『生きながらの葬り』（Lebendig-Begraben）である終身自由刑よりも『より人間的』であると断じた」のであった（田中・前掲論文 55 頁）。但し、ヴェルツェル自身は、「終身刑」に賛成していた[5]。

確かに、当時の無期（終身）刑では、仮釈放がなかったので、ドイツ赤軍派のバーダー・マインホフ・グループのメンバー達がシュタムハイム未決拘置所で集団自殺したのは、仮釈放のない終身刑に絶望しての自殺であったと言われる。しかし、上記のユダヤ人グループ間では、「死刑から無期で『命』を救ってやったのに」今度は、「『生きながらの葬り去り』が非人道的だから『仮釈放』を認めろ」とはどういう積りかという批判の声が上がった。現在、わが国では、死刑を段階的に廃止するため議員立法として「死刑に代替する仮釈放のない『終身自由刑』」が提案されようとしていると側聞するが、死刑廃止から仮釈放のない「無期（終身）自由刑」へ改正し、さらに現行刑法（57a 条 1 項 1 号）の 15 年後の仮釈放のある「無期自由刑」に至ったドイツの刑法改正の経験から率直に学ぶ勇気も必要であろう。

(1)　Düsing, B., Die Geschichte der Abschaffung der Todesstrafe, 1952, S.276ff. なお、同書の翻訳として、川端博・曽根威彦共訳『H. リューピング・ドイツ刑法史綱要』（1984 年）がある。また、同書の抄訳として、宮澤浩一「死刑廃止の歴史」法学研究（1956 年）29 巻 10 号 45 頁以下・同 11 号 38 頁以下がある。
(2)　田中・前掲論文 54 頁。また、田口精一「ドイツ基本法における死刑の廃止について」『基本権の理論』（1996 年）53 頁以下参照。

(3) ドイツの無期自由刑からの仮釈放の場合に、「受刑者の同意」を待って実行されるのは、ナチスの戦争犯罪人受刑者の場合、ユダヤ人の戦犯追及グループから暗殺される恐れがあることと、「高齢受刑者」で釈放後世話をしてくれる身内などがいない場合には、受刑者がなかなか同意しないという話も聞いたことがある。わが国も高齢長期受刑者の仮釈放の場合にも同様の問題が出ていることを看過すべきではない。
(4) 吉田敏雄訳「ペシック・受刑者からみた行刑」北海学園法学研究（1977年）13巻3号81頁以下。
(5) 田中・前掲論文55頁。カウフマン・前掲論文5頁。

[2] ドイツ連邦憲法裁判所が「無期（終身）自由刑」を違憲とした理由

1976年3月、ヴァーデンの地方裁判所が、ドイツ刑法211条1項が法定刑として「仮釈放のない無期（終身）自由刑」を規定しているのは違憲であるとして連邦憲法裁判所の判断を求めた。その理由は、①終身自由刑による犯罪者の社会からの完全な排除、およびそれに伴う精神の破壊は、基本法1条1項（人間の尊厳の不可侵性）に反する、②無期（終身）自由刑は、行動の自由の完全な剝奪として基本法19条（基本権の制限）2項「いかなる場合にも、基本権は、その『本質的内容』を侵害されてはならない」に反し、同2条2項（人身の自由の保障）に反する、③謀殺罪（ドイツ刑法211条1項「謀殺者は、無期自由刑に処する」）は無期（終身）自由刑を絶対的に規定し、故殺罪（ドイツ刑法212条1項「故殺者は、5年以上の自由刑に処する」）の裁量的規定との法定刑の格差は、行為者の個人責任に必ずしも合致しない責任内容を想定するもので、「正義思想」（Gerechtigkeitsgedanke）と矛盾し、基本法3条の平等原則違反の疑いがある、というものであった（田中・前掲論文59頁）。しかし、学説による厳しい批判もあり、「人間の尊厳」を侵害する凶悪犯罪者に対する死刑やその代替としての「『仮釈放のない』無期（終身）自由刑」よりも、15年以上の拘禁後に「仮釈放のある終身自由刑」であれば「人間の尊厳」を毀損しないとする主張が有力になった。こうした主張に対してもアルブレヒト教授は、新しい調査研究を

実施し、「15年以上継続する拘禁はあらゆる点で在監者の釈放後における人格の展開に損傷的作用を有しているのであり、それゆえ、長期拘禁は必要でも有意義でもなく、ただ『社会的生活能力』に破壊作用を有している」と主張した（田中・前掲論文59頁）。

また、連邦憲法裁判所が「仮釈放のない」無期（終身）自由刑を違憲とし、その廃止を認めるとしても、その場合には、「公衆の保安の必要性」から、憲法上最も争われているもともとナチスの所産でもある「保安監置（Sicherungsverwahrung）」の拡大の問題が復活することも懸念された。

このような複雑な状況の下で、連邦憲法裁判所は、行刑法の発効後間もなく1977年6月21日の判決において、「当事者の基本権に対する極めて重大な侵害」である終身自由刑を合憲としつつも、同時に、立法者に対して仮釈放を認める規定の新設を義務づけ、その上で、ドイツ刑法211条（謀殺：「謀殺者は無期自由刑に処する」としている：筆者注）を合憲と判示したのである。

合憲判断の理由は、①無期（終身）受刑者の再社会化という憲法に合致した行刑の要請は、「行刑法」により現実化されたので、かりに、無期（終身）受刑者の人格変更のおそれが生じた場合でも、行刑施設は、それを適切な措置によって防止する使命を有しており（ドイツ行刑法3条2項「自由剥奪の侵害的効果は、排除しなければならない」：筆者注）、しかも、鑑定人によると、それは原則として可能である、②「社会的事後予測が不良である」場合、および、「公共の安全の諸理由からそれ以上の執行が要求される」場合、というわずかな例外的ケースを除き、20年前後服役した後に釈放がなされるところまで恩赦実務が無期（終身）受刑者に適切に運用されている、ことなどを根拠とするものであった。また、更に、裁判所は、「在監者に継続的な危険性」があると判断されれば、刑の執行が必要不可欠である場合もあり、恩赦が適用されなくても「人間の尊厳」は毀損されないと判示したのである（田中・前掲論文60頁）。

[3]　ドイツにおける第20次刑法変更法の成立

この連邦憲法裁判所による「仮釈放付無期自由刑」の規定を前提とした合憲

判決を受けて、連邦政府は、1979年に至り、無期受刑者の仮釈放を認めることを内容とする第17次刑法変更法律草案を議会に提出した。この法律案は、理由書によると、無期自由刑を「極めて重大な犯罪に対する、責任に合致した制裁」とする原理は堅持しつつ、同時に、「良好な社会的事後予測」のゆえに「現在でも」すでに恩赦を許与されているような者に対して仮釈放を許容しようとしたものであった。そして、新設された条文は以下のようになった。「57a条(終身自由刑の場合の残刑の延期) 1項　裁判所は、次の場合において、終身自由刑の残刑の執行を保護観察のために延期する。(1)15年の刑を終え、(2)有罪の言い渡しを受けた者の特別な重さの責任がそれ以上の執行を要求せず、(3)有罪の言い渡しを受けた者が、刑の執行外でもはやいかなる犯罪行為をも犯さないかどうかの審査に責任をもちえ、かつ、(4)有罪の言い渡しを受けた者が同意したとき。」また同条3項では、「保護観察の期間は5年とする。」とされた。また、ドイツ刑法57条(有期自由刑の場合の残刑の延期) 1項「(1)科せられた刑の3分の2、ただし、2月以上の自由刑の執行を終え、(2)有罪の言い渡しを受けた者が、刑の執行外でもはやいかなる犯罪行為をも犯さないかどうかの審査に責任をもちえ、かつ、(3)有罪の言い渡しを受けた者が同意したとき。」。また、「刑法57条1項後段『判断に際して、特に、有罪の言い渡しを受けた者の人格、その前歴、行為の事情、執行中の態度、生活関係、及び、その者に対し延期により期待しうる効果を顧慮するものとする。』(訳文は、原則として、宮澤浩一「ドイツ刑法典」(法務資料439号・1982年)を参照した)」(田中・前掲論文54頁参照)。

　ここにドイツでは、15年の刑の執行を受けた者が、「同意」をした場合には、「無期自由刑」(日本語表現は『終身』から『無期』になったが、ドイツ語は同じlebenslange Freiheitsstrafeである)でも保護観察(5年以下。ただし、ドイツでは、もう1つの保護観察である「行状監督」が98年の刑法改正で5年から無期限になったので、ドイツの仮釈放中の社会内処遇期間もわが国同様「無期限」となった)が付いた「仮釈放」が可能になり、「終身は終身」でなくなったのである。

[4] 死刑に代わる「特別無期自由刑」と「特別保護観察制度」の導入について

(1) 「特別無期自由刑」とは

　それでは前述のように、ドイツが凶悪人格障害犯罪者に対する死刑に代わる刑事制裁制度として「(仮釈放付)無期自由刑」と「事後的保安監置施設」収容処分の導入に成功したように、われわれの考えている「死刑」に代替する「特別無期自由刑」の導入とドイツ型の「社会治療処遇」モデルの導入による死刑制度の段階的廃止に持って行くにはどのような具体策があるかについて検討してみたい。

　わが国の現行刑法の「無期刑」(刑法12条、13条)は、「『改悛(しゅん)の状』があるとき」は「10年を経過した後」(同28条)に仮釈放が許可される。そして、裁判が長期にわたり、未決拘留日数が長くなれば、実質的な仮釈放日はもっと早くなる。そうなると、「被害者の応報感情」はここでもまた満たされないことになる。例えば、20歳代前半で無期刑が確定すれば、30歳代前半で仮釈放ということも可能である。ただし、無期受刑者の仮釈放の場合には、刑期が無期なので「保護観察期間」は原則として終身続くことになる。しかし、本来、「死刑」制度があれば「死刑」に相当するような凶悪事件の犯罪者に対する「無期刑」であっても実質15、6年で仮釈放されるということになると、やはり、「凶悪事件の割には短か過ぎる」という被害者側の納得できない気持ちは残るであろう。そこで、刑法28条2項を新設して、「特別無期刑は、20年を経過した後」に仮釈放が許可されるとするべきであろう。もちろん、「死刑」廃止に伴って刑法の「併合罪」規定の抜本的見直しも必要となろう。

　とくに、「死刑」廃止後は、刑法46条の「併合罪と刑の吸収」、同47条「併合罪と刑の加重」、同51条「併合罪につき数個の裁判のあったときの執行」などの見直しが必要となる。つまり、「死刑」に代替する刑罰として「特別無期自由刑」を考えるとすれば、時と場所を異にして数件の殺人を犯した場合には(例えば、「愛犬家殺人事件」のようなケース、また、「連合赤軍14人リンチ殺人事件」

なども個別審査すべき事件であった)、現行刑法46条2項による1つの「無期刑」に吸収させてしまうのではなく、連続殺人の犯人は1人でも被害者はそれぞれの事件で異なっているので、事件ごとに1件1件個別審理をして、それぞれに科刑することのできる途を開いておく必要があろう。

そこで、わたしは、立法論としては、「死刑」に代替する刑罰として「特別無期自由刑」(刑の執行20年を仮釈放の目途にしたもの。上記のように「無期刑」の可能性のある数件の事件がそれぞれ個別審査の対象になる場合には無期刑を併科できる)と一般無期刑(これは、現行の無期刑と同じもの)の併科制を考えている。但し、仮釈放のない「終身自由刑」と違い特別無期刑の場合は2個までが限度であろう。

そして、こうした処遇困難な長期受刑者に対しては、ドイツの行刑法9条を参考に仮釈放2年ほど前を目途に釈放前教育も兼ねて「社会治療」処遇プログラムを実施するシステムを導入することも必要である。

(2) 「特別保護観察」制度の導入の必要性

わたしがここでイメージしている「特別保護観察制度」は、ドイツにおいて行われている執行裁判官の下で行われる「行状監督」制度である。

前述のように、わたしが提案する「特別無期自由刑」の場合には、「刑の執行後20年」を仮釈放起算日とし、しかも「社会感情」がその仮釈放を承認しているという条件を必要とする。「死刑」と「無期の自由剥奪」とを比較した場合、この変化の激しい時代に20年以上も施設に閉じ込められているよりは、一瞬にして「命を奪われてしまう」死刑の方が楽であるかもしれない。運用や処遇の仕方では、収容者の「社会的無害化」「人間としての木質化」などが生ずれば、こうした「無期刑」の方が残虐で、「人間の尊厳」を侵す場合もあろう。ここに「応報刑思想」から「社会復帰刑思想」への刑事政策的思想の転換が強く要請される理由がある。

また、「被害者の同意」を必要条件とするという意見もあるが、この場合「被害者の同意」をその要件とすべきではない。けだし、20年以上も経って、家族を殺した犯人の仮釈放審査に被害者の遺族や関係者が再び介入せねばならな

いことは、悪夢のような事件を忘れようとしてきた遺族に再び事件を思い出させることになり、それは別の意味で「被害者の感情」を害して二次的被害（例：PTSD）が発生することになるからである（但し、仮釈放時には被害者側へ通知されることは必要であろう）。「被害者の同意」ではなくて、「仮釈放審査委員会」にも「裁判員」制度を活用したほうがいいであろう。

　わたしは、ドイツのシステムのように、参審制をとり、執行裁判官制度（宣告裁判官により宣告された「刑」「処分」を執行指揮する裁判官。ドイツでは、保護観察官も行状監督官も地方裁判所の執行裁判官の指揮下にある）を新設し、「特別無期受刑者」の入退所、刑事治療処分施設からの入退所のチェック、さらには、それらの者への特別保護観察（これも新設が必要。例：ドイツの行状監督制度）の運用の監督などをさせる方式で十分「社会感情」の斟酌は担保できると考えている。

(3)　ドイツにおける改善・保安処分から学ぶもの——社会治療処遇システムの導入

　そして、（執行刑期20年以上の）「特別無期自由刑」の新設とともに、責任能力者ならばその「特別無期自由刑」で対応できるが、責任無能力の「触法精神障害者」の場合には「無罪」として完全放免——もちろん、精神保健福祉法の「措置入院制度」の活用も考えられるが、これはあくまでも都道府県知事の行政処分であり、刑罰権を国が独占している限り凶悪事件の処理を知事の行政処分に委ねるわけにはいかないし、前編で詳しく批判したように、新設された「医療観察法」も「刑事治療処分」ではない——にせざるをえない現行法体制を鑑みるとき、やはり、ドイツ型の二元制（主義）を承認してその刑事制裁の1つである「刑事治療処分」を新たに導入して対応すべきである。

　前述のように死刑廃止論者の中には、単に、先ず「死刑」制度のみを廃止させることだけに主眼を置くため、「死刑」に代替する刑事制裁を全く提案していないものがある。そして、そうした廃止論者の多くが、「凶悪触法精神障害者」に対する「刑事治療処分の導入」には強く反対しているのである。少なくとも、刑事法を専門とする者は、刑事政策的視点から「死刑」の存廃を論じなければならない。刑事制裁制度の目的に立ち返るならば、少なくとも上述のような刑

事政策論を無視したような「世論」重視の感情論的死刑廃止論には与するべきではない。およそ刑事法を専門領域とする者は、加害者の人権への配慮だけではなく、むしろ、それよりも強く、被害者の権利確立や救済の方法、社会の安全の確保への配慮についても腐心するべきである。犯罪者の人権のみを片面的に強調する論理は、もはや正当な法律論とは言えないであろう。そして、われわれの人道主義的死刑廃止論は、被害者、加害者の人権を調和的に評価することを論理の原点として刑事政策的対案をつねに提示してきていることを強調しておきたい。

第4節　結びにかえて
―― 「裁判員裁判」制度は、死刑存置の「免罪符」になるか

　わたしは、前編で強調したように、死刑制度を存置したまま「裁判員裁判」制度を運用すると、結局、素人裁判官に「死刑か自由刑か」の「踏み絵」を強制されることになり、反対である。

　わが国では刑法学者の殆どが死刑廃止論やその執行延期・停止論に対しては、「国民世論」の大多数が反対しているからとする、学説としては全く反対の明確な根拠になりえない理由が持ちだされるが、この「国民世論」調査の数値ほど立法者の恣意的操作に委ねられやすい道具はない。特に、死刑の執行停止状態には、死刑を言い渡す裁判官にしても、死刑存置を唱える学者にしても、個人としては人道主義に基づく廃止論を前に心苦しさを味わっているかもしれないが、こういった抽象的・非科学的基準である「国民世論」「社会通念」、「社会的合意」などの社会調査結果をその存廃論の根拠にすると国際比較法的根拠

第4節　結びにかえて

に基づく法律制度論・刑事政策論ではなく島国日本社会の国民の感情論に陥ってしまう恐れがあるように思われる。

　戦争の反省と責任から生まれた現行日本国憲法は、平和主義、法治主義、民主主義、人道主義などを体現したものと高く評価されている。そして、前述のように今年 102 歳になる現行刑法は、依然死刑を存置している。しかし、この現行刑法の母体となったドイツ刑法は 1949 年に、フランス刑法は 1981 年にそれぞれ死刑を廃止している。そして、EU 加盟 27 カ国は死刑を廃止した。この動向こそが国際世論である。

　しかし、わが国では死刑の廃止論やその執行停止論に対しては、「国民世論」の大多数が反対しているとする、全く反対の明確な科学的根拠になり得ない理由が持ち出されるが、この「国民世論」の評価ほど立法者の悪意に委ねられやすい道具はない（現に内閣府は、昨年（2009 年）11 月末に行った世論調査の結果を発表し、85％が死刑容認で、1994 年の 73.8％で約 12％の増加としている。この時期にマスコミを使って大々的に公表したのは、死刑執行に消極的な法務大臣に対するプレッシャーであろう）。

　時の立法者が、何か重大な立法をしようとするとき、正確で客観的・科学的な判断基準がなかったりすると、必ず持ち出されるのが、「国民世論」、「社会通念」、「社会的合意」などという抽象的・非科学的基準である。こうした判断基準の採用は、一見あたかも民主主義の基本原理である多数決主義が姿形を変えた原理の採用であり、国民の多数意見を尊重している証拠であるかのように宣伝されたりする。しかし、こうした立法者のリップ・サービスの裏には、国民は愚かしき者であり、法によるコントロールをしないと道徳は頽廃し、「死刑廃止後の刑罰の威嚇力や一般予防効果」は低下し、凶悪犯罪が蔓延し、日本社会の秩序は崩壊の一途をたどるであろうから、といういわゆるパターナリズム（国家による父権主義）が見え隠れしている。立法者によるこうした遵法への統制行為は、前述した憲法が保障する基本的原理を根本的に踏みにじるものであると言えよう。そして、死刑存置論に関して何よりも残念なのは、日本の「安全性」は、「死刑」制度の存置とは関係なく、刑事司法制度の適切な運用や犯罪防止対策の有効な実施によって確保されている、という法制度や刑事司法

に対するポジティブな評価や司法に対する自信や信頼感がない点である。

　さて、政府が、1989年（平成元年）12月に採択された「死刑の廃止をめざす市民的及び政治的権利に関する国際規約第二選択議定書」（「死刑廃止条約」）に批准しないのは、こうした国際社会の動きを全く無視したものであると言えよう。しかも2008年には国連規約人権委員会が日本を名指しで「世論に関係なく廃止を検討すべきだ」と勧告すべきだとしているのである。もし、政府が国連平和主義を国是とするならば、国連で採択されアメリカ合衆国を除く全ての先進国で批准されている「死刑廃止条約」を一日も早く批准すべきである。われわれは、国際世論が、「死刑」という野蛮な法制度を維持しながら人道主義的視点から国際社会に積極的に貢献したいとするわが国の論理矛盾を理由に、わが国の常任理事国入りや国際交流を拒否するような事態に至って始めて、慌てて国内法の整備をするというような失態を演じないように早急の対応を立法者に望むところである。けだし、21世紀のボーダーレス社会では、「死刑」という「国家による殺人」を承認している非人道的な刑罰制度を持った後進的な刑事政策はできるだけ早く克服されるべきであろうからである。

あとがき

　以上、「人格障害犯罪者に対する刑事制裁論―『確信犯罪人』の刑事責任能力と刑事制裁論を中心にして」というテーマで、拙著①『治療・改善処分の研究』(1981年)、②『人格障害犯罪者と社会治療』(2003年)、に続く、3部作の最後の部分を論述した。

　しかし、ここ30年間のうちに上記テーマに関して論述してきた100本近い拙稿・拙著の中から、主に、10数本を選んで1冊の本にまとめることが如何に難しいことか、痛感している。特に、「現場主義」に基づく研究手法では、その時代、時代のオリジナルで最新の情報の収集と分析が必須の研究条件となるからである。

　また、本書第2編では、「死刑制度廃止」後の「政治的テロリスト」「狂信的確信犯罪人」「暴力団犯罪人」「性的人格障害による連続殺人犯」などの高度に危険な常習的・確信的犯罪人などに対する刑事政策的対応に関する実態調査に基づきドイツ型の「社会治療処遇」モデルの導入を提唱したが、ここに「実態調査」と言っても、諸外国の刑事政策の担当者側への取材調査が中心で、実際にテロ組織や暴力団などで参与観察を行い、組織のメンバーから直接「聴取調査」を行ったわけではない。ここに治安組織に属さない一私立大学の研究者の情報収集の限界がある。その限界を少しでも克服するために、北九州医療刑務所長の佐藤誠先生の協力を得て共同研究プロジェクト「日欧矯正領域における『処遇困難者』に対する処遇システムに関する比較法研究」を立ち上げることができた。先生が研究会で提供された実務家としての経験に基づく情報がなければ、研究会での論議も空理空論に終わったことであろう。ここに改めて佐藤先生に感謝申し上げたい。

　また、国際比較刑事政策的情報は、まさに日進月歩で、インターネット情報の日々のチェックが不可欠となる。例えば、第2編第2章で紹介したドイツの「事後的『保安監置処分』」についてヨーロッパ人権裁判所は、2009年12月17日、1998年の刑法改正で新設されたドイツ刑法67d条3項の「事後的保安監置」は、ヨーロッパ人権条約に違反するとしたのである。さらに、第2編第1章第

あとがき

　1節で詳しく紹介した「ドイツにおけるテロ対策」に関連して先日（2010年3月19日：慶應義塾大学三田キャンパス）行われた「警察政策フォーラム『自由と安全―テロ対策の理論と実務の架橋』」でハンス・ゲオルク・マーセン・ドイツ連邦内務省公安局テロ対策部長が「ドイツにおけるテロ対策の手法―その法的基盤と実践経験」というテーマで基調講演をされた。マーセン氏は、テロ防止の戦略として、「治安機関によるネットワーク化」の必要性を強調され、ドイツでは、2004年12月に「テロ防止協力センター」が設立されたことを紹介された。

　確かに、最近のネット社会では、ネットを通して大量の情報が入手できるが、その情報は決して「現場主義」の手法で得られるオリジナルな生のものではない。ネット情報が溢れれば溢れるほど、学問研究に役立つ情報を選択する洞察力が要求されるのである。

　学問研究活動には終わりはない。わたしは、45年前に福澤諭吉先生の『文明論之概略』を読んで、「現場主義」に基づく学問研究活動の大切さを知って以来、学問研究に一生をかけてきた。わたしの「現場主義」に基づく国際比較「刑事法学」研究もここで終えることは出来ない。しかし、定年を過ぎた一老研究者には、体力や知力などの弱化を受け入れざるを得ない。これからは、長年の研究生活で得た「国際ネットワーク」を「現場主義」に基づく学問研究活動を一生の仕事と志す若い世代に引き継いでいきたい。近い将来に「パシフィック・ポール」「アジア・ポール」などの「国際犯罪防止」センターが創設されることであろう。わが国の若い世代の研究者や専門家が、「国際平和」の構築のため国際舞台で活躍することを大いに期待するところである。本書が、人道主義的国際比較刑事法学の発展に少しでも寄与し、治安が安定した「平和な社会」の実現の一助となるところがあれば望外の幸せである。

　2010年3月　世田谷・用賀の「国際比較刑事政策研究所」にて

加　藤　久　雄

連絡先：158-0098　東京都世田谷区用賀3-11-25
ハイライフ用賀804号
E-MAIL：YRR00151@nifty.com

初出一覧

本書は下記拙稿を大幅に加筆・修正の上、再構成した。

「刑事責任能力論における基本問題」Law School 51 号 14 頁以下（立花書房、1982 年）

「政治と女性犯罪―日独女性テロリストの比較研究」中谷瑾子編『女性犯罪』216 頁以下（立花書房、1987 年）

「『刑事責任能力』をめぐる諸問題―最近の日本、西ドイツにおける実務と学説を中心にして」『慶應義塾大学法学部法律学科開設百年記念論文集（法律学科篇）』167 頁以下（慶應義塾大学法学部、1990 年）

「精神障害犯罪者の人権保護―リーガル・モデルかメディカル・モデルか」西山詮編『精神障害者の強制治療』78 頁以下（金剛出版、1994 年）

「政治とテロリズム」イマーゴ 5 巻 5 号 228 頁以下（青土社、1994 年）

「触法行為を侵した精神障害者の治療と人権―措置入院制度の違憲性と刑事治療処分制度の導入について」『臨床精神医学講座 22 巻：精神医学と法』345 頁以下（中山書店、1997 年）

「責任主義の危機と刑事制裁二元制論について―触法精神障害者の刑事法上の処遇制度を中心にして」『西原春夫先生古稀祝賀論文集　第 4 巻』281 頁以下（成文堂、1998 年）

初出一覧

「人格障害犯罪者の刑事責任能力と社会治療処遇」精神科 3 巻 4 号 351 頁以下（科学評論社、2003 年）

「ポストゲノム社会の『高度に危険な人格障害犯罪者』に対する刑事政策は如何にあるべきか――新『心神喪失者等医療観察法』と『高度に危険な人格障害犯罪者』に対する新しい刑事制裁制度に関する比較法的考察を中心として」法学研究 77 巻 4 号 1 頁以下（慶應義塾大学法学研究会、2004 年）

「確信犯人の処遇に関する比較刑事政策論序説――9・11 テロ事件以後の「テロリズム」の変化と政治的確信犯人に対する刑事政策的対応を中心にして」法学研究 77 巻 12 号 243 頁以下（慶應義塾大学法学研究会、2004 年）

「ポストゲノム時代の『無期自由刑』のあり方について――ドイツにおける死刑に代わる「無期自由刑」と社会治療処遇モデルの復活から学ぶもの」犯罪と非行 140 号 50 頁以下（財団法人日立みらい財団、2004 年）

「刑事政策学から見た『医療観察法』の問題点」臨床精神医学 38 巻 5 号 529 頁以下（アークメディア、2009 年）

「医療観察制度と裁判員制度における司法精神鑑定医の役割と課題」精神保健政策研究 18 巻 54 頁以下（精神保健福祉政策学会、2009 年）

「刑事施設における精神障害受刑者の処遇について」罪と罰 46 巻 3 号 9 頁以下（日本刑事政策研究会、2009 年）

参考文献一覧

以下、本文で掲げたものの他、拙著・拙稿で参考とすべき文献を掲げた。

[単行本]

(1) 『犯罪学 25 講』（共著、1973 年、慶應通信）
(2) 『治療・改善処分の研究』（1981 年、慶應通信）
(3) 『犯罪者処遇の理論と実践』（1984 年、慶應通信）
(4) 『刑事政策学入門』（1991 年、立花書房）
(5) 『組織犯罪の研究―マフィア、ラ・コーザ・ノストラ、暴力団の比較研究』（1992 年、成文堂）
(6) 『暴力団』（岩波ブックレット No.323、1993 年、岩波書店）
(7) 『ボーダーレス時代の刑事政策』（1999 年・改訂版、有斐閣）
(8) 『人格障害犯罪者と社会治療』（2002 年、成文堂）
(9) 『ポストゲノム社会における医事刑法入門』（Guide to Medico-Criminal-Law: 2005 年・新訂（補正）版、東京法令出版）

[論　文]

1971　・「犯罪性精神病質者の処遇に関する一考察―城野医療刑務所、宮崎刑務所のおける実態調査の経験を中心として―」刑法雑誌 18 巻 1・2 号 165 頁以下

1972　・「刑罰の執行および消滅」木村亀二編『判例による刑法入門』369 頁以下
　　　・「犯罪性精神病質者の刑事責任能力に関する一考察（上）（中）（下）―主として犯罪性精神病質傾向をもつ XYY 症候群患者の刑事責任能力を中心にして」判例タイムズ 288 号 40 頁以下、289 号 13 頁以下、292 号 33 頁以下
　　　・「社会治療処分」宮澤浩一・西原春夫共編『刑事政策講座』第 3 巻 123 頁以下

1974　・「社会治療処分制度について」犯罪学雑誌 40 巻 1 号 33 頁以下

	・「祈祷性精神病者の刑事責任能力」判例タイムズ 310 号 105 頁以下
1976	・「不定期刑と保安処分」宮澤浩一・大谷實編『刑法総論』326 頁以下
1975	・「改正刑法草案の総合的検討―姦淫の罪―」法律時報 47 巻 5 号 218 頁以下
	・「わが国における精神障害者法制の歴史的考案―主に明治維新以降における法制を中心にして」法律時報 47 巻 8 号頁以下
	・「犯罪性精神障害者の処遇について」澤登俊雄・所一彦共著『市民と刑法』128 頁以下
1978	・「ヨーロッパにおける犯罪者処遇の新しい断面」三色旗 364 号 2 頁以下
	・「西ドイツにおける刑事政策の一断面―社会治療施設に関する専門家会議と少年裁判所会議の動きを中心にして―」犯罪社会学研究 3 号 207 頁以下
	・「新しい生物学的方法による理論」宮澤浩一・藤本哲也共編『新講犯罪学』129 頁以下
1979	・「責任能力―法と精神医学―」『現代刑法講座』第 2 巻 253 頁以下
1980	・「オランダにおける性格異常（精神病質）犯罪者に対する保安処分制度―とくにメスダフ・クリニックでの社会治療処遇を中心にして―」法学研究 53 巻 2 号 111 頁以下
	・「デンマークにおける刑事政策の新展開―主に行刑制度の現状を中心にして―」法学研究 53 巻 12 号 221 頁以下
	・「西ドイツにおける社会治療モデル施設の現状と問題点について」刑法雑誌 23 巻 3・4 号 199 頁以下
	・「西ドイツにおける社会治療処分制度の動向」判例タイムズ 413 号 40 頁以下
	・「西ドイツにおける精神障害者に対する強制収容法の運用状況と問題点」大谷實・中山宏太郎共編『精神医療と法』253 頁以下
	・「ミュンヘンにおける『刑罰に代わる社会奉仕労働』について」家裁月報 32 巻 9 号 1 頁以下
1981	・「精神障害犯罪者に対する法的処遇」ジュリスト 740 号 55 頁以下
	・「精神障害犯罪者の処遇について」法律のひろば 34 巻 2 号 28 頁以下
	・「精神障害犯罪者に対する治療処分に関する一考案」Law School 36 号 46 頁以下
1982	・「精神障害犯罪者に対する保安処分の問題点」大塚仁・福田平共編『刑法総論 II』272 頁以下

- 「薬物乱用犯罪に対する刑事政策——特に西ドイツにおける状況を中心にして——」罪と罰20巻1号29頁以下
- 「刑罰と保安処分との関係——とくに治療処分との関係を中心にして——」ジュリスト772号29頁以下
- 「現代日本の刑罰論に関する調査研究（共著・刑罰論研究会）」刑法雑誌24巻3・4号151頁以下
- 「刑事責任能力論における基本問題」Law School 51号14頁以下
- 「責任能力について」法務省委託調査46頁以下
- 「刑法と性表現——わが国における猥褻性判断基準を中心にして——」『現代刑法講座』5巻233頁以下

1983
- 「新しい犯罪処遇論序説——とくに精神病質（性格異常）犯罪者に対する処遇モデルに対して——」『慶應義塾創立125年記念論文集（法律学関係）』281頁以下

1987
- 「政治と女性犯罪——日独女性テロリストの比較研究——」中谷瑾子編『女性犯罪』216頁以下
- 「西ドイツにおける精神障害犯罪者に対する『精神病院収容処分』執行法に関する諸問題」法学研究60巻2号133頁以下

1988
- 「刑事政策的視点による死刑廃止への一考察」法学研究61巻2号71頁以下

1989
- 「西ドイツにおける『犯罪者処遇』の動向について」罪と罰26巻3号5頁以下

1990
- 「『処遇困難者』の処遇——欧米における5つの特殊病院（施設）における処遇の実態とその問題点」日精協誌9巻10号19頁以下
- 「刑事法学の視点からみた『脳死論』の諸問題」法曹時報42巻1号1頁以下
- 「堕胎罪」大野真義・墨谷葵編著『要説刑法各論』（改訂版）45頁以下
- 「『刑事責任能力』をめぐる諸問題——最近の日本、西ドイツにおける実務と学説を中心にして——」『慶應義塾大学法学部法律学科開設百年記念論文集（法律学科篇）』179頁以下

1991
- 「責任能力判断と刑事治療処分の関連性につい」刑法雑誌31巻4号69頁以下
- 「青少年向け『有害』出版物等に対する法的規制の問題点——とくに少年少

女向け『コミック雑誌』の販売規制を中心にして（1）（2・完）」警察研究 62 巻 11 号 3 頁以下、12 号 3 頁以下。
- 「『精神障害』被疑者・犯罪者に対する『起訴裁量』制度の諸問題」高田卓爾博士古稀祝賀論文集『刑事訴訟法の現代的課題』87 頁以下

1992
- 「『社会奉仕命令』導入に関する諸問題―非行・犯罪少年に対する適用を中心にして―」罪と罰 29 巻 4 号 7 頁以下

1993
- 「『ヒト初期胚』に関する法的諸問題」『福田・大塚両博士古希記念論文集』249 頁以下
- 「ドイツにおける精神障害犯罪者に対する行状監督制度について」犯罪と非行 98 号 20 頁以下
- 「『精神障害』犯罪者に対する起訴猶予処分の再検討」法と精神医療 6 号 28 頁以下
- 「精神障害犯罪者の処遇における法と精神医療―『刑事治療処分』導入論の視点から―」中谷陽二編『精神障害者の責任能力―法と精神医学の対話―』290 頁以下
- 「ドイツにおける精神障害犯罪者に対する行状監督制度について」犯罪と非行 98 号 20 頁以下

1994
- 「政治とテロリズム」イマーゴ 5 巻 5 号 228 頁以下
- 「精神障害犯罪者の人権保護―リーガル・モデルかメディカル・モデルか―」西山詮編『精神障害者の強制治療』78 頁以下
- 「犯罪被害者の人権」犯罪と非行 100 号 99 頁以下
- 「エイズ対策と刑法」第一回日本医学会特別シンポジウム記録集 75 頁以下

1995
- 「組織犯罪対策は万全か―阪神大震災は暴力団対策に何をもたらすか―」季刊社会安全 16 号 2 頁以下
- 「『社会奉仕命令』導入に関する諸問題―非行・犯罪少年に対する適用を中心にして―」罪と罰 29 巻 4 号 7 頁以下
- 「女子と非行―女性『性』と非行・犯罪をめぐる社会的要因との関連について―」宮本忠雄監修・油井邦雄編集『女性性の病理と変容』104 頁以下
- 「犯罪学理論の流れ―主に生物学的犯罪原因論について」宮澤浩一・藤本哲也・加藤久雄編『犯罪学』73 頁以下
- 「組織犯罪対策は万全か―阪神大震災は暴力団対策に何をもたらすか―」季刊社会安全 16 号 2 頁以下

- 「刑事政策の二極化傾向について―ボーダーレス時代における刑事政策の課題について―」森下忠先生古稀記念論文集『変動期の刑事政策』549頁以下

1996
- 「刑事責任能力論と精神障害犯罪者処遇論の現代的課題について」刑法雑誌36巻1号38頁以下
- 「死刑代替論について」法学研究69巻2号123頁以下

1997
- 「イギリスとドイツにおける刑事施設の現状とその問題点（その1）（その2）―ヒューマン・ライツ・ウォッチ・レポートとの比較を中心にして―」刑政108巻4号24頁以下、6号36頁以下
- 「刑事学の立場から―日独刑事精神鑑定の比較を中心にして―」こころの科学75号29頁以下
- 「触法行為を侵した精神障害者の治療と人権―措置入院制度の違憲性と刑事治療処分制度の導入について」『臨床精神医学講座』22巻345頁以下
- 「わいせつ、姦淫及び重婚の罪」大塚仁・川端博編『新判例コンメンタール・刑法』第5巻1頁以下
- 「臓器移植をめぐる倫理的・法的諸問題について―とくにドイツ・イギリスにおける現状とその問題点を中心にして―」『中山研一先生古稀祝賀論文集』第1巻333頁以下

1998
- 「刑事責任能力論と触法人格障害者処遇論の現代的課題について―とくに、ドイツにおける人格障害犯罪に対する『社会治療処遇論』復活を中心にして―」産大法学32巻2・3号399頁以下
- 「触法精神障害者に対する『措置入院』制度の法的諸問題―刑事治療処分制度の導入に向けて―」精神病院協会誌17巻2号34頁以下
- 「責任主義の危機と刑事制裁二元制論について―触法精神障害者の刑事法上の処遇制度を中心にして―」『西原春夫先生古稀論集』第4巻281頁以下
- 「ドイツにおける凶悪『性』犯罪に対する法的対応」季刊・社会安全28号2頁以下
- 「ドイツにおける触法精神障害者の強制入院治療と社会復帰」法と精神医療12号48頁以下

1999
- 「組織的犯罪対策法の実体法的側面―加重処罰、マネー・ローンダリング、収益の没収等―」現代刑事法7号47頁以下

2000
- 「わいせつ犯罪と刑事政策―成人ポルノ解禁と幼児ポルノ厳禁について―」

- 　現代刑事法11号37頁以下
- 　「新『臓器移植法』における問題点の検討―『法の見直し』への若干の提言―」『大野真義先生古稀論集』375頁以下
- 　「医事刑法の学問的枠組み」現代刑事法14号5頁以下
- 　「臓器売買の犠牲のために抹殺される子供たち(1)(2)(3)」トップ・ジャーナル2000年10・11・12月号78頁以下
- 　「『死刑存廃論』の人道的刑事政策論的再検討―代替刑による廃止か世論重視の存置か―」『宮澤浩一先生古稀祝賀論文集』第2巻33頁以下

2001
- 　「ドイツにおける治療・改善処分と司法精神医学教育の現状から何を学ぶか―ミュンヘン大学ネドピル司法精神医学教授の来日講演を中心にして―」季刊社会安全40号2頁以下
- 　「死刑の代替刑について」現代刑事法25号48頁
- 　「現行措置入院制度による触法精神障害者処遇の現状と課題について―高度に危険な人格障害犯罪者に対する刑事法上の対応を中心にして―」現代刑事法29号70頁以下
- 　「問われる立法の不作為責任」『なにが幼い命を奪ったのか―池田小児童殺傷事件』41頁以下

2002
- 　「高度に危険な人格障害犯罪者に対する刑事法上の対応について」犯罪学雑誌68巻3号78頁以下
- 　「触法精神障害者対策と問題点（2）ドイツ編」現代刑事法41号72頁以下
- 　「触法精神障害者処遇の在り方―医事刑法学の立場から―」現代刑事法44号30頁以下
- 　「刑と処分の二元制論からみた高度に危険な触法精神障害犯罪者に対する刑事法上の対応について」『齊藤誠二博士古稀祝賀論集』247頁以下
- 　「高度に危険な人格障害犯罪者に対する社会治療モデルの対応について」国際公共政策研究（森本益之教授退官記念号）6巻2号19頁以下

2003
- 　「21世紀のわが国における矯正処遇を展望する」刑政114巻4号18頁以下
- 　「人格障害と司法精神医学―人格障害犯罪者の刑事責任能力と社会治療処遇―」精神科3巻4号351頁以下

2004
- 　「ポストゲノム時代の『無期自由刑』のあり方について―ドイツにおける死刑に代わる『無期自由刑』と社会治療処遇モデルの復活から学ぶもの―」

犯罪と非行 140 号 50 頁以下
- 「ポストゲノム社会の『高度に危険な人格障害犯罪者』に対する刑事政策は如何にあるべきか―新『心神喪失者等医療観察法』と『高度に危険な人格障害犯罪者』に対する新しい刑事制裁制度に関する比較法的考察を中心として―」法学研究 77 巻 4 号 1 頁以下
- 「臓器不足と生体間移植にみる日本人の生命倫理―脳死反対論と生体間移植推進論批判を中心にして―」慶應義塾・教養論叢 121 号 1 頁以下
- 「触法精神障害者と検察官の訴追裁量権―心神喪失者医療観察法における検察官の役割を中心として―」町野朔編『精神医療と心神喪失者等医療観察法』ジュリスト増刊 3 月号 127 頁以下
- 「確信犯人の処遇に関する比較刑事政策論序説―9・11 テロ事件以降の『テロリズム』の変化と政治的確信犯人に対する刑事政策的対応を中心にして―」法学研究 77 巻 12 号 243 頁以下

2006
- 「医事刑法の立場からみた司法精神科医の役割と課題―特に、裁判員制度における触法精神障害者の重大事件に関する鑑定業務について―」山内俊雄・山上皓・中谷陽二編『司法精神医療』100 頁以下
- 「刑事政策学からみた『医療観察法』の法的性格と司法精神科医の役割と課題について」臨床精神医学 35 巻 3 号 303 頁以下

2007
- 「国際司法精神保健学会参加とオランダ・メスダフ・クリニック（TBS 施設）の管見」犯罪学雑誌 73 巻 2 号 48 頁以下

2008
- 「ドイツにおける大量・連続殺人事件」犯罪学雑誌 74 巻 6 号 182 頁以下

2009
- 「刑事政策学から見た『医療観察法』の問題点」臨床精神医学 38 巻 5 号 2009 年 529 頁以下
- 「医療観察制度と裁判員制度における司法精神鑑定医の役割と課題」日本精神保健福祉政策学会編『精神保健政策研究』18 巻 54 頁以下
- 「刑事施設における精神障害受刑者の処遇について」罪と罰 46 巻 3 号 7 頁以下
- 「人格障害犯罪者の刑事責任能力」こころのりんしょう 28 巻 3 号 477 頁以下
- 「ポストゲノム時代の医事法と医療安全―ドイツ医療界の事例を踏まえて―」安全医学 5 巻 2 号 19 頁以下

[Literature] （欧文論文）

(1) Eine Skizze über die Schuldfähigkeit von kriminellen Psychopathen- Besonders über die kriminelle Schuldfähigkeit von XYY-Syndrom- Kranken mit psychopathischem Charakter-, KEIO LAW REVIEW No.2, 1978, S.59ff.

(2) Katoh, Hisao und Driebold, Rolf (1983): Das Staatsgefängnis Ringe, Tendenzen des Strafvollzuges in Dänemark, in: Driebold, R. (Hrsg.): Strafvollzug. Erfahrungen, Modelle, Alternativen, 1983, S.144ff.

(3) Behandlung des geistig gestörten Täters-Vergleich zwischen der japanischen und deutschen Rechtspraxis, in: Philipps, Lotherund Scholler, Heinrich (Hrsg.): Jenseits des Funktionalismus. Arthur Kaufmann zum 65. Geburtstag, 1989, S.163ff.

(5) Zu politisch motivierter Frauenkriminalität-Eine Vergleichende Untersuchung über japanische und deutsche Terroristinnen, in: Festschrift für Horst Schüler- Springorum zum 65. Geburtstag. 1993, S.173-187.

(6) Drogenkriminalitätin Japan, in: Kühne, H.-H.und Miyazawa, K. (Hrsg.): Neue Strafrechtsentwicklungen im deutsch-japanischen Vergleich, 1995, S.331ff.

(7) Kriminalpolitische Überlegungen neuen Formen der Jugendkriminalität in Japan, in: Foljanty-Jost, Gesine/Rössner, Dieter (Hrsg.): Gewalt unter Jugendlichen in Deutschland und Japan.Ursachen und Bekämpfung, 1997, S.199-211.

(8) Die Besonderheit und Ursache der organisierten Kriminalität mit besonderer Berücksichtigung der BORYOKUDAN-Kriminalität und diesbezügliche kriminalpolitische Überlegungen in Japan, in: Szwarc, Andrzej/Waesek (Hg.): Das erste deutsch-japanisch-polnische Strafrechtskolloquium der Alexander von Humboldt-Stiftung in Polen.1998, S.155-171.

(9) Die Besonderheiten und die Ursachen organisierter Kriminalität in Japan am Beispiel der Boryoku-Dan und unter Berücksichtigung der Verflechtungen zwischen Politik, Wirtschaft und den Boryoku-Dan, in: Rüßmann, H. (Hg.), Keio Tage 1998. Beiträge zum deutschen, japanischen und europäischen Wirtschafts- und Verfahrensrecht, 2000, S.15-27.

(10) Kriminalpolitische Überlegungen zur Bagatellkriminalität,insbesondere die Entkriminalisierung von Bagatelldelikten, in: Eser, A. u. Yamanaka, K. (Hg.), Einflüsse deutschen Strafrechts auf Polen und Japan, 2001, S.195-205.

(11) Die Krise des Schuldprinzips und kriminalpolitische Überlegungen zur Verbrechenslehre in Japan, in: Fschr.für Prof. Dr. Winfried Hassemer zum 70. Geburtstag, 2010, S.745-759.

英文：

(1) The Development of Delinquency and Criminal Justice in Japan, in: H.-G. Heiland, Louise Schelly and Hisao Katoh (ed.):Crime and Control in Comparative Perspectives, 1992, pp.70-81.

(2) Alternative Penal Sanctions in Japan. Japanese Reports for the XIVth International Congress of Comparative Law (Athens,1994), pp.229-237.

(3) Prohibition of the Money Laundering as a Countermeasure against Organized Crime Groups (YAKUZA or BORYOKUDAN) in Japan, KEIO LAW REVIEW No.7, 1994, pp.21.

(4) Criminal Policy for Offenders with Mental Disorder in Japan. The Japanese Journal of Psychiatry and Neurology, Vol.48., 1994, pp.19-23.

(5) Report on the 23rd International Congress on Law and Mental Health, Paris, France. "Patients'Human Rights and Relief of Victims".

(6) Corruption in the Economic World in Japan, pp.141-155. in: Responding to the Challenges of Corruption. Acts of the International Conference Milan, 19-20 November 1999 (ISPAC: International Scientific and Professional Advisory Council of the United Nations Crime Prevention and Criminal Justice Programme), 2000, pp.141-155.

(7) Missing Children for Organ Selling as International MAFIA-Business. Criminal Policy for the Eradication of International Organized Crimes.
The New Global Security Agenda in Asia and Europe. Copenhagen Marriott Hotel, 27-28 May 2002.

(8) Report on the 21st Cambridge International Symposium on Economic Crime: Financial Crime, Terror and Subversion. Workshop with Professor Ernesto Savona, University of Trento, Italy: "The Mafia and Terrorism." Friday, 12th September 2003.

(9) Human Trafficking and Organ Selling by Organized Groups, KEIO LAW REVIEW, No. 10, 2004, pp.1-13.

事項・人名索引

あ

アイケルボルン事件　　　48, 58, 111, 124, 157, 250
ICD　　　　→国際疾病分類
赤い旅団　　　203
秋葉原無差別殺傷事件　　　264
秋元波留夫　　　146, 147, 219
浅田和茂　　　56, 57
アストラル・ミュージック　　　218
アスペルガー症候群　　　97, 99
アベック殺人・死体遺棄事件　　　7
綾瀬女子高校生コンクリート詰め殺人事件　　　7
荒川沖駅周辺連続殺傷事件　　　264
アラブ・ポール　　　236
アル・カイーダ　　　209
アルアクサ関連団体　　　243
アルテンガメ社会治療施設　　　26, 33
アルブレヒト　　　307
『暗殺学』　　　212
アンドレオッチ元首相　　　203

い

イェシェック　　　305
イエスの方舟　　　218
医学的パターナリズム　　　146
五十嵐禎人　　　179
怒りの犯罪学　　　222
生きながらの埋葬　　　305
猪口孝　　　205
意識的混同論　　　55
医事刑法学　　　181
意思決定能力　　　145, 146
意思自由論　　　45, 71

医師全能主義　　　139
医師たる鑑定人　　　126, 127
意思の自由　　　67
イスラム過激派　　　234
イスラム教徒　　　252
イスラム原理教　　　247, 258
イスラム原理主義　　　207, 252, 253
イスラム聖戦（ジハード）　　　208
イタリア・マフィア　　　247
一事不再理の原則　　　166
一般予防　　　47
稲村博　　　88
違法性の意識　　　65
医療（的）パターナリズム　　　149, 150, 155, 157
医療観察法　　　→心神喪失者等医療観察法
　　　——の運用　　　173
　　　——の改正　　　162
医療少年院　　　52
医療的パレンス・パトリエ論　　　139
医療万能主義　　　139
医療保護入院　　　138, 139, 149, 151-153, 168
医療密行主義　　　138
医療モデル　　　25
医療を受ける権利　　　136
イレッシュ　　　221
岩井宜子　　　57
インカメラ手続　　　243
インターネット・オークション　　　231
インターポール　　　232, 236
インフォームド・コンセント　　　144

331

事項・人名索引

う
ヴィースロッホ司法精神病院　56
ウイルソン　273
ヴェルツェル　306
内ゲバ　204
内沼・関根鑑定　41
宇都宮病院事件　141
ウラン・プルトニウム・スキャンダル　255

え
エッグ　125, 250
エンスリン　237, 238
延納・分納制　3

お
欧州監視センター　233
欧州警察大学　233
応報感情の鎮静　17, 40
応報刑論　46
(旧) オウム真理教　4, 49, 200, 210, 216-219, 223, 247, 287, 302
オウム真理教事件　289, 291
大久保清「連続殺人」事件　265
大阪教育大学附属池田小学校事件　97, 264, 294
オートノミー　248
大谷實　23, 57, 67, 68, 75, 153, 167, 299
岡田幸之　183
オサマ・ビン・ラディン　215
オタク犯罪　8, 266
小田晋　210, 217, 287
重い (その他の) 心神の変性　70, 100, 106, 111, 112
オレオレ詐欺　232

か
カードーゾ　145
甲斐克則　56
絵画ドロボー　222

外国人排斥運動　238
外国における結社　242
回顧的反作用　48
カイザー　211
解散の指定　289
改正刑法草案　45, 46, 48, 66, 69, 70, 75, 96, 149, 286
改善・保安処分　54
改善更生の意欲　2
カウフマン　143, 292, 304, 305
「加害者＝被害者＝和解」モデル　21
確信的政治犯罪人　284, 285
確信犯罪人　200, 259, 295
　──の処遇　288
確信犯的殺人　276
確信犯的テロリスト　197
核スキャンダル　198
覚せい剤依存受刑者　134
学派の争い　64
影山任佐　212
過剰収容の原因　131
家族大量殺人　262
可知論　45, 71, 73
カッツェンスタイン　289
可罰的責任能力　64
カプラン　229
仮釈放付無期自由刑　308
監禁刑　285
監獄法　2
観察入院　20
患者の自己決定権　143, 145
患者の人権　141, 152
患者の同意　145
完全責任能力　41
鑑定入院　93
鑑定入院命令　166
鑑定人の責務　179
鑑定留置　148

き
期日間整理手続　176

事項・人名索引

偽造クレジットカード事件　224
起訴独占主義　40
起訴便宜主義　18, 134
　——の濫用　19
起訴法定主義　170, 171, 180
起訴前鑑定　181
期待可能性　65, 181
北九州医療刑務所　169, 189
規範的応報　43
規範的責任能力　64
規範的責任論　64
規範的非難　50
規範的要素　67, 69, 71, 91, 171
基本的人権　139
キャッチ・ボール　93, 94, 187, 194
9・11テロ事件　→同時多発テロ事件
凶悪宗教テロ集団　289
行状監督　35, 93, 120, 121, 134, 291, 309, 311
行状監督官　121
行政処分　19, 20, 39
強制入院　149, 168
矯正の可能性　42
教頭ワグナー「大量殺人」事件　274
恐怖政治　210
共謀罪　200
緊急措置入院　165
緊急措置入院制度　140
均衡の原則　52, 53, 55, 61, 170
禁絶施設　134
禁絶施設収容処分　53, 93, 119
金融商品取引法　13

く
区別的解決　103, 109, 106
グリュンネバウム　158
呉秀三　136, 137
グローバル・テロリズム　206, 216

け
刑（罰）と処分の二元制　51, 53, 128

経済措置患者　139
警察官通報制度　140
刑事収容施設処遇法　2
刑事処分　48
刑事制裁二元制　39, 43
刑事制裁の三元制　13, 20
刑事制裁論　18
刑事政策　1
　——の意義　24
　——の二極化　11
刑事政策学　12
刑事責任能力　40, 134
刑事責任能力論　23, 43, 63
刑事治療処分　15, 18, 20, 52, 53, 59, 69, 89, 141, 148, 182
「刑事治療処分」私案　61
刑事治療処分制度　17, 56, 90, 138, 140, 142
刑事治療処分論　43
刑事和解　20, 22
刑事「和解」モデル　21
刑罰一元制　43, 53, 58, 92
刑罰適応能力　64
刑罰の種類　16
刑罰の本質　43, 47
刑罰の目的　46
刑法の改正　49
刑法の口語化（平易化）　3, 4
刑務所の老人ホーム化　7
結社法　240, 241
　——改正　241
決定論　45
ケネディ大統領暗殺　213
ゲリラ　211
ケルンベルク　113
限定責任能力　54, 75, 76, 100
限定責任能力者　49
限定責任能力論　77
憲法擁護庁　240, 289
憲法擁護庁（バイエルン州）　251
憲法擁護庁（ベルリン）　246

333

こ

公安調査庁	199
5・15事件	202
行為無価値論	45
公正モデル	27
皇太子フェルディナント	202
交番警察官刺殺事件	8
広汎性発達障害	97
公判前整理手続	163, 176, 183
神戸連続児童殺傷事件	7
公民権の停止・剥奪	214
高利貸し（loansark）	11
高齢受刑者	7, 189, 307
コールラウシュ	55
国際疾病分類（ICD）	101, 102, 135
国際人権規約（B規約）	151
国際マフィア連合	231
国親思想	136, 165
国連人権委員会	146
国連平和主義	315
心の戦争	207
コスミック戦争	217
小平義雄「連続殺人」事件	265
国家テロリズム	206
国家による殺人	315
国家賠償法	165
固定資産	139
古典的大量殺人	261
小西聖子	32
個別精神療法	132
混合的方法	67, 69, 91
コンピュータ・セックス	222

さ

ザース	100, 113, 114
罪刑法定主義	45, 50, 121, 162, 182
最後の手段（ultima ratio）	12, 26, 153
裁判員	163
――の参加	176
裁判員制度	3, 175, 301, 312, 313
裁判官の法律判断	41
裁判所鑑定医制度	81
再犯の可能性	174
再犯の危険性	48, 51, 60, 121, 183
再犯予測診断	117
再犯リスク評価基準	280
再犯率	132, 133
佐伯千仭	300
佐賀バス・ジャック殺人事件	7
佐藤誠	193
佐渡龍己	199, 205, 206
サラエボ「テロ」事件	202
サリン特別法	291
三元制モデル	20
三合会	224
三ない運動	284
三罰規定	62

し

シェタムハイム未決拘置所	306
シガレッテン・マフィア	247
死刑	14, 48
死刑確定者	49
死刑存廃論	297
死刑廃止運動	14
死刑廃止尚早論	298, 299
死刑廃止条約	294, 315
死刑廃止論	14, 42, 49, 163
自己愛的人格障害者	133
自己決定権	138, 165
自己決定能力	136
事後的保安監置	123, 257, 291, 296, 310
事後的保安監置処分	93
自傷他害のおそれ	90, 141, 148, 165, 189
自傷のおそれ	156
シシリア型マフィア	220
事前カンファレンス	178
私宅監置	137, 138, 142, 155
執行裁判官	61, 121
執行裁判官制度	149, 312
執行による解決	56
指定医療入院	93

事項・人名索引

自動車窃盗	253		集団精神療法	192
児童自立支援施設	97		自由入院	146
児童売買	10, 229		受刑者処遇の原則	2
児童ポルノ	236		受刑能力	49, 64, 145
自爆テロ	198, 201		シュタジー	247
司法前鑑定制度	134, 162		首藤信彦	208, 209, 212, 214, 216
社会治療	76		シュトラウビンク司法精神病院	59, 61, 115
社会治療施設	26, 42, 71, 125, 127, 249		シュトラウビンク保安監置施設	55, 286
社会治療施設収容処分	2		シュナイダー	98, 101
社会治療処遇	76, 310, 311		シューラー＝シュプリンゴルム	126, 158
——の復活	124		シュライバー	158
社会治療処遇プログラム	134		シュレンドルフ事件	145
社会治療処分	33, 54, 55, 59, 100, 110, 111		シュワルツェンベルク	225-227
社会治療モデル	50		小4男児絞殺事件	8
社会的責任論	64		消極的責任主義	41, 43, 47, 51, 53
社会的入院	182		少年犯罪者	21
社会的無害化	311		処遇困難者	154
社会の治安	174		処遇困難受刑者	30, 50, 55
社会病質	100, 278		「処遇困難例」研究	19, 141
社会復帰刑論	48, 49		「処遇困難例」プロジェクト	151
社会復帰調整官	120, 161		処遇思想	33
社会復帰目的	47		触法患者収容施設	90
社会奉仕命令	3, 22		触法行為者	51
社会奉仕命令刑	128		触法精神障害者	14, 17, 41, 43, 51-55, 60, 70, 92, 93, 95, 137-139, 141, 142, 150, 156, 161, 168, 181, 295, 312
社会奉仕労働	21			
ジャコバン派	210			
ジャスト・デザート論	17		女性刑務所長強姦事件	32
蛇頭	223		女性テロリスト	197
上海マフィア	223, 227		女性犯罪	6
自由意思	145		処分先執行主義	59, 61, 93
宗教原理主義	216		素人裁判官	3
宗教代理戦争	241, 247		人格障害	70, 94, 110, 168, 182, 200
宗教的テロリスト	217, 218			
宗教テロ行為	200		人格障害者	92, 112, 203
宗教テロリズム	209, 216, 217		人格障害受刑者	32, 169
自由主義論者	248		人格障害「性」犯罪者	2
終身自由刑	303		人格障害犯罪者	12, 33, 93, 128, 134, 160, 187, 295
重大触法行為	151			
重大なその他の心的変性	70		人権保障機能	47, 48

335

信仰の告白　　　　　293
新宿駅西口バス放火事件　　263
心神耗弱　　　4, 40, 41, 65, 84
　——の内容　　66
心神喪失　4, 40, 41, 49, 65, 137
　——の内容　　66
心神喪失者等医療観察法　19, 20, 61,
　92-95, 120, 134, 160, 164, 166, 168, 186,
　295, 312
人身売買　　　199, 200, 226, 228,
　230-232, 235
人身保護法　　　165
心的外傷体験　　32, 300
人道主義的刑事政策　　14, 41, 43,
　294
人道主義的刑事政策論　　2, 49, 59
人道主義的死刑廃止論　　298, 302, 313
神馬幸一　　　245, 256
心理学的要素　　67

す
ストーベック　　235
スプリー・キラー　259, 260
スプリー殺人　　259
墨谷葵　　　　　68

せ
性刑法　　　　　2
政治団体結社罪　251
政治犯的テロリスト　　249
精神医学的要素　66, 67, 69, 70, 78, 91,
　95, 96, 102, 106, 171, 180
精神衛生法　　　138-140
精神鑑定　　　　177
精神鑑定ガイドライン　　183
精神障害者　　　135, 141, 203
精神障害受刑者　30
精神障害犯罪者　14, 92, 181
精神の障害　　　51, 61, 66, 69, 74, 76,
　95, 96
精神の戦争　　　207

精神薄弱　　　　70
精神病院収容処分　48, 53, 54, 69, 71, 93,
　100, 119, 151
精神病院法　　　137
精神病質　　　　54, 61, 70, 76, 89,
　96-98, 100, 101, 103, 141, 142, 148, 167,
　279
　——概念　　69, 111
精神病質者　　　71, 90, 271, 278, 279
精神病質チェックリスト（Hare）　116
精神病者監護法　18, 19, 136-138, 140,
　141
精神分裂病　　　41, 68, 89, 213
精神保健参与員　173
精神保健審判員　172
精神保健福祉法　18-20, 39, 52, 61, 70,
　90, 96, 139, 141, 142, 147, 151, 152, 156,
　165, 167, 182, 312
精神保健法　　　141
性的人格障害犯罪者　　34
性的精神病質犯罪者　　59
性的トラブル　　130
「性」同一性障害　113
聖なる戦争　　　217
性の商品化　　　9
性犯罪再犯防止指導　　192
性犯罪者治療プログラム　129, 193
生物学的要素　　66
性癖（Hang）　115, 126
瀬川晃　　　　　15
赤軍派メンバー　231
赤色テロ　　　　210
責任機能論　　　46
責任主義　　　　45, 49, 53, 60, 89, 46,
　47, 50, 162, 182
　——の意義　　58
　——の危機　　40-42, 50, 53, 58, 62,
　166
　——の形骸化　54, 95
責任と行為の同時存在の原則　　50, 64,
　171, 172, 180

責任能力	45, 51, 59, 145	大量殺人	259, 260
――の本質	87	タウンゼント	204, 216
――判断	95, 179	他害のおそれ	149
責任能力規定	48	高橋紳吾	219
責任非難	46	瀧川春雄	298
責任本質論	46	瀧川幸辰	285, 289, 298
責任無能力	18, 49, 51, 89, 149	他行為可能性	45, 50, 51, 64, 180
――規定	54	多重人格	41
セクトテロリスト	204	タック	129, 131
世俗的テロリスト	218	田中開	303
積極的責任主義	41, 47, 53	ダラム・ルール	68, 71
セックス産業	236	タリオの原則	297
絶対的応報刑	47	タリバン	209, 222
説明と同意	144	短期自由刑	16
セレクティブ・サンクション	22	団体規制法	240-242
宣告裁判官	170	団藤重光	69, 297
専断的治療行為（方法）	138, 145, 150		
専門認定医制度	184	**ち**	
		地下鉄サリン事件	→東京地下鉄サリン事件
そ		知的障害	105, 141, 169
総会屋	10	知的障害受刑者	189
臓器移植パックツアー	11	治療処分	67
臓器泥棒	226	治療の人体実験	150
臓器売買	10, 199, 228, 229, 232, 235		
相対的応報刑	47	**つ**	
相対的応報刑論	50	通信傍受法	200, 231
相対的応報主義	48	津山30人殺し事件	263
ゾーリンゲン事件	58		
組織的犯罪処罰法	200, 232, 291	**て**	
訴訟能力	64, 145, 181	ディヴァージョン論	27
措置入院	17, 18, 20, 39, 52, 81, 90, 138, 139, 141, 147, 148, 150-152, 174, 295	DSM-IV 診断基準	113
		TOAモデル	→「加害者＝被害者＝和解」モデル
ソフト（寛容）な刑事政策	12, 13, 16, 29	テロ資金	221-223, 227
尊属殺規定	50	テロ事件	204
		テロ組織結社罪	290
た		テロ対策委員会	233
大統領の暗殺未遂事件	203	テロ対策法	257
		テロ団体結社罪	284
		テロ犯罪	175

事項・人名索引

――撲滅策 241
テロリスト 200
テロリズム 198, 199, 201, 206, 207, 209-211, 215, 233
　　――の概念 201, 208, 209
　　――の原因 288
　　――の語源 205
　　――の本質 206
テロリズム防止法 242
電気けいれん療法 146
展望的反作用 48

と
ドイツ
　　――の行状監督 61
　　――の刑事政策 2
　　――の刑法改正 126, 292, 306
　　――のテロ対策 240
ドイツ赤軍派 237, 238, 247
ドイツ連邦憲法裁判所 143
統一的解決 106
同意入院 138
同意能力 145
同害報復 47
道義的責任論 64
東京地下鉄サリン事件 14, 198, 201, 223, 230, 232
統御能力 67, 71
統合失調症 39, 40, 68, 81, 94, 111, 141, 168, 188, 213, 214
同時多発テロ事件 198, 199, 208, 223, 240, 245, 247, 259
動的リスク分析システム 280
東電OL殺人事件 7
特別保護観察制度 311
特別無期刑 49, 310
特別無期自由刑 14, 310
特別予防 47
特別予防（的）機能 14, 48
都市ゲリラ 210
飛ばし入院 164

豊橋少女誘拐殺人事件 6
トラフィッキング 227

な
内因性精神病 68, 104
内藤謙 99, 100
長井圓 297
仲宗根玄吉 109
中田修 82
永田洋子 237
中安鑑定 41
中山研一 16, 167
名古屋アベック殺人・死体遺棄事件 40, 50
名古屋守山荘事件 158
ナタリー事件 124, 250

に
二元制　→刑事制裁二元制
西原春夫 43, 47, 57, 74
西山詮 97, 99
日数罰金制 3
日本人観光客撲殺事件 230
ニュー・マフィア 238
丹羽兵助元労働大臣襲撃事件 213
人間としての木質化 311
人間の尊厳 294, 305, 307
認知行動療法 134, 193

ね
ネオナチズム 238
ネドピル 81, 113, 116, 126, 185, 280
根深い意識障害 70

の
脳定位手術 150

は
バーダー 238
バーダー・マインホフ・グループ 306

事項・人名索引

ハード（厳格）な刑事政策　12, 13, 15-17, 29
ハーベルマン　273
ハール州立司法精神科病院　34
ハールマンの「連続殺人」事件　274
排害刑　304
拝金主義　8
ハイジャック事件　237
ハイテク犯罪　8, 9, 267
パウエル・レポート　228
白色テロ　210
パシフィック・ポール　236, 258
パターナリズム　136, 314
罰金刑改正　3
ハッセマー　293, 296
発達精神病質　99, 132, 133
ハッデンブロック　79
バトナー連邦矯正施設　26
ハナク　53, 70
破防法　200, 210, 289
パラノイア患者　74
パラノイア人格　114
パレンス・パトリエ論　92, 95, 136, 153, 161, 165, 166
判決前調査制度　61
犯罪者処遇モデル　24
犯罪精神医学　219
犯罪団体結社罪　251, 283, 290
犯罪の守護神（タイルスマン）　7
反社会的人格障害　113, 116, 278
反処遇思想　19, 24, 25, 28, 29
半治療的・半刑罰的処遇　76, 94, 187
反応性精神病　41

ひ

ピーター・バーン・セントラム　129
ビーレフェルト・モデル　26, 250
被害者
　　──なき犯罪　12
　　──の応報感情　124
　　──の救済　17
　　──の人権　17
　　──の同意　311
被害弁償　22
非決定論　45
微罪処分　22
非訟事件　167
必要的行状監督　150
必要的減軽事由　49
必要的減軽主義　180
非難可能性　46
病的な心的障害　70
平川宗信　300
平野龍一　57, 76
ヒル　223
ヒンクリー　203, 212
貧困と差別　288

ふ

ファシズム　211
ファン・デル・フーベン・クリニック　128
フールスビュッテル刑務所　55, 305
フェルメール盗難事件　226
深川通り魔殺人事件　278
不可知論　45, 71, 73
不起訴処分　40, 213
　　──基準　180
福岡美容師バラバラ殺人事件　6
藤本哲也　31
不正収益の剥奪規定　291
不正収益剥奪　13, 17
不定期刑　26, 49
部分的責任能力　74, 77
踏み絵　313
プライヴァシーの権利　144
ブラウン　209
フラッシュバック現象　278
フリーマントル　198, 201, 222-224, 226, 229, 230
ブルーメン・マフィア　252
ブレッサー　79

339

事項・人名索引

ブロードモア病院　156
文明の衝突　208
分裂型人格障害　113

へ
ヘスティングス　213
ベッカリーア　297, 298
ベッティヒャー　118
ベトナム・マフィア　247
ペドフィリー　115
ヘルシュテッドヴェスター収容所　26
ベルリン・テーゲル刑務所　249
ベルリン・テーゲル社会治療施設　33
弁償モデル　21
弁別能力　67, 71

ほ
保安監置　151, 286, 308
保安監置施設　125
保安監置処分　32, 54, 115, 250
保安刑　49
保安処分　77, 148
保安処分化現象　162
保安処分論　23
保安処分論争　157
保安手続　149
法定手続の保障　152
法廷内強姦犯人射殺事件　32
法的安定性の原理　45
法的理性人　136
暴力団　10, 200, 220, 223
　──の資金源　227
暴力団組長射殺事件　5
暴力団対策法　10, 232
暴力団犯罪　10, 175
ボーダーライン人格障害　113, 114
ボーダーレス（borderless）　6
ボーダーレス社会　315
保護観察制度　134
保護義務者　141
保護主義原理　165

保崎鑑定　41
ポストゲノム社会　295
没収　16, 17
ボディー・スナッチャー　225, 227
ボトムス　15
堀内捷三　56
ポリス・パワー　19, 140, 157, 165
ホワイトカラー・ブルーカラー犯罪　8
ボン基本法　143

ま
マインド・コントロール　218
マインホーフ　237, 283
前田雅英　57
マクノートン・ルール　71
町野朔　23, 147, 167
松宮孝明　62
マネー・ローンダリング　17, 222, 224, 235
マフィア型犯罪組織　198, 223, 251
麻薬売買　199

み
密行主義　→医療密行主義
宮坂直史　204, 289
宮崎勤「幼女誘拐・連続殺人」事件
　→幼女連続誘拐殺人事件
宮澤浩一　257, 292
民営刑務所　35
民間精神病院　138
民間の指定病院　162

む
無期自由刑　124, 303
無期懲役刑　42
「無罪の洪水」現象　54, 60, 68, 110, 111, 182
無力化　306

め
メスダフ・クリニック　99, 128, 130,

156
メッガー　101
メディカル・モデル　92, 95, 136, 139, 148, 150, 155, 161
メビウスの環　207
メルン事件　58
メンデ　79

も
妄想型精神分裂病　213, 214
モーリス　26, 29
モールス・モデル　26, 27
木質化　306
元自衛官無期懲役確定事件　96
森下忠　11, 15, 24, 75
森武夫　219
モロ元首相誘拐殺人事件　203

や
ヤクザ　10, 229
薬物依存離脱指導　192
柳本正春　31
山一戦争　230
山上皓　143
山田卓生　147
山中敬一　302

ゆ
有責行為能力　64, 65
ユーロ・マフィア　198, 199, 220, 222, 233, 237, 239, 247
『ユーロマフィア』　201
ユーロポール　199, 232, 235, 236, 240, 246
ユルゲンスマイヤー　217
許された危険な行為　181

よ
幼女連続誘拐殺人事件　8, 40, 97, 265
ヨーロッパ人権裁判所　123
ヨーロッパ人権条約　123

ヨーロッパ臓器移植財団　226
横浜東高校生殺傷事件　39
横山千晶　223
吉岡一男　15
予防処分　148

ら
ラートブルフ　285, 289, 293
ラートブルフ草案　286
ライシャワー駐日大使刺傷事件　140, 213, 295
ラシッド　222
ラッシュ　110
ラベリング論　27, 29

り
リーガル・モデル　92, 136, 138, 295
利益供与罪　10
リスク・アセスメント　132
リスト　8
立法の不作為責任　295
リューマン（流民）　223
了解事項（Konvention）　41, 53, 79, 114
両極刑事政策　11
量刑相場　171, 180
両罰規定　62

る
類推解釈禁止　45

れ
レイトン　259, 268
レッテルのごまかし　55
レッテルの詐欺　53
連合赤軍14人リンチ殺人事件　310
連続殺人　259, 262
連邦憲法擁護庁　199, 245
連邦情報庁（BND）　199, 221, 240, 253, 257

ろ

聾唖者　　　　　　3
労役場留置　　　　3, 22
ロウ判決　　　　　144
ロクシン　　　　　54, 56
ロシア・マフィア　　　　2, 20, 230, 247
ロチェスター連邦医療刑務所　　30
ロボトミー手術　　150
ロミー・リーケン事件　　124

跋

学問的価値の高い研究成果であってそれが公表せられないために世に知られず、そのためにこれが学問的に利用せられずして、そのまま忘れられるものは少なくないであろう。又たとえ公表せられたものであっても、口頭で発表せられたために広く伝わらない場合があり、印刷公表せられた場合にも、新聞あるいは学術誌等に断続して載せられた場合は、後日それ等をまとめて通読することに不便がある。これ等の諸点を考えるならば、学術的研究の成果は、これを一本にまとめて出版することが、それを周知せしめる点からも又これを利用せしめる点からも最善の方法であることは明かである。この度法学研究会において法学部専任者の研究でかつて機関誌「法学研究」および「教養論叢」その他に発表せられたもの、又は未発表の研究成果で、学問的価値の高いもの、または、既刊のもので学問的価値が高く今日入手困難のものなどを法学研究会叢書あるいは同別冊として逐次刊行することにした。これによって、われわれの研究が世に知られ、多少でも学問の発達に寄与することができるならば、本叢書刊行の目的は達せられるわけである。

昭和三十四年六月三十日

慶應義塾大学法学研究会

著者紹介

加藤　久雄　かとうひさお

1942 年生（名古屋）
大阪大学大学院法学研究科博士課程単位取得中退。法学博士。
国際比較刑事政策研究所所長、弁護士。
元慶應義塾大学法学部教授、ミュンヘン大学客員教授。
日本犯罪学会国際担当理事、日本精神保健政策学会理事。
専門は、国際比較刑事政策、国際比較医事刑法、少年法、犯罪学。
著書に、『犯罪学 25 講』（共著・1973 年・慶應通信）、『治療・改善処分の研究』（1981 年・慶應通信）、『犯罪者処遇の理論と実践』（1984 年・慶應通信）、『刑事政策学入門』（1991 年・立花書房）、『組織犯罪の研究—マフィア，ラ・コーザ・ノストラ，暴力団の比較研究』（1992 年・成文堂）、『暴力団』（岩波ブックレット No.323・1993 年・岩波書店）、『ボーダーレス時代の刑事政策』（1999 年・改訂版・有斐閣）、『人格障害犯罪者と社会治療』（2002 年・成文堂）、『ポストゲノム社会における医事刑法入門』（2005 年・新訂（補正）版・東京法令出版）他。

慶應義塾大学法学研究会叢書　78

人格障害犯罪者に対する刑事制裁論
——確信犯罪人の刑事責任能力論・処分論を中心にして

2010 年 5 月 20 日　初版第 1 刷発行

著　者―――加藤久雄
発行者―――慶應義塾大学法学研究会
　　　　　　代表者　大沢秀介
　　　　　　〒108-8345　東京都港区三田 2-15-45
　　　　　　TEL 03-3453-4511
発売所―――慶應義塾大学出版会株式会社
　　　　　　〒108-8346　東京都港区三田 2-19-30
　　　　　　TEL 03-3451-3584　FAX 03-3451-3122
装　丁―――渡辺澪子
印刷・製本―――株式会社加藤文明社
カバー印刷―――株式会社太平印刷社

©2010　Hisao Katoh
Printed in Japan ISBN978-4-7664-1740-1

慶應義塾大学法学研究会叢書

18 未完の革命―工業化とマルクス主義の動態
　A.B.ウラム著／奈良和重訳　　　　　1500円

21 神戸寅次郎著作集（上・下）
　慶應義塾大学法学研究会編　上2000円／下2500円

26 近代日本政治史の展開
　中村菊男著　　　　　　　　　　　　1500円

27 The Basic Structure of Australian Air Law
　栗林忠男著　　　　　　　　　　　　3000円

34 下級審商事判例評釈（昭和30年〜39年）
　慶應義塾大学商法研究会編著　　　　3000円

38 強制執行法関係論文集
　ゲルハルト・リュケ著／石川明訳　　2400円

42 下級審商事判例評釈（昭和45年〜49年）
　慶應義塾大学商法研究会編著　　　　8300円

45 下級審商事判例評釈（昭和40年〜44年）
　慶應義塾大学商法研究会編著　　　　5800円

46 憲法と民事手続法
　K.H.シュワーブ・P.ゴットヴァルト・M.フォルコンマー・
　P.アレンス著／石川明・出口雅久編訳　4500円

47 大都市圏の拡大と地域変動
　　―神奈川県横須賀市の事例
　十時嚴周編著　　　　　　　　　　　8600円

48 十九世紀米国における電気事業規制の展開
　藤原淳一郎著　　　　　　　　　　　4500円

49 仮の権利保護をめぐる諸問題
　　―労働仮処分・出版差止仮処分を中心にして
　石川　明著　　　　　　　　　　　　3300円

51 政治権力研究の理論的課題
　霜野寿亮著　　　　　　　　　　　　6200円

53 ソヴィエト政治の歴史と構造
　　―中澤精次郎論文集
　慶應義塾大学法学研究会編　　　　　7400円

54 民事訴訟法における既判力の研究
　坂原正夫著　　　　　　　　　　　　8000円

56 21世紀における法の課題と法学の使命
　〈法学部法律学科開設100年記念〉
　国際シンポジウム委員会編　　　　　5500円

57 イデオロギー批判のプロフィール
　　―批判的合理主義からポストモダニズムまで
　奈良和重著　　　　　　　　　　　　8600円

58 下級審商事判例評釈（昭和50年〜54年）
　慶應義塾大学商法研究会編著　　　　8400円

59 下級審商事判例評釈（昭和55年〜59年）
　慶應義塾大学商法研究会編著　　　　8000円

60 神戸寅次郎　民法講義
　津田利治・内池慶四郎編著　　　　　6600円

61 国家と権力の経済理論
　田中　宏著　　　　　　　　　　　　2700円

62 アメリカ合衆国大統領選挙の研究
　太田俊太郎著　　　　　　　　　　　6300円

64 内部者取引の研究
　並木和夫著　　　　　　　　　　　　3600円

65 The Methodological Foundations
　of the Study of Politics
　根岸　毅著　　　　　　　　　　　　3000円

66 横槍　民法總論（法人ノ部）
　津田利治著　　　　　　　　　　　　2500円

67 帝大新人会研究
　中村勝範編　　　　　　　　　　　　7100円

68 下級審商事判例評釈（昭和60〜63年）
　慶應義塾大学商法研究会編著　　　　6500円

70 ジンバブウェの政治力学
　井上一明著　　　　　　　　　　　　5400円

71 ドイツ強制抵当権の法構造
　　―「債務者保護」のプロイセン法理の確立
　斎藤和夫著　　　　　　　　　　　　8100円

72 会社法以前
　慶應義塾大学商法研究会編　　　　　8200円

73 Victims and Criminal Justice: Asian
　Perspective
　太田達也編　　　　　　　　　　　　5400円

74 下級審商事判例評釈（平成元年〜5年）
　慶應義塾大学商法研究会編著　　　　7000円

75 下級審商事判例評釈（平成6年〜10年）
　慶應義塾大学商法研究会編著　　　　6500円

76 西洋における近代的自由の起源
　R.W.デイヴィス編／
　鷲見誠一・田上雅徳監訳　　　　　　7100円

77 自由民権運動の研究
　　―急進的自由民権運動家の軌跡
　寺崎修著　　　　　　　　　　　　　5200円

表示価格は刊行時の本体価格（税別）です。欠番は品切。

慶應義塾大学出版会

〒108-8346　東京都港区三田2-19-30
Tel 03-3451-3584／Fax 03-3451-3122
郵便振替口座　　00190-8-155497